2010년대편 **5**권
한국 현대사 산책

2010년대편 **5권**

한국 현대사 산책

증오와 혐오의 시대

강준만 지음

인물과
사상사

제1부   2018년

제2부   2019년

2018 『연합뉴스』 10대 국내 뉴스 ▼

1 세 차례 남북정상회담…한반도 평화 프로세스 가속
2 한국 사회 뒤흔든 '미투'…문화계부터 정치권까지
3 노동시간 단축…주 52시간 근무 시대 개막
4 위기의 사법부…사법행정권 남용 의혹 수사
5 을의 분노 폭발시킨 오너·기업 갑질 논란
6 전 세계를 달군 방탄소년단…K-팝 열풍
7 이명박 전 대통령 구속과 적폐 수사
8 서울 집값 급등에 역대급 대출·세금 규제
9 풀뿌리 권력 재편…민주당 기록적 압승
10 30년 만에 안방에서 올림픽…평창 동계올림픽 성공 개최

2018 『연합뉴스』 10대 국제 뉴스 ▼

1 68년 냉전 녹인 '세기의 담판'…6·12 싱가포르 북미정상회담
2 미중美中 '총성 없는 무역전쟁'…G2 '글로벌 패권 다툼' 비화
3 이란 핵합의·INF 줄줄이 파기…흔들리는 핵核질서
4 '황제' '차르' '술탄' '파라오'…지구촌 스트롱맨 '전성시대'
5 사우디 반체제 언론인 '잔혹 살해'…왕세자 '배후설' 일파만파
6 '현대판 프랑스혁명' 노란조끼 시위…마크롱 '항복'
7 역대급 산불에 폭염·강진·태풍…'신음하는' 지구
8 지중해부터 제주까지 번진 '난민 앓이'…캐러밴·로힝야도
9 자율주행차 달리고 IT기업 날고…4차 산업혁명 가시화
10 '감동 휴먼 드라마' 태국 동굴 소년 구조

제1장

이명박
검찰 수사와 구속

"다스는 누구 거예요?" 의혹

본격적인 적폐청산에 나선 검찰은 2017년 가을부터 국정원 특수활동비, 군 댓글 공작, 다스 의혹 등 여러 갈래로 전 대통령 이명박 수사에 나서기 시작했다. 10월 9일 JTBC 〈뉴스룸〉이 7개월 전(2017년 3월 21일) 다스의 지분이 전혀 없는 이명박의 아들 이시형이 다스 해외 법인 대표가 된 사실을 보도한 것이 단초가 되었다. 이명박의 큰형이자 다스 회장인 이상은이 자기 아들 이동형을 제쳐두고 조카인 이시형에게 경영권을 넘긴 점이 '실소유주' 의혹에 불을 붙인 것이다.

10월 13일 팟캐스트 〈김어준의 파파이스〉에서 "이제부터 '다스는 누구 거예요?'를 계속 물어봐 달라"고 하자 수많은 누리꾼이 호응해 이틀 만에 다스가 포털사이트 실시간 검색어 1위에 오르기도 했다. 그러자 내부고발자들이 나타나기 시작했으며, 11월이 되자 전 민주당 의원 정청래가 이명박의 사저 앞에서 '쥐를 잡자' 피케팅을 했으며, 민주당 의원 민병두도 '이명박 출국 금지' 피켓을 들었다.[1]

2018년 1월 14일 민정수석 조국은 권력기관 개혁안을 발표하면서 "검찰이 잘하고 있는 특수수사 등에 한해서 검찰의 직접 수사를 인정한다"며 사실상 검찰에 힘을 실어주었다. 사흘 후인 1월 17일 이명박 청와대 참모였던 김백준과 김진모가 잇달아 구속되었다. 이날 오후 5시 30분 이명박은 서울 삼성동 사무실 앞에서 언론사 카메라 앞에 섰다.

이명박은 "적폐청산이라는 이름으로 진행되는 검찰 수사에 대해 많은 국민이 보수 궤멸을 겨냥한 정치공작이자 노무현 전 대통령의 죽음에 대한 정치 보복이라고 보고 있다"고 반발했다. 그는 또 "처음부터 나를 목표로 하는 것이 분명하다"면서 "제 재임 중 일어난 모든 일의 최종 책임은 저에게 있다. 더이상 국가를 위해 헌신한 공직자들을 짜맞추기식 수사로 괴롭힐 것이 아니라 나에게 (책임을) 물어달라"고 말했다. 그는 "최근 역사 뒤집기와 보복 정치로 대한민국의 근간이 흔들리는 데 대해 참담함을 느낀다"고도 했다.[2]

신문 사설을 통해서 본 진영 간 전쟁

이에 언론은 진영에 따라 각기 다른 반응을 보였다.

『경향신문』은 「반성 없는 정치 보복론으로 시민 기만한 이명박」이라는 사설에서 "검찰은 성역 없는 수사를 통해 이 전 대통령을 둘러싼 모든 의혹을 낱낱이 규명하기 바란다"며 "이 전 대통령에 대한 수사는 반칙과 불의로 점철된 과거를 청산하고 미래로 나아가기 위해 피할 수

없는 일이다"고 했다.[3]

『한겨레』는 「'정치 보복' 내세워 진실 막으려는 뻔뻔한 MB」라는 사설에서 "이 전 대통령은 교묘한 말장난으로 진실을 은폐하려 해선 안 된다"며 "전직 국가원수로서 겸허하게 실체를 밝히는 데 협조하는 것이야말로 이 전 대통령이 말한 '국격'을 높이는 일이다"고 했다.[4]

『조선일보』는 「갈 데까지 간 현現 정권 대對 전전前前 정권 복수극」이라는 사설에서 "이 전 대통령 말대로 지금 수사와 조사는 정치 보복이다. 하지만 이 복수극을 촉발한 것은 이 전 대통령 시절 노 전 대통령에게 했던 정치 보복 수사였다는 사실을 인정해야 한다"면서 다음과 같이 말했다. "정치 보복과 비리 수사는 종이 한 장 차이다. 국정원 특수활동비 문제에서 자유로운 정권이 과연 얼마나 되겠나. 가족이나 측근 비리와 상관없는 대통령은 또 얼마나 되나."[5]

『중앙일보』는 「이젠 전전 대통령까지 검찰 포토라인에 서나」는 사설에서 "현재의 검찰 수사가 전 정권과 전전 정권의 일에만 먼지털기 식으로 집중돼 정치 보복이란 논란을 만들고 있는 것도 사실이다"면서 "당장 홍준표 자유한국당 대표가 노무현 전 대통령 일가의 640만 달러 수수 의혹을 거론한 건 그런 맥락에서다. 검찰 수사가 진실 규명이 아닌 찬반 진영 간 정쟁으로 빠져들 경우 극심한 국론 분열은 불을 보듯 뻔한 일이다"고 했다.[6]

문재인, "분노의 마음을 금할 수 없다"

문재인은 다음 날인 1월 18일 청와대 대변인을 통해 "노무현 대통

'정치보복' 내세워 진실 막으려는 뻔뻔한 MB

이명박 전 대통령이 17일 자신을 둘러싼 여러 의혹 사건 수사에 대해 처음으로 공개 성명을 발표했다. 조금씩 옥죄어 오던 검찰 수사가 측근인 김백준 전 청와대 총무기획관 구속으로까지 이어지자 결국 입을 연 것이다. 김 전 기획관은 평소 '엠비(MB) 집사'로 불린 인물인데, 성명 발표는 그만큼 이 전 대통령이 다급해졌음을 반증한다.

이 전 대통령 성명은 '정치보복'을 쟁점화시켜 진실 규명을 위한 수사를 가로막아보겠다는 것이다. 성명은 수사를 피하기 위한 억지와 궤변으로 가득하다. 이 전 대통령은 검찰 수사를 두고 "정치공작" "정치보복" "짜맞추기 수사"라고 강변했다. 측근들 구속에 대한 사과나 유감 표명은 전혀 없다. 정치보복 프레임은 정치인이 궁지에 몰릴 때 내놓는 전형적인 물타기 수법이다.

이 전 대통령은 성명에서 검찰 수사를 "노무현 대통령의 죽음에 대한 정치보복"이라고 했는데, 눈살을 찌푸리게 한다. 과연 이 전 대통령이 그런 말을 할 자격이 있는지 의심스럽다. 노 전 대통령을 죽음으로 몰아간 당사자가 바로 이 전 대통령 아닌가. 노 전 대통령 수사는 국세청·검찰을 동원한 표적수사로 평지풍파를 일으킨 것이다. 지금의 의혹 사건 수사는 국가정보원 등 권력기관에 대한 적폐 청산 차원에서 이뤄지고 있다. 노무현 전 대통령 수사와 동렬로 보기 어렵다.

이 전 대통령이 "저와 함께 일했던 고위공직자의 권력형 비리는 없었다"고 말한 것도 거짓에 가깝다. 댓글사건으로 유죄 판결을 받은 원세훈 전 국정원장이나 특수활동비를 유용한 혐의로 구속된 김백준 전 기획관의 경우가 권력형 비리가 아니고 무엇인가.

이 전 대통령은 더이상 측근들을 괴롭히지 말고 "나에게 물어라"고 말했다. 듣기에 따라서는 자신이 검찰 수사를 직접 받겠다는 뜻으로 읽힌다. 사건 실체들이 드러나는 마당에 더 이상 수사를 피하기 어렵다는 판단도 일부 반영된 듯하다. 하지만 검찰 수사를 짜맞추기로 규정하고 측근들에 대한 수사 중단을 요구함으로써, 수사 자체를 무력화하겠다는 의도가 더 큰 것으로 보인다.

최근 검찰 수사에선 이 전 대통령 측근들 입을 통해 국정원 특수활동비 수수 의혹이나 다스 실소유주 사건의 실체가 밝혀지고 있다. 보수 정권 10년간 은폐된 '엠비의 진실'이 조금씩 드러나고 있는 것이다. 전직 대통령 수사는 국가적으로 불행한 일이지만, 그렇다고 의혹 사건들을 그냥 덮을 순 없다. 진실을 명명백백히 드러낸 뒤에야 한 걸음 더 나아갈 수 있다. 정치보복 운운하며 훼방 놓는다고 해서 역사의 큰 물줄기를 가로막을 수는 없다.

이 전 대통령은 교묘한 말장난으로 진실을 은폐하려 해선 안 된다. 지금은 진상을 규명하고 정의를 바로세워야 할 때다. 전직 국가원수로서 겸허하게 실체를 밝히는 데 협조하는 것이야말로 이 전 대통령이 말한 '국격'을 높이는 일이다.

갈 데까지 간 現 정권 對 前前 정권 복수극

이명박 전 대통령은 17일 검찰 수사와 관련한 성명을 내고 "(검찰 수사는) 정치 공작이자 노무현 전 대통령의 죽음에 대한 정치 보복"이라고 했다. 이 전 대통령은 "처음부터 나를 목표로 하는 것이 분명하다"면서 "더 이상 다른 사람 괴롭히지 말고 나에게 책임을 물으라"고 했다. 이에 앞서 국정원 특수활동비를 받은 혐의로 김백준 전 청와대 총무기획관과 김진모 전 민정2비서관이 구속됐다. 이 전 대통령 말대로 지금 수사와 조사는 정치 보복이다. 하지만 이 복수극을 촉발한 것은 이 전 대통령 시절 노 전 대통령에게 했던 정치 보복 수사였다는 사실을 인정해야 한다.

이 전 대통령 관련 수사는 새 정부 출범 직후인 지난해 7월부터 6개월 넘게 진행되고 있다. 2012년 총선과 대선 때 국정원과 군(軍) 사이버 사령부가 인터넷 댓글을 통해 정치 개입을 했다는 사건에서 출발해 이 전 대통령이 실소유주 의혹을 받고 있는 자동차 부품 회사 다스의 120억원대 비자금 문제 수사가 추가됐다. 새해 들어서는 이명박 정부 청와대 간부들이 국정원 특수활동비수억원을 상납받았다는 사건 수사도 본격화됐다. 검찰뿐 아니라 지난 2016년 다스 세무조사를 했던 국세청도 1년여 만에 다시 특별 세무조사에 착수했다. 그야말로 총력 보복이다.

우리 역사에서 모든 정치 보복은 구체적 혐의를 갖고 이뤄졌다. 이번에도 마찬가지다. 검찰이 조만간 국정원 특수활동비나 다스 문제를 놓고 이 전 대통령을 소환해 만신창이로 만들고 구속영장을 청구하거나 기소하게 될 것이다. 누구든 잘못을 저질렀다면 처벌받아야 한다. 지금 보도되는 이 전 대통령 측 혐의 중엔 도를 넘은 것으로 보이는 부분이 있다. 그러나 정치 보복과 비리 수사는 종이 한 장 차이다. 국정원 특수활동비 문제에서 자유로운 정권이 과연 얼마나 되겠나. 가족이나 측근 비리와 상관없는 대통령은 또 얼마나 되나.

한국 역사를 아는 외국인들이 "한국이 이제 (서로 물고 뜯던) 과거의 본모습으로 '정상화' 되고 있다"는 말을 한다고 한다. 보복의 쳇바퀴가 도는 걸 보면 이 말이 허투루 들리지 않는다.

문재인 정권이 전 대통령 이명박 수사에 나서기 시작하자, 이명박은 "노무현 전 대통령의 죽음에 대한 정치 보복이라"며 반발했다. (『한겨레』, 2018년 1월 18일; 『조선일보』, 2018년 1월 18일)

령의 죽음을 직접 거론하며 정치 보복 운운한 데 대해 분노의 마음을 금할 수 없다"며 "우리 정부에 대한 모욕이고 정치 금도를 벗어나는 일"이며 "대통령을 역임한 분으로서 말해서는 안 될 사법질서에 대한 부정이자 정치 금도를 벗어나는 일"이라고 발끈했다. 이에 한 이명박계 인사는 "현직 대통령이 분노를 언급한 것 자체가 권력을 과시한 것 아니냐"고 했다.[7]

청와대는 전날 이명박의 성명 발표에 대해 "노코멘트"라고 했는데, 왜 만 하루도 지나지 않아 문재인이 직접 반박 입장을 밝힌 걸까? 이는 전적으로 문재인의 강한 의지 때문이었다. 참모들 가운데 "정치 쟁점화하려는 이 전 대통령의 의도에 말려들 수 있다"며 반대하는 이도 있었지만, 문재인이 되레 "왜 참고 있느냐"고 참모들을 질책하며, 대변인에게 자신의 발언을 전하라고 지시한 것이다.[8]

그 정도면 충분했을 것 같은데, 이날 민주당도 반격에 가세했다. 민주당 원내수석부대표 박홍근은 당 정책조정회의에서 청와대 제1부속실장 김희중의 검찰 진술 내용을 공개했다. 이는 누가 봐도 '이명박 부인 망신주기'용 공개로 비쳤다. 다음과 같은 내용이었다.

"어제 이명박 기자회견의 결정적 이유는 국정원 특수활동비가 방미를 앞둔 김윤옥 전 여사 측에 달러로 전달돼 사적으로 사용됐다는 김희중 전 실장의 진술 내용이 컸다는 제보를 받았다. 김희중의 핵심 진술은 '자신이 특활비 1억을 받았고, 그것을 달러로 환전해서 김윤옥 여사를 보좌하던 제2부속실장 쪽에 주었고, 그 돈이 김윤옥의 명품 구입 등에 쓰였다'는 것이다."[9]

문재인의 분노 표명에 『중앙일보』는 「선 넘은 전·현직 대통령의 정면충돌 사태」라는 사설에서 "문 대통령이 '분노'와 '모욕'이라는 감정적 표현을 쓴 것은 신중하지 못했다고 본다"며 "그렇다고 이 전 대통령이 지금의 검찰 수사를 단순한 '정치 보복'을 넘어 '노무현 전 대통령의 죽음에 대한 정치 보복'이라고 규정한 것은 적절치 않았다"고 했다.[10]

『조선일보』는 「국가적 위기 속 현現 대통령과 전전前前 대통령 정면충돌」이라는 사설에서 "청와대는 이날 노무현 수사는 왜 정치 보복이고 이명박 수사는 왜 보복이 아닌지 아무런 논리적 설명을 하지 않았다.……이날 대통령이 '분노한다'고 했으니 검찰은 더 나설 것이 분명하다"면서 "현現+전전전前前前 대통령 패와 전前+전전前前 대통령 패로 나눠서 누구에게도 득이 되지 않을 싸움에 여념이 없다"고 개탄했다.[11]

헌정 사상 4번째 전직 대통령 구속

2월 들어 이명박의 재산관리인 2명이 잇달아 구속되었고, 다스 부사장 이동형(이명박의 조카)도 고철업체 사장에게서 리베이트를 받은 혐의로 구속기소되었다. 칼끝은 이명박을 향하고 있는 게 분명해 보였다. 3월 1일 발표된 리얼미터·교통방송 여론조사에서 이명박의 구속 수사 여부에 '찬성한다'는 67.5%, '반대한다'는 26.8%, '잘 모름'은 5.7%로 나타나 찬성 의견이 반대 의견보다 2배 이상 더 높게 나타났다. 지지 정당별로는 더불어민주당 지지층은 찬성 여론이 93.6%였지만, 자유한국당 지지층에선 반대 여론이 73.1%로 찬성(23.7%)보다 압도적으로 높았으며 바른미래당 지지층 역시 반대가 45.3%로 찬성(42.2%)보다 높았다.[12]

이명박이 검찰에 조사를 받으러 가는 날인 3월 14일 오전 7시 30분

이명박은 3월 14일 서울중앙지검에 피의자 신분으로 출석했으며, 3월 22일 밤 구속이 결정되었다. 이는 헌정 사상 4번째 전직 대통령 구속이었다.

부터 이명박 정부의 역대 비서실장들인 류우익, 임태희, 정정길, 하금열, 전 청와대 수석비서관 김두우, 김효재, 이동관, 의원 김영우 등 참모들이 이명박의 논현동 사저로 몰려들었다. 사저 주변에서 이명박 구속을 촉구하는 1인 시위자 몇 명만이 눈에 띌 뿐, 이명박을 응원하는 사람들의 모습은 보이지 않았다. 김영우는 이 자리에서 "그동안 문재인 정권은 이명박 대통령을 검찰 포토라인에 세우기 위해서 쉼 없이 달려왔다. 문재인 정권은 오늘 그 치졸한 꿈을 이뤘다"며 "정치 보복을 이야기한들 바위에 계란 치기라고 생각한다"고 말했다.[13]

이명박은 서울 서초구 서초동 서울중앙지검에 소환되어 검찰청사로 들어가기 직전 "참담한 심정"이라며 "국민 여러분께 심려를 끼쳐드려 대단히 죄송하다"고 말했다. 그는 또 "전직 대통령으로서 하고 싶은 말은 많습니다만 말을 아껴야 한다고 스스로 다짐하고 있다"며 "역사에서 이번이 (전직 대통령이 소환되는) 마지막이었으면 한다"고 말했다. 그는 뇌물수수, 조세포탈, 횡령·배임, 직권남용, 공직선거법 위반, 대통령기록물관리법 위반 등 17개 혐의로 21시간 동안 피의자 조사를 받은 뒤 15일 오전 귀가했다.[14]

3월 19일 검찰은 뇌물수수, 횡령, 배임, 조세포탈 등 혐의로 이명박에게 구속영장을 청구했다. 서울중앙지검 특수2부와 첨단범죄수사1부를 지휘하며 수사 실무를 총괄한 고위급 검사는 기자들에게 이렇게 말했다. "역사를 바꾼 범죄라고 보면 된다. 10년 전에 이 문제가 불거졌을 때 다스 실소유주가 드러났으면, 대통령이 될 수 있었겠나. 그런데도 지금까지 10년 이상 여전히 다스는 자기 것이 아니라고 하고, 심지어 다스 건으로 명예훼손으로 감옥 간 사람도 있지 않았나. 다스 실소유주라는 사실만으로 구속감이다."[15]

이에 대해 『한겨레』 기자 강희철은 『검찰외전: 다시 검찰의 시간이 온다』(2020)에서 "검찰의 잘못, '선배' 검사들의 잘못은 쏙 빼놓고 범죄를 저지른 당사자만 비양심적인 사람으로 질타했다"며 한 검찰 관계자의 말을 다음과 같이 소개했다. "10년 전 엠비의 죄상을 밝힐 기회가 두 번 있었어요. 검찰에 한 번, 비비케이BBK 특검에 한 번. 특검도 수사는 파견 검사들이 다 맡아서 했으니까 결국 검찰에 두 번의 기회가 주어졌다고 봐야죠. 하지만 엠비의 죄상은 덮어졌고, 그때 그 사건을 했던 검사들은 엠비 정부에서 더할 나위 없이 잘나갔죠."[16]

3월 22일 밤 11시 7분, 서울중앙지법 영장전담 부장판사 박범석이 영장 발부를 인용해 이명박의 구속이 결정되었다. 수사를 담당한 서울중앙지검 첨단수사 1부장 검사 신봉수와 특수부 2부장 검사 송경호가 영장을 집행하기 위해 논현동의 이명박 자택에 도착했고 3월 23일 자정에 이명박은 호송차를 따라 송파구 문정동에 있는 서울동부구치소에 입감되었다. 이는 헌정 사상 4번째 전직 대통령 구속이었다. 1995년 노태우와 전두환이 구속된 이후 23년 만에 박근혜와 이명박이 1년의 시차를 두고 구속된 것이다. 나중에 "이 전 대통령이 주식회사 다스의 실소유주라는 사실을 확인했다"고 직접 발표한 사람은 서울중앙지검의 특수수사를 총괄하는 3차장 한동훈이었다.

'노무현 죽음'에 내장된 '이명박 구속'

이명박 역시 구속을 직감했는지 21일 새벽에 자필로 쓴 글을 페이스북에 올렸다. 그는 이 글에서 "지금 이 시간 누굴 원망하기보다는 이 모든 것은 내 탓이라는 심정이고 자책감을 느낀다. 지나온 날을 되돌아보면, 기업에 있을 때나 서울시장, 대통령직에 있을 때 나름대로 최선을 다했다고 생각한다. 특히 대통령이 되어 '정말 한번 잘해 봐야겠다'는 각오로 임했다. 과거 잘못된 관행을 절연하고 깨끗한 정치를 하고자 노력했지만 오늘날 국민 눈높이에 비춰보면 미흡한 부분이 없지 않았다"며 다음과 같이 말했다.

"재임 중 세계대공황 이래 최대 금융위기를 맞았지만 대한민국은 세계에서 가장 모범적으로 위기를 극복했다. 위기 극복을 위해 같이 합심해서 일한 사람들 민과 관, 노와 사 그 모두를 결코 잊지 못하고 감사하고 있다. 이들을 생각하면 송구한 마음뿐이다. 지난 10개월 동안 견디기 힘든 고통을 겪었다. 가족들은 인륜이 파괴되는 아픔을 겪고 있고 휴일도 없이 일만 했던 사람들이 나로 인해 고통받는 것을 생각하면 잠을 이룰 수가 없다. 내가 구속됨으로써 나와 함께 일했던 사람들과 가족의 고통이 좀 덜어질 수 있으면 좋겠다. 바라건대 언젠가 나의 참모습을 되찾고 할 말을 할 수 있으리라 기대해본다. 나는 그래도 대한민국을 위해 기도할 것이다."[17]

당시 이명박 구속수사에 반대했던 민주당 의원 금태섭은 훗날(2022년 8월) 『오마이뉴스』 기자 손병관과의 인터뷰에서 이렇게 말했다. "안 그래도 할 일이 많은데 이명박을 구속하게 되면 첫해는 박근혜, 둘째 해는 이명박 재판으로 보내야 한다. 정권에 가장 힘 있는 초기 2년을 전직 대통령 재판으로 날려버리면 개혁은 언제 하나 했다. 그러나 청와대 반응은 '그러면 위법을 그냥 두라는 거냐'는 것이었다. 기어이 노무현에 대한 복수를 하겠다는 마음은 확실히 느껴졌다."[18]

당시 민주당 의원 김종민도 훗날(2022년 9월) 『오마이뉴스』 기자 손병관과의 인터뷰에서 이렇게 말했다. "이명박 개인 비리의 진상규명은 필요했지만, 그 과정에서 정치적인 보복과 복수의 에너지가 없었다고 볼 수는 없다. 어떻게 보면, 노 전 대통령의 비극적인 죽음이 '이명박 구속'의 씨앗을 필연적으로 내재한 것으로 봐야 한다."[19]

이명박에 대한 법적 심판은 어떠했던가? 2018년 10월 5일 1심을 맡은 서울중앙지법은 16가지 공소사실 중 7가지를 유죄로 인정해 징역 15년, 벌금 130억 원, 추징금 82억 원을 선고했다. 2심에선 징역 17년, 벌금 130억 원, 추징금 57억 원이 선고되었고, 2020년 10월 29일 상고심에서 원심을 확정했다. 이명박은 서울 논현동 집 건물 지분 절반과 토지 공매 대금 등으로 2021년 9월 추징금은 모두 납부했지만, 벌금 82억 원은 여전히 미납 상태였다. 2022년 12월 신년 특별사면 대상자 명단에 오른 이명박은 28일 0시 잔여 형기 14년 6월과 함께 벌금 82억 원도 함께 면제받았다.[20]

제2장

제23회
평창 동계올림픽

문재인의 '위험천만한 모험'

2017년 12월 19일 문재인은 제23회 동계올림픽 개최지인 강원도 평창으로 가는 대통령 전용열차 안에서 미국 측 평창 동계올림픽 주관 방송사인 NBC 방송과 인터뷰를 통해 "한·미 연합훈련의 연기 가능성을 검토하는 것이 가능하다. 나는 미국에 이를 제안했고, 미국은 검토하고 있다"고 밝혔다. 이에 대해 『한겨레』 통일외교팀 선임기자 이제훈은 "한·미 연합훈련을 '북침 전쟁 책동'이라 두려워하며 '대북 적대시 정책의 가장 집중적인 표현'이라 비난해온 북의 올림픽 참가를 끌어내려는, '평창'을 평화를 불러올 다각적 정상외교의 지렛대로 삼으려는 포석이었다"며 다음과 같이 말했다.

"사실 문 대통령의 발언은 미국과 사전 합의 없이 '지른' 것이었다. 위험천만한 모험은 모든 것을 바꿔놓은 '신의 한수'가 되어 '평창 임시

평화체제'의 문을 활짝 열었다. '흘러가는 정세에 운명을 맡기지 않고 우리가 주도적으로 원하는 상황을 만들어내려는 의지와 노력이 상황을 반전시켰다'는 문 대통령의 자평(2018년 4월 19일 언론사 사장단 초청 청와대 오찬)은 허언이 아니다."[21]

그러나 당시 야당은 거세게 반발했다. 자유한국당 수석 대변인 장제원은 논평을 통해 "틸러슨 미 국무장관은 20일 '연합훈련 중단 계획을 모른다'고 밝혀 한·미 갈등설까지 불거졌다. 그런데 갑자기 한미연합사령부는 '우리는 동맹의 결정에 따를 것'이라는 입장을 내놓아 혼란은 더욱 가중되고 있다"고 지적했다. 이어 "북한의 김정은은 미소를 지으며 이 혼란을 즐기고 있다"며 "문재인 정권은 우리 국민들의 생명과 재산을 담보할 한미 연합 군사훈련인 키리졸브, 독수리훈련을 평창 동계올림픽의 걸림돌로 생각하는 것도 모자라, 거래의 대상으로 만들고 있다"고 비판했다.[22]

바른정당 대표 유승민은 "지금 최우선 과제는 올림픽보다는 국가안보라고 생각한다"며 "제안을 철회해야 한다"고 촉구했다. 그는 "북한의 핵과 미사일 도발로 촉발된 위기가 최대 고비로 가고 있고, 앞으로 3~4개월이 가장 중요한 시기"라며 "이런 시기에 핵과 미사일 도발을 중단하겠다는 (북한의) 약속도 없이 올림픽 이후로 한미군사훈련을 연기하겠다는 것은 문제"라고 비판했다.[23]

북한 국무위원장 김정은은 2018년 1월 1일 신년사에서 "남조선에서 머지않아 열리는 겨울철 올림픽경기대회에 대해 말한다면 그것은 민족의 위상을 과시하는 좋은 계기로 될 것이며 우리는 대회가 성과적으로 개최되기를 진심으로 바란다"며 "우리는 대표단 파견을 포함해 필요한 조치를 취할 용의가 있으며 이를 위해 북남 당국이 시급히 만날 수도 있을 것"이라고 밝혔다. 평창 동계올림픽 참가는 물론 고위급 남북당국 회담까지 제안한 것이다.

남과 북은 1월 9일 판문점에서 고위급회담을 열어 북의 평창 동계올림픽 참가와 여자 아이스하키 단일팀 구성에 공식 합의했다. 1월 10일 미국 대통령 도널드 트럼프는 문재인과의 통화에서 "『월스트리트저널』이 최근 내가 북한에 대한 군사적 공격을 검토하고 있다고 보도했으나 이는 전혀 사실이 아니다"며 "남북대화가 진행되는 동안에는 어떤 군사적 행동도 없을 것임을 분명하게 알려주기 바란다"고 말했다. 1월 20일 국제올림픽위원회는 북의 평창 동계올림픽 참가와 여자 아이스하키 남북 단일팀(엔트리 12명 증원) 구성을 승인했다. 남북의 평화 노력에 대한 국제올림픽위원회 차원의 지지 선언인 셈이었다.[24]

"그간 선수들이 흘린 땀과 눈물은 뭔가"

그런데 여자 아이스하키 단일팀 구성이 최대 이슈이자 논란거리로 떠올랐다. 북한 선수들이 합류할 경우 그동안 훈련해온 남한 선수들이 피해를 볼 수 있다는 게 가장 큰 문제였다. 1월 11일 국회의장실·SBS가 전국 19세 이상 성인 남녀 1,000명을 대상으로 진행한 설문조사 결과 72.2%가 '단일팀을 무리해서 구성할 필요가 없다'고 답했다. 특히 문재인 핵심 지지층인 20~30대가 가장 크게 반발했다. 19~29세 응답자 중 82.2%, 30~39세 응답자 중 82.6%가 반대의 뜻을 나타냈다. '박근혜·최순실 게이트'와 정유라에 대한 각종 특혜에 반발하며 촛불집회

를 주도했던 젊은 층이 남북단일팀에 대해 분노를 표출한 것이다.[25]

　1월 15일『한국일보』는「흘린 땀과 눈물은 뭔가…남북단일팀 추진 비분의 여자 아이스하키팀」이라는 기사에서 "아이스하키에서 한 경기에 출전할 수 있는 선수는 22명이다"며 "북한 선수가 참가하면 단일팀 명분상 출전 기회와 시간을 최대한 보장해야 하는데 이 경우 우리 선수들은 피해가 최소화되기보다 오히려 상처만 커질 수 있다"고 했다.[26]

　1월 16일 한국 여자 아이스하키 대표팀 감독 세라 머리Sarah Murray 는 "올림픽 티켓은 우리 선수들이 노력과 실력으로 따냈다. 충분히 올림픽에서 뛸 자격이 있는 선수들이다. 이런 상황에서 북한 선수를 추가할 경우 우리 선수들에게 분명히 피해가 있을 것"이라고 말했다.[27]

　1월 17일『데일리안』이 여론조사 기관 '알앤써치'에 의뢰해 발표한

평창 동계올림픽에서 여자 아이스하키의 단일팀 구성이 논란이 되었다. 특히 30대들의 반대 비율이 가장 높았다. 7~8위 순위 결정전인 스웨덴과의 경기가 끝난 뒤 단일팀 선수들이 서로를 격려하고 있다.

여론조사 결과를 보면, 여자 아이스하키 남북단일팀 구성에 대한 논란이 일고 있는 가운데 찬반 여론이 팽팽히 맞서는 것으로 조사되었다. 여자 아이스하키 대표팀의 남북단일화에 '찬성한다'는 응답은 44.1%, '반대한다'는 의견은 42.5%로 확인되었다. '잘 모르겠다'는 응답자는 13.3%로 나타났다.[28]

알앤써치 설문조사에서 남북단일팀 반대 비율이 가장 높은 세대는 30대였다. 이들의 반대 비율은 50.0%로 모든 연령대에서 가장 높았다. 촛불집회를 주도했던 젊은 세대는 한반도의 평화라는 거대한 명분보다 선수 개개인에게 공정한 기회를 주는 것이 더 중요하다고 생각하고 있는 것으로 나타난 것이다. 직장인 한모(31) 씨는 "힘들게 준비해 겨우 올림픽에 출전하게 됐는데 북한이 무임승차하는 꼴 아니냐"며 "선수들은 억울해도 정치적 논리 때문에 단일팀을 하고 싶지 않다는 말을 못 하고 있을 것"이라고 말했다. 문재인이 "기회는 평등하고, 과정은 공정하고, 결과는 정의로울 것"이라는 약속을 어긴 것이라는 비난까지 나왔다.

이와 관련 성균관대학교 사회학과 교수 구정우는 "젊은 선수들이 수년간 올림픽 출전을 위해 달려온 상황에서 정부가 남북 관계라는 명분을 내세워 권위주의적 방식으로 일을 추진한 것"이라며 "더이상 스포츠를 정치적 도구로 보지 않고 스포츠 고유의 룰을 존중하는 문화가 정착된 상황에서 국민들은 이를 공정하지 않다고 느끼고 있다"고 말했다. 서울대학교 심리학과 교수 곽금주는 "1등이 아니면 이렇게 대우해도 되는지 국민이 선수를 대리해 분노를 느끼고 있다"고 진단했다.[29]

청와대 홈페이지도 남북단일팀 논란으로 뜨거웠다. 1월 17일 현재 국민청원 게시판에는 360건 이상의 관련 글이 올라왔는데 대부분 반대한다는 내용이었다. 1월 17일 문재인은 충북 진천군의 국가대표팀 선수촌에서 올림픽에 대비해 막바지 훈련 중인 선수들을 만나 "남과 북이 하나의 팀을 만들어 함께 경기에 임한다면 그 모습 자체가 아마 두고두고 역사의 명장면이 될 것"이라며 "우리 국민들 또 세계 사람들이 그런 모습을 보면서 감동을 받을 것"이라고 했다.[30] 논란이 발생하는 가운데 1월 17일 남북 당국은 차관급 실무회담에서 여자 아이스하키 남북단일팀 구성에 최종 합의했다.

남북단일팀, '잘된 일' 40% vs '잘못된 일' 50%"

한국갤럽이 1월 23~25일 실시한 조사에 따르면 문재인의 직무수행에 대해 '잘한다'고 평가한 응답자는 전체의 64%로, 지난주보다 3%포인트 떨어졌다. 한국갤럽 조사상으로는 취임 후 최저치였다. 여론조사 기관 리얼미터가 전날 공개한 지지율은 이보다 더 낮은 59.8%였다. 두 조사기관 모두 불과 2주 만에 9~10%포인트가 떨어졌다. 취임 후 지난 8개월 동안 줄곧 70% 안팎의 고공 지지율을 달려온 정부라는 점에서 주목할 만한 변화였다.

『경향신문』은 1월 26일자 사설 「문 대통령 지지율 최저가 의미하는 것」에서 "문 대통령의 핵심 지지층인 2030세대의 반발과 이탈이 상대적으로 컸다. 2주일 사이 20대는 13%포인트, 30대는 8%포인트나 지지율이 떨어졌다. 갤럽은 부정적인 평가 1위로 '평창 올림픽 남북단일팀 구성'을 꼽았다"며 다음과 같이 말했다.

"남북단일팀 구성은 의미가 있다. 하지만 2030세대는 공정하지 못했다고 여긴다. '피해자 의견을 묻지 않고 결정한 한·일 위안부 합의와 뭐가 다르냐'는 청년들의 반응은 주목할 필요가 있다. 젊은 세대는 지금 '기회는 균등하고 과정은 공정하고 결과는 정의로운 나라를 만들겠다'는 문 대통령의 다짐이 제대로 지켜지고 있는가 되묻고 있다. 젊은이들이 문 대통령의 트레이드마크인 '공정과 정의'를 의심하기 시작했다면 결코 가벼이 넘길 일이 아니다."[31]

한국갤럽이 1월 30일~2월 1일에 실시한 여론조사에 따르면, 남북 단일팀 구성에 대해 "잘된 일이다"는 의견이 40%, "잘못된 일이다"는 의견이 50%로 집계되었다. 연령별로 40대는 58%가 긍정평가해 부정평가를 앞섰는데, 다른 연령대에서는 부정평가가 높았고, 특히 20대는 62%가 '잘못된 일'이라고 응답한 것으로 집계되었다. 이념 성향별로 보면 진보층은 56%가 "잘된 일"이라고 답했으나 중도층과 보수층은 각각 53%, 67%가 "잘못된 일"로 평가했다.[32]

2월 3일 시인 이병철은 「2030세대와 단일팀」이라는 『경향신문』 칼럼에서 남북단일팀을 반대한 청년 세대를 "올림픽 정신도 모르고 박애주의도 모르는 이기적 철부지들"이라며 비난한 소위 '진보 지식인'들에 대해 다음과 같이 말했다.

"1분이라도 더 출전하는 것, 함께 땀 흘리고 실패하고 다시 연습해 맞춘 팀플레이를 실전에서 펼쳐 보이는 것, 한 번의 패스, 한 번의 슛, 한 번의 수비, 한 번의 골, 한 번의 승리, 당장 눈앞의 싸움들을 최선 다해 싸우는 것. 운동선수에게는 그것만이 목표고 대의며 명분이다. 단지 그 일에 충실했던 선수들을 개인 영달과 출세, 자기 이익만 생각하는 이기주의자라고 비난하다니. 유효 슈팅 136개를 온몸으로 막아내 피멍투성이

가 된 그 간절함의 털끝도 모르는 자들이 책상 앞에 앉아 하는 말은 너무 가볍다."[33]

금 5개, 은 8개, 동 4개로 종합 7위

평창 동계올림픽 개막일인 2018년 2월 9일 북의 고위급 특사 대표단이 인천공항으로 들어왔다. 명목상 단장인 최고인민회의 상임위원장 김영남보다 김정은의 동생인 조선노동당 중앙위 제1부부장 김여정한테 눈길이 쏠렸다. 김여정은 2월 10일 청와대를 방문해 문재인한테 김정은의 친서를 전하며 "편하신 시간에 북을 방문해주시기를 요청한다"는 김정은의 초청 의사를 구두로 함께 전했다.[34]

미국에선 부통령 마이크 펜스Mike Pence와 프럼프의 딸 이방카 트럼프Ivanka Trump가 참석했다. 이들이 북한 대표단과 회담을 가질 것이란 추측이 무성했지만, 이는 펜스의 회피로 성사되지 않았다. 펜스는 회고록에서 문재인이 자신을 안내하며 김여정·김영남과의 만남을 '정중하게 강요'한다고 판단했으며, 자신이 애써 그들과의 만남을 피한 데 대해 "그렇게 만나게 되면 북한에게 거대한 승리를 상징하는 것이었다"고 밝혔다.[35]

백악관 국가안보보좌관 존 볼턴John Bolton은 언론 인터뷰에서 펜스가 북한에 자국을 선전할 수 있는 여지를 주지 않고, 우리와 한국의 사이를 틀어지게 하도록 방치하지 않은 점에 찬사를 보냈다. 그는 회고록에서 "물론 문재인 대통령은 국내에서 정치적 지지를 받으려고 북한의 고위급 인사들을 올림픽에 초청해서 자신이 거둔 '성공'을 강조하는 데 전

마이크 펜스는 문재인이 김여정과 김영남을 만나달라고 '정중하게 강요'했다고 말했지만, 그는 북한에 거대한 승리를 안겨줄 것 같아 회피했다고 말했다.

력을 다했다. 특히 김정은의 여동생인 김여정의 참석에 공을 들였다. 사실 김여정은 문재인 대통령을 북으로 초대하는 임무를 띠고 왔는데 그는 곧바로 그걸 수락했다"며 다음과 같이 말했다.

"차후에 북한 팀이 이 올림픽에 참여하는 데 든 비용을 한국이 전부 지불했다는 정보가 흘러나왔다. 올림픽 정신에 따라 그렇게 한 게 아니라 서글프게도 이미 뿌리내린 기존의 패턴을 따른 것이다. 한국 좌파는 '햇볕정책'을 숭배하고 있는데, 이는 기본적으로 북한에 잘해주면 한반도에 평화가 찾아올 것이란 정책이다. 그러나 언제나 그렇듯 그런 행동은 북한의 독재자를 원조하는 데 그칠 뿐이다."[36]

또 볼턴은 "(문재인의) 정치적 계산은 한반도에 있는 강한 미국의 존재를 기반으로 하고 있다"며 이렇게 말했다. "많은 사람들이 보기에 한국의 정치 좌파들은 미국이라는 존재 덕분에 애초에 '햇볕정책'이라는 판타지에 몰두할 수 있었다. 만약 우리가 한국을 떠난다면, 사실상 자신들끼리만 남아서 자신들의 어리석음에 대한 여파를 느끼게 될 것이다. 나는 그들도 그런 상황을 두려워하고 있다고 믿는다."[37]

평창 동계올림픽이 2월 9~25일 17일 동안 강원도 평창, 강릉, 정선 일원에서 성공리에 열렸다. 평창 동계올림픽은 1988년 서울 하계올림픽 이후 우리나라에서 30년 만에 열린 두 번째 올림픽이며, 아시아에선 일본 삿포로(1972년)·나가노(1998년)에 이은 세 번째 동계올림픽이었다. 한국은 전통적인 강세 종목인 쇼트트랙과 스피드스케이팅 외에 스켈레톤, 스노보드 등 생소한 종목에서도 메달을 일궈 금메달 5개, 은메달 8개, 동메달 4개를 획득해 아시아 국가 중 최고 성적인 종합 7위에 올랐다. 17개 메달은 2010년 밴쿠버 대회에서 따낸 14개 메달을 뛰어넘는 동계올림픽 최다 기록이었다.[38]

평창 동계올림픽이 키운 남북 화해 무드

평창 동계올림픽을 무사히 치르고 열흘쯤 지난 2018년 3월 5일 '대북특별사절단'이 서해직항로를 거쳐 방북했다. 청와대 국가안보실장 정의용과 국가정보원장 서훈 등 5명의 특사단은 평양 노동당 중앙위 본부청사에서 김정은을 만났다. 평창 개막식에 참석한 김여정, 평창 폐막식에 참석한 통일전선부장 김영철이 배석했다. 다음 날 북한의 『노동신문』은 "최고 영도자 (김정은) 동지께서는 남측 특사로부터 수뇌 상봉과 관련한 문재인 대통령의 뜻을 전해 들으시고 의견을 교환하셨으며 만족한 합의를 보셨다"고 보도했다.

정의용은 3월 6일 판문점 평화의집에서 기자회견을 열어 "남과 북은 4월 말 판문점 평화의집에서 제3차 남북정상회담을 개최하기로 했다"고 공식 발표했다. 이날 정의용은 김정은의 주목할 만한 발언을 여럿 언론에 공개했다. "대화가 지속되는 동안 북은 추가 핵실험 및 탄도미사일 시험 발사 등 전략 도발을 재개하는 일이 없을 것임을 명확히 했다"는 전언이 대표적이다.

김정은이 2022년 3월 24일 "신형 대륙간탄도미사일 '화성포-17'형 시험 발사"를 현지 지도할 때까지 4년간 유지된 '핵실험·대륙간탄도미사일 발사 일시유예'(모라토리엄)의 시발이다. 아울러 정의용은 "비핵화는 선대의 유훈이며 선대의 유훈에 변함이 없다"거나 "북에 대한 군사적 위협이 해소되고 북의 체제 안전이 보장된다면 핵을 보유할 이유가 없다"는 김정은의 발언도 언론에 공개했다. 당연히 북과 사전 조율된 발표였다.

그러고 나서 정의용은 "북미 대화를 시작할 충분한 여건이 조성돼 있다 판단한다"며 "저는 서훈 국정원장과 함께 미국을 방문한다"고 발표했다. 그는 2018년 3월 9일 백악관에서 트럼프를 만난 뒤 백악관 출입기자들 앞에서 이렇게 발표했다. "김정은 위원장은 트럼프 대통령을 가능한 조기에 만나고 싶다는 뜻을 표명했고, 트럼프 대통령은 항구적인 비핵화 달성을 위해 김정은 위원장과 5월 말까지 만나겠다고 말했다."

백악관 안보보좌관이나 대변인이 아닌 정의용이 직접 발표한 것도 파격이지만, 무엇보다 세계를 놀라게 한 발표는 5월 말 이전에 김정은을 만나겠다는 트럼프의 발언이었다. 1948년 한반도의 38선 이북에 조선민주주의인민공화국이라는 '분단정부'가 세워진 이래 70년간 줄곧 적대해온 북미가 정상회담을 하기로 원칙적 합의를 보았다는 발표와 다름없었기 때문이다.[39]

이에 문재인은 "남북정상회담에 이어 트럼프 대통령과 김 위원장이 만나면 한반도의 완전한 비핵화는 본격적인 궤도에 들어설 것"이라며 "5월 회동은 훗날 한반도 평화를 일궈낸 역사적 이정표로 기록될 것"이라고 밝혔다. 그는 이어 "어려운 결단을 내려준 두 분 지도자의 용기와 지혜에 깊은 감사의 마음을 전한다"면서 "특히 김 위원장의 초청 제의를 흔쾌히 수락한 트럼프 대통령의 지도력은 남북한 주민, 더 나아가 평화를 바라는 전 세계인의 칭송을 받을 것"이라고 말했다.[40]

'82년생 김지영' 사건

2016년 10월 한국 페미니즘사의 한 장을 장식할 책이 출간되었다. 그건 바로 조남주의 『82년생 김지영』이다. 육아 문제로 경력이 단절된 전업주부 '1982년생 김지영'의 30여 년 인생을 통해 여성들이 겪는 일상적 차별과 구조적 불평등을 그린 이 소설은 나중에 판매부수 70만부(2018년 3월 기준)를 기록하면서 '페미니즘의 상징'으로 떠오르게 된다. 1982년에 태어난 여성들의 이름 중 가장 많은 것이 김지영이라는 사실이 시사하듯이, 이 소설은 특수성이 아니라 보편성을 추구함으로써 여성 독자들에게 "우리는 모두 김지영"이라는 감정이입을 하게 만들었다.[41]

『82년생 김지영』을 읽은 수많은 여성은 책을 통해서나마 경험한 '김지영의 세계'는 결코 반복하지 않겠다는 굳은 의지를 다지면서 이 책에 '한국 페미니즘의 경전'의 위상을 부여하게 만들었다. 바로 그런 이유 때문에 이 책은 페미니즘에 적대적인 일부 남성들의 공격 대상이 되었다.

2018년 3월 18일 아이돌 그룹 레드벨벳의 아이린이 서울 강남구 삼성동 코엑스아티움에서 열린 팬 미팅에서 근황을 묻는 질문에 "최근 책을 많이 읽었다. 『82년생 김지영』을 읽었다"고 말했다. 그런데 팬 미팅이 끝난 뒤 아이린의 발언을 놓고 일부 누리꾼들이 인터넷 공간에서 황당한 논리의 공격을 펼치기 시작했다. 아이린이 『82년생 김지영』을 언급한 것을 두고 "페미니스트임을 선언했다"며 비난하고 나선 것이다. 이들은 인터넷 커뮤니티에 아이린의 사진을 찢고, 불태우는 모습이 담긴 사진을 올리기도 했다.

이는 2018년 들어 일어난 이런 유형의 사건으론 세 번째였다. 1월 소녀시대 멤버 수영이 웹 리얼리티쇼 〈90년생 최수영〉에서 자신이 『82년생 김지영』을 읽고 어쩌면 스스로 당연하게 여겨온 불평등과 차별을 인식하게 되었다고 말하자, 디시인사이드의 남성 유저들은 심한 인신공격을 퍼부었다. 2월엔 아이돌 그룹 에이핑크 손나은도 자신의 인스타그램에 'girls can do anything(여성은 뭐든 할 수 있다)'이라고 적힌 휴대전화 케이스 사진을 올렸다가 봉변을 당한 적이 있었다.[42]

그러나 이 어이없는 사건들은 『82년생 김지영』엔 큰 행운(?)이었다. "책 내용을 몰라서 그러는데 알려주실 수 있나여?"라는 댓글이 말해주듯이, 많은 사람이 이 책이 어떤 책인지 궁금해하면서 한 온라인서점에서 창사 이래 하루에 가장 많이 팔린 책이 될 정도로 판매가 급증했기 때문이다.[43] 댓글 중에서 가장 눈에 띄는 건 다음 댓글이었다. "민주당 금태섭 의원이 당에 책 돌리고 노회찬 의원이 이 책을 대통령한테 선물할 때는 가만있던 것들이 왜 여자가 이 책을 보면 지랄발광을 하는데?"

제3장

판문점 남북정상회담과 싱가포르 북미정상회담

"대통령의 숨소리에 울음이 묻어 있었다"

"문재인 대통령의 숨소리에 울음이 묻어 있었다. 아니, 문 대통령은 분명 울고 계셨다." 2017년 12월 23일 청와대 대변인 박수현이 자신의 페이스북에 문재인이 하루 전 제천 화재 희생자 유가족을 위로하는 모습이 담긴 사진과 함께 올린 글이었다. 박수현은 "희생자 한 분 한 분 앞에 대통령은 일일이 엎드리셨다"며 "'유가족의 욕이라도 들어 드리는 게 대통령이 지금 해야 할 일'이라며 돌아오는 차 안에서 또 울먹이신다"고 했다.

자유한국당 수석 대변인 장제원은 "대형 참사 앞에서 참모진이 해야 할 일이 오로지 대통령의 숨소리에 귀 기울이는 것인가"라며 "지금 할 일은 조속하고 제대로 된 진단과 책임 규명을 통해 다시는 이런 대참사가 없도록 해야 하는 것"이라고 했다.[44] 그러나 이런 비판은 무력했거니와 오히려 역효과를 낳은 것처럼 보였다. 리얼미터는 여론조사에서 "대통령이 제천 화재 현장을 방문하던 날 지지율이 69%에서 72%로 상승했다"고 발표했으니 말이다.

흥미로운 건 대중이 탁현민식 이미지 정치에 익숙해지면서 '소통'의 개념도 달라져가고 있었다는 사실이다. 한국갤럽이 2017년 6월에서 12월까지 28번 실시한 여론조사에서 문재인을 지지하는 이유로 '소통을 잘한다'가 23번이나 1위에 올랐다. 조사 때마다 '소통을 잘해서 지지한다'가 지지자의 15~20%를 차지했다. 반면 지지하는 이유로 '경제정책'과 '일자리 창출'은 각각 1~2%에 그쳤다. 대통령 지지율 고공 행진의 일등 공신이 '소통 잘한다'는 이미지였던 것이다.[45]

그런 이미지 연출을 주도한 탁현민이야말로 일등 공신이었다. 한동안 계속되던 탁현민 논란을 확실하게 잠재운 건 2018년 4월 27일에 이루어진 남북정상회담이란 초대형 이벤트였다. 이에 앞서 190여 명이 방북해 '남북 평화 협력 기원 남측 예술단 평양 공연'이 있었다. 공연은 4월 1일 동평양대극장에서 우리 측 단독공연, 4월 3일엔 류경정주영체육관에서 남북 합동 공연이 이루어졌다.

그렇게 남북 화해 무드를 고조시킨 후, 판문점 평화의집에서 문재인과 김정은이 만난 4·27 남북정상회담은 그 자체만으로도 감동스러운 일이었지만, 그림이 더욱 감동스러웠다. 판문점을 레이저빔으로 수놓은 것도 인상적이었지만, 가장 인상적인 건 문재인과 김정은의 도보다리 산책이었다. 이 다리는 중립국감독위원회 캠프와 판문점을 잇는 다리로 중립국감독위원회 관련 인사들만 사용할 수 있는 다리였지만, 이 회담을 위해 군사분계선 팻말까지 새로 만드는 등 개보수를 거쳤다. 여기서 나온 그림이 어찌나 멋져 보였던지 나중에 시진핑과 도널드 트럼프까지 따라 할 정도였다.

문재인과 김정은은 2018년 4월 27일 판문점 평화의집에서 발표한 남북정상회담 합의문을 통해 핵 없는 한반도 실현, 연내 종전 선언, 남북 공동연락사무소 개성 설치, 이산가족 상봉 등을 천명했다. 단 하루 동안의 이벤트였을망정 그 주요 과정을 『한겨레』 통일외교팀 선임기자 이제훈이 훗날(2022년 11월 29일) 발표한 「문재인·김정은의 외침 "이제 전쟁은 없다"」는 기사를 중심으로 자세히 음미해보기로 하자.

4·27 판문점 남북정상회담

4월 20일 북한 조선노동당 중앙위 7기 3차 전원회의에서 국무위원장 김정은은 "당의 (경제·핵) 병진 노선이 위대한 승리로 결속"되었다며 "사회주의 경제건설에 총력을 집중하는 것이 당의 (새로운) 전략적 노선"이라고 선언했다. 그는 진지함을 강조하려는 듯 "4월 21일부터 핵시험과 대륙간탄도로케트 시험 발사 중지"와 "북부 핵시험장 폐기"를 약속했다.[46]

바로 이날 청와대 대통령 집무실과 국무위원장실 사이에 설치된 남북 정상 핫라인(직통전화) 첫 연결 통화가 이루어졌다. 남북정상회담 준비위원회 종합상황실장인 청와대 국정상황실장 윤건영은 이날 춘추관 브리핑에서 "역사적인 남북 정상 간 직통전화 연결이 완료돼 오늘 오후 3시 41분부터 4분 19초간 상호 통화로 이뤄졌다"고 말했다. 전화 통화는 청와대 제1부속실장 송인배와 북한 국무위원회 담당자 간 이루어졌다.

송인배가 전화를 걸자 북한 담당자가 "평양입니다"고 받았다. 이에 송인배가 "안녕하십니까. 여기는 청와대입니다. 잘 들립니까. 정상 간 직통전화 시험 연결을 위해 전화했습니다. 저는 청와대 송인배 부속비서관입니다"고 했다. 송인배는 "서울은 날씨가 아주 좋습니다. 북측은 어떻습니까?"라고 물었고, 북측 담당자는 "여기도 좋습니다"고 답했다. 윤건영은 "전화 연결은 매끄럽게 진행됐고 전화 상태가 매우 좋았다"며 "마치 옆집에서 전화하는 듯했다"고 설명했다.[47]

4월 27일 오전 9시 30분 문재인과 김정은이 판문점 공동경비구역 JSA의 폭 50센티미터, 높이 5센티미터 군사분계선을 사이에 두고 마주 선 채로 악수했다. 김정은이 군사분계선을 가볍게 넘었다. "저는 언제쯤 넘어갈 수 있겠습니까?"라는 문재인의 물음에, 김정은이 기다렸다는 듯 "그럼, 지금 넘어가볼까요"라고 화답했다. 두 사람은 서로 손을 맞잡고 군사분계선을 가볍게 넘나들었다. 이제훈은 "1948년 남과 북에 두 '분단정부'가 세워진 이래 70년간 단 한 번도 없던 동반 월경·왕복이다"고 했다.[48]

문재인과 김정은은 오전 10시 15분부터 판문점 남쪽 구역 '평화의 집'에서 회담했다. 회담에 앞서 김정은은 동생인 노동당 중앙위 제1부부장 김여정이 건네준 펜으로 "새로운 역사는 이제부터. 평화의 시대, 력사의 출발점에서. 김정은 2018. 4. 27"이라고 방명록에 적었다. 이어 두 정상은 1층 로비에 걸린 '북한산' 그림을 배경으로 기념사진을 찍었다. 사진을 찍은 뒤 두 정상은 그림을 바라보며 30초가량 대화를 나누었다. 문재인은 '장백폭포' 그림을 소개하면서 백두산을 가고 싶다는 뜻을 넌지시 전하기도 했다. 문재인은 "나는 백두산을 가본 적이 없다. 그런데

4월 27일 문재인과 김정은은 판문점 공동경비구역의 군사분계선을 손을 맞잡고 가볍게 넘었다. 이는 70년간 단 한 번도 없던 동반 월경·왕복이었다.

중국을 통해 백두산을 가는 분들이 많더라. 나는 북측을 통해 꼭 백두산에 가보고 싶다"고 말했다.[49]

문재인과 김정은은 따로 점심을 먹고 오후 4시 27분 기념식수를 하려고 남쪽 군사분계선 근처 '소떼길'에서 다시 만났다. 고故 정주영 현대그룹 명예회장이 1998년 6월 16일 500마리 '통일소'와 함께 방북할 때 지난 길이라 소떼길로 불렸다. 문재인은 백두산 흙을, 김정은은 한라산 흙을 삽에 퍼서 미리 심어놓은 1953년생 반송에 세 차례 뿌렸다. 문재인은 대동강 물을, 김정은은 한강 물을 나무에 뿌렸다. 이에 대해 이제훈은 다음과 같이 썼다.

"합토합수合土合水로 남과 북의 평화·공동번영의 바람을 담았다. '대결과 긴장'의 땅 군사분계선에 '평화와 번영'의 염원을 담은 소나무를 함께 심어, 군사분계선이 갈라놓은 백두대간의 식생을 복원하는 등 '끊어진 민족의 혈맥을 다시 잇'는 새 시작을 알리고자 마련한 행사다. 문 대통령과 김 위원장은 '평화와 번영을 심다'라 새긴 반송 표지석 앞에서 기념사진을 찍었다."[50]

문재인·김정은, "이제 전쟁은 없다"

기념식수 뒤 문재인과 김정은은 '공개 밀담'을 나누었다. 두 사람은 판문점 자유의집 오른쪽으로 난 길을 따라 걸어 오후 4시 39분 연한 청색을 입힌 '도보다리'에 다다랐고, 오후 4시 42분 문재인의 권유로 고동색 나무의자에 앉아 30분 남짓 회담했다. 이제훈은 "그 나무의자 바로 뒤로 1953년 7월 27일 정전 이후 온갖 풍상을 견디느라 녹이 슨 101번째 군사분계선 표지물이 무심히 서 있었다"며 다음과 같이 말했다.

"문 대통령이 손가락을 하나씩 접어가며 뭔가를 설명했고, 김 위원장이 이따금 고개를 끄덕였다. 두 정상은 자주 함께 웃었다. 이 모든 모습이 텔레비전 생중계로 한국은 물론 세계에 송신됐다. 두 정상의 말소리는 전혀 들리지 않는데 새소리가 유독 크게 들렸다. 혹시 모를 관련국의 도청을 차단하려는 '계산된 잡음'이다. 그날 이후 고유명사로 굳은 '도보다리 산책' '도보다리 회담'이다. 도보다리는 정전협정 직후 중립국감독위원회가 습지 위에 만들었고, 유엔사는 '풋 브리지Foot Bridge'라 불렀다. 4·27 판문점 남북정상회담 이후 도보다리는 판문점 공동경비구역 관광객이 가장 좋아하는 기념촬영 장소로 자리 잡았다."[51]

문재인과 김정은은 도보다리 공개 밀담 뒤 20분 남짓 오후 회담을 하고 "한반도의 평화와 번영, 통일을 위한 판문점 선언"에 서명했다. 6·15와 10·4에 이은 세 번째 남북 정상 선언이다. 그러고 나서 평화의 집 광장에서 "한반도에 더이상 전쟁은 없을 것이며 새로운 평화의 시대가 열렸음을 8천만 우리 겨레와 전 세계에 엄숙히 천명"한다는 선언과 함께 '평화, 번영, 통일'의 경로를 밝힌 '4·27 판문점 선언'을 공동 발표했다.

공동 회견에서 문재인은 "이제 우리는 결코 뒤돌아가지 않을 것"이라고 외쳤고, 김정은은 "이 합의가 역대 합의서처럼 시작만 뗀 불미스러운 역사가 되풀이되지 않도록 우리 두 사람이 무릎을 마주하고 긴밀히 협력해 반드시 좋은 결실이 맺어지도록 노력해나갈 것"이라고 말했다. 해 질 무렵 김정은의 부인 리설주가 평화의집에 모습을 드러냈다. 오후 6시 30분부터 3시간 동안 4·27 판문점 회담의 성과를 자축하는 공연과 만찬이 이어졌다. 이후 벌어진 일에 대해 이제훈은 다음과 같이 썼다.

"문 대통령의 권유로 평양냉면을 준비해온 김 위원장은 '대통령께서 멀리 온, 아…멀다고 하면 안 되갔구나. 맛있게 드시면 좋겠다'고 해 만찬장을 웃음바다로 만들었다. 그날 이후 평양냉면과 '아…멀다고 하면 안 되갔구나'는 남쪽 젊은이들 사이에 '힙함'을 상징하는 징표로 한동안 인기를 끌었다. 서훈 국가정보원장 등 몇몇은 눈물을 훔쳤고, 어떤 이들은 남북을 오간 평양 소주잔을 거푸 들이붓고 대취했다. 밤 9시 28분 김정숙 여사와 리설주 여사가 작별 포옹을 마치자 김 위원장을 태운 차가 군사분계선을 넘어 북쪽으로 돌아갔다. 지금은 쓰린 마음으로 되돌아볼 수밖에 없는 2018년 4월 27일 12시간에 걸친 평화 드라마, '하나의 봄'(환송 공연 이름)이 그렇게 저물었다."[52]

자유한국당 대표 홍준표는 자신의 페이스북에 "남북정상회담 발표문은 북의 통일전선 전략인 '우리 민족끼리'라는 주장에 동조하면서, 북핵 폐기는 한마디도 꺼내지 못하고 김정은이 불러준 대로 받아 적은 것"이라며 "결국 남북정상회담은 김정은과 문재인 정권이 합작한 남북 위장 평화 쇼에 불과했다"고 밝혔다. 그는 "참으로 걱정스럽다"며 "대북 문제도 대국민 쇼로 일관하는 저들이 5000만 국민의 생명과 재산을 지킬 수 있겠나"고 했다.[53]

미국도 이 정상회담에 대해 냉소적이었다. 미 기업연구소AEI의 선임연구원 닉 에버스타트Nick Eberstadt는 『뉴욕타임스』 기고문에서 이 정상회담을 "P. T. 바넘 스타일, 외교 세계에서는 1분에 하나씩 봉이 태어난다"고 표현했다. 핵을 포기하겠다는 북한의 거짓말 속임수에 남한이 놀아나고 있다는 뜻이었다.[54]

회담 후 문재인이 도보다리 산책 때 "발전소 문제"라고 말하는 듯한 장면이 화제가 되자, 문재인은 4월 30일 청와대 수석보좌관회의에서 "내가 구두로 발전소를 얘기한 적은 없다"며 "김 위원장에게 신경제구상을 담은 책자와 PT(프리젠테이션) 영상자료를 (USB에 담아) 넘겼는데 거기에는 발전소 관련 내용이 담겨 있다"고 밝혔다. USB에 무엇이 담겼느냐를 놓고 수 년 후까지 논란이 된다.[55]

6·12 싱가포르 북미정상회담

6월 12일 현지 시간 오전 9시 싱가포르 센토사섬에 있는 카펠라 호텔에서 역사상 최초로 북미 간 정상회담이 이루어졌다. 개최 20일 전인

5월 24일 미국 대통령 도널드 트럼프는 북한의 적대적인 성명 때문에 회담을 취소한다고 밝혔다가, 5월 26일에는 다시 예정된 날짜에 회담을 열 수도 있다고 발언함으로써 이 정상회담이 정치적 이벤트에 불과한 것이 아닌가 하는 의심을 불러일으켰다. 회담 이후 김정은과 트럼프의 합의문이 발표되었는데, 그 내용은 다음과 같다.

"한반도의 평화 체제 건설에 관한 의제에 대하여 포괄적이고 면밀하며 진실성 있는 의견 교환을 기록하였다. 미국의 트럼프 대통령은 북한에 체제 안전 보장을 약속하였고, 김정은 국무위원장은 단호하고 확고하게 한반도에서의 완전한 비핵화를 약속하였다. 한반도의 비핵화를 통하여 완전한 평화 구축에 대해서 북미 정상이 공식적으로 합의를 하였다. 북한이 미국에 북미정상회담 의제로 요청하였던 한반도 평화협정 체결은, 남북 간에 2018년에 체결된 4·27 판문점 선언 구체적 실행을 추진한다는 명시적인 내용으로 함축되었다. 미합중국과 조선민주주의인민공화국은 전쟁 포로와 전시 행방불명자에 대한 유해 발굴과 신원 기확인자(이미 확인된 사람)에 대한 즉각적인 유해 송환을 합의하였다. 북한과 미국 양국 국민들의 평화와 번영을 향한 염원에 부합하면서 새로운 북미 관계를 수립하기로 약속하였다."

문재인은 "6월 12일 센토사 합의는 지구상의 마지막 냉전을 해체한 세계사적 사건으로 기록될 것이다. 미국과 남·북한이 함께 거둔 위대한 승리이고 평화를 염원하는 세계인들의 진보"라면서 "트럼프 미국 대통령과 김정은, 그리고 회담 성공을 위해 노력한 리셴룽 싱가포르 총리를 비롯해 국제사회의 모든 지도자들에게 감사하다", "이번 합의를 바탕으로 평화와 협력의 새 역사를 써갈 것"이라며 "이번 합의가 온전히 이

6월 12일 싱가포르에서 북미 정상이 역사상 최초로 회담을 했다. 이 자리에서 두 정상은 '한반도의 평화 체제'에 대한 공동성명을 발표했다.

행될 수 있도록 국제사회와 아낌없이 협력할 것이다. 한반도에 평화가 정착되고 공존과 번영의 새 시대가 열릴 수 있도록 노력하겠다"고 발표했다.

민주당 대표 추미애는 "북미정상회담 성공은 한반도 역사의 대전환점이 될 것"이라며 "(미국과 북한) 두 정상의 만남만으로도 70여 년간 적대적 관계이던 양국 관계의 진전이 이뤄지는 것"이라며 "한반도 평화와 번영을 위해 북미정상회담에서 긍정적 성과가 도출되기를 기대한다"고 밝혔다.

자유한국당 대표 홍준표는 대한민국 제7회 지방선거의 전날에 북미정상회담이 열리는 것에 대해 "오로지 지방선거를 남북 평화 쇼로 치르려는 생각 뿐"이라고 비판했다. 그러면서 "북한이 거짓말을 하고 있다는 전제로 회담을 해야 한다"면서 미국이 북한에 무엇을 요구해야 하는지 미국 백악관에 공개서한을 보내겠다고 개인적인 의견을 밝혔다.[56]

6월 13일 『조선일보』는 「어이없고 황당한 북美·미北 회담, 이대로 가면 핵北 핵보유국 된다」는 사설을 통해 "6·12 합의문은 눈을 의심하게 만든다. 그만큼 어이없고 황당하다. 이번 회담의 목표는 오로지 한 가지, 북한 핵을 폐기하는 것이었다. 이번 회담의 성패를 가르는 기준은 합의문 속에 핵 폐기 시한時限과 CVID라는 핵 폐기 원칙이 명확히 담기느냐 두 가지였다"며 다음과 같이 말했다.

"그러나 합의문 속에 담긴 비핵화 관련 내용은 '북한은 4·27 남북정상회담 판문점 성명을 재확인하면서 한반도의 완전한 비핵화를 향해 노력할 것을 다짐한다'는 것이다. 판문점 성명의 '완전한 비핵화를 통한 핵 없는 한반도 실현'이라는 문구에서 한 발자국도 앞으로 나아가지 못했다. 판문점 성명 합의 내용 자체가 만족스럽지 못했지만 정부는 '비핵화에 대한 구체적 합의는 미·북 정상회담에서 도출될 것'이라고 했고 국민들도 그렇게 이해했다. 그런데 그로부터 한 달 반 만에 나온 미·북 핵담판 결과도 '완전한 비핵화'라는 추상적 한마디뿐이다. 트럼프 대통령은 지난 몇 달간 '빠른 시일 내에 핵 폐기'를 입에 달고 살다시피 했는데 언제까지 핵 폐기를 한다는 시한은 아예 합의문에서 실종됐다."[57]

평화 드라마의 쓸쓸한 결말

4·27 평화 드라마는 6·12 싱가포르 북미정상회담을 거쳐 2019년

까지 연장 방영되지만, 그 결말은 씁쓸했다. '4·27 판문점 선언' 6주년을 맞은 2024년 4월 27일의 풍경을 미리 잠시 엿보기로 하자. 국민의힘 대변인 김민수는 이날 논평을 내고 "문재인 전 대통령이 굴종적 자세로 평화를 외치는 동안 북한은 핵을 고도화했다"며 "진정 대한민국 안보가 걱정된다면 굴종으로 일관했던 대북정책을 반성하기를 바란다"고 주장했다.

그는 "4·27 판문점 회담과 9·19 군사합의가 가져온 것은 한반도의 평화가 아닌 북한의 일방적인 규약 파기와 도발뿐이었음을 까맣게 잊었는가"라며 "북한으로부터 대한민국 국민의 안전을 담보할 수 있는 것은 자강의 노력과 강력한 한미동맹이라는 진실을 호도하지 않기를 바란다"고 했다.

반면 민주당 대변인 최민석은 논평에서 "남과 북의 정상이 직접 한반도에 평화의 시대를 열겠다고 전 세계에 천명하는 역사적인 순간이었다"고 했다. 그러면서 "한반도의 항구적 평화는 타협해선 안 될 절대적 목표"며 "윤석열 정부는 지금이라도 판문점 선언의 의미를 되새겨 북한과의 강대강 대치를 멈춰야 한다"고 했다.

민주당 원내대표 홍익표도 페이스북에 "정부는 강경일변도 대북정책 기조를 전환해야 하고, 북한은 군사적 도발과 적대적 인식을 멈춰야 한다"고 했다. 이어 "하루빨리 남북 대화가 재개될 수 있는 여건이 마련되길 바란다"며 "남북 관계가 잠시 주춤하지만 2018년 평화의 봄을 기억하며 판문점 선언의 정신으로 평화를 지키는 데 최선을 다하겠다"고 했다.[58]

제4장

드루킹 대선
댓글 조작 사건

'정부 비방 댓글 조작' 누리꾼은 민주당원

2018년 1월 17일 민주당 대표 추미애는 "가짜뉴스와 인신공격, 욕설 등이 (포털사이트에) 난무하고 있다"며 "이를 간과하고 있는 포털에 책임을 묻지 않을 수 없다"고 했다. 그러면서 민주당에 '댓글 조작 대책단'을 출범시켰다. 이 문제는 원래 김어준이 2017년 12월부터 제기해온 것이어서 이 사건을 일으킨 원조는 김어준이라는 설이 유력하다.

1월 18일 청와대 국민청원 게시판에 올라온 한 건의 청원 글이 주목을 받았다. 평창올림픽 여자 아이스하키 단일팀 구성에 대한 정부·여당 비판 댓글이 비정상적으로 추천을 많이 받는다는 내용이었다. 게시자는 추천수가 올라가는 장면을 촬영한 영상을 첨부, "매크로(자동 입력 반복) 등으로 추정된다. 포털사이트 네이버에 대한 철저한 수사 필요하다"고 주장했다. 정부 비판 댓글이 과대 대표된다는 의심인만큼 사실상 보수 진영을 겨냥했다는 지적이 많았다. 네이버 측도 청원 이튿날(1월 19일) 분당경찰서에 수사를 의뢰했다.

1월 25일 방송된 SBS 〈김어준의 블랙하우스〉는 평창올림픽 남북 아이스하키 단일팀 구성 논란을 다루며 네이버에 올라온 기사 댓글에 매크로 조작이 이루어지고 있다는 의혹을 제기했다. 1월 27일 방송된 〈김어준의 다스뵈이다〉 9회 방송은 "올해 들어 얘네들(보수 진영)이 여론공작에 본격 돌입했다. 매우 일사불란한 하나의 체계다. 국정원 심리전단 수준으로 계층이나 연령을 세분화해 타깃을 나눴다"고 말했다. 이 같은 주장의 근거로는 "저쪽에서 대단한 위기감을 가졌다. 안 그래도 (대통령) 지지율이 60~70% 왔다갔다 하는데 굳어져서 지방선거까지 가면 끝장이다. 문재인 정부도 방심했다"는 정황을 제시했다.

1월 31일 민주당은 '네이버 댓글 조작 의혹'을 서울지방경찰청에 고발·수사 의뢰했다. 민주당 디지털소통위원회 댓글 조작·가짜뉴스 법률대책단은 보도자료를 통해 "네이버에 기사가 게재되는 즉시 명령체계를 통해 일사불란하게 악성 댓글을 등록해 조작하는 방식이 국가정보원 댓글 부대와 매우 흡사하다"며 "수사를 통해 밝혀낼 필요가 있다"고 했다.

2월 1일 방송된 SBS 〈김어준의 블랙하우스〉는 매크로 조작 시연을 내보냈다. 김어준은 "어떨 때는 경제적 이익, 어떨 때는 정치적 목적으로, 실재하지 않는 사람이죠. 기계가 하는 거니까. 실재하지 않는 여론을 프로그램을 통해 불법적으로 가공하는 것"이라며 "그런 다음에 여론을 몰아가는 것이다. 여론조작. 이건 불법이다"고 했다. 그는 관련 의혹을 8분가량 다루며 "댓글 부대가 여전히 활동하고 있을지 모른다는 정황을 최근에 문제 제기한 사람이 바로 저"라고 강조하기도 했다.[59]

2월 7일 수사를 시작한 지 2개월여 후인 4월 13일 서울경찰청 사이버수사대가 "댓글 조작 혐의(업무방해)로 구속한 3명 가운데 2명이 민주당 당원"이라고 밝히며 상황은 급반전되었다. 인터넷 포털사이트에서 문재인 정부 비방 댓글을 쓰고 추천수 등을 조작한 혐의를 받고 있던 이들은 경찰 조사에서 "보수세력이 여론 공작을 펴고 있다는 정황을 보여주고 싶어 댓글 조작을 했다"고 진술한 것으로 알려졌다.[60]

민주당 의원 김경수와 드루킹의 관계

이 사건의 주범인 김동원은 인터넷상에서 '드루킹'이란 필명으로 활동한 인물로 2개월 전인 2월까지 느릅나무출판사 공동대표를 맡았다. 2005년부터 그가 운영한 블로그 '드루킹의 자료창고' 누적 방문 수는 약 980만 회에 달할 정도로 유명세를 누려왔다. 그의 블로그엔 대부분 정치 판세나 정치인 관계 등을 분석·전망하는 평론 글이 올라왔다. 2017년 대선 전엔 문재인을 지지했고, 안철수에 대해선 비판적인 입장을 보여왔다. 또 그의 글엔 꾸준히 '새 정권에서 경제민주화를 통해 재벌 오너를 쫓아내고 경제 시스템을 바로잡기 위한 운동'이란 소개와 함께 '경제적 공진화 모임(경공모)'이란 홍보 문구도 있었다. 경공모는 댓글 추천수 조작이 이루어진 느릅나무출판사에 모여 오프라인 모임을 가졌던 것으로 알려졌다.[61]

4월 14일 밤 민주당 의원 김경수는 드루킹 등 민주당원들과 수백 차례 비밀문자를 주고받았다는 일부 언론의 의혹 제기와 관련해 "저와 관련해 사실이 아닌 내용이 무책임하게 보도된 데 대해 대단히 유감스

김경수는 드루킹이 오사카 총영사직과 청와대 행정관 자리를 청탁하는 등 자신에게 반협박조의 요구를 했다고 말했다. 2018년 10월 29일 첫 공판에 출석하는 김경수 경남지사.

럽다"고 밝혔다. 김경수는 이날 밤 9시 30분 국회 정론관에서 긴급 기자 회견을 열고 "문제가 된 사건의 본질은 지난 대선 때 문재인 후보를 자 발적으로 돕겠다고 스스로 연락하고 해놓고, 뒤늦게 무리한 대가를 요구 하다가 받아들여지지 않자 이에 반감 품고 불법적인 '매크로'를 사용해 악의적으로 정부를 비난한 사건"이라며 이같이 주장했다.[62] 다음 날 드 루킹이 2017년 대선 이후 김경수에게 오사카 총영사직을 요구한 것으 로 확인되었다.[63]

드루킹 일당이 김경수 등과 문자를 주고받았다는 의혹을 두고, 야당 은 '정권 차원의 여론조작', '국기문란 사건'이라며 특별검사 도입과 진 상규명을 주장했다. 자유한국당 원내대표 김성태는 15일 "민주당 댓글 사건은 집권당의 정치 여론 개입 사건이라는 점에서 충격 강도가 대단히 쇼킹하다"며 "정권 차원 여론조작과 국기문란 의혹이 제기되는 만큼 특검을 추진하는 방안도 깊게 고려하고 있다"고 밝혔다. '민주당원 댓글 조작 진상조사단' 단장에 임명된 3선의 김영우 의원은 "특검 수사가 반드시 필요하다"고 강조했다.

바른미래당 인재영입위원장 안철수는 댓글 조작이 이루어진 것으로 전해진 경기 파주의 느릅나무출판사 앞에서 기자회견을 열고, "이번에 드러난 것은 수많은 여론조작과 선거 부정의 빙산의 일각일 수 있다"며 김경수 조사를 촉구했다. 민주평화당 대변인 장정숙은 "민주당은 즉각 사과하고 재발 방지책을 내놓아야 할 것"이라고 했다. 반면 민주당 대변인 백혜련은 "명확한 근거나 증거 없이 마녀사냥하듯 몰아가는 행태는 구악으로, 마땅히 사라져야 한다"고 반박했다.[64]

4월 16일 김경수는 2번째 기자회견을 열고 인사 민원이 성사되지 않자 "(드루킹의) 반협박조의 요구가 이어졌다"고 밝혔다. 김경수는 2016년 중반경 드루킹과 처음 만난 것으로 기억한다면서 2017년 민주당 대선후보 경선 전에 사무실을 한 차례 더 방문했고 "(문 후보를) 열심히 돕겠다"는 그들에게 감사 인사를 했다고 말했다. 이어 김경수는 드루킹이 대선이 끝난 뒤 의원회관으로 다시 찾아와 변호사 한 명을 오사카 총영사로 추천했다고 밝혔다. 청와대 행정관 자리도 청탁했지만, 모두 무산되자 태도가 위협적으로 돌변했다고 김경수는 주장했다. 그는 드루킹이 2월까지 의원회관을 찾아와 무리하게 인사청탁을 하자, 상황이 심각하다고 판단해 "청와대 민정수석실 민정비서관에게 이 내용을 전달했다"고 밝혔다.

청와대 관계자는 "김 의원의 말대로 인사수석실로 (김씨가 청탁한 변호사에 대한) 추천이 들어왔고, 자체 검증 결과 오사카 총영사 자리에 적합하지 않다고 판단해 기용하지 않았다"고 말했다. 하지만 청와대는 오사카 총영사 인사청탁이 거절당한 뒤 김경수를 협박한 것으로 알려진 드루킹을 직접 만나 조사하진 않았다.[65]

대통령 부인까지 등장한 '드루킹 게이트'

4월 18일 야권은 '민주당원 댓글 조작 의혹' 사건을 '박근혜·최순실 국정농단'이나 미국 '워터게이트' 사건에 비유하는 등 공세 수위를 끌어올렸다. 특히 자유한국당과 바른미래당 등 보수야당은 특별검사 도입 필요성을 거듭 강조했다. 자유한국당 홍준표 대표는 이날 국회 본관 앞 '대한민국 헌정수호투쟁본부' 천막농성장을 방문해 "특검으로 가지 않으면 우리는 국회를 보이콧할 수밖에 없다"며 "여론조작 범죄조직이 드루킹 하나만이 아닐 것"이라고 주장했다. 김성태 원내대표는 농성장 근처에서 개최한 비상의원총회에서 "사건의 구조가 고영태에서 시작돼 최순실까지 이어진 국정농단 사건을 놀랄 만큼 빼다 박았다"고 말했다.[66]

4월 18일 문재인 대통령 부인 김정숙이 2017년 4월 3일 민주당 대통령 후보 경선 투표일 당시 드루킹이 주도한 문재인 후보 지지 온·오프라인 정치그룹인 '경인선經人先(경제도 사람이 먼저다)'을 챙기는 모습을 담은 영상이 확인되었다. 경인선이 2017년 8월 게시물과 함께 게재한 10초 분량의 유튜브 영상에는 김정숙이 지지자들과 악수를 나누던 중 "경인선도 가야지. 경인선에 가자"면서 여러 차례 경인선을 언급하고 이동하는 모습이 담겨 있었다. 이 영상이 드루킹이나 드루킹이 관여한 온라인 정치그룹이 김경수뿐만 아니라 문재인 캠프 측 여러 핵심인사에게 상당한 영향력을 보여주는 방증으로 해석되자 이와 관련해 청와대 측은 "김 여사가 당시 지지그룹들이 피케팅(응원전)을 하는 걸 보고 '문팬'이네 생각하고 간 것이지, 경인선이라는 곳을 알고 그런 건 아닌 것으로 안다"고 말했다.[67]

4월 19일 『조선일보』는 「대통령 부인까지 등장하기 시작한 '드루킹 게이트'」라는 사설에서 "국민은 이 정권이 전前 정권의 댓글 사건을 어떻게 다뤄왔는지 알고 있다"며 "민주당이 이름도 모르는 당원들의 일탈 행위로 덮고 가려 했던 이번 사건은 이미 '드루킹 게이트'라는 이름으로 커져가고 있다. 억지로 말을 맞춰놓고 나면 다음 날 또 다른 의혹이 터지면서 앞서의 해명을 웃음거리로 만들고 있다"고 했다.[68]

4월 19일 김경수가 그간 두 차례 미루었던 6·13 지방선거 경남지사 출마를 공식 선언했지만, 다음 날 경찰은 드루킹 일당이 매크로 프로그램을 사용해 추가로 6건의 기사 댓글을 조작한 정황을 확인했다. 드루킹이 김경수에게서 언론 기사의 인터넷 주소URL를 받은 뒤 "처리하겠다"고 답했고, 김경수는 "홍보해주세요"라는 메시지를 한 통 보낸 것도 파악되었다.[69]

김경수는 4월 20일 오전 11시 경남도청 프레스센터에서 경남도지사 선거 출마 선언 기자회견을 열고 드루킹 사건과 관련해 잘못이나 불법이 없었다며 의혹을 부인했다. 김경수는 "(경찰이) 수사 내용을 흘려서 언론 보도를 통해 의혹을 증폭시켜서는 안 된다. 필요하면 나를 불러서 조사해서 의혹을 가능한 빨리 털어내도록 촉구한다"고 말했다.[70]

김경수 보좌관과 드루킹 측의 돈 거래

그러나 의혹은 계속 커져갔다. 『한국일보』는 4월 21일 김경수의 보좌관과 드루킹 사이에 인사청탁과 관련한 수백만 원 대 금전거래가 있었던 것으로 확인되었다고 보도했다. 드루킹이 오사카 총영사관 등 인사청탁이 거절되자 김경수 측 A보좌관에게 양 측에 오간 금전 관계를 언급하며 협박 문자를 보냈다는 것이다. 이 기사는 또 경찰이 그동안의 압수물 분석 등을 통해 지난 대선 경선 기간인 지난해 1~3월에 두 사람이 기존에 알려진 러시아 메신저인 '텔레그램' 외에도 미국 메신저인 '시그널'을 통해 55차례 대화를 주고받았다는 사실을 추가로 확인했다고 보도했다. 이 가운데 드루킹이 보낸 것이 39번이었으며, 김경수는 16번에 걸쳐 메시지를 전송한 것으로 나타났다.[71]

4월 21일 김경수는 자신의 보좌관과 드루킹 사이에 수백만 원이 오간 사실을 뒤늦게 알았다고 해명했다. 그는 이날 기자들에게 문자 메시지를 보내 "보좌관이 (드루킹 쪽으로부터) 500만 원을 받았다가 돌려준 사실을 뒤늦게 알게 됐습니다. 경찰 조사를 통해 당사자가 해명해야 할 일이라고 봅니다. 신속한 조사를 통해 확인되기를 바랍니다"고 밝혔다.[72]

4월 23일 『조선일보』는 「보좌관 금품 거래까지, 김 의원 거짓말 행진 끝이 없다」는 사설에서 "김 의원은 처음엔 드루킹을 많은 사람 중의 한 명으로 잘 모른다는 식으로 설명했다. 그러다 지난 14일 기자회견 때 '드루킹에게 감사인사만 전했다'고 했다가, 16일에는 '홍보하고 싶은 기사 링크URL를 주위 분들에게 보냈는데 드루킹에게 전달됐을 가능성은 배제할 수 없다'고 말을 바꿨다"고 비판했다.

보좌관 금품거래까지, 김 의원 거짓말 행진 끝이 없다

김경수 의원의 보좌관이 댓글 조작혐의로 구속된 '드루킹' 김 모씨에게서 500만원을 받았다가 되돌려준 사실이 새롭게 드러났다. 김 의원의 보좌관은 지난해 대선 이후 드루킹 김씨로부터 500만원을 받았다가 김씨가 구속되자 되돌려줬고, 김씨는 김 의원에게 '오사카 총영사' 등을 청탁하는 과정에서 이를 언급하면서 압박했다는 것이다.

김 의원은 "뒤늦게 알게 됐다. 당사자가 해명해야 할 일"이라며 자신과의 연관성을 부인했다. 하지만 그동안 김 의원의 발언은 하루가 멀다 하고 계속 바뀌고 있다. 김 의원이 경남지사 출마 선언을 갑자기 연기했던 이유도 이 문제에 대해 고민했기 때문이라고 한다. 사건이 불거지기 전에 알고도 왜 한 달 가까이 쉬쉬했는지, 김씨가 구속되자 황급히 돈을 돌려준 이유는 무엇인지 의문이 꼬리를 물고 있다.

김 의원은 처음엔 드루킹을 많은 사람 중의 한 명으로 잘 모른다는 식으로 설명했다. 그러다 지난 14일 기자회견 때 "드루킹에게 감사인사만 전했다"고 했다가, 16일에는 "홍보하고 싶은 기사 링크(URL)를 주위 분들에게 보냈는데 드루킹에게 전달됐

을 가능성은 배제할 수 없다"고 말을 바꿨다.

드루킹 김씨의 인사청탁도 '무리한 요구'라서 들어주지 않았다고 했다가, '오사카 총영사'로 추천한 변호사의 이력서를 청와대에 전달했다고 말을 바꿨다. 이 밖에 드루킹의 초청을 받아 경기도 파주의 출판사 사무실을 찾아갔고, 특히나 보안성이 최고라는 '시그널' 메신저로 드루킹과 55차례나 메시지를 주고받은 사실이 드러났다. 여기에 더해 김 의원 보좌관과 드루킹은 돈까지 주고받는 사이였던 것이다.

현 상황에서 문제는 수사에 대한 불신이다. 경찰은 피의자들이 증거인멸할 시간을 벌어주며 오히려 그들을 변호하고 있고, 검찰은 이 사건을 불기소로 덮으려 했다. 경찰이 뒤늦게 수사팀을 13명에서 36명으로 늘리고, 드루킹 김씨의 파주 출판사와 주변의 CCTV 등 자료 확보에 나섰지만, 이 역시 시늉만 하는 게 아니냐는 비판을 받고 있다. 자금 추적이 시급한데도 아직 계좌 압수수색 영장을 신청하지 않고 있다. 김 의원에 대해선 한 발짝도 다가서지 못하고 있다. 전 정권 댓글사건이었다면 180도 다른 모습이었을 것이다. 모든 면에서 특검은 불가피하다.

김경수의 보좌관과 드루킹 사이에 금전 거래가 있었다는 사실이 밝혀지자, 김경수는 뒤늦게 이 사실을 알았다고 해명했다. (「조선일보」, 2018년 4월 23일)

사설은 "드루킹 김씨의 인사청탁도 '무리한 요구'라서 들어주지 않았다고 했다가, '오사카 총영사'로 추천한 변호사의 이력서를 청와대에 전달했다고 말을 바꿨다. 이 밖에 드루킹의 초청을 받아 경기도 파주의 출판사 사무실을 찾아갔고, 특히나 보안성이 최고라는 '시그널' 메신저로 드루킹과 55차례나 메시지를 주고받은 사실이 드러났다. 여기에 더해 김 의원 보좌관과 드루킹은 돈까지 주고받는 사이였던 것이다"며 다음과 같이 말했다.

"현 상황에서 문제는 수사에 대한 불신이다. 경찰은 피의자들이 증거인멸할 시간을 벌어주며 오히려 그들을 변호하고 있고, 검찰은 이 사건을 불기소로 덮으려 했다.……자금 추적이 시급한데도 아직 계좌 압수수색 영장을 신청하지 않고 있다. 김 의원에 대해선 한 발짝도 다가서지

못하고 있다. 전 정권 댓글 건이었다면 180도 다른 모습이었을 것이다. 모든 면에서 특검은 불가피하다."[73]

『중앙일보』는 「'드루킹 게이트' 진실 규명 특검 외에는 답이 없다」는 사설에서 "2012년 국정원 댓글 사건이 벌어졌을 때 당시 야당이던 민주당이 강하게 요구해 특검을 도입했던 일을 잊어선 안 된다"며 다음과 같이 말했다. "'드루킹 게이트'는 남북정상회담 등으로 국면이 전환되길 기다리며 어물쩍 넘길 일이 아니다. 민주주의를 왜곡시키고 민의를 비트는 댓글 조작 행위를 뿌리 뽑지 못하면 대한민국 민주주의가 송두리째 흔들릴 수도 있다. 정치권은 조속히 특검법을 마련해 진실을 명명백백하게 밝히고 반면교사로 삼아야 할 것이다."[74]

4월 24일 『경향신문』도 「여야 특검 수용하고 국회 현안 대화로 풀어야」라는 사설에서 "국민적 의혹으로 커져버린 드루킹 사건의 진실을 규명하기 위해서는 특검 도입을 피할 수 없게 됐다"며 다음과 같이 말했다. "야당도 특검이 도입되면 천막을 걷고 현안 처리를 위해 국회를 정상 가동하는 게 옳다. 차제에 댓글 조작을 막기 위한 근본적인 대책도 마련할 필요가 있다. 그게 국회가 할 일이다. 이미 김경수 의원은 특검 수사를 받겠다고 밝혔고, 청와대는 국회의 결정에 따르겠다고 했다. 그렇다면 남은 건 민주당 지도부의 결심뿐이다. 여당은 속히 결단을 내려야 한다."[75]

"김어준 띄우고 추미애 고발…뚜껑 여니 김경수"

5월 7일 서울지방경찰청은 "드루킹 일당은 지난 1월 17일부터 18일까지 이틀간 676개 기사의 댓글 2만여 개에 자동화 프로그램을 실행해

210만 여 회 댓글 추천수를 조작했고 여기에 동원된 아이디ID는 2290개에 달한다"고 밝혔다.[76] 이에 『조선일보』는 「드루킹 일당 이틀에 210만 번 '댓글 공작', 대선大選은 어땠겠나」는 사설에서 "애초 경찰은 지난 3월 말 드루킹이 평창 동계올림픽 남북단일팀 관련 기사 1건의 댓글 2개에 매크로를 사용했다며 검찰에 넘겼다. 그런데 더 조사해보니 여론조작이 이뤄진 기사 수가 676배, 댓글 수는 1만 배 넘게 늘어났다는 것이다"면서 다음과 같이 말했다.

"그러나 이번 경찰 발표는 어디까지나 사건의 곁가지에 불과하다. 핵심이자 국민 관심이 집중된 문제는 지난해 대선 전후 드루킹 일당과 현집권 세력이 무슨 관계였느냐 하는 것이다. 김경수 의원은 2016년 6월부터 드루킹을 7~8회 만난 것으로 드러났다.……드루킹은 경찰에 체포되기 직전 소셜미디어에 '2017년 대선 댓글 부대의 진짜 배후가 누구인지 알아? 언젠가 깨끗한 얼굴을 하고 뒤로는 더러운 짓 했던 넘들(놈들)이 뉴스 메인 장식하는 날이 올 것이다'라는 글을 남기기도 했다. 이런 상황에서 여권과 드루킹의 관계를 의심하지 않는다면 그것이 이상하다."[77]

5월 18일 드루킹은 변호인을 통해 『조선일보』에 보낸 A4 용지 9장 분량의 옥중편지에서 "더불어민주당 김경수 경남지사 후보에게 매크로(동일작업 자동반복) 프로그램 개발을 보고한 후, 그의 동의하에 2016년 10월부터 댓글 조작을 추진했다"고 주장했다. 2016년 10월 자신의 사무실로 찾아온 김경수 앞에서 매크로 프로그램의 일종인 일명 '킹크랩'에 대해 브리핑한 후 "이것(댓글 조작)을 하지 않으면 다음 대선에서도 또 질 것"이라며 "그러나 의원님의 허락이나 동의가 없다면 (매크로 작업을) 할 수 없으니 고개를 끄덕여서라도 허락해달라"고 요청했는데, 이때 김경수가 고개를 끄덕였다고 주장했다.

이어 김경수에게 모바일 형태의 매크로 작업을 시연해 보여주자 "'뭘 이런 걸 보여주고 그러냐. 그냥 알아서 하지'라고 말했다'"고 전했다. 드루킹은 "김 후보에게 보고하고 매크로 개발과 제작이 진행됐으며 이때부터 매일같이 손으로 작업한 기사들의 목록을 김 후보에게 텔레그램 비밀방으로 일일 보고했다"며 "김 후보는 보고된 기사의 댓글과 선플이 베스트로 되어 있지 않으면 꼼꼼하게 왜 그런지 이유를 되물어오기도 했다"고 전했다. 이어 "최순실 사건과 대통령 탄핵 사건을 거치면서 우리의 관계는 자연스럽게 대선으로 이어졌다"고 했다.[78]

이제 특검을 피해가긴 어렵게 되었다. 5월 19일 여야가 최장 90일의 수사 기간 등을 골자로 하는 '드루킹 특검법안'과 추가경정예산안을 동시 처리하기로 합의했다. 여야는 특검보 3명·파견 검사 13명 등으로 특검을 구성하고, 수사 기간은 60일로 하되 1회 연장 시 30일을 추가하기로 합의했다. 드루킹 특검법은 5월 21일 본회의를 통과했다. 드루킹 특검법 관철을 위해 단식투쟁에 나섰던 자유한국당 원내대표 김성태는 훗날 "추미애 장관의 문제 제기가 결과적으로 자충수가 됐다"고 회고했다.[79]

허익범 특검의 시련과 활약

6월 27일부터 수사를 개시한 허익범 특검은 적잖은 시련을 겪어야 했다. 허익범은 훗날 "특정 정당이나 외부 기관에서 매일 원색적 비난이 나왔다. 난 아들이 없고 딸만 둘인데 내가 아들을 어딘가에 청탁해서 부정으로 취업시켰다는 의혹도 나왔다"고 회고했다.[80] 수사 과정에서 노회

허익범은 특검 기간 내내 적잖은 시련을 겪었는데, 특정 정당의 원색적인 비난은 물론 아들이 없는 자신에게 아들의 부정 청탁 의혹도 나왔다고 말했다. 2018년 8월 27일 허익범이 '드루킹' 댓글 조작 최종 결과를 발표하고 있다.

찬 의원이 드루킹에게 5,000만 원을 받았다는 사실이 드러나 극단적 선택을 하자 특검에 대한 비난은 더 거세졌다. 김어준은 교통방송 〈김어준의 뉴스공장〉에서 이렇게 악담을 퍼부었다. "허익범 특검은 특검의 치욕적인 역사로 기록될 것이다."[81]

허익범 특검팀은 2018년 8월 말 수사 결과를 발표하면서 "드루킹이 여론조작을 통해 2017년 5월 대선에 영향을 미치려 한 것"이라고 했다. 드루킹은 2016년 12월~2018년 3월 매크로 프로그램인 '킹크랩'을 이용해 포털사이트 기사 8만 여 건에 달린 댓글과 추천수 등을 조작한 혐의(컴퓨터 등 장애업무방해) 등으로 재판에 넘겨졌다.

2020년 2월 13일 대법원 3부(주심 김재형 대법관)는 2017년 제19대 대선을 앞두고 문재인에게 유리하게 댓글 조작을 하고 김경수 경남지사의 국회의원 시절 보좌관 한모 씨에게 뇌물 500만 원을 준 혐의로 기소된 드루킹에 대해 징역 3년의 실형을 확정했다. 대법원은 고故 노회찬 전 정의당 의원에게 불법 정치자금 5,000만 원을 건넨 혐의에 대해 징역 6개월에 집행유예 1년을 선고한 원심도 확정했다. 대법원은 "드루킹이 킹크랩을 이용해 댓글 순위를 조작한 것은 포털사이트 회사들의 댓글 순위 산정 업무를 방해한 것"이라며 "드루킹이 한씨나 노 전 의원에게 돈을 건넨 사실도 인정된다"고 했다.[82]

2021년 7월 21일 대법원2부(주심 이동원 대법관)는 김경수의 '드루킹 댓글 조작 공모' 사건에 대한 상고심에서 징역 2년의 원심을 확정했다. 이에 『동아일보』는 "'문재인 정부 1호 특검'이자 최단 기간(60일) 만에 수사를 종료하며 '드루킹' 김동원 씨와 김 전 지사의 유죄를 이끌어 낸 허익범 특별검사"에 대해 "법원에 제출된 증거목록만 1551개에 여론조작에 동원된 댓글 120만 개, 조작에 활용된 포털 아이디 3027개 등의 통계로 인해 '디지털 증거의 교본이 된 특검'이라는 평가가 나온다"고 했다.[83]

앞서 보았듯이, 이 '드루킹 대선 댓글 조작 사건'은 원래 2017년 김어준의 의혹 제기로 시작된 것이어서 "김어준이 쏜 화살에 김경수가 맞는 결과"라는 말이 나오기도 했다.[84] 그렇기 때문에 김어준으로선 재판부를 욕해야만 자신이 빠져나갈 길이 열린다고 생각했던 건지도 모르겠다. 그는 7월 23일 공개된 유튜브 딴지방송국의 〈김어준의 다스뵈이다〉 171회 영상에서 재판부를 향해 "와 이 개놈××들 진짜 열받네 갑자기. 말도 안 되는 것"이라며 원색적인 비난을 퍼부었다.[85]

김경수는 2022년 윤석열 정부 특별사면으로 복권 없는 사면이 확정됨에 따라 2022년 12월 28일, 0시를 기해 창원교도소에서 출소했으며, 2024년 8월 15일 광복절에 윤석열 정부 특별사면을 통해 복권되었다. 이로써 제9회 전국동시지방선거(2026년 6월 3일)는 물론 제21대 대선(2027년 3월 3일)까지 정치권의 변수로 부상할 가능성이 높아졌다.

제5장

6·13 지방선거와
이재명의 만독불침

민주당의 6·13 지방선거 압승

4·27 판문점 남북정상회담의 정치적 효과는 컸다. 문재인의 지지율은 80%대로 상승했다. 여기에 6·12 싱가포르 북미정상회담의 정치적 효과까지 가세했으니, 민주당이 6월 13일에 치러진 제7회 전국동시지방선거에서 거둔 압승은 당연한 것처럼 보였다.

민주당은 지방선거 사상 처음으로 부산·울산·경남 광역단체장 3곳 모두를 휩쓸는 등 광역단체장 선거 기준으로 전국 17곳 중 대구·경북 TK 두 곳과 제주를 제외한 14곳에서 이겼다. 더불어민주당은 기초단체장 선거에서도 압승했다. 더불어민주당이 전체 226곳 기초단체 가운데 151곳(66.8%)에서 당선인을 배출했으며, 자유한국당은 53명, 민주평화당 5명, 무소속 17명이 기초단체장 후보로 당선되었다.

민주당은 서울 25개 구청장 가운데 서초구 단 1곳을 제외하고, 자유한국당의 초강세 지역이었던 강남·송파를 포함해 24개를 차지했다. 민주당 소속 24명의 구청장 중 19명이 호남 출신이어서 일각에서는 '서울특별시'가 아닌 '호남특별시'라는 말이 나왔으며, "이것이 과연 지방자치인가"라고 반문하는 이들도 있었다.[86]

민주당은 자유한국당의 텃밭인 영남권에서도 약진했다. 부산에서는 전체 16개 구청장 가운데 13개를, 경남에서는 전체 18개 기초단체장 가운데 창원을 포함한 7개를 각각 차지했다. 울산에서는 5개 기초단체장 전체를 석권했다.[87]

민주당은 국회의원 재·보궐선거, 광역·기초자치단체장 선거에 이어 정당투표에서도 압도적인 표 차이를 보이며 6·13 지방선거의 완벽한 승리에 마침표를 찍었다. 6·13 지방선거 광역의원 비례대표 개표 결과에 따르면 민주당은 전국적으로 51.41%의 득표율을 보였다. 이어 자유한국당(27.76%), 정의당(8.97%), 바른미래당(7.80%), 민주평화당(1.52%) 순이었다.[88]

민주당은 6·13 지방선거와 함께 치러진 12곳의 국회의원 재·보궐선거에서도 11곳을 가져오는 압도적 승리를 거두었다. 6·13 지방선거와 함께 치러진 전국 17개 시·도 교육감 선거에서 14명의 진보 성향 당선자가 나왔다. 보수 교육감은 대전과 대구·경북 등 3곳에서 당선하는 데 그쳤다. 중앙선거관리위원회는 6·13 지방선거 투표율이 60.2%로 최종 집계되었다고 밝혔다. 지방선거 투표율이 60%를 넘은 것은 1995년 1회 지방선거 이후 처음이었다.

자유한국당 대표 홍준표는 "우리는 참패했고, 나라는 통째로 넘어갔다. 모두가 제 잘못이고 모든 책임은 저에게 있다"며 대표직 사퇴를 선언했다. 『조선일보』는 「입법·행정·사법에 지방 권력까지 쥔 문文 정권, 독선獨善 경계해야」라는 사설에서 "민주화 이후 치러진 전국 규모 선거에서 집권 여당이 이런 정도로 이긴 적은 없었다"면서 문재인 정권이 독선을 경계할 것을 요청했다.[89]

그러나 어이하랴. 민주당의 압승엔 적폐청산의 정치적 효과도 컸으니 말이다. 『한겨레』 선임기자 이춘재는 『검찰국가의 탄생: 검찰개혁은 왜 실패했는가?』(2023)에 이렇게 썼다. "'적폐청산'은 6·13 지방선거에서 여당이 압승하는 데 한몫 톡톡히 했다. 전 정권을 겨냥한 수사에 고무된 문 정권 지지자들이 더 적극적으로 투표장으로 나온 것이다. 문 정권은 이를 국민들이 '적폐청산'에 '프리패스'를 발급한 것으로 해석했다. 수사의 정당성과 적법성이 의심되는 사례가 적지 않았지만, 청와대 민정수석실은 윤석열 사단에 맹목적인 성원을 보냈다."[90]

문재인은 여권이 압승한 결과와 관련해 "선거 결과에 결코 자만하거나 안일해지지 않도록 각별히 경계하겠다"고 다짐했지만,[91] 이후 이 약속은 지켜지지 않았고 문재인은 이미 한 발을 담근 독선과 오만의 수렁으로 더 깊이 빠져들게 된다.

이재명, 경기도지사 선거에 출마하다

6·13 지방선거에서 가장 큰 화제의 주인공은 단연 경기도지사 선거에 출마해 당선된 이재명이었다. 이재명은 2018년 새해 첫 여론조사에서 여야 경기도지사 후보 적합도 1위를 기록했다. 『중부일보』가 리얼미터에 의뢰해 실시한 여론조사에서 이재명은 53.1%, 2위인 남경필은

15.8%를 얻었다. 더불어민주당 지지층을 대상으로 한 여당 후보 내 적합도 조사에서는 이재명이 79.7%로 압도적 우세를 나타냈다. 최근 민주당 경기도당 위원장을 사퇴한 의원 전해철은 9.7%를 기록했고, 광명시장 양기대는 1.6%의 지지율을 보였다.[92]

이재명의 가장 큰 문제는 지난 대선 경선에서 이젠 대통령이 된 문재인을 너무 거칠게 공격했다는 점이었다. 이재명이 살 길은 문재인 비판을 문재인 찬양으로 바꾸는 것뿐이었다. 실제로 그가 거칠었던 문재인 비판을 멈추고 오히려 찬양조로 돌아서자, 일부 팬덤은 강한 불만을 표시했다. "한때 이재명 지지했는데, 내가 손가혁이었는데 왜 (이재명이) '문빠'가 됐냐?"고 비판한 손가혁이 적지 않았다.

이에 대해 이재명은 "이런 극렬 지지자는 부담스럽다"고 했지만, 이 말은 절반의 진실만 담고 있을 뿐이었다. 달라진 건 이재명이지, 손가혁이 아니었으니까 말이다. 이재명은 '문재민(문재인+이재명+민주당)'이란 표현까지 만들어 유세장에서 틈날 때마다 "문 대통령과 이재명은 문재인 정부를 함께 만든 동지다. 문재인과 이재명은 한 몸"이라고 강조하게 된다. 이런 변신을 다룬 어느 기사 제목이 흥미로웠다. 「민주당 유세 10분간 문재인 26번 언급…"영혼 통하는 사이" 주장도」.[93]

문재인에 대해서만 부드러워졌을 뿐, 이재명의 강성 성향은 건재했다. 그게 자신을 키운 원동력이었으니 당연한 일이었다. 이재명은 1월 29일 『중앙일보』 인터뷰에서 "포퓰리즘을 추종하는 거 아닌가"라는 기자의 질문에 이렇게 답했다. "난 포퓰리스트다. 반대되는 말이 엘리트주의인데, 이건 국민을 어떻게 보느냐에 달린 문제다. 우리 국민은 지배의 대상이 아니라 주체다. 촛불혁명이 보여주지 않았나. 이들을 대리하는

이재명은 국민을 대리하는 게 정치고, 국민의 의사를 대변하는 게 포퓰리즘이라고 말했다. 2018년 3월 27일 경기도지사에 출마 선언하는 이재명 전 성남시장.

게 정치고, 이들의 의사를 대변하는 게 곧 포퓰리즘이다."[94]

　　3월 14일 이재명은 성남시청에서 퇴임식을 갖고, 다음 날 성남시장을 사퇴했다. 3월 21일 경기도지사 예비후보 등록 후 3월 27일 국회 정론관에서 '새로운 경기 이제, 이재명'이라는 슬로건을 내걸고 경기도지사 출마를 선언했다. 그는 "구태·기득권세력 16년 아성을 허물겠다"고 했다.[95] 문제는 민주당 경선이었다.

"혜경궁 김씨는 누구입니까?"

　　이재명은 친문 핵심으로 꼽히는 전해철과 경선하면서 다시 지난 대선 때처럼 친문 세력과의 갈등을 겪지 않을 수 없었다. 이른바 '혜경궁 김씨'로 알려진 트위터 계정(@08_hkkim)의 소유주가 노무현·문재인과 전해철에 대한 허위사실 유포, 명예훼손과 모욕, 사자 명예훼손과 모욕, 공직선거법 위반에 해당하는 발언들을 했으며, 이 계정의 주인이 이재명의 부인 김혜경이라는 의혹이 SNS와 커뮤니티들에서 제기되었다.

경기도지사 예비 후보인 전해철과 양기대는 이재명에게 공동 조사를 요구했으나 이재명은 이에 며칠째 답변하지 않았다. 전해철은 이재명이 공동 조사를 거부한 것으로 보고 4월 8일 '@08_hkkim'를 경기도 선관위에 고발했다. 그럼에도 이재명은 4월 20일 전해철과 양기대를 제치고 당내 경선에서 승리해 경기도지사 후보 선출이 확정되었다.

그러나 후유증은 컸다. 문재인의 공식 팬클럽인 '문팬' 온라인 카페에는 경선이 끝난 지 2주 가까이 이재명을 후보로 인정하지 못하겠다는 글이 잇따르고 있었다. 5월 3일 새벽 문팬 게시판에는 '의혹인지…사실인지 판단은 각자의 몫'이라는 제목의 글이 올라왔다. "나쁜 정치인을 가려내는 것은 유권자의 의무"라고 적힌 글에는 다른 온라인 커뮤니티에 있는 '이재명 측근 비리 의혹들'이라는 게시물이 링크되어 있었다. 다른 회원들은 이 글에 "민주당은 대체 뭐하는 건지" "몰랐던 것도 몇 개 있네요" "민주당도 배가 불렀고 저런 ×××를 뽑는다면"이란 댓글을 달았다. 이 카페에서 이런 글이 올라오는 건 일상이 되었다.[96]

어디 그뿐인가? 각종 소셜미디어엔 " '조폭 묻은(조직폭력배와 연루 의혹 있는)' 후보들 검증합시다"는 글이 하루 20~30건씩 올라오고 있었다. 주로 친문 지지자들이 띄우는 글이었다. 이들이 지목하는 사람은 6·13 지방선거에서 경기도 성남시장 후보로 공천받은 전 의원 은수미였으며, 이재명도 연루 의혹에 소환되기도 했다.[97]

5월 9일 『경향신문』 1면 하단엔 "혜경궁 김씨는 누구입니까?"라는 문구의 광고가 게재되었다. 일부 친문 네티즌들이 이재명에 대한 의혹을 제기한 광고였다. 이들 사이에선 "민주당을 지지하지만, 이 후보가 사퇴하지 않을 경우 차라리 (자유한국당 후보인) 남경필을 찍겠다"는 말도 나왔다. 이미 4일 전인 5일 서울 광화문에서 "혜경궁 김씨, 누구냐 넌?"이라고 쓴 플래카드를 들고 촛불집회를 열었던 이들은 12일부터 매주 토요일 광화문광장에서 '혜경궁 김씨 수사 촉구 집회'를 열겠다고 예고하기도 했다.

　　이날 광고가 게재되자 민주당 지지자들이 모이는 인터넷 카페에서 격론이 벌어졌다. 문재인 팬 카페인 '문팬' 등에는 "이런 게 대통령한테 도움이 되겠냐", "내부 총질 적당히 하라"는 비판 글이 올라왔다. 이에 대해 "내부 총질이 아니라 (이 후보를 낙마시키는) 정화 작업을 하는 것", "언젠가는 대통령에 등 돌리고 자기 정치할 사람을 미리 쳐내자는 뜻", "전해철이 아니라 민주당을 위해 한 일"이라는 반박 글도 만만치 않았다.[98]

"혜경궁 김씨 는 누구입니까?"

지나가다 궁금한 민주시민 1동

일부 친문 네티즌들은 이재명을 후보로 인정하지 못하겠다고 하고, 급기야는 "혜경궁 김씨는 누구입니까?"라는 광고를 신문에 게재하기도 했다. 『경향신문』 1면 하단에 실린 광고.

신문 1면 광고는 11일(『한겨레』), 24일(『조선일보』)에도 등장했다. 3건의 신문 광고에 든 비용 5,000여 만 원은 며칠 만에 모금이 끝났는데, 송금 내역이 2,800여 건에 달했다. 이 신문 광고는 네이버의 L카페 회원들이 주도한 것으로 알려졌는데, L카페는 여성들만 가입할 수 있었다. 회원수는 300만 명이 넘고, 30~40대 여성 직장인·주부가 주 회원층으로 알려져 있기에, 결국 3040 여성들이 이재명 공격에 앞장선 것으로 분석되었다.

L카페에는 "(이 후보가) 경기지사가 되면 결국 세력을 모아 '문프(문재인 프레지던트)' 등에 칼을 꽂을 것"이라는 취지의 글이 많이 올라와 있었다. 이에 "이재명 찍느니 남경필이 되는 게 낫다", "최악最惡보단 차악次惡에게 표를 주겠다", "경기도 빼고 다 파란색(민주당)이 당선됐으면 좋겠다"는 글도 떠 있었다. 그러나 일각에서는 일부 '선거꾼'들이 L카페에서 조직적으로 활동한다는 의혹도 제기되었다. L카페 회원수가 300만 명이 넘지만, 정치·시사 관련 글을 올리는 사람은 수백 명에 불과하다는 이유에서였다.[99]

경기도지사 후보 토론회에서 제기된 의혹

민주당 예선에선 '혜경궁 김씨 사건'이 주요 이슈였다면, 본선에선 6년 전에 일어난 '형수 욕설 사건'이 주요 이슈가 되었다. 5월 13일 이재명은 페이스북을 통해 "이유 여하를 막론하고 가족에게 폭언을 한 것에 대해 사과를 한다"고 밝힌 뒤 사건의 경위에 대해 상세하게 해명하고 법원 판결문 증거물을 첨부했다.

이재명은 형수 욕설 사건이 발생하게 된 경위에 대해 형인 이재선 (2017년 11월 2일 사망)의 이권 개입과 시정 관여를 원천적으로 봉쇄하면서 생긴 갈등에서 비롯되었다고 밝혔다. 또 "녹음 파일은 이재선 씨 부부가 어머니에게 한 패륜 폭언, 어머니를 때리고 살림을 부순 것과 관련해 전화상 말다툼을 하는 것을 몰래 녹음한 것"이라며 "법원의 공개금지 명령 판결에도 불구하고 유포시킨 것"이라고 비판했다.[100] 이에 대해 이재명의 형수 박인복은 "친모 폭행 사건이 발생한 시점이 2012년 7월 15일이고, 문제의 욕설 통화는 2012년 6월 8~10일 사이이므로 이 해명은 앞뒤가 안 맞는다"고 반박했다.[101]

5월 28일 이재명은 YTN 라디오 〈김호성의 출발 새아침〉에 출연해 "남경필 자유한국당 경기지사 후보가 본인은 일자리 도지사이고, 나는 포퓰리스트라고 해서 프레임을 만들고 계신데, 제가 분명히 말씀드리면 구도는 이렇다. 도정을 갖고 거짓말하던 기회주의자와 실천하는 행정가의 대결이다. 이렇게 말씀드리고 싶다"고 말했다. 그는 "나는 도민 뜻 존중하는 포퓰리스트"라며 "포퓰리스트라고 한 것은 국민의 뜻을 존중한다는 측면에서 바람직한 측면도 있다. 국민을 무시하고 자기들 마음대로 하는 소위 지배자적 태도를 취하는 것보다 훨씬 낫다"고 말했다.[102]

5월 29일 KBS 주최로 열린 '2018 지방선거 경기도지사 후보 토론회'에서 바른미래당 후보 김영환은 이재명을 둘러싼 각종 의혹을 제기했다. 김영환은 "형수와 형에 대한 막말, 공권력을 이용해 형을 정신병원에 입원시키려고 했던 의혹, 검사 사칭을 해서 구속된 분, 성남FC에 165억을 모금한 것이 특혜 의혹이 아니고 무엇이냐"며 "조폭과 관련된 의혹이 있고, 여배우와 관련된 논란, 혜경궁 김씨 논란 등이 있고 음주운

전 전과, 공무집행 전과가 있다. 이런 분이 어떻게 경기도 퍼스트를 만들 수 있고, 도민이 자부심을 느끼는 일을 할 수 있느냐"고 주장했다.[103]

김영환은 이재명이 공권력을 이용해 이재선을 정신병원에 강제 입원시키려고 했다고 주장했다. 그는 "성남시청 8층에 위치한 성남시정신보건센터는 이재선 씨에 대한 아무런 문진이나 검진 없이 정신병자로 판명했냐"고 물었다. 그는 "2012년 4월 분당보건소에서 이씨에 대해 '조울증 가능성이 높다'는 평가 의견서를 낸 바 있다"며 "2012년 10월에는 '이씨가 자신 및 타인을 해할 가능성이 있다'는 진단서를 냈다"고 말했다. 김영환은 "제가 의사입니다만 정신보건법에 의해 직계가족이 정신감정을 의뢰하기 전에는 보건소가 이렇게 할 수 없다"며 공권력을 이용한 것이 아니냐는 취지의 발언을 했다.

이재명은 이를 전면 부인하며 "어머니와 형제·자매들이 의뢰했다"며 "제 관하에 있기 때문에 정식 2차 요청은 못하게 했다"고 답했다. 그는 "그건 (이재선 씨가) 어머니를 때리고, 폭언과 이상 행동을 했기 때문"이라며 "정신치료를 받은 전력이 있는데 그 증상이 심해져 가족들이 진단을 의뢰했다"고 설명했다. 이재명은 검사 사칭 의혹 사건에 대해선 "내가 한 것이 아니다", "누명을 썼다"고 주장했다.[104]

당선 후 제기된 조폭 유착 의혹

여러 의혹이 제기되었음에도 이재명은 56.4%의 득표율로 자유한국당의 남경필(35.5%)을 압도적으로 누르고 당선되었다. 민주당은 경기도의 31개 시군 중에서 연천군과 가평군 두 곳을 제외한 모든 시장·군

경기도지사에 당선된 이재명은 MBC 앵커와의 인터뷰 때 과거 논란에 대한 질문을 받자, 인이어 이 어폰을 빼 던지며 생방송 인터뷰를 중단했다.

수 선거에서 승리했으며, 도의원 142석 중 135석을 확보했다. 민주당과 더불어 이재명이 소신껏 일할 수 있는, 또는 독주할 수 있는 토대가 마련 된 것이다.

6월 13일 밤 경기지사 당선이 확실해진 이재명이 각 방송사의 릴레 이 인터뷰에 응했다. '스캔들' 관련 질문이 이어지자 이재명은 이렇게 외 쳤다. "대변인! 이거 하고 더이상 하지 마. 엉뚱한 질문을 자꾸 해서 안 돼. 약속을 어기기 때문에 다 인터뷰 취소야." 급기야 MBC와의 인터뷰 때 앵커가 "선거 막판에 여러 가지 어려움을 겪으셨다. 앞으로 도지사가 되시면"이라면서 질문을 던지려 하자 이재명은 "감사합니다. 잘 안 들리 는데요. 열심히 하도록 하겠습니다"라며 인이어in ear 이어폰을 빼 던지 면서 생방송 인터뷰를 돌연 중단했다.[105]

오만해 보이는 행태였지만, 이재명은 그만큼 자신감이 충만했던 건지도 모르겠다. 하지만 이재명의 평온은 오래가지 않았다. 한 달여 후인 7월 21일 SBS 〈그것이 알고 싶다〉는 '조폭과 권력' 편에서 이재명과 성남시장 은수미가 조직폭력배 국제마피아파와 유착 관계를 맺고 있다는 의혹을 제기했기 때문이다. 2007년 성남 수정경찰서가 국제마피아파 조직원 61명을 폭력 행위 등 혐의로 적발했을 때 당시 변호사였던 이재명이 국제마피아파 조직원 2명의 변론을 맡았고, 공범으로 재판 받던 조직원이 설립한 업체가 자격 미달인데도 성남시의 우수중소기업에 선정되었다는 게 제작진의 주장이었다. 방송 이후 파장은 컸다. 주말 내내 포털사이트 실시간 검색어에 '이재명', '국제마피아'가 올랐고, 청와대 게시판에는 이재명의 사퇴를 촉구하는 청원이 게시되기도 했다.[106]

이재명은 이 방송에 대해 "거대 기득권의 이재명 죽이기"라며 A4 8장 분량의 반박문을 페이스북에 올렸지만, 정작 문제가 된 건 방송과 관련된 '압력 행사'였다. 방송에선 이재명과 제작진인 PD가 직접 통화하는 장면이 나왔다. 이재명은 "위쪽에 전화를 좀 해가지고 죄송합니다. 원래 제가 그런 거 안 하는 사람"이라고 말했다. 방송사 윗선에 먼저 접촉했다는 사실을 이야기한 것이다. 압력을 행사한 것으로 여겨질 만한 장면이었다. 그런데 당시 전화를 받은 PD는 방송에 나온 게 전부가 아니라고 털어놓았다.[107]

SBS 〈그것이 알고 싶다〉 PD 이큰별은 『피디저널』과의 23일 인터뷰에서 "이 정도의 반응은 예상하지 못했다"며 "프로그램 기획은 검찰이 파타야 살인 사건 용의자인 김형진의 살인 혐의를 수사하지 않기로 결정한 것에 의문을 품고 시작한 것"이라고 배경을 설명했다. 1년 전 〈그

것이 알고 싶다〉'파타야 살인 사건' 방송 이후 받은 제보 내용의 절반은 성남 지역 조직폭력배 '국제마피아파'와 관련된 것이었다. 제보자는 전·현직 조직폭력배, 성남시 공무원, 수사 관계자 등으로 다양했다. 이재명 지사의 이름도 제보 내용에서 나왔다. 이큰별은 "이번 방송은 어떤 행태로든 사실 관계가 확인된 부분만 최소한으로 내보낸 것"이라며 "조폭과 권력을 연결하는 이들의 이야기를 하다 보면 여야 가릴 것이 없는데, 순서의 차이일 뿐 이재명 지사를 공격하기 위한 목적은 전혀 없었다"고 말했다.

이큰별은 "(이 지사 측에서) 한 명도 아니고 여러 명에게 연락을 했다. SBS 임원, 대표이사를 비롯해 김상중 씨 매니지먼트 관계자까지 전화한 걸로 알고 있다"고 말했다. 이재명은 공식 입장을 통해 "21년간 변호사로 연간 100~200건씩 사건을 처리했는데 그중 하나일 뿐이며, 무죄변론을 요청해 300만 원씩 받고 수임한 것"이라며 '코마트레이드'와 관련해서도 "(우수중소기업상이) 사실상 혜택이 전혀 없다"고 반박했다. 이와 관련, 이큰별은 "이재명 지사가 과거 변호사 시절에 조직폭력배를 변호할 수 있다고 본다"면서도 정치에 입문한 뒤 조직폭력배 출신을 기용하거나 이권을 제공하는 건 문제라고 강조했다. 그는 "조직폭력배들이 순수하게 봉사활동으로 선거를 도와줬다고 생각하는 사람들은 많지 않을 것"이라며 "선거 때 도움을 주면 조직폭력배 출신이나 범죄 전력을 가진 이들도 신원조회 없이 함께 일한다. 이번 방송이 정치권의 무감각함을 돌아보는 계기가 됐으면 좋겠다"고 말했다.[108]

압력 전화를 받은 김상중 측 매니지먼트 관계자는 이 사실을 배우가 위축될까봐 우려해 배우에게 알리지 않았다고 했다. SBS PD들은 "이

지사는 언론에 압력을 가하고자 한 행동을 사과하고 자신의 언론관에 분명한 해명을 내놓아야 한다"고 비판했다.[109]

8월 13일 이재명은 변호인 명의로 〈그것이 알고 싶다〉와 SBS 사장 등을 명예훼손 혐의로 형사 고발하면서 방심위에도 공정성·객관성·명예훼손 심의 규정 위반을 묻는 심의를 신청했다고 밝혔다.[110] 방영금지 가처분 신청도 냈지만, 이는 방송의 공익성이 인정되어 2019년 1월 23일 기각되었다. 이재명은 2019년 3월 22일 〈그것이 알고 싶다〉를 상대로 냈던 손해배상 및 정정보도 청구소송을 모두 취하했고, 이어 은수미는 손해배상 청구소송에서 패소 판결을 받았지만,[111] 이 갈등을 둘러싼 논란은 이후로도 한동안 계속되었다.

미리 이야기하자면, 2020년 2월 12일 방송통신심의위원회는 이 방송이 방송심의 규정 '객관성', '명예훼손' 조항 등에 위배되지 않는다고 결론지었다. 2018년 방심위는 소송이 진행 중인 사항이라는 이유로 이 프로그램에 대한 의결을 보류했는데, 2019년 말 소송이 종결되면서 방송심의위원회 안건으로 다시 올려 내린 결론이었다.[112]

이재명은 '포스트 문재인'이라는 김어준

이재명의 조폭 유착 의혹 사건은 8·25 민주당 전당대회를 앞두고 관련 쟁점으로까지 떠올랐다. 7월 26일 당 중앙위원회 예비경선(컷오프)을 통과한 당대표 후보 송영길·김진표·이해찬 가운데 이재명은 이해찬을 지지하는 것으로 알려졌다. 7월 29일 이해찬은 기자회견에서 이재명의 문제에 대해 "전당대회와는 별 관계가 없을 것"이라고 했지만, 김진표는 기자간담회에서 이재명과 관련한 질문이 나오자 과거 의원 서영교가 딸 '셀프 채용' 문제로 탈당했던 일을 언급했다. 이재명의 탈당을 직접 언급하지는 않았지만 "언제까지 이 의혹을 끌고 갈 것인지, 어느 것이 옳은 것인지 본인이 결단을 해야 한다"고 말했다.

김진표는 "지방선거 과정에서 '미투' 운동으로 제기됐던 도덕성 문제가 많았다. 그때 안희정 전 충남지사와 박수현 전 청와대 대변인의 문제는 즉각 처리했다"며 "그런데 이재명 지사는 후보였기 때문에 우리가 보호할 수밖에 없었다"고 했다. 이어 그는 "취임 이후에 계속 (문제가) 불거지고 또 다른 이슈까지 겹치면서 증폭돼 안타깝다"며 "이것이 우리 당에도 큰 부담이고, (문재인) 대통령에게도 부담이고, 당 지지율 하락에도 상당한 영향을 주고 있다"고 했다. 여배우 스캔들까지는 지방선거를 앞둔 상황이어서 어쩔 수 없었지만 최근 커진 조폭 연루 의혹은 그대로 넘어갈 수 없다는 주장이었다.

이에 대해 이재명 측은 "(김 의원의 말은) 조폭몰이의 허구를 밝혀야 한다는 원론적인 말이 아니겠느냐"며 "의혹의 진상이 가장 명백히 밝혀지길 원하는 사람은 이 지사 본인"이라는 입장을 내놓았다.[113]

8월 4일 김어준은 팟캐스트 〈김어준의 다스뵈이다〉에서 이재명을 '포스트 문재인'이라고 칭하며 "보수 진영의 최종 목표는 이 지사가 아니라 문재인 정부의 실패"라고 주장했다. 김어준은 "절대 악이라는 기준을 세워버리면 분열시키기는 참 쉽다. 보수세력과 작전세력이 이 지사를 '절대 악'으로 만드는 데는 상당 수준 성공했다"고 평가했다. 이어 그는 다음과 같이 주장했다.

"이건 이 지사를 지지한다, 지지하지 않는다와 전혀 무관한 얘기다.

존재하는 부정적인 인식이 예전부터 있다. 이 부정적인 인식을 싹 모아서 절대화하는 거다. 이건 디바이드 앤 룰divide and rule(분할통치)의 기초 중에 기초로 이렇게 되면 정치인도 지지자도, 이재명 지사 근처에 가려고 하지 않는다. 이미 절대 악으로 작업이 된 사람이기 때문이다."

김어준은 "이 지사에게 원래 비호감을 갖고 있던 사람도 있고, 이 지사의 낙마가 자신에게 이득이 되는 사람도 있다. 또 여기에 포스트 문재인을 철저하게 제거하고 싶은 또 다른 욕구도 있다. 이쪽저쪽 욕구와 기획이 딱 붙어지면 이러한 작업이 대규모로 일어날 수 있는 것"이라며 "몇 개월간 올라온 게시판 글을 통해 볼 때 대선을 능가하는 규모였다. 지금도 그 작업은 진행 중이고, 이 작업은 민주당 당대표 선거에도 작용 중이다. 이 지사가 가진 한계와는 별도로 앞으로도 계속될 것"이라고 주장했다.[114]

"나는 '만독불침'의 경지에 오른 사람이다"

8·25 민주당 전당대회에서 이해찬이 당대표로 뽑힌 건 이재명에겐 다행스러운 일이었지만, 또 다른 의혹 사건이 이재명을 기다리고 있었다. 10월 4일 이재명의 신체 특정 부위에 큰 점이 있다는 김부선과 공지영의 통화 녹취록이 소셜미디어를 통해 퍼지면서 다시 논란이 일었다. 10월 16일 이재명은 신체 특정 부위에 점이 없다는 걸 입증하겠다며 아주대병원을 찾았다. 검증에 참여한 피부과와 성형외과 전문의는 경기도 대변인을 통해 "녹취록에 언급된 부위에 점의 흔적은 보이지 않는다"면서 "레이저 흔적이나 수술 봉합, 절제 흔적도 없다"고 밝혔다.[115]

이에 김부선은 10월 29일 페이스북에 이재명을 비판하는 글을 남 겼다. 그는 "점 빼느라 수고하셨네요. 그 점을 놓고 나랑 대화한 건 잊으셨나요? 거짓을 덮으려 또 다른 거짓말을 할수록 당신의 업보는 커져만 갈 텐데? 안타깝네요"라고 적었다.[116]

11월 1일 이재명은 경기도 북부청 월례조회를 마친 후 기자간담회를 통해 '여배우 스캔들'과 관련해 "양심에 어긋나는 일을 한 적이 없다. 안개가 연기로 잠시 가려도 시간이 지나면 실상이 가려진다. 사필귀정事 必歸正은 세상 일의 이치"라며 "상대방이 허위사실로 공격하며 경계선을 넘어올 때는 신경질이 나지만 냉정하게 대처해야 한다"고 말했다.

그는 또 "무협지 화법으로 말하자면 난 '만독불침萬毒不侵'의 경지"라며 "포지티브가 아니라 네거티브 환경에서 성장했다. 적진에서 날아온 탄환과 포탄을 모아 부자가 되고 이긴 사람"이라고 했다. 그가 쓴 '만독불침'이란 표현은 '어떠한 독에도 당하지 않는다'는 뜻이었지만,[117] 그를 겨냥한 '독'은 끝이 없는 것처럼 보였다.

경찰의 결론, "혜경궁 김씨는 김혜경"

11월 2일 이재명의 부인 김혜경이 트위터 계정 '혜경궁 김씨'의 소유주 논란과 관련, 경찰에 출석해 조사를 받은 가운데, '혜경궁 김씨' 트위터 아이디(@08_hkkim)가 남긴 최근 트윗이 다시 화제가 되었다. "노무현 시체 뺏기지 않으려는 눈물…가상합니다! 홧팅…ㅋ"(2017년 12월 16일) "내가 이 더러운 나라에서 죽을 고비 넘기고 이민 가버릴라다가 이재명 시장님에게 마지막 희망 걸었는데 대선에서 지고서 희망이 없었다. 요즘 전해철 지지자라는 것들이 하는 짓이 기막혀. 오랜만에 몇 마디 했더니 나를 사모님으로 몰아 이재명 죽이기 하는데 니들 그러다 천벌 받는다."(2018년 4월 4일)

그간의 주요 수사 과정은 이랬다. 6·13 지방선거의 민주당 경기도지사 경선 후보였던 전해철이 4월 8일 트위터 계정인 '@08_hkkim'을 경기도선거관리위원회에 허위사실 유포 등 공직선거법 위반 혐의를 들어 고발했고, 선관위는 같은 달 10일 사건을 수원지검으로 넘겼고, 검찰은 사안의 중대성을 감안해 경찰(경기남부경찰청)에 사건을 이첩했다.

이후 이재명과 '@08_hkkim' 계정 주인이 여러 번 트윗으로 교류한 정황이 곳곳에서 포착되었다. 문제의 트위터 계정에서 이재명의 젊었을 적 사진을 올렸고, 이후 이재명은 해당 사진을 다시 자신의 트위터에 게재했다. 판사 출신 변호사 이정렬은 지방선거를 이틀 앞둔 6월 11일 국·내외 거주자 1,300여 명의 의뢰를 받아 계정의 주인으로 김혜경이 유력하게 의심된다며 경기남부경찰청에 김혜경과 성명불상자 등 2명을 공직선거법 위반 및 명예훼손 등의 혐의로 고발했다.

전해철은 10월 13일 "당내 갈등을 유발하는 요인이 될 수 있다"며 고발을 취하했으나, 경찰은 반의사불벌죄(피해자가 처벌을 원치 않으면 처벌할 수 없음)에 해당하지 않는다며 고발 취소와 무관하게 수사를 진행했다. 10월 14일 이재명 팬카페 운영자는 경찰 수사관들을 만나 "혜경궁 김씨 계정주는 과거 이 지사의 운전기사이며, 내가 통화해봤는데 자신이 맞다고 했다"고 주장했다.

전 운전기사는 10월 16일 경기지방경찰청에 출석해 참고인 신분으로 조사를 받았는데, 앞서 했던 발언을 뒤집은 것으로 전해졌다. 김혜경은 10월 24일 비공개로 경찰에 출석해 첫 조사를 받았지만 조사 도중 언론 보도를 통해 출석 사실이 알려진 것을 확인하고 나서 곧바로 수사 팀에 항의한 뒤 조사 도중 돌연 귀가한 것으로 알려졌고, 11월 2일 다시 조사를 받은 것이었다.[118]

2018년 11월 해당 아이디가 이재명 집에서 인터넷에 접속했다는 기록을 찾아낸 경찰은 '혜경궁 김씨' 트위터 계정주는 김혜경이라고 결론 짓고 공직선거법 위반(허위사실 공표) 및 명예훼손 등 혐의로 검찰에 넘겼다. 이에 이재명은 18일 이 사건과 관련 자신의 SNS에 경찰과 김혜경의 변호인 중 누구의 주장에 공감하는지를 묻는 투표를 자진해서 진행했다. 이 SNS 공감 투표는 단 하루 만에 3만 8,000여 명의 누리꾼이 참여할 정도로 높은 관심을 끌었다. 투표에 참여한 누리꾼 중 80% 이상이 경찰의 주장에 공감한다고 답해 투표 설계자인 이재명을 머쓱하게 만들었다.[119]

'저열한 정치 공세'라고 비난한 이재명

11월 19일 오전 8시 40분 이재명은 경기도청 현관 앞에서 기자회견을 열고 경찰 수사 결과를 이렇게 비난했다. "그 트위터 글을 쓴 사람은 제 아내가 아닙니다. 아내가 아니라는 증거가 차고 넘치는데도 경찰은 제 아내로 단정했습니다. 진실보다 권력을 선택했습니다.……저들이 바라는바, 이 저열한 정치 공세의 목표는 이재명으로 하여금 일을 못하게 하는 겁니다."[120]

이재명이 비난한 '권력'은 누구이며 '저들'은 누구였던 걸까? 바른

미래당 의원 하태경은 이날 YTN 라디오 〈김호성의 출발 새아침〉 인터
뷰에서 '혜경궁 김씨' 논란과 관련해 "'고소왕' 이 지사가 혜경궁 김씨
트위터 계정이 부인 게 아니라면 자기 부인이라고 고발한 사람들을 명
예훼손으로 재고발하면 가장 쉬운데 그러지 않는다"고 밝혔다. 그는 "이
지사는 실제로 '고소왕'이다. 자신과 뭔가 좀 틀린 게 있으면, 자기를 공
격하는 게 있으면 무조건 고소부터 하고 보는 분인데. 그것만 봐도 이번
(혜경궁 김씨 사건)에는 이 지사가 상당히 당황하고 있는 게 보인다"고 지
적했다. 그는 민주당이 조치를 취하지 않는 데 대해서도 "이해찬 대표가
이재명 지사한테 아주 큰 신세를 졌거나, 아니면 약점을 잡혔거나. 둘 중
하나일 것이다. 그런 이유가 아니면 설명이 안 된다"고 말했다.

　전 새누리당 의원 전여옥은 이재명의 대응에 대해 "'휴대전화는 버
렸다'라고 했다. 보통 번호만 바꾸는데 (이상하다)"면서 "경기남부경찰청
에 대해서도 고발 계획이 없다고 하고 의문점이 해명된 것이 없다. (이 지
사가) 촛불시위에서 가장 먼저, 가장 강력하게 주도한 사람이라 민주당
도 대응이 소극적인 것 아닌가"라고 말했다. 변호사 임윤선도 "혜경궁
김씨는 그토록 이 지사의 열성 지지자였다는데 왜 이런 이 지사가 위기
를 겪는 순간에 숨어 있나"며 "이 지사는 왜 그분을 찾지 않는지 궁금하
다"고 같은 어조로 의혹을 제기했다.

　자유한국당 대변인 윤영석은 "경찰 조사가 맞다면 민주당은 부도덕
한 인물을 공천한 것에 일차적인 책임이 있고, 출당 논란을 잠재운 이해
찬 당대표에게도 명백히 책임이 있다"면서 "욕설에 가까운 글을 SNS에
대량 살포한 이 지사 부부는 더이상 피해자 코스프레를 해서는 안 된다"
고 비판했다. 그는 이어 "이재명 사건은 갈수록 태산이고, 국민이 느끼는

실망감은 정치권 전체에 대한 불신으로 커져만 가는데 더불어민주당은 이 사건에 대해 아무런 대응 없이 계속 지켜보고만 있다"면서 "정치인의 제1 덕목은 '도덕성'이다. 도덕성이 없는 사람은 정치에 발을 들여서는 안 된다"고 강조했다.[121]

"문준용 특혜 채용 의혹을 먼저 규명해야 한다"

11월 24일 오전 이재명은 검찰 소환 조사에 앞서 자신의 페이스북에 '트위터 계정주 사건의 본질은 이간계離間計'라는 제목의 글을 올렸다. 그는 "저나 제 아내는 물론 변호인도 문준용 씨 특혜 채용 의혹은 '허위'라고 확신한다. 변호인 의견서에도 이 점을 분명히 밝혔다"면서 글을 시작했다('혜경궁 김씨'라는 트위터는 문준용이 2006년 한국 고용정보원에 입사하는 과정에서 특혜가 있었다는 의혹을 다수 제기했다).

그는 이어 김혜경의 변호사 입장에서는 ① 아내가 계정주가 아니며, ② 문준용 씨의 특혜 의혹 글을 쓰지 않았고, ③ 그 글이 죄가 되지 않는다는 것을 법적으로 입증해야만 한다면서 "트위터 글이 죄가 되지 않는다는 것을 입증하기 위해선 먼저 특혜 채용 의혹이 '허위'라는 것을 법적으로 확인해야 한 뒤 이를 바탕으로 '허위사실에 대한 명예훼손' 여부를 가릴 수밖에 없다"고 적었다. 김혜경의 범죄 혐의를 입증하기 위해서는 문준용 씨의 특혜 채용 의혹이 사실인지가 밝혀져야 한다는 취지였다.

이재명은 "대선 경선 당시 트위터 글을 이유로 제 아내에게 가해지는 비정상적 공격에는 필연적으로 특혜 채용 의혹을 다시 수면 위로 끌어 올려 민주당을 분열시키려는 의도가 담겨 있다고 본다"면서 "검찰 제출 의견서를 왜곡해 유출하고 언론플레이하며 이간질에 앞장서는 사람들이 이간계를 주도하는 사람들이며 이들을 밝혀내는 것이 '트위터 계정주 사건'의 본질이자 핵심"이라고 주장했다.

이재명은 "제 아내는 결코 계정주도 아니고 그런 글을 쓰지도 않았음을 다시 한번 밝힌다"고 강조했다. 그는 이어 "우리는 문재인 정부 성공, 민주당 정권 재창출이라는 역사적 책임을 다해야 하고 차이를 넘어 단결해야 한다"면서 "통상적이지 않은 제3자의 '대선 경선 후보 명예훼손 고발'로 이렇게까지 온 안타까운 현실을 개탄한다"고 했다. 그러면서 끝으로 "이유 막론하고 억울한 의혹 제기의 피해자인 문준용 씨에게 깊은 유감의 뜻을 전한다"고 했다.[122]

"이재명은 탄복할 정도로 대단한 싸움꾼"

12월 11일 수원지검 성남지청은 "수사로 확인된 여러 정황과 사실 관계를 종합해보아도 본건 트위터 계정이 김혜경의 것이라 단정하기 부족하다"며 김혜경을 불기소 처분했다. 검찰은 김혜경을 불기소 처분하는 주요 이유로 증거 부족, 복수의 인물이 트위터 계정을 사용했을 가능성, 혐의 판단 모호 등을 꼽았다. 해당 트위터 계정의 등록 이메일이라고 추정된 근거 화면이 네티즌들이 캡처한 화면으로 원천 매체가 확보되지 않아 형사사건 증거로 판단하기 어렵고, 해당 이메일 아이디와 비밀번호가 공유되어 다수인의 사용한 흔적이 있어 해당 이메일이 김씨의 개인적 용도로 사용되지 않았을 가능성이 있다는 것이다.[123]

이에 『조선일보』는 「혜경궁 김씨 불기소, 전前 정부 수사였다면 이

혜경궁 김씨 불기소, 前 정부 수사였다면 이렇게 했을까

검찰은 11일 친형을 정신병원에 강제 입원시키라고 지시하고, 지방선거 과정에서 허위 주장을 한 혐의 등으로 이재명 경기지사를 기소했다. 이 지사는 부인하니 재판에서 진실이 가려져야 한다. 그런데 이 수사는 이른바 '혜경궁 김씨' 사건이 본질이다. 이 지사 부인 김혜경씨의 선거법 위반 의혹이었다. 김씨로 추정되는 트위터 사용자가 지방선거 과정에서 경쟁 후보가 야당과 손을 잡았다는 허위 사실을 유포하고, 지난 대선 때는 문재인 대통령 아들이 특혜 취업을 했다는 주장을 펴 명예를 훼손했다는 것이다. 앞서 수사한 경찰은 해당 아이디가 이 지사 집에서 인터넷에 접속했다는 기록을 찾아냈다. 그러나 검찰은 의심은 가지만 직접 증거가 없어 이 지사 부인으로 특정하기 어렵다며 경찰 의견을 뒤집고 이 지사 부인은 불기소하기로 했다.

의심만으로 처벌할 수 없다는 것은 법 원칙이다. 그러나 적폐 수사 과정에서 검찰은 '마음속 청탁'이라는 주장과 정황만으로 기업인을 뇌물죄로 걸어 처벌했다. 뇌물의 직접 증거는 없었다. 보고서에 이름이 올라 있다는 이유로 군인과 공무원들이 재판

예 넘겨졌다. 이게 안 되면 저걸 파는 식의 별건 수사와 압수 수색, 먼지털이식 수사가 끊임없이 이어졌다. 만약 이 지사가 야당이나 전 정권 인사였다면 결코 그냥 넘어가지 않았을 것이다. 이 지사 집에서 인터넷 접속이 이뤄졌다는 사실만으로도 이미 범죄자 취급을 받았을 것이다.

'혜경궁 김씨'가 불기소 처분되자 정권과 검찰이 문 대통령 아들 특혜 취업 문제가 다시 불거지는 것을 막으려는 것이란 추측도 나오고 있다. '혜경궁 김씨'를 고발한 측의 고발 이유는 특혜 취업 주장이 허위라는 것이다. 만약 혜경궁 김씨가 기소되면 문 대통령 아들 취업 내용을 수사할 수밖에 없게 된다. 이 지사는 이미 수사 과정에서 "트위터 글이 죄가 되지 않음을 입증하기 위해서는 먼저 특혜 채용 의혹이 허위임을 법적으로 확인한 뒤 명예훼손 여부를 가릴 수밖에 없다"고 했다. '혜경궁 김씨'를 과연 기소할 수 있겠느냐고 검찰을 압박한 것이다. 이 지사 계산대로 검찰은 불기소를 결정했다. 혜경궁 김씨 사건은 미궁에 빠지고 이 지사는 결가지인 다른 혐의로 기소됐다. 의문은 더 커졌다.

경찰은 '혜경궁 홍씨'가 김혜경이라고 결론 짓고 공직선거법 위반과 명예훼손으로 검찰에 넘겼지만, 수원지검 성남지청은 "트위터 계정이 김혜경의 것이라 단정하기 부족하다"며 김혜경을 불기소 처분했다. (『조선일보』, 2018년 12월 12일)

렇게 했을까」는 사설에서 "만약 이 지사가 야당이나 전 정권 인사였다면 결코 그냥 넘어가지 않았을 것이다. 이 지사 집에서 인터넷 접속이 이뤄졌다는 사실만으로도 이미 범죄자 취급을 받았을 것이다. '혜경궁 김씨'가 불기소 처분되자 정권과 검찰이 문 대통령 아들 특혜 취업 문제가 다시 불거지는 것을 막으려는 것이란 추측도 나오고 있다. '혜경궁 김씨'를 고발한 측의 고발 이유는 특혜 취업 주장이 허위라는 것이다"며 다음과 같이 말했다.

"만약 혜경궁 김씨가 기소되면 문 대통령 아들 취업 내용을 수사할 수밖에 없게 된다. 이 지사는 이미 수사 과정에서 '트위터 글이 죄가 되지 않음을 입증하기 위해서는 먼저 특혜 채용 의혹이 허위임을 법적으로 확인한 뒤 명예훼손 여부를 가릴 수밖에 없다'고 했다. '혜경궁 김씨'

를 과연 기소할 수 있겠느냐고 검찰을 압박한 것이다. 이 지사 계산대로 검찰은 불기소를 결정했다. 혜경궁 김씨 사건은 미궁에 빠지고 이 지사는 곁가지인 다른 혐의로 기소됐다. 의문은 더 커졌다."[124]

12월 12일 저녁 전 의원 정두언은 교통방송 〈색다른 시선 김종배입니다〉와의 인터뷰에서 "나는 이 정도까지 선방할 줄은 몰랐는데, 역시 뚝심이 있고, 막판, 정면승부를 건 게 주요했다. 결국 대통령까지 끌어들였잖냐"라면서 "(이재명은) 아주 대단한 싸움꾼"이라고 평가했다. 진행자가 문준용 취업 의혹을 거론한 게 검찰 수사에 영향을 미쳤다는 거냐고 묻자, 정두언은 "미쳤다고 본다"며 다음과 같이 말했다.

"하태경 의원이 똑같은 건으로 허위사실로 입건이 됐는데, 무혐의로 나왔다. 검찰에서 왜 무혐의를 나왔겠나? 조사를 해보니까 무혐의인 거다. 그런데 경찰은 그것도 모르고 혜경궁 김씨를 기소를 한 거다. 검찰에서 같은 사안을 두고 다르게 판단할 수 없잖나. 그러니까 불기소 처분한 것이다."

그는 검찰의 김혜경 불기소 처분과 관련해 전 의원 김영환이 재정신청을 하겠다고 밝힌 데 대해서도 "그게 검찰 결과를 뒤집기는 힘들 거라고 본다"며 "이재명 지사 하여간 대단하다니까요, 하여간 얘기는 되는 것 같은데, 증거들이 없어요. 참 탄복할 정도"라고 말했다. 그는 또 "그와중에 또 담당 경찰서장하고 경찰청장까지 또 으름장을 놨잖나. 당신들 함바 비리, 돈 모은 것 내가 다 알고 있다, 이런 식으로, 보통내기가 아니더라"고 말하기도 했다.[125]

『조선일보』 논설위원 김광일은 "이재명이 '문文의 급소'를 건드렸다, 때렸다, 이런 얘기가 나온다. 이재명 경기지사가 문재인 대통령의 아킬레스건을 건드렸다는 뜻이다.……이재명 지사에게는 아내 김혜경 씨가 급소였고, 문재인 대통령에게는 아들 준용 씨가 급소였던 셈이다"며 다음과 같이 말했다.

"이재명 지사가 준용 씨 의혹을 꺼내자 민주당은 분노를 표시했고, 당내에서는 이 지사의 자진 탈당을 촉구하거나 징계해야 한다는 주장이 나왔다. 이 지사를 내치는 수순을 밟는 것처럼 보였다. 그러나 결과는 검찰의 불기소 처분, 여당의 징계 철회로, 정반대로 나왔다. '이재명'이야말로 진짜 정치 9단이라는 얘기가 나온다. 상대의 급소를 정확하게 알고, 그곳을 겨냥하여 칼끝을 겨누자 '불기소 처분'에 '징계 철회'라는 방식으로 상황이 정리돼버린 것이다."[126]

이런 일련의 주장들이 사실이거나 사실에 가깝다면, 이재명이 "나는 '만독불침萬毒不侵'의 경지"라고 큰소리친 건 결코 허언은 아닌 셈이었다. 이후에도 이재명에겐 큰 위기가 끊임없이 닥치지만, 그는 만독불침의 원리를 거칠게 수행해나가는 면모를 보여주게 된다.

왜 통계청장 황수경을 경질했는가?

2018년 8월 26일 통계청장 황수경이 갑작스럽게 경질됨으로써 문재인 정부의 통계가 논란의 한복판에 서게 되었다. 왜 갑자기 경질되었을까? 통계청이 2018년 1분기에 하위 20% 소득이 8%나 격감하고 그해 8월 취업자 증가 폭이 5,000명대로 추락했다는 통계를 발표했기 때문이다. 이는 문재인 정권이 밀어붙인 소득주도성장의 실효성을 의심케하는 통계였다.

그러자 문재인은 이 정부 공식 통계 대신 보건사회연구원이 근로자가 있는 가구만 따로 추려내 만든 통계를 인용하며 "최저임금 인상은 긍정적 효과가 90%"라고 주장하는 '배포'를 보였다. 게다가 통계청장이 바뀐 뒤 통계청은 소득 통계의 표본 수, 조사 기법 등을 변경해 과거 소득과 비교하는 것 자체를 불가능하게 만들어버렸다.[127]

황수경 경질에 대해 야당의 비판이 빗발쳤다. 자유한국당 원내대표 김성태는 "국가 경제에 불이 났는데 불낸 사람이 아니라 불이 났다고 소리 지르는 사람을 나무란 꼴"이라고 했고, 자유한국당 의원 주호영은 "국가 통계는 신뢰와 정직이 생명이다. 통계를 소위 마사지하기 시작하면 국가 경제는 망하게 된다"고 했으며, 바른미래당 의원 오신환은 "2분기 가계소득 동향이 1분기에 비해 격차가 벌어졌는데 통계청장이 바뀌었다고 해서 다시 (표본을) 재조정한다고 하면 누가 그 통계를 믿겠냐"고 비판했다.[128]

황수경은 이임식 내내 눈물을 흘리면서 억울함을 내비쳤다. 그는 이임사에서 "통계청장으로 (업무를) 수행하는 동안 통계청의 독립성, 전문성을 최우선 가치로 삼고 중심을 잡으려고 노력해왔다"며 "국가 통계는 올바른 정책을 수립하고 평가함에 있어 기준이 돼야 한다"고 했다. 그는 "통계가 정치적 도구가 되지 않도록 심혈을 기울였다"며 "그것이 국가 통계에 대한 국민 신뢰를 얻는 올바른 길이었기 때문"이라고 말했다.[129] 황수경은 나중에 "내가 잘린 이유는 모르지만, 그렇게 말을 잘 들었던 편은 아니다"고 했다.[130]

신임 통계청장 강신욱은 8월 27일 경제관계장관회의에서 "장관님들의 정책에 좋은 통계를 만드는 것으로 보답하겠다"고 말해 물의를 빚었다.[131] 이후 문재인 정부의 통계를 둘러싼 논란은 거세졌다. 2019년 10월 자유한국당은 '최저임금 긍정 효과 90%'라는 문재인의 1년 전 발언은 청와대가 통계청에 압력을 넣어 불법적으로 확보한 가계소득 자료를 재가공한 보고서에 근거한 것인데, 이는 최저임금 인상으로 직격탄을 맞은 자영업자와 무직자 등 '근로자 외 가구'를 빼고 만든 '엉터리 보고서'였다고 주장했다. 자유한국당 의원 추경호는 "정권의 실정을 가리기

위해서라면, 불법도 자행하는 현 정부의 민낯이 그대로 드러났다"고 비판했다.[132]

전 분야에 걸친 '통계 조작 의혹' 사건은 '문재인 정권 5대 적폐 수사' 중의 하나로 일부는 아직도 수사 중이며, 일부는 재판 중이다.

제6장

평양
남북정상회담

'평양의 가을'이 된 '판문점의 봄'

2018년 8월 31일 청와대 대변인은 "문재인 대통령은 9월 5일 특별사절단을 평양에 보내기로 했다"고 발표했다. 정의용 특사단장은 방북 하루 전인 9월 4일 기자회견에서 "남북 관계 발전을 통해 한반도 비핵화 협상 과정을 견인해나가야 한다"고 강조했다. 9월 14일 남과 북은 미국의 거센 물밑 반대를 뿌리치고 개성 남북공동연락사무소 개소식을 강행했다. 9월 평양 남북정상회담을 열기 위한 예비 작업이었다.

그런 과정을 거쳐 문재인은 9월 18일 오전 8시 55분 전용기로 서울공항을 출발, 서해직항로를 통해 평양으로 향했다. 오전 9시 50분께 평양 순안공항에 도착한 문재인 대통령 내외는 김정은과 리설주의 영접을 받았으며, 이어 공항에 대기하고 있던 인민군 의장대 사열을 받았다. 공항 의장 행사는 국가 원수를 최고예우로 영접한다는 의미를 담고 있는데, 특히 이번 행사에서 북한은 21발의 예포를 발사해 최고의 예우를 보였다.

문재인과 김정은은 공항 행사를 마친 뒤 각자 다른 차량에 탑승했으나, 이후 평양도로 카퍼레이드를 위해 한 차량으로 옮겨 탔다. 두 정상은 북한의 신시가지인 '려명거리'에서 카퍼레이드를 가졌으며, 오전 11시 17분쯤 백화원 영빈관에 도착했다. 김정은은 문재인을 숙소인 백화원 영빈관으로 안내하며 "발전된 나라에 비해 우리 초라하죠. 수준은 좀 낮을 수 있어도 성의를 다해 한 숙소이고 일정이니 우리 마음을 받아주시면 좋겠습니다"고 말했다.

오후 3시 45분 평양 조선노동당 중앙위 본부청사에서 문재인과 김정은의 세 번째 정상회담 1차 회담이 시작되었다. 문재인은 모두 발언에서 "판문점의 봄이 평양의 가을이 됐습니다"고 했다. 김정은은 이렇게 말했다. "역사적인 조미 대화 상봉의 불씨를 문 대통령께서 찾아줬습니다. 조미 상봉의 역사적 만남은 문 대통령의 덕이라고 해도 과언이 아닙니다. 이로 인해 주변 지역 정세가 안정되고, 더 진전된 결과가 예상됩니다. 문 대통령께서 기울인 노력에 다시 한번 사의를 표합니다."

김정은의 이 발언에 대해 『한겨레』 통일외교팀 선임기자 이제훈은 "2018년 6월 12일 사상 첫 북미정상회담의 물꼬를 튼 문 대통령이 2019년 2월 하노이 2차 북미정상회담에서 '더 진전된 결과'를 얻을 수 있도록 계속 도와달라는 감사 겸 당부다. 실제 문 대통령과 김 위원장이 '노동당 청사 1차 회담에서 나눈 대화의 80~90%가 핵 관련이었다'는 게 남쪽 고위 인사의 전언이다"며 다음과 같이 말했다.

"사정은 이렇다. 한반도를 '핵무기와 핵위협이 없는 평화의 터

전'('9월 평양공동선언' 5조)으로 만들자면 4대 핵심 과제(북미관계 정상화, 비핵화, 평화체제, 남북 관계 개선·발전)를 이뤄야 한다. 달리 말하면 '한반도 냉전구조'의 4대 기둥(남북 불신·적대, 북미 적대, 핵 등 대량파괴무기WMD를 포함한 군비경쟁, 군사정전체제)을 해체해야 한다. 그런데 한반도 냉전구조의 4대 기둥은 상호의존적인데다 서로 얽혀 있어 포괄적·단계적 접근이 불가피하다. 무엇보다 '북한 핵문제는 미·북 적대 관계의 산물이라 미·북 관계가 정상화되지 않으면 해결될 수 없는 문제'(임동원)다. 요컨대 '북핵 폐기와 북미 관계 정상화(의 교환)'가 한반도 평화의 열쇠다. 문 대통령과 김 위원장이 핵 관련 논의에 집중한 까닭이다."

남북 정상 간 회담이 진행되는 동안 김정숙 여사 일행은 북한 최대 어린이 종합병원인 옥류아동병원과 김원균명칭 음악종합대학을 방문했다. 또 특별수행원들은 북한 최고인민회의 상임위원장 김영남과 만났으며, 재계 인사들은 북한 내각부총리 이용남과 대화를 가졌다. 정상회담이 끝난 이후 두 정상과 수행원들은 평양시 중구 역전동 대동강변 평양대극장에서 삼지연관현악단의 공연을 관람했다. 이후 북한 고위 간부와 외국 주요 인사 전용 연회장인 목란관에서 공식 수행원, 특별수행원, 일반수행원 모두가 참석하는 환영 만찬을 가진 뒤 첫날 일정을 종료했다.[133]

'9월 평양공동선언'과 '9·19 군사분야 합의'

다음 날인 9월 19일 오전 10시 5분부터 11시 10분까지 백화원 영빈관에서 문재인과 김정은의 2차 회담이 진행되었다. 1시간 남짓한 회담의 "70~80%를 김 위원장이 핵과 관련해 자신의 의견을 밝히거나 문 대통령한테 묻는 데 썼다". 두 사람은 "비무장지대를 비롯한 대치지역에서의 군사적 적대 관계 종식을 한반도 전 지역에서의 실질적인 전쟁 위험 제거와 근본적인 적대 관계 해소로 이어나가기로 했다"('9월 평양공동선언' 1조)며, '(4·27) 판문점 선언 군사분야 이행합의서'(9·19 군사분야 합의서)를 평양정상회담 부속합의서로 채택했다.

9·19 군사분야 합의는 서해 평화수역화, 비무장지대 평화지대화, 군사분계선MDL 일대 군사연습 중지 등 5개 분야 20개 항목에 걸친 약속이 담겼다. 특히 군사분계선을 기준으로 남북 양쪽으로 지상(각 5킬로미터씩), 해상(각 40킬로미터씩), 공중(최대 각 25킬로미터씩)의 적대 행위 중지 구역을 설정했다. 협상에 참여한 청와대 평화군비통제비서관 최종건은 9월 19일 평양 기자회견에서 "남북 관계의 제도화가 군사영역까지 확대된 사실상의 불가침 합의서"라고 자평했으며, 국가안보실장 정의용은 "초보 단계의 운용적 군비 통제 개시"라고 평가했다.[134]

문재인과 김정은은 9월 19일 오전 11시 24분 백화원 영빈관에서 '9월 평양공동선언'에 서명하고, 국방장관 송영무와 인민무력부장 노광철의 9·19 군사분야 합의서 서명식에 임석했다. 이어 오전 11시 40분부터 10분간 '9월 평양공동선언'을 공동으로 발표했다. 두 사람의 핵심 메시지를 감상해보자.

"선언은 길지 않아도 여기에는 새로운 희망으로 높뛰는 민족의 숨결이 있고, 강렬한 통일의지로 불타는 겨레의 넋이 있으며 머지않아 현실로 펼쳐질 우리 모두의 꿈이 담겨져 있습니다. 우리의 앞길에는 탄탄대로만 있지 않을 것입니다. 우리는 그 어떤 역풍도 두렵지 않습니다. 평

문재인과 김정은은 9월 19일 '평양공동선언'을 발표했다. 김정은은 "평화와 번영으로 가는 성스러운 여정에 함께해나갈 것"이라고, 문재인은 "전쟁 없는 한반도가 시작되었"다고 말했다.

화와 번영으로 가는 성스러운 여정에 언제나 지금처럼 두 손을 굳게 잡고 앞장에 서서 함께해나갈 것입니다."(김정은)

"전쟁 없는 한반도가 시작되었습니다. 한반도를 항구적 평화지대로 만들어감으로써 우리는 이제 우리의 삶을 정상으로 돌려놓을 수 있게 되었습니다. 그동안 전쟁의 위협과 이념의 대결이 만들어온 특권과 부패, 반인권으로부터 벗어나 우리 사회를 온전히 국민의 나라로 복원할 수 있게 되었습니다. 평화와 번영을 바라는 우리 겨레의 마음은 단 한순간도 멈춘 적이 없습니다. 남북 관계는 흔들림 없이 이어져갈 것입니다."(문재인)[135]

외신은 김정은과 북한에 대해 의심하는 시선을 거두지 않았다. 18일

(현지 시각) AP통신은 "이번 정상회담은 김정은이 북한 주민에게 보여주는 '대극장the Grand Theater'"이라고 보도했다. 김정은은 자신이 위대한 지도자라는 걸 북한 주민에게 보여줄 기회를 찾고 있었는데, 평양 남북 정상회담과 문재인의 방북訪北이 '특별한 기회'가 되었다는 것이다.

일본 『아사히신문』은 북한이 평양으로 온 문재인을 환대했지만, 곳곳에는 '진짜 주인공'이 김정은이라는 것을 알 수 있게 하는 장치가 있었다는 분석을 내놨다. 신문은 대표적인 예로 문재인이 평양 순안공항에 도착했을 때 북한 주민들이 흔든 한반도기와 인공기를 들었다. 인공기를 자연스럽게 노출해 북한을 국제 사회에서 인정받는 '정상 국가'로 내세우려고 하려는 김정은의 강한 의지라는 것이다. 2000년 김대중 전 대통령, 2007년 노무현 전 대통령이 방북했을 때는 꽃다발만 있었고 인공기는 없었다.

영국 『가디언』도 "문재인 정권이 김정은을 좋은 사람으로 묘사하는 접근법은 매우 위험하다"며 "한국 정부는 북한에 의해 이용되고 있다"고 전했다. 『가디언』은 이번 남북정상회담이 정치범 수용소에 8~12만 명에 이르는 사람을 가두고, 고문 등을 자행하는 북한의 지도자인 김정은을 미화한다고 말했다.[136]

"5천 년을 함께 살고 70년을 헤어져 살았다"

9월 19일 밤 문재인은 평양 능라도 5·1경기장에서 북한 집단체조 '빛나는 조국'을 관람한 후 김정은이 지켜보는 가운데 10만 평양 시민을 상대로 '7분 연설'을 했다. 그는 "오늘 김정은 위원장과 나는 한반도에서 전쟁의 공포와 무력충돌의 위험을 완전히 제거하기 위한 조치들을 구체적으로 합의했습니다. 또한 백두에서 한라까지 아름다운 우리 강산을 영구히 핵무기와 핵위협이 없는 평화의 터전으로 만들어 후손들에게 물려주자고 확약했습니다"라면서 다음과 같이 말했다.

"평양 시민 여러분, 동포 여러분, 우리 민족은 우수합니다. 우리 민족은 강인합니다. 우리 민족은 평화를 사랑합니다. 그리고 우리 민족은 함께 살아야 합니다. 우리는 5천 년을 함께 살고 70년을 헤어져 살았습니다. 나는 오늘 이 자리에서 지난 70년 적대를 완전히 청산하고 다시하나가 되기 위한 평화의 큰 걸음을 내딛자고 제안합니다. 우리 함께 새로운 미래로 나아갑시다."[137]

많이 회자된 "우리는 5천 년을 함께 살고 70년을 헤어져 살았습니다"는 표현은 원래 비서실장 임종석의 것이었다.[138] 전반적으로 감동적인 연설이었지만, 일부 내용은 논란이 되었다. 문재인은 "'남쪽 대통령'으로서 김정은 위원장 소개로 인사말을 하게 되니 그 감격을 말로 표현할 수 없다"고 했다. 스스로를 '대한민국 대통령'이 아니라 '남쪽 대통령'이라 칭한 것을 두고 "대통령이 나서서 통치 범위 한계를 '남쪽'으로 한정한 모양새가 됐다", "남남南南 갈등을 유발할 수 있는 부적절한 표현"이라는 지적이 나왔다. 고려대학교 교수 남성욱은 "그냥 '대한민국 대통령'이라고 했으면 깔끔했을 텐데 불필요한 논란을 야기했다"고 했다.

문재인이 "어려운 시절에도 민족의 자존심을 지키며 끝끝내 스스로 일어나고자 하는 불굴의 용기를 봤다"고 말한 부분도 논란이 되었다. 북한 지도자들은 북한 주민들이 겪고 있는 가난과 궁핍을 '미국'의 책임으로 돌려왔다. 문재인이 언급한 '어려운 시절'은 '미국 주도의 대북 제재'

를 겨냥한 것으로 비칠 수 있었다. 국민대학교 초빙교수 조영기는 "마치 북한을 대북 제재와 맞서는 투사처럼 묘사했다"며 "미국으로선 기분 좋을 수 없는 발언"이라고 했다. 문재인은 "평양의 놀라운 발전상을 봤다", "여러분의 지도자 김정은 위원장에게 아낌없는 찬사의 박수를 보낸다"고 한 것에 대해서도 "과도했다"는 지적이 나왔다.[139]

백두산 방문의 과도한 '이미지 정치'

문재인의 방북 마지막 날인 9월 20일에는 백두산 방문이 성사되었다. 문재인은 9월 20일 오전 7시 27분 공군 2호기를 타고 백두산 인근의 삼지연공항으로 이동했으며, 도착 후 현장에 먼저 도착해 있던 김정은 내외의 영접을 받았다. 문재인 내외와 김정은 내외는 자동차를 타고 장군봉으로 향했으며, 이후 케이블카를 타고 백두산 천지에 도착했다.

문재인과 김정은은 천지에서 약 30분간 주변을 함께 산책했다. 김정숙과 리설주, 외교부 장관 강경화 등이 따랐지만, 두 정상이 따로 이야기를 나누는 장면도 여러 차례 포착되었다. 두 사람은 백두산 방문 후 삼지연 초대소에서 환송 오찬을 함께했다. 백두산 인근 삼지연 초대소는 과거 김정일이 피서·요양을 위한 '별장'으로 자주 이용했던 곳이었다. 이날 삼지연 초대소 다리 위에서 두 정상은 지난 4·27 판문점 회담 당시 29분간 독대했던 '도보다리 밀담密談'처럼 배석자·수행원 없이 대화를 나누었다. 문재인은 삼지연 오찬 후 서울공항을 향해 출발, 2박 3일간의 남북정상회담 일정을 종료했다.[140]

아무리 사소한 것일지라도 과도한 '이미지 정치'는 씁쓸한 뒷맛을

© 연합뉴스　백두산 방문은 김정은의 제안을 문재인이 받아들여 이루어졌다고 했지만, 이미 백두산에 가려고 '한라산 물'을 준비한 것으로 보여 사전에 미리 조율된 일정이라는 논란이 있었다.

남기기 마련인데, 백두산 방문도 그랬다. 청와대 대변인 김의겸은 9월 19일 브리핑에서 "문 대통령과 김 위원장이 내일 백두산 방문을 함께한다"면서 "백두산 방문은 김 위원장의 제안을 문 대통령이 받아들여 이뤄졌다"고 밝혔다. 김정은의 깜짝 제안을 문재인이 받아들였다는 의미로 해석되었다. 이날 두 정상의 깜짝 백두산 등반 일정이 공개되자 서울 동대문디자인플라자의 메인 프레스센터 곳곳에선 탄성이 터지기도 했다.

　　그러나 20일 공개된 백두산 등반 사진에는 문재인과 김정은·리설주 부부는 검은색 겨울용 롱코트를 입었고, 김정숙은 하얀 등산 점퍼에 목도리까지 두른 모습이었다. 백두산에 오를 것을 대비해 남쪽에서 출발할 때부터 코트와 점퍼를 챙겨간 것 아니냐는 이야기가 나왔다. 이런 가운데 김정숙은 이날 물이 반쯤 담긴 500밀리리터 생수병을 손에 들고 백두산에 왔다. 김정숙은 "한라산 물을 갖고 왔다"며 "천지에 가서 반은 붓고 반은 백두산 물을 담아갈 것"이라고 말했다.

누가 봐도 이미 백두산에 가려고 서울에서부터 한라산 물을 준비한 것으로 보이는데, '깜짝 제안'이 이루어진 것처럼 쇼를 할 필요가 있었을까? 그렇게 하지 않아도 충분히 감동적인 '사건'이었는데도 말이다. 『조선일보』는 "김정은의 평양국제공항 영접과 백화원 초대소 안내, 대동강 수산물시장 만찬 등도 사전에 미리 조율돼 정해진 일정이었던 것으로 알려졌다"며 "이에 대해 외신들도 잘 짜인 각본대로 굴러간 느낌이라고 평가했다"고 썼다.[141]

'정상회담 효과'로 문재인 지지율 급등

각본이 어떠했건, 남북정상회담의 정치적 효과는 컸다. 리얼미터가 교통방송 의뢰로 9월 17~19일에 실시한 여론조사에 따르면, 문재인의 국정 지지율이 6주간의 하락 끝에 '평양 남북정상회담'의 효과로 60%대 가까이로 반등한 것으로 나타났다. 문재인의 지지율은 9월 14일 일간 집계에서 52.2%를 기록한 후, 평양 남북정상회담 하루 전인 17일 53.0%로 올랐고 문재인의 평양 도착과 북한의 환영 행사가 보도된 18일에는 57.7%로 크게 상승했다. 김정은과의 백두산 등정 계획이 보도된 19일에는 61.4%로 올라 지지율 60%대를 회복하기도 했다. 리얼미터는 "평양 남북정상회담의 효과로 급반등한 것"이라고 분석했다.

정당 지지도에서도 여당인 더불어민주당은 9월 2주 차보다 4.6%

포인트 오른 45.1%를 기록, 7월 2주 차(45.6%) 이후 두 달 만에 처음으로 45%대를 회복했다. 반면 자유한국당은 3.5%포인트 내린 17.4%로, 지난 2주간의 상승세가 끊기면서 10%대 후반으로 하락했다. 정의당 역시 2.2%포인트 내린 8.2%로, 한 주 만에 다시 하락세로 돌아섰다. 바른미래당은 0.9%포인트 떨어진 6.0%, 민주평화당은 0.3%포인트 상승한 2.7%로 조사되었다.[142]

9월 20일 『조선일보』 군사전문기자 유용원은 「북北 핵·장사정포 그대론데…우리는 스스로 눈 가리고 손 묶었다」는 기사에서 평양정상회담에서 채택된 '판문점 선언 이행을 위한 군사분야 합의서'의 문제점을 지적했다. 그는 "전문가들은 특히 DMZ(비무장지대) 군사분계선을 중심으로 10~40km의 비행 금지 구역을 설정하고 공중 정찰 활동을 중단키로 한 것은 문제가 크다고 했다"며 다음과 같이 말했다.

"DMZ 일대를 감시하는 전술 정찰기와 중·대형 무인기 전력에선 한·미 양국이 북한군에 압도적 우위를 보이고 있다. 우리 쪽 정찰 감시 능력만 약화될 수 있는 것이다. 북한은 평양–원산선 이남에 육해공 전력의 70%가량을 전진 배치해놓고 있어 우리로선 DMZ 인근 정찰 감시 활동이 중요하다. 정찰 활동이 중단되면 수도권을 위협하는 340여 문의 북 장사정포 감시에 큰 공백이 생길 수도 있다.……남북은 또 비무장지대 내 모든 GP(감시소초)를 철수하기 위한 시범적 조치로 군사분계선 MDL 1km 이내 근접해 있는 남북 GP 각각 11곳도 시범적으로 철수하기로 했다. 북한은 GP가 160여 곳으로 우리(60여 곳)보다 2.5배가량 많다. 똑같은 수만큼 철수하면 우리 군 전력에 미치는 여파가 더 큰 것이다."[143]

GP 철수의 그런 불균형 문제도 심각했지만, 더욱 큰 문제는 훗날

(2024년 10월) 드러난 정부의 허위 발표였다. 그해 12월 12일, 9·19 군사합의 이행을 위해 추진된 남북 파괴 GP 상호 현장검증 결과에 대해 정부는 "모든 화기·장비·병력 철수와 지하 시설물 매몰·상태 등을 확인했다"고 발표했지만, 실제로 검증단은 북한의 거부로 일부 시설의 GP 총안구와 지하시설 파괴 여부를 확인하지 못했다. 그래서 검증단은 "검증이 불충분하다"는 의견을 냈지만 정부는 닷새 만에 북 GP가 불능화되었다고 발표했다는 것이다. 이에 국민의힘은 "문재인 정부의 가짜 평화 쇼에 의한 대국민 사기극에 의해서 안보 공백이 초래됐다"고 비판했다.[144]

제7장

서지현 검사가 문을 연 한국의 '미투 운동'

서지현 검사, "나는 소망합니다"

2017년 10월 5일 미국 『뉴욕타임스』가 할리우드 영화계 거물 제작자 하비 와인스타인Harvey Weinstein이 30년 넘게 수많은 여배우와 여직원을 성추행하고 성폭행한 사실을 폭로함으로써 이른바 '미투 혁명'의 불길을 당겼다. 10월 15일 영화배우이자 가수인 알리사 밀라노Alyssa Milano가 트윗으로 미투 해시태그(#) 운동을 제안하면서 미투 캠페인은 할리우드를 넘어 대중 사이로 스며들게 되었다.[145] 12월 6일 미국 시사 주간지 『타임』은 '올해의 인물'로 미투 운동을 촉발한 불특정 다수의 여성들을 선정하며 이들을 '침묵을 깬 사람들Silence Breakers'이라고 명명했다.[146]

2018년 1월 20일 미국 전역에서는 수십만 명의 여성이 거리로 쏟아져 나왔다. 미투 운동에 자극을 받은 수많은 시민이 여권 신장의 필요성을 강하게 주장하며 시위에 힘을 보탠 것이다. 이 행진에서는 인종주의적·성차별적 발언과 행동을 해온 도널드 트럼프 대통령에 대한 규탄도 이어졌다. 이 '미투라는 혁명의 해일'이 한국에 도달하는 데엔 열흘도 걸리지 않았다.

1월 29일 창원지검 통영지청 검사 서지현은 검찰 내부 통신망에 '나는 소망합니다'는 글을 올려 "2010년 10월 30일 한 장례식장에서 법무부 장관을 수행하고 온 당시 법무부 간부 안태근 검사로부터 강제추행을 당했다"고 밝혔다. 서지현은 이어 "공공연한 곳에서 갑자기 당한 일로 모욕감과 수치심이 이루 말할 수 없었다"며 "소속청 간부들을 통해 사과를 받기로 하는 선에서 정리됐지만, 그 후 어떤 사과나 연락도 받지 못했다"고 말했다.

서지현은 글의 말미에 폭력 피해 경험을 폭로하는 캠페인인 '미투 해시태그(#MeToo)'를 달았다. 그러면서 "10년 전 한 흑인 여성의 작은 외침이었던 미투 운동이 세상에 큰 경종이 되는 것을 보면서, (검찰) 내부 개혁을 이룰 수 있는 작은 발걸음이라도 됐으면 하는 소망, 간절함으로 이렇게 힘겹게 글을 쓴다"고 밝혔다.

서지현이 폭로한 내용은, 성폭력 피해자인 여성이 남성 중심적 조직문화에서 '2차 피해'에 고스란히 노출되는 일이 검찰 내부에서도 예외가 아니라는 점을 드러냈다. 그는 해당 사건 이후 "갑작스러운 사무 감사를 받으며, 그간 처리했던 다수 사건에 대해 지적을 받고, 그 이유로 검찰총장의 경고를 받고, 통상적이지 않은 인사발령을 받았다"고 말했다.

괴로워하는 그에게 동료 검사들은 '너 하나 병신 만드는 건 일도 아니다. 지금 떠들면 그들은 너를 더욱 무능하고 이상한 검사로 만들 것'이라고 조언했으며, 법무부에 알렸지만 '검사 생활 오래 하고 싶으면 조용히 상사 평가나 잘 받으라'는 싸늘한 반응이 돌아왔다고 한다.[147] 이렇듯 조직 내부에서 문제 해결이 불가능하다면, 어찌 해야 할 것인가?

"결코 당신의 잘못이 아니다"

서지현은 그날 저녁 JTBC 〈뉴스룸〉에 출연해 글로 쓴 내용을 말로 전하면서 지난 8년간 괴로움과 자책감에 시달렸다며 성폭력 피해자들에게 "당신의 잘못이 아니다"는 말을 하고 싶어 인터뷰에 응했다고 밝혔다. "그분이 저한테 그런 일을 하고도 교회 간증을 하는 걸 보기가 너무 힘들었어요." 그간 서지현은 그때의 충격으로 아이를 유산해야 했고, 검찰 조직 내에서 오히려 수치심을 맛봐야 했으며, 더군다나 좌천성 인사를 겪으며 일상이 파괴되는 물리적·심리적 고통을 오롯이 감내해야 했다고 말했다.[148]

서지현은 "검찰 내에 성추행이나 성희롱뿐 아니라 성폭행을 당한 사례도 있었지만 비밀리에 덮었다"고 폭로하기도 했지만, 중요한 건 서지현의 TV 출연 그 자체였다. 너무도 어려운 일, 여성으로서 상상하기조차 싫은 일을 감행해낸 서지현의 증언은 시청자들에게 신뢰감을 안겨주면서 문제의 심각성을 깨닫게 하는 데에 결정적 기여를 했다. 이제 곧 한국 사회 전 분야에 걸쳐 몰아칠 미투 태풍의 서막이 열리는 순간이었다. 특히 서지현의 다음 발언은 다른 피해자들에게 용기를 주는 '태풍의 눈'과도 같은 것이었다.

"제가 꼭 하고 싶은 말이 있어서 나왔습니다. 사실은 제가 범죄 피해를 입었고, 성폭력의 피해를 입었음에도 거의 8년이라는 시간 동안 '내

손석희는 '앵커브리핑'에서 영화 〈굿 윌 헌팅〉에 나오는 대사 "그건 너의 잘못이 아니야"라는 말을 인용해 서지현 검사를 위로했다.

가 무슨 잘못을 했기 때문에 이런 일을 당한 것은 아닌가', '굉장히 내가 불명예스러운 일을 당했구나'라는 자책감이 주는 괴로움이 컸습니다. 그래서 이 자리에 나와서 범죄 피해자분들께 그리고 성폭력 피해자분들께 '결코 당신의 잘못이 아니다'라는 것을 얘기해주고 싶어서 나왔습니다. 제가 그것을 깨닫는 데 8년이 걸렸습니다."

1월 30일 JTBC 〈뉴스룸〉에서 손석희는 '앵커브리핑'을 통해 영화 〈굿 윌 헌팅〉에 나오는 명대사 "그건 너의 잘못이 아니야 It's Not your fault"를 인용한 후, "술을 마셔 기억나지 않지만 그런 일 있었다면 사과드린다"는 가해 당사자 안태근이나 "보고 받은 적도, 덮으라 말한 적도 없다"는 당시 법무부 검찰국장 최교일의 해명을 적시하며 이렇게 마무리 지었다.

"검사 서지현 역시 8년이란 시간을 불가항력으로 자신을 지배했던 가해자의 논리와 싸워야 했지만 결국, 진정한 사과를 받아내지 못했습니다. 어찌 보면 이것은 검사 서지현 한 사람이 겪어낸 부조리가 아니라 세상의 곳곳에서……지극히 평범하고 힘없는 또 다른 서지현들이 겪었고, 당했고, 참으라 강요당하고 있는 부조리일지도 모르겠습니다. 오랜 시간 마음을 다쳐온 그는 자신 스스로를 향해 그리고 똑같은 괴로움으로 고통당했을 또 다른 서지현들을 향해서 말했습니다."[149](안태근은 2019년 1월 23일 1심에서 직권남용권리행사방해 혐의로 징역 2년을 선고받고 법정구속되었고, 2019년 7월 18일 항소심에서도 징역 2년 실형을 선고받았지만, 2020년 1월 9일, 대법원은 인사보복에 대해 무죄 취지로 파기환송했다. 이후 대법원 판결에 따라 행정소송에서 승소하면서 2020년 2월 13일부로 검사직에 복직했다. 복직 후 바로 사표를 냈으나 법무부 징계수위 결정을 이후로 사직이 늦어졌고 결국 감봉 6개월로 징계가 결정되며 사직했다.)

문단과 공연계로 번진 미투 열풍

미투는 문단으로 번졌다. 시인 최영미는 이미 2017년 12월 계간지 『황해문화』 겨울호에 발표한 총 7연 27행의 시 「괴물」에서 원로 유명 시인의 성추행을 폭로했는데, 이게 서지현의 검찰 내 성추문 폭로 이후 확산된 미투 운동 바람을 타고 재조명되면서 페이스북과 트위터 등 소셜 미디어를 타고 급속히 퍼져나간 것이다. 시 「괴물」은 다음과 같은 내용이었다.

"En선생 옆에 앉지 말라고/문단 초년생인 내게 K시인이 충고했다/젊은 여자만 보면 만지거든/K의 충고를 깜박 잊고 En선생 옆에 앉았다가/Me too/동생에게 빌린 실크 정장 상의가 구겨졌다/몇 년 뒤, 어느 출판사 망년회에서/옆에 앉은 유부녀 편집자를 주무르는 En을 보고,/내가 소리쳤다/'이 교활한 늙은이야!'/감히 삼십년 선배를 들이박고 나는 도망쳤다/En이 내게 맥주잔이라도 던지면/새로 산 검정색 조끼가 더러워질까봐/코트자락 휘날리며 마포의 음식점을 나왔는데,/100권의 시집을 펴낸/'En은 수도꼭지야. 틀면 나오거든 그런데 그 물은 똥물이지 뭐니'/(우리끼리 있을 때) 그를 씹은 소설가 박 선생도/En의 몸집이 커져 괴물이 되자 입을 다물었다/자기들이 먹는 물이 똥물인지도 모르는/불쌍한 대중들/노털상 후보로 En의 이름이 거론될 때마다/En이 노털상을 받는 일이 정말 일어난다면,/이 나라를 떠나야지/이런 더러운 세상에서 살고 싶지 않아/괴물을 키운 뒤에 어떻게/괴물을 잡아야 하나."

성추행을 저지른 'En선생'에 대해 '100권의 시집을 펴낸'이나 노벨문학상 후보를 함의하는 '노털상 후보'라는 구체적인 수식어가 적시되어 사람들은 시인 고은으로 추측했지만, 익명의 네티즌들을 빼고 그 누구도 그 이름을 입 밖에 꺼내진 못했다. 2월 6일 시인 류근이 자신의 페이스북에 최초로 "고은 시인의 성추행 문제가 '드디어' 수면 위로 드러난 모양"이라며 실명을 거론했다. 류근은 "놀랍고 지겹다. 6~70년대부터 공공연했던 고은 시인의 손버릇, 몸 버릇을 이제서야 마치 처음 듣는 일이라는 듯 소스라치는 척하는 문인들과 언론의 반응이 놀랍다"고 비판했다.

류근은 "솔직히 말해보자. 나는 한 번도 끼어들지 못한 소위 '문단' 근처에라도 기웃거린 내 또래 이상의 문인들 가운데 고은 시인의 기행과 비행에 대해 들어보지 못한 사람 얼마나 되냐"며 "심지어는 눈앞에서 그의 만행을 지켜보고도 마치 그것을 한 대가의 천재성이 끼치는 성령의 손길인 듯 묵인하고 지지한 사람들조차 얼마나 되나. 심지어는 그의 손길을 자랑스러워해 마땅해야 한다고 키득거린 연놈들은 또 얼마나 되냐"고 지적했다.[150]

　　미투는 공연계로도 이어졌다. 2월 14일 극단 미인 대표 김수희가 자신의 페이스북을 통해 10여 년 전 연극계의 거장이라고 불리는 연출가 이윤택에게서 성추행을 당한 사실을 폭로한 뒤, 17일에는 이윤택에게서 두 차례에 걸쳐 성폭행을 당했다는 폭로가 나오는 등 유사한 피해를 겪었다는 주장이 계속 이어진 것이다. "이윤택 씨의 왕국이었다. 집단 최면에 걸린 것 같았다"거나 "일종의 교주 같았다, 사이비 종교의" 등과 같은 증언들이 쏟아져 나왔다.[151]

　　이후 미투를 지지하는 SNS '위드유(#WithYou, 당신과 함께하겠다)' 운동이 널리 확산되기 시작했다. 2월 21일 한국여성단체연합은 '성범죄자 이윤택을 처벌하라! 문제는 성차별적 권력구조다'는 성명을 내고 "이윤택 연출이 저지른 것은 명백한 권력형 성폭력이며 이는 차별적 사회문화, 권위적 조직문화, 여성 혐오적 남성문화에 그 근본 원인이 있다"고 주장했다.[152] (이윤택은 결국 3월 23일 1999년부터 2016년 6월까지 여성 연극인 17명을 62차례 성추행한 혐의로 구속된다. 재판에서 이윤택의 변호인은 성추행 혐의를 부인하면서 "보는 관점에 따라서 피고인의 연극에 대한 열정이자 독특한 연기 지도 방법의 하나일 뿐"이라고 주장했다. 2018년 9월 19일 1심에서 징역 6년, 2019년 4월 9일 항소심에서는 징역 7년을 선고받았고, 2019년 7월 24일 대법원 판결로 징역 7년이 확정되었다.)[153]

김어준의 "미투 음모론"

2월 중하순 일일이 열거하기 힘들 정도로 여러 분야에서 미투 폭로가 계속 쏟아져 나왔다. 뭔가 불길함을 느꼈던 걸까? 2월 23일 김어준은 〈김어준의 다스뵈이다〉에서 "제가 간만에 예언을 하나 할까 한다"고 말문을 열었다. 그는 "이것은 공작의 사고방식으로 사안을 바라봐야 보이는 뉴스다. 최근에 '미투' 운동과 권력 혹은 위계에 의한 성범죄 뉴스가 엄청 많다. 이걸 보면 '미투 운동을 지지해야겠다' 그리고 '이런 범죄를 엄단해야 한다'라는 것이 일반적인, 정상적인 사고방식이다"고 이어갔다.

김어준은 "그런데 공작의 사고방식으로 이것을 보면 어떻게 보이느냐. 우린 오랫동안 공작의 사고방식으로 사안을 보면 어떻게 보이느냐에 훈련된 사람들"이라고 했다. "(공작의 눈으로 미투 운동을 보면) 첫째, 섹스(는) 주목도 높은 좋은 소재다. 둘째, 진보적 가치가 있다. 그러면 '피해자들을 좀 준비시켜서 진보 매체들을 통해 등장시켜야겠다. 그리고 문재인 정부의 진보적 지지자를 분열시킬 기회다', 이렇게 사고가 돌아가는 것이다."

김어준은 "지금 나와 있는 뉴스가 그렇다는 이야기가 아니"라면서도 "예언한다, 예언. (미투 운동을 공작에 활용하려는) 누군가가 앞으로 나타날 것이고, 그 타깃은 결국 문재인 정부 청와대, 진보적인 지지층"이라고 말했다. "최근 댓글 공작의 흐름을 보면 다음에 뭘 할지가 보인다. 밑밥을 까는 그 흐름이 그리(미투 운동을 공작에 활용하려는 움직임)로 가고 있다. 준비하고 있다. 우리와 사고방식이 완전히 다르다." 그는 "그 관점으로 보면 올림픽이 끝나면 틀림없이 그 방향으로 가는 사람 혹은 기사들이 몰려나올 타이밍"이라고 말했다.

김어준의 이 같은 발언은 인터넷 커뮤니티, SNS 등을 통해 널리 퍼지면서 비판의 대상이 되었다. 24일 여성주의 연구·활동가 권김현영은 "김어준 왈, 공작의 눈으로 보자면 미투 운동의 댓글 흐름은 앞으로 좌파 분열의 책동으로 이어질 거라는데, 내 생각에 저들은 이미 권력에 대항하는 자신들의 모습에 취해 판단력을 잃었다"고 비판했다.

SBS CNBC PD 김형민도 페이스북에 "미투는 보수와 진보의 문제가 아니"라며 "수십 년간 우리 주변에 태산처럼 쌓아올려진 비인간적이고 비민주적인, 폭력적이고 억압적이었던 문화적 적폐의 마그마가 끓어오른 끝에 터져 나온 분화"라며 "그런데 김어준은 여기에 '공작적 사고'라는 편리한 표현을 빌려 앞으로 '문재인 정부를 타깃'으로 하는 '미투'를 예언(?)하면서 '미투'를 정치적 이해관계의 틀에 가둬 버렸다"고 비판했다.[154]

민주당 의원 금태섭은 페이스북에 올린 글에서 "김어준의 발언, 도저히 이해가 가지 않는다"며 "눈이 있고 귀가 있다면 그동안 우리 사회에서 피해자들이 겪어야 했던 일을 모를 수가 없을 텐데 어떻게 이런 말을 할 수 있을까"라고 꼬집었다. 이어 "피해자들의 인권 문제에 무슨 여야나 진보 보수가 관련이 있나. 진보적 인사는 성폭력 범죄를 저질렀어도 방어하거나 드러나지 않게 감춰줘야 한다는 말인가"라며 "무슨 말을 해야 할지 모르겠다. 깊이깊이 실망스럽다"고 말했다. 그러면서 "어떻게 이런 얘기를 하는 사람이 지상파 시사 프로그램을 진행할 수 있는지 도저히 이해가 가지 않는다"고 지적했다.[155]

"안희정의 성폭행 쇼크"

3월 5일 JTBC는 충남도지사 안희정이 정무비서인 김지은을 수시로 성폭행했다는 의혹을 보도함으로써 세상을 발칵 뒤집어놓은 이른바 "안희정의 성폭행 쇼크"의 서막을 열었다. 김지은은 이날 방송에 직접 출연해 "안 지사가 지난해 6월부터 8개월 동안 4차례 성폭행과 함께 수시로 성추행을 했다"고 밝혔다. 그는 그동안 용기를 내지 못하다가 '미투 운동'이 이어진 2월에도 성폭행을 당하면서 언론에 알리기로 결심했다고 말했다.

민주당은 5일 오후 9시에 긴급회의를 열고 안희정을 제명하기로 했다. 안희정은 JTBC의 보도 다음 날 페이스북을 통해 "합의에 의한 관계였다는 비서실의 입장은 잘못"이라며 "모두가 제 잘못이고, 오늘부로 도지사직을 내려놓고 일체의 정치 활동을 중단하겠다"고 밝혔다(그러나 안희정은 나중에 이 입장을 바꿔 '합의에 의한 관계'였음을 주장하면서 본격적인 법정 투쟁에 임한다).

3월 6일 안희정은 도지사를 사임하면서 미투 운동으로 물러난 첫 정치인이 되었지만, 이후에도 다른 성폭행 혐의가 제기되었다. JTBC는 3월 7일 안희정에게 성폭행과 성추행을 당했다고 주장하는 두 번째 여성이 나왔다고 보도했다. 안희정의 싱크탱크인 더좋은민주주의연구소 여직원 A씨는 이날 방송에서 2017년 1월 18일 안 전 지사가 강연회를 마친 뒤 성폭행했다고 주장했다. A씨는 이전에도 안희정이 여러 번 성폭행과 성추행을 시도했다고 말했다.[156]

안희정이 텔레그램을 통해 김지은에게 '미안', '내가 스스로 감내해

© 연합뉴스

안희정이 정무비서인 김지은을 4차례 성폭행과 함께 수시로 성추행을 했다는 사실이 밝혀졌다. 그는 2019년 9월 대법원에서 징역 3년 6월 실형을 확정받았다.

야 할 문제를 괜히 이야기했다', '괘념치 말거라' 같은 글을 남긴 것 등과 관련, 심리전문가들은 자신의 범죄를 '희석'시키려는 전형적인 모습이라고 분석했다. 단국대학교 심리학과 교수 임명호는 "성폭행 가해자들에게 피해자들이 고통스러워하는 동영상을 보여주면 다들 '저렇게 힘들어하는 줄 몰랐다'고 답한다"며 "이런 차원에서 '괘념치 말거라'(마음에 두고 걱정하지 마라)는 내용은 몹시 거슬린다"고 말했다. 그는 "가해자 스스로 기억을 왜곡해 자신이 저지른 행동을 가볍게 생각하고 있다는 걸 보여준다"고 설명했다.[157]

안희정은 김지은에게 "너의 생각을 얘기하지 마라. 너는 나를 비춰주는 거울이다. 투명하게 비춰라"고 말했는데, 이에 대해 『한겨레』 기자 이재성은 이렇게 말했다. "민주주의자를 자처했던 사람의 것이라고는 도저히 믿을 수 없는 그의 말은 안희정 대선 캠프에서 일했다는 사람들의 후속 증언으로 다시 한번 확인됐다. 폭력과 성희롱이 일상이었다는, '대통령 만들러 왔다'는 대의에 숨죽여 복종하길 요구하는 비민주성이 결국 수많은 사람의 공분을 산 이번 사건을 잉태한 것 아닐까."[158](안희정은 2018년 8월 14일 1심에서 무죄를 선고받았으나, 2019년 2월 1일 2심에서 징역 3년 6월을 선고받고 법정구속되었다. 2019년 9월 9일 대법원에서도 징역 3년 6월 실형을 확정받았으며, 2022년 8월 4일 만기 출소했다.)

사립유치원
비리 사건

　2018년 가을 전국의 학부모들이 분노한 이른바 '사립유치원 비리 사건'이 일어났다. 10월 5일 유치원 비리 근절을 위한 정책 토론회, 12일 비리 유치원 명단 공개, 25일 유치원 공공성 강화를 위한 정부종합대책 발표에 이르기까지의 20일간 이 문제는 우리 사회의 최대 관심사로 떠올랐다. 이 사건으로 인해 여론의 비난 화살은 주로 사립유치원에 쏠렸지만, 정작 주된 비난을 받아야 할 대상은 정부와 정치권이었다.

　2017년 2월 국무조정실 부패척결추진단은 "대도시 유치원·어린이집 95곳을 골라 감사한 결과 91개 기관에서 205억 원을 부당하게 사용한 사실을 적발했다"고 발표했지만, 유치원 이름은 숨겨주었다. 한해 2조 원 가까운 국고가 지원되지만 유치원은 감사조차 제대로 받지 않았고 감사에 적발되고도 명단이 공개되지 않은 것이다. 그럼에도 사회적으로 아무런 문제 제기가 없었다.

그러다가 장하나가 2017년 3월 『한겨레』에 기고한 글에서 엄마들의 세력화를 제안하며 페이스북 주소를 적어둔 것을 계기로 그해 6월 '정치하는 엄마들'이라는 비영리단체가 출범하면서 모든 게 달라지기 시작했다. '정치하는 엄마들'은 이 문제에 관심을 두고 있던 국회 교육위 소속 의원 박용진과도 협력했다. 박용진은 시·도 교육청과 교육지원청에 자료를 요청해 교육청·교육지원청 차원에서 2013~2017년 사이 감사를 벌여 비리를 적발한 유치원 1,878곳의 명단과 비리 내역을 입수해 국정감사에서 공개함으로써 이 문제를 전 국민적 차원의 정치적 소비자 운동으로 만드는 데에 결정적 기여를 했다.[159]

　　이전까진 국회의원들뿐만 아니라 진보교육감들도 한국유치원총연합회(한유총)를 두려워해 감사 결과를 공개하지 않았고 최근 2년간 아예 감사를 포기한 곳도 있었다. 언론도 한유총과 척지는 걸 두려워한 탓인지 사건이 크게 확산되기 전까진 이 문제를 외면했다. 대표적인 시민단체들이나 노동조합들도 이 문제엔 관심이 없었다. 결국 소비자 당사자의 절박성이 역사를 만든 것이다. 장하나의 표현을 빌리자면, "평범한 엄마, 힘없는 시민들의 행동이 100년간 꿈쩍 않는 적폐에 균열을 내고, 무너진 유아교육 현장을 방관하던 교육 당국을 움직였다".[160]

　　사유재산의 공적 성격을 어디까지 규정할 것이냐 하는 문제는 반드시 풀고 넘어가야 할 숙제였다. 그간 사립유치원을 일반 개인사업자로 간주한 기반 위에서 모든 행정을 펴 오다가 여론의 분노가 폭발하자 하루 아침에 공공기관으로 다루는 식의 행정은 그로 인한 부작용이 클 수밖에 없었다. 들끓는 여론 속에 사립유치원은 '어쩌다 공공기관'이 될 운명을 맞았으니,[161] 왜 문제가 없었겠는가?

자유기업원 원장을 지낸 연세대학교 경제대학원 특임교수인 김정호는 「사립유치원 비리 문제에 대한 새로운 시각」이란 논문에서 바로 그런 문제를 지적하고 나섰다. "문제의 발단이 사립유치원의 소유자들이 아니라 정부의 부당한 정책 변화에 있다"는 진단만큼은 문제의 근본적 해결을 위해 적극 고려할 필요가 있었다.[162]

제8장

"보수 진영의 미투라면, 공작설이 나왔을까"

"이명박 각하가 막 사라지고 있다"

2018년 3월 7일 『프레시안』은 단독 보도를 통해 현직 기자 A씨가 나꼼수 멤버인 전 의원 정봉주에게서 성추행을 당했다는 인터뷰 내용을 공개했다. 「"나는 정봉주 전 의원에게 성추행 당했다"」는 기사의 핵심 내용은 다음과 같았다.

"현직 기자 A씨는 6일 『프레시안』과의 인터뷰에서 기자 지망생 시절이던 지난 2011년, 정 전 의원이 (렉싱턴) 호텔로 불러내 키스를 시도하는 등 성추행을 했다고 밝혔다.……A씨가 가슴속에만 담아뒀던 7년 전 일을 폭로하기로 마음먹은 결정적인 계기는 정 전 의원이 최근 서울시장에 출마하겠다고 밝히면서다.……정 전 의원은 성추행 의혹에 대한 입장을 묻는 질문에 '답변할 이유가 없다'며 '명예훼손 등 법적인 조치를 취하겠다'고 밝혔다."[163]

이 기사에 달린 댓글들은 거의 대부분 믿을 수 없다는 반응을 보였다. "좀 그럴듯하게 소설을 써야 믿어줄 마음이라도 생기지." "이런 가짜 미투 운동 기사가 진짜 미투 운동을 저격할 때가 언젠가 나올 줄 알았다." "나꼼수가 한참 인기 있던 시절이면, 그 멤버들 전부 사찰에 도청을 당하던 시절인데…믿을 걸 믿으라고 해야지…특종도 좋지만 기본적으로 일반인도 할 수 있는 합리적 의심은 가지고 삽시다." " '나에게 7년 전 추근댔고, 키스하려고 해서 그때 기분이 아주 나빴다' 이게 전부인 내용을 가지고, 한 사람을 생매장시켰다. 과거 독재정권이 반대 생각을 가진 사람들을 간첩으로 내몰아 사회에서 손가락질 당하게 하고 사형시킨 짓과 아주 유사한 짓을 거리낌없이 해냈다."

이 기사가 불러온 파장은 '안희정 쇼크'에 미치진 못했을망정 잇따라 터진 사건이라 매우 컸다. 김어준은 3월 9일 공개된 팟캐스트 〈김어준의 다스뵈이다〉에서 "안희정에 봉도사(정봉주 전 의원의 별명)까지. 이명박 가카(각하)가 막 사라지고 있다"며 "제가 (미투) 공작을 경고했지 않았나? 그 이유는 이 미투를 공작으로 이용하고 싶은 자들이 분명히 있기 때문이다. 그건 명백한 건데"라고 했다.

김어준은 이어 "우리나라뿐만 아니라 과거로부터 현재까지 세계적으로 항상 젠더 이슈는 복잡하고 어렵다"며 "그래서 여기에 공작하는 애들이 끼면 본질이 사라지고 공작만 남는다는 것"이라고 주장했다. 그는 "최근에 JTBC에 대한 불만이 있다. 그런데 JTBC는 이 젠더 이슈를 사회적인 어젠더로 설정한 것이다. 그거는 일단 박수를 받아야 되는 것"이라며 "그리고 왜 한쪽 진영만 나오지 않나. 왜 특정 영화 출신 배우만 나오나.(중략) 그게 분명하게 (미투 운동의 대상자가) 한쪽에 몰려 있는 건 맞는다"고 했다.

　김어준은 그러면서 "그것과는 별개로, 이 (미투) 폭로가 사회 인식을 바꾸고 그다음에 시스템 개선으로 나가는 효과를 먼저 봐야 한다"며 "그런데 이게 말처럼 쉽지가 않다. 그리고 그 둘을 동시에 받아들이는 게 굉장히 어려운 것이다. 그게 굉장히 어렵기 때문에 그 지점에 공격의 찬스가 생기는 것이다. 그리고 그게 어렵기 때문에 점점 입을 다물게 돼 있다"고 했다. 김어준은 "제 관심은 공작은 막고, 사회운동으로의 기회를 살리고. 모두의 지혜가 필요한 때"라며 "이 두 개를 동시에 받아들이며 어떻게 돌파할 것인가"라고 말했다.[164]

　이런 일련의 옹호론에 자신감을 얻은 건지는 알 수 없지만, 미투 폭로가 나오자 3월 9일 출마 선언을 보류했던 정봉주는 3월 12일 기자회견을 열어 성추행 의혹을 정면으로 반박하고 나섰다. 그는 『프레시안』의 보도를 "대국민 사기극"으로 규정하며, 피해 여성과 『프레시안』이 불순한 "정치적 의도"에서 "새빨간 거짓말"을 하고 있다고 주장했다. 그는 3월 14일엔 자신의 SNS에 "나꼼수, 김어준, 주진우, 김용민. 당신들이 끝까지 믿어줘 고맙다. 내 곁에 당신들이 있어 힘이 난다"는 감사의 글을 올렸다.[165]

"미투를 가로막는 꼼수들"

　3월 14일 민주당 의원 금태섭은 『오마이뉴스』 인터뷰에서 "미투 운동이 상대방 진영에 도움이 된다는 식으로 해석되기 시작하면 피해자들에게만 부담을 주는 꼴"이라며 "약자의 인권 보호가 아니라 자기편에 유리한 쪽으로만 움직인다면 진보가 수구보수세력과 무엇이 다른가"라고 강하게 비판했다. 그는 또 김어준의 발언을 겨냥해 "피해자들이 '내가 고발하면 각하가 사라지는 건가' 하고 걱정해야 한다는 것이냐"며 "도대체 무슨 취지로 그런 발언을 하는지 이해할 수 없다"고 했다.[166]

3월 15일 『한겨레』 정치에디터 신승근은 「미투를 가로막는 꼼수들」이라는 칼럼에서 "우리는 고통스러운 기억을 들춰내 공개할까 말까를 망설이는 미래의 미투 고발자들을, 보수-진보라는 진영논리에 찌든 음모론으로, 사이비 미투와 '미 온리'라는 해괴한 논리로 입막음해서는 안 된다"며 이렇게 말했다. "그건 또 다른 2차 가해로, '미투 운동을 가로막는 꼼수'가 될 수 있다. 논리는 그럴듯하지만, 결국 피해자의 입에 재갈을 물리기 때문이다. 가해자에겐 스스로 음모의 희생양, 보수의 공격에 쓰러진 제물로 정당화할 명분을 준다. 음모론, 사이비 미투 경계론은 더 입에 올리지 말아야 한다."[167]

3월 16일 사회비평가 박권일은 「나쁜 신호」라는 『한겨레』 칼럼에서 "김어준 씨는 최근 '미투' 운동에 대해 끊임없이 '공작설'을 끼얹는 중이다. 문제는 그 여파로 '미투' 고발자들이 모욕감을 느끼거나 위축될 수 있다는 점이다. 이에 대해 이미 수많은 사람들이 비판했고 사과를 요구했다. 그러나 김씨는 끄떡도 하지 않았다"며 다음과 같이 말했다.

"그는 '나꼼수' 시절보다 더 큰 발언 권력이 되어 지상파 방송까지 진행하며 승승장구 중이다. 게다가 이명박 전 대통령이 검찰에 출석하면서, 그간 의혹을 제기해온 김어준 씨 등을 영웅으로 칭송하는 분위기도 보인다.……이 모든 상황들이 강간 문화라는 문제에 있어 굉장히 나쁜 신호다. 이 상황들은 '착각'을 유발할 수 있다. '아하, 김어준 정도 발언

미투를 가로막는 꼼수들

편집국에서

신승근
정치에디터

"모든 걸 잡아삼킨다. 지방선거도 미투 판에 실종됐다." "왜, 보수는 말짱한데, 진보 진영만 제물이 되는가." 이른바 진보 진영 인사들 사이에서, 미투운동을 우려하는 복소리가 적지 않다.

안희정 전 충남지사는 비서 성폭행 폭로로 위선의 상징으로 전락했다. '비비케이 실소유주 의혹'을 제기하며 이명박 전 대통령과 맞짱을 뜨다가 옥고를 치른 정봉주 전 의원은 성추행 논란에 휩싸여 언론사와 공방 중이다. 민병두 의원은 의원직 사퇴를 선언했다. 미투운동이 자신을 겨냥한 것이라며 '좌파 음모론'을 제기했던 홍준표 자유한국당 대표까지 미투를 적극 지지하는 판국이니, 이들의 당혹감을 이해 못 할 바도 아니다. 하지만 더불어민주당과 이른바 진보를 자처해온 몇몇 인사의 태도야말로 우려스럽다. 당혹한 더불어민주당은 '스텝'이 꼬였다. 안 전 지사는 심야 최고위원회의에서 2시간여 만에 제명하기로 했지만, 성추행 의혹이 제기된 민병두 의원의 사퇴는 말린다. 원내 제1당 지위를 잃을까봐 주판알을 튀기는 모양새다.

미투운동에 일짜감치 공작 이용 가능성을 제기했던 김어준씨의 복소리는 더욱 커졌다. 진보 인사들만 엮이는 현실을 언급하며 "미투를 공작으로 이용하고 싶은 자들이 분명히 있기 때문"이라고 주장한다. 참여정부 홍보수석을 지낸 조기숙 교수는 "피해자 여성의 용기있는 폭로가 '사이비 미투'에 오염되기 시작했다"며 가세했다. 그는 "한 남성과 여성 사이의 일회적인 성추행, 그것도 당시 권력이 없는 사람의 미수 행위는 미투의 본질과 거리가 멀다"는 '미투 감별법'까지 제시했다.

이들의 주장 가운데 극히 일부는 경청할 만하다. '익명으로 증거나 논리도 미약한… 폭로의 경우 언론은 보도에 신중을 기할 의무가 있다'는 조 교수의 글은 새겨볼만하다. 하지만 아무리 '음모론'을 제기하고, '사이비 미투 오염론'을 얘기해도, 피해자들이 폭로한 성폭행, 성폭력, 성추행이 바뀌지는 않는다. 현재까지 음모를 주도하는 주체도 불분명하다. 서지현 검사, 최영미 시인, 김지은 비서까지 실명으로 성폭력을 고발한 이들이 어떤 음모에 조종당했다는 증거도 없다. 신상이 털릴 위험을 감수하며 용기를 낸 익명의 고발자들이 어떤 이익을 봤는지도 명확하지 않다.

반면, 이들의 의도가 무엇이든 미투운동의 확산을 막고 왜곡할 위험성은 크다. 미투는 이제 겨우 시작이다. 특히 정치권의 미투는 고작 작은 도랑 한쪽을 뎄을 뿐이다. 정치부 기자로 성희롱 장면을 보기도, 전해 듣기도 했다. 술자리에 꼭 젊은 여기자를 불러내려는 의원들, 맥주잔에 소주 알잔을 떨궈 폭탄주를 만들며 "넣는 건 역시 남자야…"라는 말을 입에 달고 살면서 여기자를 "누구는 동양화, 누구는 서양화"라고 공공연히 떠들던 정치 거물도 있었다.

"○○○ 기자는 왜 아침마다 내가 복욕을 하는 거야"라는 성희롱 발언과 '나쁜 손버릇'으로 남자 기자들의 기피 대상이 된 여성 의원도 있다. 동료·후배 여성 정치인을 향해 "가시내가 뭘 안다고 나서냐"고 호통치던 실력자도 있었다. 이들 중 일부는 잘못된 손버릇, 입버릇으로 이미 흥역을 치뤘지만, 지금도 대부분 건재하다. '국회의사당'의 미투가 계속돼야 하는 이유다.

고통스러운 기억을 들춰내, 공개할까 마실까는 미래의 미투 고발자들을, 보수·진보라는 진영논리에 찌든 음모론으로, 사이비 미투와 '미온리'라는 해괴한 논리로 입막음해서는 안 된다. 그건 또다른 2차 가해로, '미투운동을 가로막는 꼼수'가 될 수 있다. 논리는 그럴듯하지만, 결국 피해자의 입에 재갈을 물린다. 가해자에겐 스스로 음모의 화생양, 보수의 공격에 쓰러진 제물로 정당화할 명분을 준다. 음모론, 사이비 미투 경계론은 더 입에 올리지 말아야 한다. skshin@hani.co.kr

정봉주는 성추행 논란에 대해 불순한 "정치적 의도"라며 "새빨간 거짓말"이라고 주장했다. 하지만 그것은 또 다른 2차 가해이자, '미투 운동을 가로막는 꼼수'가 될 수 있었다. (『한겨레』, 2018년 3월 15일)

은 괜찮구나'라는 착각, '사과만 하면 공직도 계속할 수 있네'라는 착각."

박권일은 더 고약한 착각은 따로 있다고 했다. "'거악과 싸워온 전사'들이니 '사소한' 흠결은 눈감아줘야지." 이것은 "해일이 밀려오는데 조개나 줍고 있다"며 개혁당 성폭력 사건을 조개나 줍는 부차적인 일로 만들어버린 유시민의 발언과 일맥상통한다는 것이다. "더구나 저런 착각은 '국가 경제에 기여했으니 재벌 회장님들 비리에 관대해도 된다'는 사고방식과 다를 바 없다는 점에서, 사회에 큰 해악을 끼치기 쉽다. 착각은 깨져야 하고, 나쁜 신호는 꺼져야 한다. 옳음에는 피아彼我가 없다."[168]

이 칼럼엔 수백 개의 악플이 달렸는데, 상당 부분은 늘 그렇듯이『한겨레』를 비난하는 것들이었다. 신문의 기본적인 메커니즘을 모르는 것도 아닐 텐데, 그리고 민주주의는 다양성, 아니 적어도 진보 내의 다양한 생각과 발언을 존중하는 것일진대, 왜『한겨레』절독 운운하는지 참으로 알다가도 모를 일이었다.

3월 17일『중앙일보』논설위원 양성희는 "'안희정도 가고 봉도사(정봉주)도 가고~'라며 거듭 공작설을 제기하고 있는 시사평론가 김어준 씨의 집착은 딱할 정도다"며 다음과 같이 말했다. "만약 보수 진영에서 미투가 나왔다면, 공작설을 들고 나왔을까. '폭로하는 여성 뒤에는 사주하는 사람이 있다'는 공작설은 그 자체가 반여성주의적 발상이다. 김씨는 과거 '나꼼수' 시절에도 여성 비하적 발언으로 물의를 일으켰다. 그가 굳이 공작 운운 안 해도, 보수 진영의 미투가 덜하다고 청정 지역이라고 믿는 바보는 없으니 걱정 말기 바란다."[169]

지긋지긋한『한겨레』절독 타령

3월 28일 그간 치열한 공방이 이루어졌던 정봉주 사건이 결정적인 반전을 맞았다. 정봉주는 문제의 렉싱턴호텔에 간 적이 없었다는 주장을 강력하게 펼쳐왔는데, 그곳에서 신용카드 결제 내역이 드러난 것이다. 정봉주는 이 사실을 스스로 밝히면서도 "사건에 대한 기억이 전혀 없다"

고 말했다.[170]

정봉주는 자신의 성추행 피해를 처음 보도한 인터넷 매체『프레시안』에 대한 고소를 취소하는 동시에 정계은퇴 뜻을 밝혔지만, 이 사건이 그 정도로 가라앉기엔 파장이 너무 컸다. 정봉주는 물론 그를 옹호한 김어준에게도 비판이 쏟아졌다.

김어준은 SBS〈김어준의 블랙하우스〉22일 방송에서 "자신과 특수관계에 있는 정봉주 쪽에서 제공한 사진을 가지고 정봉주 쪽의 알리바이를 뒷받침하는 취지의 보도"를 했다.[171] 시청자 게시판에는 "김씨가 친구를 구하기 위해 지상파 방송을 이용했다"며 프로그램 폐지를 요구하는 비판이 줄을 이었다.

『한겨레』는「정봉주 전 의원의 '거짓말'이 남긴 것」이라는 사설에서 정봉주가 "죄송하다"며 모든 공적 활동의 중단을 선언하면서도 성추행 주장은 인정하지 않았고 피해자에 대한 사과도 없었다는 점을 비판했다. 이어 사설은 "이 사건은 정치인의 신뢰뿐 아니라 미투 운동과 2차 피해 문제, 이를 바라보는 우리 사회의 엇갈린 시선, 언론 보도 등 많은 것을 곱씹어보게 한다"며 다음과 같이 말했다.

"이 사건을 두고 피해자의 #미투 동참을 마치 정치적 의도가 있는 것처럼 몰아가는 시선이 적지 않았다. 이런 식의 '2차 가해'가 이어지는 분위기에선 앞으로 성폭력 피해자들이 용기 있게 나서기를 기대하긴 어려울 것이다. 특별한 근거도 없이 '정치적 음모론'을 주장하는 건 그 의도와 별개로 미투 운동의 가치를 훼손할 뿐이다."[172]

그간 정봉주를 옹호했던 사람들은 좀 머쓱해할 것 같았는데,『한겨레』사설에 달린 댓글들엔 변함이 없었다. 여전히 정봉주를 옹호할 뿐만 아니라 『한겨레』에 대한 욕설 일변도였다.

"한겨레는 개소리 그만해라. 글쓴이는 7년 전에 뭐했는지 기억하나? 기억 못하면 거짓말인가?" "기레기 수준하고는. 누군지 모르는데 어떻게 2차 피해를 입히냐? 머리를 악세사리로 달고다니는 한걸레 기레기들 같으니라고." "정봉주가 한 거짓말보다 프레시안이 한 거짓말이 적어도 10배는 많습니다. 프레시안이나 한걸레나 기레기들 현주소를 그대로 보여주는 사설입니다." "암만 양보해도 뽀뽀 미수 사건이다. 정봉주의 처신은 차치하고, 언로를 장악한 나꼼수 멤버들에 대한 정통 일보 한겨레의 질투와 신경질을 보는 것 같아 오히려 애잔하기까지 하다."

'꼼진리교'로 변질된 나꼼수

그러나 이런 악플에 굴하지 않고 『한겨레』 기자 김지훈은 4월 2일 「정봉주 김어준, 사과하라」는 칼럼에서 사과하지 않는 정봉주와 김어준의 태도를 비판했다. 그는 "두 사람을 비판하는 글을 쓰는 건 부담스러운 일인데, 나도 그의 지지자들에게 어떤 해를 입지 않을지 걱정이 된다"며 다음과 같이 말했다. "제3자인 기자도 이 정도인데, 피해자인 안젤라 씨가 겪어야 했던 어마어마한 2차 피해와 심리적 부담감은 어느 정도였을지 감히 짐작하기조차 어렵다. 그런데도 그가 공직에 적합하지 않은 사람이 공직을 맡는 것을 저지하는 공익적인 목적으로 고발에 나서준 것에 깊은 존경의 뜻을 표하고 싶다. 그의 희생 이전으로 돌아가지 않도록 하는 것이 이제 우리가 해야 할 일이다."[173]

아니나 다를까. 이 기사에도 악플들이 주렁주렁 매달렸다. 그래도

정봉주의 성추행 논란이 발생했을 때, 나꼼수 멤버들은 물론 그 지지자들은 반성은커녕 피해자를 공격했고, 『한겨레』 절독 타령도 여전했다.

말이 안 되는 논리일망정 "그들이 목숨 걸고 사회정의를 위해 싸울 때 기자님은 뭐하셨는지 궁금합니다"라거나 "이들은 당신네들 기자들보다는 이 사회가 정의로운 사회로 가는 데 공로가 훨씬 큰 사람이오. 도대체 누가 누구에게 단죄를 합니까. 부끄러운지 아시오"라는 댓글은 양호한 편이었다. 그 지긋지긋한 『한겨레』 절독 타령은 여전했다.

"참는 데에도 한계가 있어 저는 30년 구독 방금 끊었습니다. 제 구독료가 이런 기자 봉급 나간다는 게 참을 수 없네요." "이런 기사를 보려고 내가 한겨레를 10년 만에 다시 구독했나. 자괴감이 드네. 그냥 끝내리. 내가 뭐 머리 아프게 이런 기레기 같은 글을 보고 있나." "그동안 혹시나 했지만 한겨레에는 이제 더이상 기대할 것이 없다는 것을 깨달았다. 이제는 내 구독료는 안 들어가니까 광고주 돈 받아서 쓰레기 기사를 쓰던 말던 혈압 올리지 않아도 되겠다.”

진중권은 『경향신문』 인터뷰에서 “정 전 의원과 팬들은 변명을 하는 게 아니라 외려 피해자를 공격했습니다. 뽀뽀할 수도 있지 하는 식으로. ‘키스 미수 사건’이라고 말하는 이들에게 너도 정봉주 의원에게 키스 미수 당하면 기분 좋겠냐고 묻고 싶어요”라며 다음과 같이 말했다. “조중동도 아니고, 진보언론도 아니고, 오직 나꼼수만 믿겠다는 거죠. 이 ‘꼼진리교’가 대중의 의식을 현저히 왜곡시켰어요. 상황이 2012년보다 더 나빠요. 그때는 사실이 아닌 거로 드러나면 수긍이라도 했는데, 이제는 수긍도 안 해요. 그냥 종교가 된 거죠.”[174]

“서지현 검사 사건은 빙산의 일각”

법무부 성희롱·성범죄대책위원회(위원장 권인숙)가 법무·검찰 전체 여성 직원 8,194명을 상대로 실시한 우편 설문조사(3월 26일~4월 6일) 결과 발표에 따르면, 재직 중 성희롱이나 성범죄 피해를 경험했다고 답한 비율은 응답자(7407명)의 61.6%에 달했다. 여성 검사는 응답자의 70.6%가 피해를 보았다고 답했다. 특히 재직 3년 이하 초임 검사도 응답자의 42.6%가 ‘피해 경험이 있다’고 밝혀, 성폭력·성희롱이 여전히 진행형이라는 점이 확인되었다. 권인숙은 “서지현 검사 사건이 빙산의 일각이었다는 점이 드러났다”며 이렇게 개탄했다. “여성 검사의 70%가 성희롱·성범죄 피해를 경험했다고 합니다. 검찰이 이 정도라면 우리 사회의 미래가 없는 것 아닌가요?”[175]

5월 2일 국회 윤리특별위원회가 국회의원과 보좌진을 대상으로 실시해 발표한 '국회 내 성폭력 실태조사' 결과는 충격적이었다. 성희롱을 직접 당했다는 피해자가 66명, 가벼운 성추행이 61명이었다. 이어 심한 성추행이 13명, 음란한 전화·문자·이메일을 받은 경우가 19명이었다. 심지어 강간과 유사강간 피해자도 2명, 강간미수 피해자가 1명 있었다. 150건 이상의 성범죄가 국회에서 저질러진 것이다.

심각한 것은 성범죄 건수만이 아니었다. 조사 결과 피해자는 여성이면서 낮은 직급인 경우가 압도적으로 많았고, 가해자는 높은 직급의 남성에 집중되었다. 성희롱 가해자에는 국회의원 8명이 포함되었다. 국회내 성폭력이 위계질서와 권력 관계에 의해 발생하고 있다는 것이다. 더욱 큰 문제는 피해를 당해도 이를 알리지 못하거나 제대로 도움받지 못하고 있다는 사실이었다. 피해자 중 42%가 도움을 요청했음에도 도움받지 못했거나 오히려 2차 피해를 당했다고 호소했다.[176]

5월 8일 국방부가 병영 내 성폭력 근절을 위한 '성범죄 특별대책 TF' 운영 결과를 발표했다. 지난 2월부터 두 달간 모두 29건의 성범죄 사건을 접수했는데, 성희롱이 15건으로 가장 많았고 이어 강제추행 11건, 준강간 2건, 인권침해 1건이라고 밝혔다. 가해자는 영관 장교 10명, 위관급 7명, 원·상사 7명, 중·하사 2명, 일반직 군무원 12명이었다. 상급자에 의한 성폭력은 20건으로 전체의 70%였다. 피해자 35명 모두 여성이었으며 그 절반은 여군 부사관이었다.

이 조사에서 가장 심각한 문제로 대두된 것은 성범죄 신고 자체를 가로막는 군의 내부 구조였다. 피해자들은 성폭력 피해를 신고해봐야 소용이 없으며, 신고하려면 전역을 각오해야 한다고 대답했다. 직급이 낮을수록, 신분이 불안한 비정규직일수록 신고를 꺼렸다. 이는 신고된 성폭력 사례가 빙산의 일각일 뿐이라는 점을 방증했다. 또 다른 문제는 신고해도 가해자에 대한 신속한 조사·처벌은커녕 2차 피해가 자행되고 있다는 점이었다. 한 간담회에서 여군들은 "누가 성폭력을 당해도 신고하라고 권하지 않겠다"며 눈물로 2차 피해 경험을 호소했다.[177]

김태우의 '민간인 사찰 의혹' 폭로 사건

대검찰청 검찰수사관(6급)으로 근무하던 중, 청와대 특별감찰반에 파견되어 감찰반원으로 근무하던 김태우가 2018년 특별감찰반의 비위를 폭로하고 나섰다. 폭로 사태의 발단은 2018년 11월 그가 경찰청을 방문해 자신의 지인인 건설업자 최모 씨가 연루된 '공무원 뇌물 사건'에 대한 진척 상황을 물어보는 등 부당한 행위를 했다는 의혹을 받으면서 시작되었다. 그는 특감반원들과 부적절한 골프 회동을 했다는 의혹도 받았다. 당시 민정수석 조국은 특감반 전원에 대해 소속기관 복귀 조치를 내렸다.

당시만 해도 이 사건은 청와대 특감반원의 비위 또는 '개인 일탈'로 끝나는 듯했지만, 검찰로 복귀한 김태우의 폭로가 시작되면서 상황이 반전했다. 그는 언론을 통해 주러시아 대사 우윤근과 한국도로공사 사장 이강래 등에 관한 첩보를 보고했으나, 여권 인사의 비위 의혹이라는 정치적 이유로 묵살되었다고 주장했다. 그는 "우 대사가 2009년 건설업자 A씨로부터 채용 청탁과 함께 1,000만 원을 받은 의혹 등을 담은 감찰보고서를 작성했다가 청와대에서 쫓겨났다"는 구체적인 내용도 공개했다.

김태우는 이어 전직 총리 아들이나 은행장 등과 관련한 동향을 보고했다며 '민간인 사찰' 의혹까지 폭로했다. 이어 당시 정부 초기 공공기관 사장과 고위임원들의 정치 성향과 사퇴 여부 등을 파악한 문건까지 작성했다며 '블랙리스트' 의혹을 제기했다. 청와대 특감반원의 비위 의혹이 문재인 정부의 대대적인 불법 사찰 문제로 번진 것이다.[178]

이와 관련, 청와대 대변인 김의겸은 12월 18일 정례 브리핑에서 다음과 같이 말했다. "문재인 정부의 유전자에는 애초에 민간인 사찰이 존재하지 않는다."[179] 자신감을 드러내기 위한 비유적 표현이었다고 하지만, 정부나 정권에 '유전자'가 있을 수 있다는 발상 자체가 문재인 정부의 '도덕적 우월감'에 기반한 '독선과 오만'을 보여주는 것이라는 비판이 많았다.

김태우는 재판에서 공무상 비밀누설 혐의로 기소당했지만, 그가 폭로한 35건 중 대표적인 의혹인 환경부 블랙리스트 사건은 일부 사실로 드러났다. 2017년 12월부터 2019년 1월 사이 환경부 산하 공공기관 임원 13명에게 압력을 행사해 사표를 받아낸 혐의로 전 환경부 장관 김은경은 대법원에서 징역 2년 실형, 균형인사비서관 신미숙은 징역 1년에 집행유예 3년을 각각 확정받았다. 아울러 전 법무부 장관 조국이 민정수석 시절 감찰을 무마한 것이 아니냐는 의혹을 받았던 전 부산시 경제부시장 유재수의 뇌물수수 혐의에 대해서도 2022년 3월 대법원은 유죄를 확정했다.

환경부 블랙리스트 사건은 환경부가 이전 정부에서 임명된 산하기관 임원들의 사직을 종용하기 위해 '산하기관 임원들의 사퇴 등 관련 동향' 문건을 작성해 2018년 1월 청와대 민정수석실에 보고한 사건이다. 이 사실이 국회를 통해 공개되면서 주목을 받았고 이후 검찰 수사로 이어졌다. 그런데 이 사건을 수사한 서울동부지검은 2019년 여름 인사에서 '재앙'이라고 해도 좋을 정도로 심한 정치적 보복을 당했다. "암울한 미래를 미리 읽은 지검장은 일찌감치 사직했지만, 차장검사와 주임검사는 이유를 설명하기 어려운 한직으로 날아갔다. 정권의 의도를 읽은 그들은 '인사는 메시지'라며 검사 옷을 벗었다."[180] 검찰개혁을 외치던 문재인 정권의 위선과 기만이 적나라하게 드러난 사건이었다.

제9장

왜 고시원은
타워팰리스보다 비싼가?

"강남 재건축은 복마전"

단군 이래 최대 규모라는 서울 반포주공 1단지는 45년 된 5층 아파트였지만, 재건축 기대감에 집값은 2018년 최고 40억 원을 웃돌았다. 재건축 사업 규모만 10조 원에 달하다 보니 일반적인 이익률 10%로 계산해도 1조 원에 이르렀다. 이게 바로 공사를 따내려는 건설사들 간 불법 출혈 경쟁과 금품 살포가 난무했던 이유였다. 3개 건설사가 조합원에 책정한 로비 비용만 43억 원이었는데, 금품 살포가 무차별적으로 이루어지면서 한 아파트에서만 절반이 넘는 1,400여 명의 조합원이 금품을 받았다. 경찰에 불구속 입건된 사람만 334명이나 되었다.[181]

어떤 재건축 조합이건, 물리적 충돌까지 빚어지는 등 조합 내부의 갈등도 극심했다. 분쟁을 넘어 공식적으로 적발된 강남권 재건축 비리는 2017~2018년 2년간 190건에 육박하는 상황이었으니, 강남 재건축을

둘러싼 갈등 양상은 가히 복마전을 방불케 한다는 말은 결코 과장이 아니었다.[182]

다른 지역의 '강남 따라하기'는 이런 문제에서까지 어김없이 작동했다. 재건축조합은 서울에만 400개가 넘었고, 전국적으론 1,200여 개에 이르렀는데, 검찰 수사관 출신으로 도시정비사업 전문가인 법무사 김상윤은 2018년 12월 "조합 있는 곳에 비대위 없는 곳이 없다"며 "대부분의 조합이 정도의 차이만 있을 뿐 각종 비리 의혹으로 몸살을 앓고 있는 실정"이라고 했다.[183]

김상윤은 "도시정비사업 과정에서 비리가 끊이지 않는 근본 원인은 제3의 '보이지 않는 손'이 개입해 조합원들의 의사 결정이 왜곡되기 때문이다"고 말했다. '보이지 않는 손'은 조합과 시공사 등이 동원하는 'OS'를 가리킨다. 원래 아웃소싱Outsourcing을 뜻하는데, 한국의 특수한 상황을 반영하는 용어로 변질되어, 홍보 용역업체가 조직적으로 동원한 인력을 가리키는 말이 되었다.

조합 임원 선거에서부터 각종 용역사업비를 결정하는 총회, 시공사 선정 투표 등 중요 사안마다 이들이 개입하는데, 이런 일도 있었다고 한다. "2014년 지방선거 때 일이다. 서울 한 지역에서 당시 새누리당이 구청장 후보를 뽑는 경선을 치르는 과정에서 해당 지역 조합장이 자신이 지지하는 후보를 위해 OS를 대거 동원해 내부 경선을 뒤집기도 했다."[184] 조직적 동원이야말로 '선거의 꽃'이라고 하는 세간의 상식에 비춰보자면, 바로 이런 게 한국형 선거 민주주의의 본질은 아니었을까?

'욕망의 바벨탑'과 '절망의 외딴방'

그런 복마전은 서울 집중과 같이 이루어진 '아파트 공화국'이 애초에 계급전쟁의 일환으로 이루어진 것이라는 원죄와 무관치 않았다. 한국의 아파트 연구로 박사학위를 받은 발레리 줄레조Valérie Gelézeau는 "한국에서 아파트 단지는 '중간계급 제조 공장'처럼 보인다"고 했는데,[185] '중간계급 제조 공장'이었다고 단언해도 무방하다. 군사작전식으로 맹렬하게 이루어진 아파트 건설로 아파트가 전체 주택에서 자치하는 비율은 2016년 60.1%로 역사상 처음으로 60%를 넘어섰으니,[186] 성공적인 작전이었다고 평가할 만하다.

집이란 무엇인가? 『한국일보』(2018년 12월 4일)는 이런 답을 내놓았다. "누구에겐 '욕망의 바벨탑' 누구에겐 '절망의 외딴방'."[187] 돈이 되는 '욕망의 바벨탑' 이야기는 늘 무성했지만, '절망의 외딴방' 이야기는 그곳에서 사람이 죽어 나갈 때에만 사람들의 입에 오르내렸다. 죄 없는 아파트는 '중간계급 제조 공장'이 된 반면, 아파트 근처에도 가보지 못한 하층민은 쪽방으로 밀려났으니 눈에 잘 보이지도 않았다.

"빨리 죽어야 하는데……그 생각밖에 없어. 차에 몇 번 뛰어들려고 했는데……." 어느 쪽방 주민의 말이다.[188] 그럼에도 만화방이나 찜질방 등 다중이용업소에 거주하는 사람들 중에는 2.5평 쪽방을 '천국'이라고 하는 사람들도 있었다. 이런 이유에서다. "사람이 몸 누일 곳이 있다는 게 가장 중요해요. 노숙자 쉼터에 있을 때는 매일 잠자리 번호표를 받으려고 몇 시간씩 기다리곤 했어요."[189]

찜질방을 오가다가 돈이 조금 모이면 찾는다는 고시원은 어떤가?

국일고시원 화재 사건을 통해 드러났듯이, 고시원도 도저히 집이라고는 볼 수 없을 정도로 주거 조건이 열악했다. 화재가 난 국일고시원 앞에 시민들의 추모 꽃이 놓여 있다.

2018년 11월 9일 18명의 사상자(사망 7명)를 낸 서울 종로구 국일고시원 화재 사건을 통해 드러났듯이, 고시원도 도저히 집이라고는 볼 수 없을 정도로 주거 조건이 극도로 열악했다. 『조선일보』 기자 김은중이 고시원에서 3주간 산 뒤에 체험 기사를 썼는데, 그의 증언을 들어보자.

"서울 종로구 한 고시원은 방이 1평(3.3㎡)도 되지 않아 '닭장' 같았다. 메스꺼운 곰팡이 냄새가 코끝을 찔렀다. 습기 때문에 온몸이 금세 끈적끈적해지는 기분이 들었다. 얇은 패널로 만든 벽은 아무런 소음도 막지 못했다. 한 투숙자가 '이곳에선 하나도 내 마음대로 할 수 없다'며 이어플러그(귀마개)를 건넸다. 앞서 고시원 생활을 겪은 이들은 '머물수록 우울해지고 신경이 예민해진다'고 입을 모았다. 외부인을 초대하는 행위는 엄격하게 금지된다. 빛도 들어오지 않고, 혼자 있는 시간이 길어지면서 우울감이 더 커져갔다. 2주차에 접어들자 맨정신으로 고시원에 귀가하는 건 힘든 일이었다. 술에 취해 들어가는 날이 점점 많아졌다."[190]

고시원 거주자의 희망은 고시원 탈출이겠지만, 누군가는 또 고시원을 찾는 끝없는 행렬이 이어질 것이다. 고시원과 쪽방, 만화방이나 찜질방 등 다중이용업소와 같은 '집 아닌 집'에 거주하는 사람들에 대한 정확한 통계는 없었다. 2018년 기준 많게는 228만 가구로 추정했지만,[191] 그 수가 많건 적건 이는 우리 사회가 외면해선 안될 인권 문제였다.

왜 고시원의 80%가 수도권에 몰려 있을까?

한양대학교 건축학부 특임교수 함인선은 "왜 고시원은 타워팰리스보다 비싼가?"라는 『중앙일보』(2017년 12월 21일) 칼럼에서 타워팰리스의 3.3제곱미터당 월세는 11만 6,000원이고 고시원은 13만 6,000원이라고 했다. 그는 고시원의 '존재 이유이자 경쟁력의 원천'을 이렇게 설명했다. "일자리, 정보, 문화, 교류에서 소외되지 않고 짧은 출퇴근 시간이 보장된다면 개인 공간이 지옥고(지하방, 옥탑방, 고시원)에 있음은 문제가 아니다. 좋은 입지는 '강남'만큼 희소하고 저성장 및 1,2인 가구 증가로 경쟁은 더욱 가속화될 것이기에 고시원은 당분간 시장지배자일 것이다."[192]

고시원이 타워팰리스보다 비싼 건 최장집이 말한 '초超집중화hyper-centralization'의 문제를 실감나게 상징적으로 잘 보여주었다. 초집중화란 정치적 권력뿐만이 아니라 사회의 모든 영역에서 자원들이 지리적·공간적으로 서울이라고 하는 단일 공간 내로 집중됨을 의미한다. 이런 중

앙 집중은 집중에서 머무르는 것이 아니라 중첩되면서 집적集積되는 형태까지 만들어내고 있었다.[193]

서울 초집중화의 문제는 청년들의 주거환경에서 잘 드러났다. 서울의 1인 20~34세 청년 가구 중 주거 빈곤가구(지옥고)의 비율은 2005년 34.0%, 2010년 36.3%, 2015년 37.2%로 갈수록 늘어나고 있었다. 전체 가구 중 주거 빈곤가구 비율이 1995년 46.6%에서 2015년 12.0%로 급락한 것과 대조적이다.[194]

함인선이 잘 지적했듯이, 일자리에 대한 접근성이 초집중화 문제의 핵심이다. '집 아닌 집'의 수도권 집중도에 대한 정확한 통계 역시 없지만, 고시원의 80%가 수도권에 몰려 있다는 건 무엇을 말하는가?[195] 수도권의 일자리 집중도와 비슷하다는 게 우연일까?

국세청의 '연말정산 통계현황'에 따르면 2013년 억대 연봉자 70%는 수도권에 거주하고 있으며,[196] 취업포털사이트 잡코리아가 2015년 자사 사이트에 등록된 기업들의 신규 채용공고 650만 9,703건을 근무 지역별로 분석한 결과, 전체 채용 공고의 73.3%가 수도권 지역에 몰려 있는 것으로 나타났다.[197] 수도권의 경제 집중을 해소하지 않고 그런 '신주거난민'의 인권 문제를 해결할 수 있을까?

가치 판단을 배제하고 그냥 구경만 하고 있자면, 정부가 하는 일은 너무 재미 있어 웃음이 나올 정도였다. 수도권의 주택 문제는 수도권의 경제 집중 때문에 벌어진 일인데, 수도권의 경제 집중은 그대로 두거나 오히려 악화시키면서 수도권의 주택 문제를 공급 대책으로 해결하겠다고 사뭇 진지한 표정으로 말한다. 그러면 수도권의 경제 집중은 더욱 심해질 텐데, 또다시 주택 문제가 불거질 게 아닌가?

그러나 그건 걱정할 일이 아니었다. 정부를 지배하는 정권은 5년짜리였기 때문이다. 이 희한한 셈법에 웃는 사람도 없었고 화내는 사람도 없었다. 모두 새로운 공급 대책의 잔치판에 대해 각자 주판알 튕기느라 정신이 없었기 때문이다. 정책 실패로 서울 부동산 가격이 급등하자 정부가 2018년 9월 13일 내놓은 '수도권 주택공급 확대 대책'도 바로 그런 이상한 게임의 산물이었다.

서울을 한국으로 여긴 서울만의 '신도시 잔치'

'수도권 주택공급 확대 대책'의 내용은 무엇인가? 서울과 1기 신도시(분당·일산·중동·평촌·산본) 사이 지역에 대규모 택지(신도시) 4~5곳을 개발하고 20만 가구의 주택을 공급하겠다는 것이었다. 정부가 12월 18일 발표한 3기 신도시 선정 지역은 남양주 왕숙 지구, 하남 교산 지구, 인천 계양 테크노밸리, 과천 과천동 일원이었다.

명지대학교 부동산대학원 교수 권대중은 "1기 신도시인 일산을 봐도 알 수 있지만 원흥이나 삼송, DMC 등 주변 지역에 아파트들이 들어서면서 아침이면 3호선이나 경의선은 지옥철이 되고 있다"며 "교통망 확충이 어렵다면 3기 신도시는 자족도시가 아니라 폐쇄도시로 전락할 수 있다"고 밝혔다. 3기 신도시 개발은 안정기를 맞고 있는 부동산 시장을 자극하는 뇌관이 될 수도 있다는 경고의 목소리도 나왔다.[198]

일부 신도시 주민들은 서울로 출퇴근하며 매일 4시간가량을 허비하는 고통을 겪고 있는데,[199] 이젠 4시간을 넘어 5시간으로 기록 갱신을 해보겠다는 건가? 정부는 수도권 광역급행철도GTX 건설 계획 등 교통

GTX 가속화로 교통난 해소…완공 5년 걸려 초기엔 불편

(수도권 광역급행철도)

3기 새도시 성패 달린 교통대책 보니

정부는 '3기 새도시 개발'과 함께 수도권 광역교통개선에 대규모 정부사업을 벌이기로 했다. 수도권을 동서남북으로 관통하는 수도권 광역급행철도(GTX)을 조기 착공하되, 신안산선도 내년초 착공을 추진한다.

국토교통부는 19일 '2차 수도권 주택공급 계획'과 함께 '수도권 광역교통망 개선안'인 도 최대한 발표했다. 가장 눈에 띄는 대책은 광역급행철도의 초기 착공이다. 연내 첫 삽을 뜨는 급 그동안 속도를 내지 못했던 사업에 속도를 붙이겠다는 계획이다. 정부는 삼성 절차가 마무리된 광역급행철도 A 노선 삼성~광운대 43.6km 구간을 통해 안에 착공한다. 또 최근 예비타당성 조사를 통과한 C노선(양주~수원) 74.2km 구간도 내년 초까지 기본계획에 들어가 조기 착공하겠다는 방침이다.

정부는 예비타당성 조사를 통과하지 못한 B노선(송도~마석) 80.1km 구간 역시 내년 안에 조사 완료를 추진할 계획이다. 국토부 관계자는 "지하4에스 B 노선은 인천광역시 신청으로 국가철도망이선위원회에 재상정돼 이 예비타당성 조사 면제 여부는 협의 중인 것으로 알고 있다"고 말했다.

수도권 광역급행철도는 서울을 중심으로 0 수도권의 남북과 동서를 에스(S)자처럼 도 수도권의 남북과 동서를 에스(S)자처럼 연결하는 방식. 하루 지하 최고 2분은 최고 시속 100km로 운행한다. 경기 도 경기도 안 산3역4에서 광명을 거쳐 여의도까지 43.6km을 연결하는 신안산선도 내년 중 첫 삽을 뜰 예정이다. 교통 사정이 열악한 경기 서북부, 서남부 등 동부 인프라를 확충하기 위해 3호선의 화곡~파주 운정 연장, 한강선병선 내성 신설, 별내선(영내역~북병내 연장 등도 추진한다.

도로망 확충 계획도 발표했다. 인천 계양과 김포를 잇는 고속도로3.5km가 추진돼 내 년을 예비타당성 조사도 완료를 목표로 하고 있다. 제2외곽순환도로 상습정체구간 가운 대 서부서울~김포와 동부남포~북개범의 병목구간도 복선화를 검토한다.

운정~삼성 GTX A노선 올안 첫삽
양주~수원 C노선 내년초 착공
송도~마석 B노선 '예타' 면제 협의

신안산선도 내년중 착공할 계획
외곽순환도로 복층화·광역버스 확충
"교통인프라 뒤따라갈 수밖에 없어"

광역버스 노선도 강화하기로 했다. 수도 권 동서남북 외곽지역에서 서울 중심을 잇 는 광역버스(수요가 있는 지역에 엠(M)버 스 신설을 추진한다. 수색역 인근서부지, 김포공항역 인근서서부, 신바위역 인근남부 부), 부천·강일·남양주권(동부서부, 청계산 역 인근(동남부) 등이다. 아울러 수도권과 서울을 오가는 광역버스에 2층버스 도입을 확대한다.

그러나 이러한 대책에도 불구하고 초기 입주자들의 불편은 피하기 어려울 전망이다. 수도권 광역교통개선대책 핵심인 광역급행철도는 담당 운영 첫 삽을 뜨더라도 운공 배차지 5년 이상 소요되나. 광역급행철도 B노선은 4년간 예비타당성 조사를 통과하지 못했다. 2014년 실시한 예비타당성 조사 결과 비 용편익분석비(B/C) 0.33에 불과해 통과 기준인 1에도 크게 미달했다.

임재현 세종대 교수(부동산학)는 "도교육 철도 등 교통 인프라에 맞춰 주택 공급을 뒤 따를 수밖에 없다는 것은 열선 1,2기 신도시 건설에서 체득한 경험의 진실"이라며 "급격한 집값 상승을 막기 위한 공급 확대의 필요성을 고려하면, 초기 입주자의 불편은 어느 정도 받아들일 수밖에 없을 것으로 보인다"고 말했다.

국토부 관계자는 "광역교통망 확충안을 배차론 속도감 있게 추진할 계획"이라며 "수 도권 내 중소 광역교통망이 부족한 부 분을 보완하고 확충하는 효과가 있을 것으 로 기대된다"고 말했다.

노컷홈 기자 gotokwa@hani.co.kr

정부가 발표한 '수도권 주택공급 확대 대책'과 '3기 신도시 지역'은 수도권의 경제 집중을 그대로 두 거나 오히려 악화시켰다. (『한겨레』, 2018년 12월 20일)

대책도 제시했지만, 5~6년 이상 걸려 신도시 입주 시기와 2~3년의 시차가 있는데다 그것만으론 해결책이 되지 못한다. 관련 기사에 달린 댓글들은 이런 불만을 토로했다.

"서울에다 공급 늘리세요. 지금도 2기 신도시는 출퇴근 지옥입니다. 광역교통망 앞으로 10년 걸릴 텐데 또 신도시로 출퇴근길만 더 힘들어지겠네요.""빽빽한 동네에 신도시 또 조성? 교통지옥이 불 보듯 뻔하다. 우선적으로 2기 신도시의 교통문제가 선결이다. 신도시만 지어놓고 교통은 10년 넘게 제자리 행정에 신도시 주민들 골병든다. 싸질러 놓은 똥 치우지도 않고 또 때려짓나!""저게 뭔 놈의 신도시냐. 과천 계양 남양주

지금도 서울 쪽 출퇴근할 때마다 그냥 차들 길가에 서 있다. 늘릴 차선도 마땅한 곳이 없다. 건물만 지으면 그게 신도시냐?"[200]

중요한 문제 제기였지만, 나라 전체로 보면 더욱 근본적인 문제가 있었다. 대부분의 언론도 교통난 등 실무적인 문제만 제기했을 뿐 서울 초집중화라고 하는 신도시 건설의 근본적인 문제는 지적하지 않았다. 진보언론인 『한겨레』마저 사설을 통해 "개발이익 환수·투기 방지가 관건이다"고 했을 뿐, "수요 분산과 서울 집값 안정에 도움이 될 것으로 보인다"며 "다만, 이게 수도권 집중과 비대화를 촉진할 수 있다는 점은 또 다른 고민거리다"고 말하는 선에만 머물렀다.[201]

『경향신문』이 "신도시는 서울 집중화를 가속화할 수 있다"고 말한 게 그나마 불행 중 다행이지만 비판의 수위가 너무 낮다. "신도시와 서울을 연결하는 광역교통망까지 깔리면 이런 현상은 심화될 수밖에 없다. 이것이 국토균형발전을 추진하는 정부의 정책에 부합하는지 의문이다. 정부는 내년 상반기 중 서울 인근에 추가로 11만 호의 공급 대책을 내놓을 예정이다.……일본 도쿄 주변에 우후죽순처럼 들어섰던 신도시가 공동화한 사태를 되풀이해선 안 된다."[202]

서울이 한국인가? 장래를 내다볼 뜻이 전혀 없이 우선 당장 발등에 떨어진 불이나 끄고 보자는 정부에 대해 적어도 다음 댓글 정도의 문제 제기는 해야 했던 게 아닌가? "신도시가 너무 많다. 서울이야 신도시 생기면 사람 들어차겠지만 결국 그들만의 잔치가 되는 건 아닌지. 경기도부터 지방까지 온갖 신도시들 넘쳐나는데 거의 유령도시를 방불케 한다. 집은 물론 상가도 입점 안 돼서 텅텅 비고. 인구 분산이 제대로 이뤄지면 신도시가 필요도 없을 텐데 신도시를 만들어서 인구 분산을 꾀한다는 게 말이 되나."[203]

쳇바퀴 돌리는 다람쥐보다 못한 정부

사실 진짜 문제는 GTX였다. GTXGreat Train Express는 서울을 중심으로 수도권의 남북과 동서를 엑스x자로 잇는 수도권 광역급행철도로, 지하 40미터 아래에 터널을 뚫어 노선을 직선화해 평균 시속 100킬로미터(최고 시속 200킬로미터)로 기존 전철보다 3~4배가량 빠르다고 했다. GTX가 개통되면 수도권 전역의 이동 시간이 1시간 이내로 좁혀져 서울·수도권 쏠림 현상이 가속화될 게 뻔한데도, 이게 무슨 개혁이나 진보인 것처럼 여기는 분위기였다. 양주와 의정부 시내 곳곳에는 'GTX-C 노선 유치 확정'을 반기는 펼침막이 수십 장 내걸리고, 부동산 투기의 조짐까지 보이고 있었다.

광주대학교 교수이자 혁신도시특별위원장인 이민원은 "정부가 균형발전 축을 위해 만든 세종시도 수도권화되고, 혁신도시나 고속철도 KTX조차 애초 기대와는 달리 수도권 집중화를 막기에 역부족인 상황이다. 비수도권에 투자해도 모든 자원이 수도권으로 몰리는 상황에서 지티엑스가 개통하면 수도권 블랙홀 현상이 심화돼 국가균형발전은 돌이킬 수 없는 상태가 될 것"이라고 걱정했다.[204]

2018년 12월 27일 경기 고양 킨텍스에서 GTX A 노선 착공식이 열린 날, 수도권과 전국의 48개 환경단체 연대 단체인 한국환경회의는 성명을 내어 "오로지 정치적 성과를 뽐내기 위해 절차적 민주주의를 망각한 졸속 착공"이라며 "사업 계약 방식과 실시 설계, 환경영향평가 절

차들이 모두 4대강 사업과 똑같이 추진된다"고 강하게 비판했다.[205]

　그러나 이런 비판은 극소수였고, GTX를 반기는 사람이 훨씬 많았다. GTX의 부작용을 지적한 『한겨레』 기사에 달린 댓글 하나가 인상적이다. "균형발전 같은 개소리는 집어넣어라. 잘사는 국가는 사람 사는 곳이 밀집돼 있고 사람 아예 안 사는 지역엔 사람이 안 산다. 그래야 자연보호가 되는 거지, 균형발전이라 해놓고 전국토를 난개발하면 그게 잘사는 거냐? 난개발 부동산 투기로 돈 벌 생각만 하니 균형발전 같은 개소리를 떠들지. 저런 게 무슨 학자랍시고 한심해서."[206]

　이 주장에 대해 다른 네티즌이 "일베충다운 망언"이라고 일갈하긴 했지만, 정부가 하는 일은 이 '망언'의 취지와 꼭 닮아 있었다. 이른바 '경로의존의 덫'에 갇힌 정부의 고충을 모르는 게 아니어서 안쓰러운 마음까지 들기도 하지만(경로의존經路依存, path dependency은 한 번 경로가 결정되고 나면 그 관성과 경로의 기득권 파워 때문에 경로를 바꾸기 어렵거나 불가능해지는 현상을 가리킨다),[207] 그래도 우습지 않은가? 다람쥐가 쳇바퀴를 돌리는 건 귀엽기나 하지만, 국가 운영을 책임진 정부가 이런 일을 끝없이 반복해대는 건 결코 귀여울 수 없었다.

　수도권에 계속 일자리를 늘려 수도권 인구 집중을 악화시키고, 그래서 주택이 모자라면 다시 정부가 나서서 주택 대량 공급에 나서고, 또 그래서 인구 집중을 유도하는 이 끝없는 쳇바퀴 돌리기는 지난 수십 년간 지겨울 정도로 많이 봐왔는데, 이제 그걸 또 구경하라니……. 파렴치한 건지 아니면 아예 생각이 없는 건지 알다가도 모를 일이었다.

제10장

왜 '조물주' 위에
'건물주'가 있다고 했는가?

젠트리피케이션은 '구조적 폭력'

젠트리피케이션gentrification은 "(슬럼가의) 고급 주택화", 동사형인 gentrify는 "슬럼화한 주택가를 고급 주택화하다"는 뜻이다. 상류계급 또는 신사계급을 말하는 gentry에서 파생된 것으로, 1964년 영국 사회학자 루스 글래스Ruth Glass, 1912~1990가 영국 런던에서 일어난 그런 현상을 묘사하기 위해 만든 말이다. 슬럼가에 중산층이 들어와 살기 시작하면 집값, 임대료, 재산세, 기타 서비스 요금 등이 올라 빈민은 점점 밀려나게 된다.[208]

한국의 젠트리피케이션은 어떠했던가? 서구의 젠트리피케이션에 비해 악성이었다. 서구의 젠트리피케이션은 거주민을 저소득층에서 중상류층으로 대체하는 주거 젠트리피케이션인 반면, 한국의 젠트리피케이션은 주민들의 생존권과 주거권을 침해할 뿐만 아니라 도시의 미래

성장 동력과 지속 가능성을 파괴했기 때문이다.[209]

　한국에서 젠트리피케이션은 2009년 용산 참사 이후 널리 쓰이는 말이 되었다. 『한겨레』(2017년 11월 17일)에 따르면, "곳곳에서 쫓겨나는 세입자들의 비명이 끊이질 않고, 최근 5년간 젠트리피케이션에 관한 책과 논문, 기사가 하루가 멀다고 쏟아지고 있으며, 국립국어원도 '둥지 내몰림'이라는 대체어를 내놓을 만큼 젠트리피케이션은 일상이 되었다".[210]

　『안티 젠트리피케이션: 무엇을 할 것인가?』(2017)의 저자들은 젠트리피케이션을 '도시형 재난'으로 선언했다. 재개발처럼 '용역깡패들'의 폭력이 동원되지 않아 그 문제의 심각성을 잘 느끼지 못할 뿐, 매우 고약한 '구조적 폭력structural violence'이라는 것이다.[211]

　구조적 폭력은 경제적 착취나 정치적 억압과 같이 사회 구조에 내재되어 있는 폭력을 말하며, 근본적으로 한 사회의 차별적 권력 분배로 표현되는 사회적 불평등에서 비롯된다. 구조적 폭력은 구조 속에 폭력이 내장되어 있으므로 간접적으로 피해를 발생시키며, 현상 포착이 어렵고 비가시적이며 폭력의 효과가 잘 나타나지 않는다는 특성을 갖고 있다.[212]

　선의에서 비롯된 일이라도 구조적 폭력 구조를 보지 못하면 얼마든지 의도하지 않은 폭력적인 결과를 유발할 수 있는데, 지방자치단체들이 앞다투어 추진하는 도시재생사업이 좋은 예다. 서울시 도시재생지원센터의 한 활동가는 "'핫'해지는 공간은 어김없이 도시재생사업지가 된다"며 "가만히 놔둬도 변화가 생길 지역인데 세금 수백억 원을 들여 개선하고 있다. 건물주들이 할 일을 서울시가 대신해주는 셈"이라고 했다.

　그것도 문제지만, 더 큰 문제는 '핫'해지기 때문에 영세 세입자들이 쫓겨나는 젠트리피케이션이다. 도시재생 사업을 왕성하게 추진해온 서울시는 "도시재생은 일방적으로 추진된 재개발의 반성적 차원에서 만들어진 정책"이라고 차별화했지만, 재개발과 도시재생의 거리는 그리 멀지 않다. 생활경제연구소 소장 구본기는 "적어도 재개발과 같은 문제가 발생하지 않아야 반성·차별화라 할 수 있다"며 "한꺼번에 쫓아내면 '재개발', 한 명씩 쫓아내면 '도시재생'이라는 말까지 나온다"고 말했다.[213]

'조물주 위에 건물주'

2018년 8월에 일어난 '궁중족발' 사건은 많은 사람에게 충격을 안겨주면서 젠트리피케이션에 대한 관심을 증폭시켰다. 이는 세입자가 임대료 인상을 놓고 다툼을 벌이다 건물주에게 둔기를 휘두른 사건이다. 아내와 함께 2009년 서울 종로구 서촌에 족발집을 연 김모 씨는 2016년 1월부터 건물주와 갈등을 빚었다. 건물주가 리모델링을 명목으로 임대보증금을 3,000만 원에서 1억 원으로, 월세는 297만 원에서 1,200만 원으로 4배 넘게 올려 달라고 요구한 게 발단이 되었다. 김씨가 임대료 인상을 거부하자 건물주는 명도소송을 제기해 승소했고, 법원 명령으로 건물을 강제 집행하는 과정에서 12차례나 물리적 충돌을 빚기도 했다.[214]

이 사건은 상가임대차보호법의 문제를 부각시켰다. 2018년 1월 시행령 개정으로 임대료 인상률 상한이 9%에서 5%로 낮아졌지만, 이는 계약 5년까지 해당할 뿐이다. 5년이 넘으면 몇 배씩 임대료를 건물주가 올려도, 재계약을 거부해도 상관없다. 상인들에겐 투자이익을 회수하기에 지나치게 짧은 기간이지만, 2001년 법 제정 이래 이 조항은 한 번도

서울 종로구 서촌의 '궁중족발' 사건은 젠트리피케이션에 대한 관심을 증폭시켰다. 법원 집행관이 강제집행을 하지 못하도록 '맘편히장사하고싶은상인들의모임' 회원들이 가게 앞을 막아서고 있다.

바뀌지 않았다.[215]

　　프랑스는 법적 보호 기간을 9년으로 정하고 그 기간이 지나도 건물주가 임차인에게 퇴거료를 보상토록 해 장기 임차를 유도하는 정책을 쓰고 있다. 일본은 건물주가 계약갱신을 거절하는 이유와 임차 상인이 계약을 갱신해야 하는 이유가 충돌할 때 어느 쪽이 더 절실한지를 기준으로 삼아 법원이 판단해 결정한다. 한·일 '권리금' 연구를 하는 서울대학교 연구원 다무라 후미노리는 "용역을 통해 세입자를 내쫓는 일은 일본에선 100년 전에나 가능했던 일"이라고 말한다.[216]

　　그런데 왜 한국은 임차 상인의 영업권보다 건물주의 재산권 보호를 우선시하는 현행법을 고수해온 걸까? "억울하면 출세하라"는 이데올로

기가 정부와 정치권 엘리트의 머리를 지배하고 있었기 때문이다. 달리 설명할 길이 있는가?

게다가 일부 대중까지 그 몹쓸 이데올로기에 감염되어 있었다. 젠트리피케이션 갈등 사건이 터지면, 부자 세입자의 '을질'이라거나 '약자 코스프레'라고 비판하는 사람이 의외로 많았다.[217] 연대와 나눔의 운동가 최소연은 "왜 이렇게까지 폭력적으로 내몰까? 왜 대화를 안 할까? 왜 가짜뉴스를 퍼뜨릴까? 왜 시민들은 건물주 편일까? 그 많던 이웃들은 다 어디로 쫓겨난 걸까?"라는 질문을 던졌다.[218] 젠트리피케이션 갈등에서 건물주 편을 드는 시민이 많았다는 것은 '조물주 위에 건물주'라는 말이 비아냥만은 아니라는 걸 말해주었다.

"내일이 오는 것이 두려워 자살을 선택한다"

"3일간 추운 겨울을 길에서 보냈고 내일이 오는 것이 두려워 자살을 선택한다." 철거민 박준경(1981년생)이 유서에서 "저는 마포구 아현동에 월세로 어머니와 살고 있었는데 3번의 강제집행으로 모두 뺏기고 쫓겨나 이 가방 하나가 전부입니다. 한겨울에 씻지도 먹지도 자지도 못하며 갈 곳도 없습니다"면서 한 말이다. 그는 아현동 재건축 지역에서 강제철거당한 후 집을 잃고 거리를 전전하다 2018년 12월 3일 한강에 투신해 숨진 채 발견되었는데, 12월 5일 빈민해방실천연대, 용산참사 진상규명위원회 등 단체는 서울 마포구청에서 집회를 열어 개발과 관리 감독 문제를 제기했다.

이들 단체는 아현동 철거민에 대한 강제집행이 불법적으로 진행되었다고 주장했다. 이들의 주장에 따르면 10월 30일 강제집행은 오후 4시부터 시작되었다. 용역 120여 명이 철거민의 집을 순식간에 에워싸고 문을 뜯은 뒤 안으로 진입했고, 집주인이 집에 들어가지 못하게 막고 강제로 철거했다고 했다. 11월 1일 강제집행 때는 용역이 폭력을 행사했다고 했다. 당일 오후 2시 100명이 넘는 용역들이 옥상을 타고 철거민들 집으로 진입했고 일부 옥상에 남아 있던 용역들은 사람을 향해 소화기를 난사했다고 전했다.

이들 단체는 11월 1일의 강제집행은 절차상으로도 문제라고 했다. 서울시 공문에 따르면 이날 강제집행 시간은 오후 3시 30분이었으나 오후 2시 집행이 시작되었고, 이를 관리·감독하는 집행관이 없었다는 것이다. 안전을 책임져야 할 경찰도, 서울시 담당 공무원도, 인권지킴이도 없는 상황에서 불법 집행이 진행되었다고 이들은 말했다. 이들은 "10여 년 전 용산 학살을 떠올릴 수밖에 없었다"며 "시간이 흐른 지금에도 변함없이 국가는 철거민들을 죽이고 있다. 용산참사 10주기를 앞둔 지금 살인적인 강제수용, 강제철거로 피해자들이 더 속출하고 있다"고 말했다.[219]

철거를 기다리는 이 지역 어느 집의 담벼락에는 붉은 글씨로 "죽어서는 나가도 살아서는 못 나간다!"고 쓰여 있었다.[220] 자신의 집을 지키는 일에 목숨을 걸어도 지킬 수 없는 현실이었지만, 대부분의 서울 시민들은 그런 사실조차 모른 채 살아가고 있었다. 아니 모른다기보다는 이른바 '의도적 눈감기willful blindness'라고 보는 게 옳을 것이다. 우리 인간은 '마주하기에는 너무나 고통스럽고 두려운 진실'을 회피하는 성향이 있다는 것이다.[221]

사회학자 오찬호는 「인생을 건 부동산 투기」라는 칼럼에서, 무리한 빚을 내 집을 산 지인이 "다들 이렇게 살더라고. 내가 지금까지 바보였지"라면서 공공주택 건설을 반대하는 1인 시위에 나선 것에 대해 이렇게 말했다. "주거의 공공성이 어떤 의미인지를 가장 잘 알았던 사람은 '집값이 오르지 않으면' 큰일 날 상황을 선택하면서 완전히 다른 사람이 되어버렸다."

이어 오찬호는 이렇게 말했다. "임대사업자가 되겠다는 초등학생에게는 죄가 없다. 하지만 어린 시절부터 자신의 집 앞에 특수학교가 생기는 것을, 공공주택이 들어서는 것을 호재인지 악재인지 분별하려는 나쁜 습관이 길들여진다는 것은 끔찍한 일이다. '평생 이렇게 살기 싫어서' 도박을 선택한 이들은 사회적 약자와 자신이 분리되는 걸 마땅하다고 여긴다. 권리와 평등이란 단어를 오용하는 사회, 그래서 일부가 아닌 다수가 '누군가의 평등'을 미치도록 반대하는 모습이 해악이 아니라고 누가 말하겠는가."[222]

"시세를 따르지 않으면 바보가 된다"

서울 성동구청장으로 젠트리피케이션 방지에 심혈을 기울였던 정원오는 『도시의 역설, 젠트리피케이션』(2016)에서 "구청장 업무를 수행하면서 만나본 건물주들은 우리 주변에서 흔히 볼 수 있는 보통 사람들이었다. 그들 대부분은 지극히 검소했고 근면했다. 또한 인정 많은 사람들이기도 했다"고 말했다. 정원오는 건물주들을 만나면서 떠올린 건 라인홀드 니부어Reinhold Niebuhr, 1892~1971의 『도덕적 인간과 비도덕적 사회 Moral Man and Immoral Society』(1932)라는 책이었다고 했다. 건물주 개개인

이 문제가 아니라 비도덕적인 사회 구조와 시스템이 문제라는 것이다.[223]

특정 구조와 시스템이 오래 지속되면 학습화 현상이 일어난다. 그게 바로 '지대 추구地代追求, rent-seeking의 학습화'다.[224] 검소하고 근면하고 인정 많은 사람도 그 학습화의 자장磁場에서 자유로울 수 없었다. 2016년 『경향신문』이 건물주들을 만나보았다. 한 건물주는 "내가 봐도 우리나라 집값이나 월세, 상가 임대료는 너무 비싸다"며 "건물주들은 임대료를 이미 충분히 받으면서도 더 올리려고 한다. 그게 인간의 욕심"이라고 말했다. 왜 이 건물주는 건물주들의 욕심을 '남 이야기하듯' 말한 걸까? 취재진이 만난 건물주들은 대체로 세입자들의 고통을 이해하는 듯 보였지만, 그들이 임대료를 올리는 이유에 대해선 한결같이 '시세'를 이야기했다고 한다.[225]

건물주들이 시세를 따르지 않으면 바보가 된다고 느끼는 심리는 그들의 평소 선량함을 압도했다. 상생을 거부하는 '탐욕'을 건전한 상식으로 만든 사회, 그 상식을 지키지 않는 게 오히려 문제가 되는 사회, 이게 바로 대한민국의 민낯이었다. 2018년 3월 국토교통부는 전국 250곳에서 도시재생사업을 본격적으로 추진하겠다고 발표했는데, 자기 집을 갖지 못한 사람들의 비명 소리만 더 커질 게 분명했다.

라인홀드 니부어는 인간 이성을 믿는 사람들에 비해 비관주의자이긴 했지만, 결코 민주주의를 거부하지는 않았다. 그는 1944년에 출간한 『빛의 자식들과 어둠의 자식들The Children of Light and the Children of Darkness』에서 "정의를 이룰 수 있는 인간의 능력이 민주주의를 가능하게 한다. 그러나 불의를 저지르려는 인간의 성향이 있기 때문에 민주주의는 필요하다"면서 내린 다음과 같은 결론이야말로 '도덕적 인간과 비도덕적 사회' 현상을 넘어서거나 완화시킬 수 있는 최상의 답이 아니었을까?

"민주문명을 보존하기 위해서는 뱀의 지혜와 비둘기의 순진무구함이 동시에 있어야 한다. 빛의 자식들은 어둠의 자식들로부터 그들의 악의를 빌어오면 안 되겠지만 지혜는 빌어와야 한다. 빛의 자식들은 이기심을 도덕적으로 정당화하지는 않더라도 그것이 인간사회에서 갖는 영향력은 명확히 알아야 한다. 그들은 공동체를 위해서 개인적 이기심이나 집단적 이기심 모두를 기만, 통제, 이용, 억제할 줄 아는 지혜를 갖고 있어야 하는 것이다."[226]

그런 지혜를 축적하고 발휘하는 게 정치의 본분이자 영역이 되어야 함에도, 한국 정치는 전혀 딴판이었다. 대체적으로 보아 개혁을 하겠다는 정치세력은 사적 이익을 위해선 뱀의 지혜를 발휘하면서도 공적 이익을 위해선 한사코 '비둘기의 순진무구함'을 과시해 면책해보려는 헛발질만 일삼고 있는 게 현실이었다.

전 기무사령관
이재수의 자살

　　2018년 12월 7일 세월호 유족을 사찰한 의혹을 받은 전 국군기무
사령관 이재수가 지인 사무실인 서울 송파구 문정동의 한 오피스텔 13층
에서 투신 자살했다. 그는 2013년 10월부터 1년간 기무사령관으로 재
직할 당시 2014년 6·4 지방선거를 앞둔 상황에서 소위 '세월호 정국'
으로 박근혜 정권의 입지가 불리해지자 이를 타개하기 위해 세월호 유
족 동향을 사찰하도록 지시한 혐의로 수사를 받고 있었다.

　　이재수 휘하에 있던 부대장들은 유가족 사찰에 관여한 혐의로 무더
기 구속기소된 가운데 서울중앙지검 공안2부는 11월 29일 이재수에 대
해 직남용권리행사방해 혐의로 구속영장을 청구했다. 하지만 서울중앙
지법 영장전담 부장판사 이언학은 12월 3일 "관련 증거가 충분히 확보
되어 증거인멸의 염려가 없고, 수사 경과에 비춰 도망의 염려가 있다고
보기도 어렵다. 현시점에서 피의자에 대한 구속의 사유나 필요성, 상당

성을 인정하기 어렵다"며 구속영장을 기각했다. 그러나 이재수는 영장 실질심사를 받으러 가는 길에 수갑이 채워져 포토라인에 서는 등 모욕을 당했다.

12월 8일 공개된 유서에서 이재수는 "세월호 사고 시 기무사와 기무부대원들은 정말 헌신적으로 최선을 다했는데, (세월호 참사가) 5년이 다 되어가는 지금 그때의 일을 사찰로 단죄하다니 정말 안타깝다"며 "지금까지 살아오며 한 점 부끄럼 없이 살았지만 전역 이후 복잡한 정치 상황과 얽혀 제대로 되는 일을 할 기회를 얻지 못했다"고 밝혔다.

이어 그는 "지금 모처럼 여러 비즈니스를 의욕적으로 추진하고 있는 즈음에 이런 일이 발생하여 여러 사람에게 미안하다. 영장심사를 담당해준 판사님께 경의를 표하며 이번 일로 어려운 지경에 빠지지 않기를 바랄 뿐이다"고 덧붙였다. 또한 자신을 수사했던 검찰에 대해서도 "(검찰 쪽에도) 미안하며 내가 모든 것을 안고 가는 거로 하고 모두에게 관대한 처분을 바란다. 군 검찰 및 재판부에 간곡하게 부탁한다"고 요청했다. 그러나 그의 부하들에게 선처善處는 없었으며, 응징은 가혹했다.

당시 기무사 관계자들은 "문재인 정부가 2018년 7월 내내 계엄령에 포커스를 맞추다가, 계엄령을 모의하고 실행했다는 결정적 증거를 못 찾아 세월호로 방향을 튼 것으로밖에 볼 수 없다"고 했다. KAIST 경영대학 교수 이병태는 페이스북 글에서 "이 광란의 마녀사냥 언제 끝나려나? 당신들도 천벌 받을 것이다"고 썼다. 자유한국당 의원 김진태는 "문재인 정부는 정권을 잡자마자 사람이 죽을 때까지 표적 수사를 하고 있다"고 지적하면서 "적폐 수사의 총책임자인 대통령이 책임져야 한다"고 주장했다.[227]

2년여가 지난 2021년 1월 검찰 세월호참사특별수사단은 이재수가 연루된 '유가족 불법 사찰 의혹'은 사실이 아니라고 결론 내리고 무혐의 처분했다.

'위험의 외주화'와
김용균법

　　고용노동부가 산업재해 발생 현황을 집계한 통계자료에 따르면, 2017년 산업재해로 사망한 노동자는 2,209명으로 2016년에 비해 10% 가까이 늘었다. 이는 유럽연합의 5배, 경제협력개발기구OECD 가입국 중 1위이며 OECD 회원국 중 칠레, 터키, 멕시코보다도 많고 영국의 11배, 일본이나 독일의 5배에 달하는 수치였다.

　　한국에서 산재 사망자들은 주로 떨어지고(2017년 기준 38.0%), 기계에 끼이고(10.6%), 부딪혀(10.4%) 숨진다. 한국의 사고사망 만인율(1만 명당 1개월에 발생하는 사상자수)은 0.71(2013년 기준), 미국은 0.37, 독일 0.17, 영국 0.04(이상 2011년 기준) 수준이다. 한국이 영국의 18배인 셈이다. 2015년 OECD 통계론 한국은 영국보다 20배 이상 많았다.

　　주 5일 노동 기준 매일 9명이 산업재해로 죽어나간다는 것도 놀랍지만, 더욱 놀라운 건 이 통계를 믿을 수 없을 정도로 산업재해 피해자가

훨씬 더 많았다는 사실이다. 산업재해로 인정을 받는 게 매우 어려웠기 때문이다. 기업의 힘이 센 대기업일수록 더욱 그랬다.

게다가 산업재해 사망자의 90%가 '하청노동자'였다.[228] 2018년 12월 10일 24세 하청업체 비정규직 노동자 김용균이 충남 태안화력발전소에서 석탄운송 컨베이어벨트에 끼여 숨지는 비극이 발생했다. 누군가 한 사람만 있었더라도 안전장치를 작동해 기계를 멈출 수 있었지만, 그간 노동자들이 요구해온 '2인 1조' 근무는 비용 절감을 위해 거부당했다.

화력발전소에서 20년째 비정규직으로 일하고 있는 이태성은 비정규직 대표 100인 기자회견에서 "정규직 안 해도 좋다. 더이상 죽지만 않게 해달라"고 울부짖었다. 이런 '죽음의 외주화', '죽음의 비정규직화'가 멈출 수 있을까? 2016년 5월 19세 비정규직 노동자가 숨진 서울 구의역 사고 이후, 산업안전보건법 개정안 등 여러 법안이 발의되었지만 국회 문턱을 넘은 것은 하나도 없었다.[229]

'태안화력 비정규직 청년노동자 고 김용균 사망사고 진상규명 및 책임자처벌 시민대책위원회'의 위원장 이태의는 "지침이 있는데도 지켜지지 않았고, 시설에 문제가 있어서 28번이나 개선을 요구했는데도 받아들여지지 않았습니다. 태안화력발전소에서만 10년간 하청노동자 12명이 죽었죠. 이건 단순 산업재해가 아니라 사회적 타살입니다"고 말했다.[230]

그것도 국가가 공모한 사회적 타살이라고나 해야 할까? 태안화력발전소는 정부에서 '무재해 사업장' 인증을 받았으며, 원청인 서부발전은 무재해 사업장이라며 정부에서 5년간 산재보험료 22억여 원을 감면받고 직원들에게도 무재해 포상금이라며 4,770만 원을 지급했으니 말이다.[231]

'위험의 외주화' 방지를 비롯해 산업 현장의 안전규제를 대폭 강화한 산업안전보건법(산안법) 개정안(일명 '김용균법')이 2018년 12월 27일 국회를 통과해 2020년 1월 16일부터 시행되었지만, 산업재해는 줄지 않았고 위험의 외주화는 여전했다. '김용균법' 시행 3개월 후인 2020년 4월 경기도 이천시 물류 창고 화재로 38명이 사망하고 10명이 부상하는 대형 참사가 일어난다.

"BTS는 K-팝 한류를 넘어섰다"

"'빌보드 1위' 이런 날도 오네"

"한류를 연구하며 가장 행복할 때는, 한류 경험이 팬들의 가슴을 보다 넓은 세상으로 열게 함을 확인할 때이다. 특히 케이팝의 젊은 수용자들은 자신이 '이토록' 남다른 문화를 '이처럼' 사랑할 수 있음을 처음 발견했다고 토로한다. 이로부터 또 다른 문화도 이만큼 사랑할 수 있으리라는 것, 자신이 아직 모르는 사랑할 가치가 있는 문화가 세계 도처에 있을 수 있음을 깨닫는다. 이러한 마음이야말로 이상적 세계시민주의가 자랄 수 있는 기본 태도 아니겠는가. 이것은 한국 사회와 대중문화물 속에 녹아 있는 과도한 민족주의나 위험한 인종주의와 대조되어 사뭇 신기하기도 하고 상당히 감동적이다."[232]

서울대학교 언론정보학과 교수 홍석경이 『중앙일보』(2018년 1월 6일)에 기고한 「케이팝 세계시민주의」라는 칼럼에서 한 말이다. 많은 한국인이 그런 감동을 느낄 수 있는 좋은 기회가 2018년 5월에 찾아왔다. BTS 가 5월 20일(현지시각) 미국 라스베이거스에서 열린 '2018 빌보드 뮤직 어워즈'에서 2017년에 이어 '톱 소셜 아티스트'상을 또 받았으며, 5월 27일엔 정규 3집 새 앨범《러브 유어셀프: 티어》가 미국 '빌보드 200' 차트 1위를 차지했으니 말이다. 물론 이런 순위에 연연하는 감동은 홍석 경이 말한 감동과는 거리가 있는 것이겠지만, K-팝이 세계시민주의를 향해 나아가고 있다는 것도 분명한 사실이었다.

빌보드 역사상 한국 가수가 앨범 차트 1위를 차지한 것은 처음이었 다. 2009년 3월 보아가 발표한 앨범《BoA》가 '빌보드 200'에서 127위 를 기록하며 한국인 첫 빌보드 입성 기록을 세웠다. 같은 해 10월 원더걸 스가〈노바디Nobody〉로 한국 최초로 싱글 차트인 '핫 100' 기록(76위) 을 세웠으며, 2012년엔 싸이가〈강남스타일〉로 7주 연속 '핫 100' 2위 에 올랐다.[233]

왜 싸이는 전 세계적 히트를 쳤음에도 끝내 1위를 하지 못했던 걸 까? '미국 내 라디오 선곡 횟수'가 장벽이었다. 미국 라디오는 외국어로 된 노래에 대한 진입 장벽이 높기 때문에, 세계적으로 그 어떤 일이 벌어 져도 미국 라디오에서 외면당하면 1위에 올라서긴 어려운 일이었다. 이 장벽을 뚫은 주인공이 바로 아미였다. 미국 50개 주의 BTS 팬 사이트 연합체인 BTSX50States가 미국 내 라디오 방송사들을 면밀히 조사한 내용을 담은 매뉴얼을 만들어 모든 아미에게 배포했다. 이후 어떤 일이 벌어졌던가? 이지행은 다음과 같이 말했다.

"한 번이라도 방탄의 노래를 틀어준 디제이들은 그 지역 아미들로 부터 꽃다발이나 디저트와 함께 정성스러운 카드를 받았다.……그간 팬

2018년 5월 27일 BTS의 정규 3집 《러브 유어셀프: 티어》가 미국 빌보드 메인 앨범 차트인 '빌보드 200'에서 빌보드 역사상 한국 가수로는 처음으로 1위를 차지했다. 서울 시내의 한 음반 판매점에 비치된 BTS의 앨범.

덤과 친분을 쌓아온 디제이가 방송사를 그만두거나 이직할 때면, 마음을 담은 선물과 함께 앞날에 행운을 비는 카드를 보내 감동을 안겨주기도 했다. 디제이들은 오랫동안 라디오에서 일하며 수많은 가수의 팬들을 봐왔지만 방탄 팬들의 가수에 대한 서포트는 수준 자체가 다르다며 놀라워했다."[234]

한국 사회는 "'빌보드 1위' 이런 날도 오네"라며 열광했으며, 문재인은 공식 SNS를 통해 축하 인사를 전했다.[235] 신문들은 앞다투어 「땀과 활력, 그리고 방탄소년단 빌보드 1위」,[236] 「빌보드 1위, 방탄소년단의 성공이 던지는 메시지」,[237] 「한류 신천지 열어젖힌 방탄소년단의 쾌거」[238] 등의 사설을 통해 축하했다.

BTS, 유엔 총회 연설 "당신만의 목소리를 내주세요"

8월 24일 발매한 BTS의 《러브 유어셀프: 앤서》가 9월 2일 빌보드 앨범 차트인 '빌보드 200'에 1위로 핫샷 데뷔Hot Shot Debut했다. 지난 5월 《러브 유어셀프: 티어》의 핫샷 데뷔 이후 3개월 만이었다. 핫샷 데뷔란 한 주에 발표된 새 음악 중 가장 높은 순위에 오르는 것을 뜻한다. 빌보드에 따르면 팝 장르에서 1년 이내 빌보드 앨범 차트 1위에 2번 오른 것은 2014년 영국 보이그룹 '원 디렉션One Direction' 이후 4년 만이었다.

당시 원 디렉션은 거의 1년 만인 51주 만에 2번 1위에 올랐는데, 미국의 『포브스』는 "불과 석 달 만에 낸 새 앨범이어서 더욱 인상적"이라고 평했다. 음악평론가 김영대는 "팬덤 중심의 앨범 구매가 방탄소년단의 높은 차트 성적을 만드는 데 가장 큰 힘이 되고 있다"며 "이번 성적은 K-팝 한류를 넘어서 세계적인 방탄소년단 팬덤이 제대로 정착했음을 보여주는 것"이라고 했다.[239]

9월 24일 미국 뉴욕 유엔본부에서 열린 유엔아동기금UNICEF(유니세프) 행사에 참여한 BTS를 대표해 리더 RM은 '자신만의 목소리를 내라'는 주제로 연설했다. "자신의 목소리를 내주세요. 조금씩 자신을 사랑하는 방법을 배워나갑시다"는 그의 메시지는 큰 반향을 불러일으켰다. ABC-TV가 생중계한 6분간의 연설은 미국 내 일부 학교에서 자기 긍정의 교육 자료로 활용되었다.

RM은 "서울 근처의 일산이라는 아름다운 도시에서 태어나 아름다운 어린 시절을 보냈다"고 자신을 소개했다. 그렇지만 9~10세 무렵 타인의 시선을 의식하게 되었고, 남들이 만들어놓은 틀에 자신을 집어넣

BTS의 리더 RM은 뉴욕 유엔본부 유니세프 행사에서 '자신만의 목소리를 내라'는 주제로 연설했다. 그의 메시지는 큰 반향을 불러일으켰고, 이 연설은 미국 내 일부 학교에서 자기 긍정의 교육 자료로 활용되었다.

기 시작하면서 나만의 목소리를 잃게 되었다고 고백했다. 이어 "별을 보면서 꿈꾸지 말고 실천해보자고 생각했다. 내 몸의 목소리를 들어보자고 생각했다"면서 "저에게는 음악이라는 도피처가 있었다. 그 작은 목소리를 들을 때까지 오랜 시간이 걸렸다"고 말했다.

RM은 "사람들이 'BTS는 희망이 없다'고 말했고 포기하고 싶은 생각도 들었다지만, 포기하지 않았다. 멤버들이 있었고 아미 팬들이 있었기 때문"이라고 했다. 이어 "실수하고 단점이 있지만 제 모습을 그대로 유지할 것"이라며 "우리 스스로 어떻게 삶을 바꿀 수 있을까. 우리 스스로 사랑하는 것이다. 여러분 목소리를 내달라. 여러분의 스토리를 이야기해달라"고 연설했다.[240]

BTS의 뉴욕 시티필드 경기장 공연

10월 6일 뉴욕 시티필드 경기장에서 열린 BTS의 'Love Yourself' 공연은 열광과 환호의 도가니였다. 미국 콘서트에선 스탠딩석 티켓을 구입한 모든 팬을 선착순으로 입장시키기 때문에 공연이 시작되기 약 일주일 전부터 시티필드 일대는 스탠딩 앞좌석을 차지하기 위해 천막을 치고 노숙하는 열혈 팬들로 인해 '텐트촌'으로 변했다. CBS는 "2일 태풍에도 팬들이 텐트를 떠나지 않았다"고 보도했다. 공연 당일 뉴욕 지하철공사는 트위터 계정을 통해 "BTS의 시티필드 공연 때문에 지하철 대체 노선을 추가한다"고 공지했다.

3시간 가까이 진행된 공연에서 BTS는 〈페이크 러브〉, 〈DNA〉, 〈불타 오르네〉, 〈쩔어〉 등 히트곡을 열창했고, 팬들은 매 곡마다 제각기 다른 응원가를 외치며 화답했다. 공연을 보러온 이들은 10~20대 여성뿐 아니라 중·장년층까지 다양했다. 인종도 아시아, 흑인, 백인, 히스패닉을 아울렀다. 그러나 BTS를 향한 '팬심'은 나이, 인종, 국적의 장벽을 순식간에 허물었다. 공연이 시작되자 관객들은 한국어 노래를 일제히 '떼창'했다. 최신곡 〈아이돌〉에 등장하는 "얼쑤 좋다", "지화자 좋다" 같은 한국 전통 후렴구가 관중석 전체에서 메아리쳤다.[241]

『뉴욕타임스』는 이날 공연에 대해 "4만 명의 관객과 함께한 토요일 밤 공연은 때론 땅이 흔들릴 정도로 활기찬 공연이었다"며 "그들을 보는 관객의 미소 역시 그 어떤 빛보다 밝았다"고 소개했다. 대중음악평론가 존 카라마니카Jon Caramanica는 『뉴욕타임스』에 쓴 「K-팝 슈퍼스타 BTS가 시티필드 무대를 빛나게 했고, 팬들은 화답했다」는 콘서트 리뷰 기사

2018년 10월 6일 뉴욕 시티필드 경기장에서 열린 BTS의 공연은 열광과 환호의 도가니였다. 이 공연으로 뉴욕 지하철은 추가로 운행되었다. 미국의 『타임』 표지를 장식한 BTS.

를 통해 "K-팝의 여러 가수가 미국 시장에 도전했고, BTS는 그중 가장 성공적인 K-팝 가수가 되었다"고 평가했다.[242]

　　BTS는 미국 시사주간지 『타임』(10월 22일)의 표지를 장식했다. 『타임』은 온라인판에 게재한 「BTS는 어떻게 세계를 접수했을까」는 기사에서 "BTS는 비틀스, 원 디렉션처럼 심장을 뛰게 하는 잘생긴 외모와 귓가를 간지럽히는 목소리로, 뉴 키즈 온 더 블록, 엔싱크 같은 춤으로 팬들을 모으며 새 장을 열었다"며 "K-팝이 50억 달러(약 5조 7,170억 원)

규모 산업으로 성장했지만, 서구 시장에선 (이들 외엔) 성공한 전례가 없었다"고 했다. 또 BTS의 노래 대부분이 한국말로 되어 있다는 점을 강조하며 "세계적 현상이 되기 위해 영어로 음악을 해야 하는 것은 아니라는 것을 증명해냈다"는 유명 DJ 스티브 아오키Steve Aoki의 분석도 덧붙였다.[243]

일본 대중문화 개방 20년의 성공

2018년 10월 20일, 이날은 일본 대중문화 개방 20주년 되는 날이었다. 1998년 10월 20일 한국 정부는 일본 영화·만화를 전격 개방한다고 발표했다. 2006년까지 방송·음반·게임·애니메이션을 전면 개방했다. '왜색 문화가 우리 문화 시장을 빠르게 잠식할 것'이란 우려가 높았다. 당시 문화관광부 문화산업국장으로 일본 대중문화 개방의 실무를 주도했던 오지철은 "빠른 속도로 우리 문화를 점령할 것이란 공포심이 있었다"며 국민 정서를 거스르지 않는 '단계적 개방'이 과제였다고 회고했다.

정부는 "좋은 문화만 들여오겠다"며 1차 개방 때 세계 4대 영화제 수상 영화만 개방했다. 구로사와 아키라黒澤明의 〈카게무샤〉, 이마무라 쇼헤이今村昌平의 〈우나기〉가 그때 들어왔다. 1999년 2차 개방 때는 〈철도원〉, 〈러브레터〉, 〈링〉 등이 들어왔다. 『조선일보』는 "우리 문화계 반응은 긍정적이었다"며 이렇게 말했다. "1993년 〈서편제〉와 1997년 〈접속〉의 성공으로 자신감이 붙을 무렵이었다. 게임도 그랬다. 일본이 강세인 비디오게임과 달리 일찍부터 온라인 게임에 뛰어들었던 김택진 엔씨소프트 대표나 김범수 당시 한게임커뮤니케이션 대표는 '전혀 신경 쓰지 않는다'는 반응이었다."

오지철은 "대중문화 개방이 우리 문화의 경쟁력을 높이는 계기가 됐다"고 평가했다. "공식적으로 수입되면서 몰래 베끼는 문화가 사라졌다." 2002년 3차 개방이 이루어질 무렵부터는 NHK가 〈겨울연가〉와 〈가을동화〉를 수입해 방영했고, 대중음악 산업은 그야말로 상전벽해가 되었다. 오지철은 "당시만 해도 가수 육성 시스템을 갖춘 일본 기획사 AVEX와 합작하려고 난리였다"면서 "이수만도 아무로 나미에를 보고 보아를 육성했다. 그런데 지금은 방탄소년단처럼 우리가 더 완벽한 상품을 시장에 내놓게 됐다"고 했다. 그는 "문화 경쟁력은 정부 정책이 아니라 자연스럽게 융합이 이뤄지는 시장에 맡겨야 한다는 것이 지난 20년의 교훈"이라고 했다.[244]

일본 대중문화 개방 20년을 맞아 이젠 극적인 역전 현상이 벌어지고 있었다. '콘텐츠의 역전'은 음악시장에서 가장 두드러졌다. 한국 음악의 일본 수출액은 2016년 2억 7,729만 달러로 일본 음악 수입액 291만 달러의 약 100배에 이르렀다. 게임 분야도 크게 앞섰다. 수출액은 6억 달러로 수입액 5,160만 달러의 10배가 넘었다. 〈바람의 나라〉(넥슨)에서 〈배틀 그라운드〉(펍지)까지 한국 온라인 게임이 일본 PC방을 장악했다. 방송도 수출액이 수입액의 약 12배에 이르렀다.

전문가들은 개방 초기부터 대규모 시장인 일본을 노려 공격적으로 대응한 것이 주효했다고 평가했다. 대중음악평론가 김작가는 "일본 걸 그룹이 '성장형 국민 여동생' 이미지로 자급자족 수익에 주력했지만 한국은 일찍부터 글로벌 시장에 눈을 돌렸다. 칼군무에 외국어 실력을 갖추며 경쟁력을 높였다"고 했다. 대중문화평론가 정덕현은 "1960년대 미국에서 비틀스가 엄청난 인기를 끌자 '브리티시 인베이전(영국의 침략)'이라고 했던 것처럼 '21세기 비틀스'라 불리는 BTS를 중심으로 한류 바람이 거세지자 일본 내 위기의식이 커지고 있다"고 분석했다.[245]

"한국은 세계 게임의 성지"

한국인들은 한류에서 게임보다 K-팝이나 드라마에 더 열광적이었지만, 게임은 세계 무대에서 압도적 우위를 지키고 있는 분야였다. 2011년 라이엇게임스의 〈리그 오브 레전드LOL(롤)〉 출시와 함께,[246] PC 온라인 게임 〈스타크래프트〉의 인기 이후 주춤했던 세계 e스포츠 시장이 다시 살아나면서 한국 게이머들의 활약도 두드러졌다. 2016년 9월 미국 로스앤젤레스에서 열린 '롤 월드 챔피언십(일명 롤드컵)' 결승전에서는 최고 실력자인 이상혁 선수가 이끈 SK텔레콤의 프로게임단 T1이 삼성 갤럭시를 누르고 우승했다. T1은 2013·2015년에 이어 사상 첫 롤드컵 3회 우승의 기록을 세웠다.

롤드컵 결승전은 전 세계에서 약 4,400만 명이 시청한 것으로 집계되었는데, 이는 25년 만에 가장 많은 시청자를 끌어모았던 '2016 미국 프로야구 메이저리그 월드시리즈' 7차전(4,000만 명)의 기록을 앞서는 것이었다. SK텔레콤은 T1 우승을 통해 최소 250억 원 이상의 브랜드 광고 효과를 누린 것으로 분석했다. 이상혁의 연봉은 30억 원으로 알려져 게임 마니아들의 선망의 대상이 되었다.[247]

"페이커Faker! 페이커! 페이커!" 2017년 11월 4일 중국의 베이징 국립경기장을 꽉 채운 4만여 관중이 일제히 한 명의 이름을 연호連呼했

© Chris Yunker

게임은 K-팝이나 드라마에 비해 주목도는 낮지만, 한국이 세계 무대에서 압도적 우위를 지키고 있는 분야다. SK텔레콤의 프로게임단 T1은 2013년, 2015년, 2016년 사상 처음으로 롤드컵 3회 우승의 기록을 세우기도 했다. '2015 롤드컵' 결승전을 지켜보고 있는 팬들.

다. e스포츠 구단 SK텔레콤 T1의 프로게이머 이상혁 선수가 롤드컵 결승전에서 삼성 갤럭시에 패배한 뒤 눈물을 흘리자 울지 말라며 그의 닉네임(게임 내 별명)을 외친 것이다. 여성 팬 사오슈에는 "내 사랑은 송중기가 아니라 페이커"라며 "사드(고고도미사일방어체계)로 한중 관계가 복잡하다지만 정치는 정치, 스포츠는 스포츠"라고 말했다. 장쎈은 "삼성 최고"라며 '삼성 포에버forever♥'라는 플래카드를 흔들었다.

이날 전 세계로 인터넷 생중계된 '롤드컵 결승전'의 시청자는 5,000만 명 이상으로 추산되었다. 삼성e스포츠단 사무국장 김가을은 "e스포츠는 세계 대회가 많고 팬들도 세계 여러 나라에 있어 e스포츠 팀은 효과적인 글로벌 마케팅 수단"이라고 말했다. 미국 경제 전문지『포브스』는 최근 "e스포츠는 단순한 게임이 아니라 글로벌 브랜드들이 마케팅 각축전을 벌이는 뉴new엔터테인먼트 산업"이라고 보도했다.[248]

2016년 국내 게임 산업 수출액은 2015년보다 7.5% 늘어난 34억 5,000만 달러(약 4조 350억 원)로 방송, 영화, 음악 등을 모두 합친 콘텐츠 산업 전체 수출액(63억 1,000만 달러)의 55%에 달했다.[249] 게임 산업 수출액은 2017년 5조 원을 돌파한 데 이어, 2018년엔 전년 대비 8.2% 증가한 64억 1,149만 달러(7조 546억 원)에 이르렀다. 수출액 비중은 중국(30.8%), 미국(15.9%), 대만·홍콩(15.7%), 일본(14.2%), 동남아(10.3%), 유럽(6.5%)의 순서로 나타났다. 수입액 규모 또한 전년 대비 16.3% 증가한 3억 578만 달러(3,365억 원)로 집계되었다. 국내 게임 산업 매출액은 전년 대비 8.7% 증가한 14조 2,902억 원으로 집계되었다.[250]

한국은 전 세계 게임 팬들에게 '게임의 성지聖地'로 여겨졌다. 국내 게임 산업 규모는 중국·미국·일본에 이어 세계 4위였지만(이것도 놀라운 일이지만), 게임 전문 채널도 한국에서 맨 먼저 탄생했고, 전 세계 게임팀 코치의 30%가 한국인이었으며, 2018년 프로게이머 92명이 소속된 미국 최대 게임팀 선수들이 '한국의 빠른 인터넷 환경에서 한국 팀들과 붙으려고' 한국에 전지훈련을 와서 하루 10시간씩 컴퓨터 앞에 앉아 게임을 할 정도였다.[251]

BTS가 혐한보다 강했다

10월 26일 일본 『도쿄스포츠』가 이른바 'BTS 반일 논란'을 촉발했다. BTS 멤버 지민은 7개월 전인 3월 공개된 유튜브 유료 다큐멘터리

〈번 더 스테이지Burn the Stage〉에서 원자폭탄 투하 사진이 프린트된 티셔츠를 입고 나왔는데, 『도쿄스포츠』는 이 티셔츠 사진과 함께 "BTS의 '반일 활동'이 한국에서 칭찬받고 있다. 이는 자국 역사에 대한 뿌리 깊은 콤플렉스가 나타나는 것"이라고 소개한 것이다. 이후 리더인 RM이 2013년 광복절을 맞아 트위터에 올린 "역사를 잊은 민족에게 미래는 없다. 쉬는 것도 좋지만 순국하신 독립투사분들께 다시 한번 감사드리는 하루가 되길 바란다. 대한독립만세"라는 글도 반일 논란의 소재가 되었다.

이 논란엔 일본 극우 성향의 시민단체도 가세했다. '재특회(재일 특권을 용납하지 않는 시민모임)'는 10월 30일 트위터를 통해 BTS가 11월 13일 공연하는 날 도쿄돔 앞에서 시위를 열겠다고 밝혔다. 재특회를 비롯한 일본 극우 성향 누리꾼들은 BTS 출연이 예정되었던 방송사와 후원 기업에 대한 항의 전화 운동도 전개했다. 급기야 11월 8일 반한 감정을 의식한 일본 TV아사히 〈뮤직스테이션〉 측은 9일 예정이던 BTS의 방송 출연을 취소했다.[252]

그러나 이런 일련의 공세는 BTS의 인기엔 별 영향을 미치지 못했다. BTS의 9번째 싱글인 〈페이크 러브/에어플레인 파트.2FAKE LOVE/Airplane pt.2〉는 11월 7일 발매 뒤 오리콘 차트 데일리 싱글 차트 1위에 올라 11일 닷새째 1위를 유지했다. 13~14일 일본 도쿄·오사카·나고야·후쿠오카에서 열리는 '러브 유어셀프' 돔 투어의 열기도 여전했다. 모든 좌석이 매진되었으며 10만 원대 표가 몇 백만 원짜리 암표로 팔리는 일이 벌어져 소속사 빅히트엔터테인먼트는 일본 공식 팬클럽 누리집에 암표를 구입하지 말아달라는 취지의 공지문까지 올려야 할 정도였다.

대중문화평론가 정덕현은 "지금은 대중문화 시장에서 국적의 구분

『도쿄스포츠』가 촉발한 'BTS 반일 논란'에도 BTS의 공연이 열린 도쿄돔 공연장에는 10만 명의 팬이 운집했다. 11월 13일 도쿄돔 공연장 앞에 줄을 선 일본 팬들.

이 크게 의미 없는 글로벌 콘텐츠 시대다. 과거 국가주의적 사고방식을 자꾸 자극하면서 자신들의 존재 의미를 찾는 일본 극우파들의 행동에 일반 대중들은 별로 휘둘리지 않는다"고 말했다. 또 "방송에 목매던 시절이라면 큰 영향을 받겠지만 지금은 유튜브 시대 아니냐"며 "방송사가 아무리 방탄소년단 출연을 막아도 팬들은 알아서 유튜브를 통해 콘텐츠를 공유하고 알아서 공연장에 간다"고 말했다. 음악평론가 차우진도 "일본의 대중문화 소비자 세대가 달라졌다"며 "자존감이 높고 취향에 기반한 네트워킹을 최우선으로 생각한다. 나이·성별·언어·문화 요소들이 복합적으로 작용하는 것이지 정치적 논란에 바로 영향을 받지 않는다"고 짚었다.[253]

BTS의 생산 유발 효과는 연평균 4조 원

12월 18일 현대경제연구원은 「방탄소년단BTS의 경제적 효과」 보고서에서 "방탄소년단의 생산 유발 효과는 연평균 약 4조 1,400억 원으로 계산된다"고 밝혔다. 생산 유발 효과는 특정 산업이 생산한 국산품 1단위에 대한 최종 수요가 발생했을 경우 해당 산업과 다른 산업에서 직·간접적으로 유발된 국내 생산이다. 연구원은 "부가가치 유발 효과는 연간 약 1조 4,200억 원으로 추정된다"고 설명했다. 부가가치 유발 효과는 특정 산업이 생산한 국산품 1단위에 대한 최종 수요가 발생했을 경우 해당 산업과 다른 산업에서 직·간접적으로 유발된 부가가치다.

구체적인 추산 내용을 보면, BTS가 데뷔한 2013년 이후 인지도 상승에 따른 외국인 관광객 증가 효과는 연평균 79만 6,000명(국내 전체 외국인 관광객의 7.6%)으로 이들의 총소비 지출은 9,249억 원(2018년 평균 1인당 소비 지출액 1,042달러)에 달했다. 연구원은 이를 국내 산업 연관 분석에 적용할 경우 국내 생산 유발액은 연평균 1조 6,300억 원, 부가가치 유발액은 7,200억 원이라고 추산했다. 또 BTS의 인지도 상승에 따른 주요 소비재 수출액은 1조 2,400억 원(전체 소비재 수출의 1.7%)으로, 이에 따른 국내 생산 유발액은 2조 5,100억 원, 부가가치 유발액은 7,000억 원으로 추산했다.

연구원은 2013년 이후 BTS 인지도 상승과 주요 소비재 수출액 증가 효과를 의복류 연평균 2억 3,398만 달러, 화장품 4억 2,664만 달러, 음식류 4억 5,649만 달러로 추정했다. 연구원은 향후 5년간 BTS가 2013~2018년 인기의 평균 수준을 유지한다고 가정할 경우 데뷔 이후 10년(2014~2023년)간 경제적 총효과는 국내 생산 유발액은 41조 8,600억 원, 부가가치 유발액은 14조 3,000억 원에 이를 것으로 예상했다.[254]

한국국제문화교류진흥원이 2018년 11월부터 두 달간 세계 16개국에서 15~59세의 한국 문화 콘텐츠를 경험한 7,500명을 대상으로 실시한 '2018 해외 한류 실태조사'에 따르면, 이들은 K-팝을 좋아하는 이유로 '중독성 강한 후렴구와 리듬'을 첫째로 꼽았다. 'K-팝 가수나 그룹의 매력적인 외모와 스타일', '뛰어난 퍼포먼스'가 그다음이었다.

하지만 크게 보자면, 오늘날 K-팝 인기의 가장 큰 배경은 대중음악이 유통되고 소비되는 방식의 디지털화인 것으로 밝혀졌다. 예컨대, 2017년 미국 내 K-팝 이용자들은 온라인 모바일 스트리밍(유튜브, 페이스북, 트위터 등)을 통한 K-팝 접촉이 58.9%로 가장 많았고, 음악 전문 스트리밍(아이튠스, 스포티파이)이 48.7%로 그 뒤를 이었다. 언제 어디서든 무료로 음악을 들을 수 있는 이들 플랫폼의 확산으로, TV·라디오 등 주류 미디어에서 K-팝을 소개해주지 않더라도 팬들이 K-팝을 접할 수 있게 된 것이다.[255]

문화체육관광부와 한국콘텐츠진흥원의 「대중문화 예술 산업 실태조사」 보고서에 따르면, 한류 덕분에 국내 대중문화 예술 산업이 큰 폭으로 성장한 것으로 나타났다. 대중문화 예술 산업 전체 매출액은 2018년 기준 6조 4,210억 원으로 집계되었는데, 이는 2년 전인 2016년의 5조 3,691억 원보다 19.5% 성장한 것이며, 전체 매출 가운데 해외는 8,742억 원으로 2016년에 비해 68.9%나 증가한 것으로 파악되었다.[256]

"한국 스마트폰 보유율 95%, 세계 1위"

미국의 여론조사 기관인 '퓨 리서치'가 2018년 중반에 조사한 결과에 따르면, 한국의 스마트폰 보유율은 95%로 조사 대상 27개국 가운데 가장 높았다. 나머지 5%는 인터넷 연결이 안 되는 휴대전화를 보유, 결국 전체 인구가 휴대전화를 사용하는 것으로 나타났다. 이는 조사 대상 중 유일했다. 한국에 이어 스마트폰 보유율 2위는 이스라엘(88%)이었으며, 네덜란드(87%)와 스웨덴(86%) 등이 뒤를 이었다. 호주, 미국, 스페인, 독일, 영국, 프랑스, 이탈리아, 아르헨티나, 일본, 캐나다의 스마트폰 보유율은 81~66%였고, 헝가리, 폴란드, 러시아, 그리스는 64~59%였다.[257]

각 국가의 소셜미디어 사용 수준은 어떨까? 페이스북이나 트위터, 유튜브 등 소셜미디어 사용자 비율은 같은 국가 그룹 안에서도 큰 차이를 보이는 것으로 나타났다. 선진 국가 그룹에서 소셜미디어 사용자 비율이 가장 높은 국가는 이스라엘로 18세 이상 성인 가운데 77%가 소셜미디어를 사용하는 것으로 나타났다. 한국은 76%로 2위를 기록했고, 스웨덴과 네덜란드가 각각 73%와 72%로 3위와 4위에 올랐다. 하지만 독일과 일본은 소셜미디어 사용자 비율이 각각 44%와 43%를 기록해 선진국 그룹에서 가장 낮았다.[258]

한국의 이런 놀라운 기록은 환영할 일만은 아니었다. 보건복지부의 「2018년 아동 종합 실태조사」 보고서에 따르면, 빈곤층(중위소득 50% 미만) 가구의 아동·청소년은 2명 중 1명(48%)이 스마트폰 과의존 위험군으로 분류되었다. 스마트폰 이용이 하루 일과에서 가장 중요한 활동이 될 정도로 스마트폰 의존이 심하고, 스마트폰을 오래 사용하는 문제로 가족과 다투는 등의 경험을 하는 상태라는 것이다. 반면, 중산층(중위소득 50~150%)이나 고소득층(중위소득 150% 이상) 가구의 자녀는 이 같은 문제가 10명 중 3명 정도에 그쳤다.[259]

아주대학교 사회학과 교수 노명우는 「스마트폰이라는 늪에 빠진 한국인들」이라는 칼럼에서 "오늘도 95%의 사람들은 거리를 걸으며 버스와 지하철에서 심지어 연인과 카페에서 마주 보고도 스마트폰에 코를 박고 있다"고 했는데,[260] 물론 그들이 집중하는 건 주로 대중문화였다. 방송통신위원회의 「2019 방송 매체 이용 행태 조사」에 따르면, OTTOver the top 서비스를 이용하는 이용자가 13세 이상 한국인의 절반을 넘어섰으며, OTT 시청 기기는 스마트폰(91.6%)이 압도적이었고 TV 수상기 (5.4%), 노트북(5.2%) 등 순이었다. OTT 시청 시 이용한 서비스는 유튜브(47.8%)가 압도적 1위였다. 이어 페이스북(9.9%), 네이버(6.1%), 넷플릭스(4.9%)가 뒤를 이었다. OTT 서비스로 시청하는 방송 콘텐츠 유형은 오락·연예(68.7%)가 가장 높고 드라마(30.7%), 스포츠(22.2%), 뉴스 (21.9%), 시사·교양(14.5%) 등 순이었다.[261]

유튜브·넷플릭스가 소환한 '미디어 제국주의'

한류의 축복으로 여겨졌던 유튜브는 2018년 기준 국내 온라인 동영상 시청 시간의 80%를 차지하면서 국내에서 4조 원(추산)의 광고 매출을 집어삼키는 괴물로 커버렸다. 유튜브는 이른바 'How to' 정보에 대한 검색 영역에서도 네이버와 다음의 시장을 무섭게 잠식해 들어갔지만, 이 모든 게 시장 논리에 따른 국내의 적극적인 협조로 인해 일어난 일이었다.

2016년 한국 시장에 진출한 미국의 멀티미디어 엔터테인먼트 OTT 기업인 넷플릭스도 유튜브와 비슷한 길을 걷고 있었다. 넷플릭스는 초기에 국내 이용자 수가 주춤하기 시작하자, 한국 자체 오리지널 프로그램을 공격적으로 제작하며 한국 공략에 나섰다. 2017년 제작비 500억 원 규모의 영화 〈옥자〉(봉준호 감독)를 시작으로, 2018년 〈범인은 바로 너〉, 〈유병재의 스탠드업 코미디 B의 농담〉, 〈YG전자〉, 〈라바 아일랜드〉를 서비스했다.[262]

이들의 한국 시장 공략에 대해 콘텐츠연합플랫폼 플랫폼사업본부장 이희주는 「미디어 제국주의에 대처하는 우리의 자세」라는 글을 통해 "미디어 제국주의의 시대가 도래한 것"이라며 이렇게 말했다. "한국의 기존 미디어 산업과 국민의 실생활에 이렇듯 막대한 영향을 끼치며 '차세대 미디어 권력'으로 급부상하는 뉴미디어 기업이 '세금 한 푼 내지 않는' 미국의 유튜브, 넷플릭스 등이어야 하는가에 대해서는 심각한 우려를 금할 수 없다. 미디어는 산업이기 이전에 문화다. 우리 문화를 미국 미디어 기업에게 맡길 수는 없는 일이다."[263]

유튜브는 2018년 국내에서 4조 원의 광고 매출을 집어삼키는 괴물이 되었고, 넷플릭스는 한국 자체 오리지널 프로그램인 영화 〈옥자〉와 〈유병재의 스탠드업 코미디 B의 농담〉 등을 선보이며 '미디어 제국주의' 시대를 열었다.

　　구글 역시 다를 게 없었다. 한국인터넷진흥원 수석연구위원 최희원은 "한국에서 발생한 구글 앱 마켓 수수료는 싱가포르의 구글아시아퍼시픽으로 매출이 잡히도록 해놓았다. 구글의 이런 행동을 보면 범죄자들의 조세 회피 방법을 보는 듯한 느낌마저 든다"며 "구글은 우리에게 거대한 영향력을 미치고 있지만, 한편으로는 슬프게도 어두운 그림자도 짙어간다"고 했다.[264] 한국이 구글의 '데이터 식민지'로 전락하는 건 아니냐는 우려마저 나왔다.[265]

　　한류는 문화이기 이전에 산업이라는 자세를 견지해왔던 한국의 업보였을까? 아니면 한미 양국이 콘텐츠와 플랫폼을 각기 분담해 '미디어 제국주의'를 건설해보자는 협업 체제를 묵인하기로 한 걸까? 그러나 세계는 바야흐로 '플랫폼 전쟁'의 시대에 접어들지 않았던가? 그럼에도 콘텐츠로 승부를 보는 한류에 열광할 일은 계속 일어났고 언론이 그런 열광에 집중하는 사이에 유튜브·넷플릭스·구글에 대한 문제의식은 점점 희박해져가고 있었다. 하지만 이후에도 계속 그럴 것인지는 두고 볼 일이었다.

2019 『연합뉴스』 10대 국내 뉴스 ▼

1 하노이 북미회담 결렬⋯북핵 위기 재연되나
2 조국 사태⋯여與·검檢 검찰개혁 갈등
3 징용 배상 판결 후 극한 대립 이어가다 봉합 시도
4 재연된 동물 국회⋯1년 내내 패스트트랙 대치
5 33년 만에 실체 드러난 이춘재, 단죄는 못해
6 헝가리 유람선 참사·강원 산불⋯끊이지 않은 대형 재해
7 봉준호 〈기생충〉, 한국 영화 최초 칸 황금종려상 쾌거
8 잡히지 않는 집값⋯부동산 대책, 또 대책
9 양승태 전 대법원장, 사법부 수장 최초 구속 기소
10 연예계 추문서 시작해 경찰 명운 뒤흔든 버닝썬 사건

2019 『연합뉴스』 10대 국제 뉴스 ▼

1 미·중 무역전쟁⋯휴전에는 합의했지만 갈등은 여전
2 꺾이지 않는 민주화 열망⋯홍콩 시위 장기화
3 트럼프 대통령 탄핵 조사
4 민생고 시위 곳곳에서 폭발
5 기상이변 속출⋯환경운동가 툰베리 각광
6 '21세기 빈라덴' 알바그다디 사망
7 인류의 유산 불탔다⋯노트르담 대성당 화재
8 미·러 '핵 안전판' 사라졌다⋯INF 조약 탈퇴
9 영국이 다시 선택한 브렉시트
10 달 뒷면에 탐사선 첫 착륙⋯중국 창어 4호 '우주 굴기'

제1장

사법농단 수사와
'민주당 100년 집권론'

'지하철 김명수'는 연기였는가?

2017년 8월 21일, 문재인은 춘천지방법원장 김명수를 차기 대법원장으로 지명했다. 사법연수원 15기로 양승태 대법원장보다 13기수 아래고, 현역 대법관들 중 9명이 김명수 법원장보다 기수가 높은데다 1968년 조진만 대법원장 이후 50년 만에 나온 비非대법관 출신이라는 점에서 코드 인사라는 평가를 받았다.

8월 22일, 김명수는 대법원장 후보자 지명 이후 양승태 대법원장을 면담하러 대법원에 방문했는데, 이날 버스Bus, 지하철Metro, 도보Walk, 즉 대중교통을 이용했다. 통상으로 관용차를 타고 수행하는 것이 일반적인데 반해 그는 근무지인 춘천시에서 고속버스를 이용해 동서울터미널에서 하차 후 서초까지 지하철로 이동, 대법원 청사까지는 도보로 이동해 화제를 모았다.

그가 대법원 청사로 걸어 들어오는 장면은 전국에 생중계되었는데, 김명수 측은 "춘천지법원장이 아닌 대법원장 후보자로서 방문하는 것이기 때문에 법원장에게 배정된 관용차를 사용하지 않았다"고 했다. 어느 기자가 지적했듯이, "나랏돈을 한 푼도 허투루 쓰지 않는 사람이라는 인상을 강하게 남기는 장면이었다". 그는 이날 기자들 앞에서 '31년 재판만 한 사람(본인)이 어떤 수준인지 보여 드리겠다'고 했다.

9월 12일, 대법원장 인사청문회에서 자유한국당은 대법관 경력이 없다는 것과 국제인권법연구회 활동 이력을 들어 정치적으로 편향된 코드 인사라며 비판했다. 이에 김명수는 국제인권법연구회는 앞서 논란을 빚은 우리법연구회의 후신도 아니고 법원 내 모임일 뿐 정치적 조직이 아니라며 정면으로 반박했다.

9월 21일 대법원장 임명동의안 국회 표결 결과, 출석의원 재석 298명, 찬성 160표, 반대 134표, 기권 1표 무효 3표로 출석의원 과반수인 150표 이상의 찬성을 얻어 가결되었다. 그는 9월 24일, 퇴임하는 양승태 대법원장의 뒤를 이어 9월 25일, 오전 0시부터 6년의 대법원장 임기를 시작했다.[1]

그로부터 2년여 후인 2019년 11월 『조선일보』 사회부 법조팀장 조백건은 「'지하철 김명수'는 연기였나」는 칼럼에서 "지난 5일 대법원은 기자단에 문자메시지를 보냈다. 2017년 대법원장 공관公館 리모델링 때 재판 등에 써야 할 다른 예산 4억 7,000만 원까지 공사비로 돌려썼다는 감사원 지적을 인정하는 내용이었다"며 다음과 같이 말했다.

"법원 내에선 '(대법원장 부부가) 공관 내부의 벽지와 커튼도 직접 골랐는데 상당히 고가高價였다'는 얘기가 나왔다.……김 대법원장은 취임

후 공관 외벽을 이탈리아산 고급 석재로 꾸밀 예정이라는 보고도 받았다. 과하다고 생각했다면 바꾸라고 지시할 수 있었지만 그리 안 했다. 그렇게 리모델링된 공관에 그는 강남 재건축 아파트를 분양받은 판사 아들과 변호사 며느리를 불러들여 같이 살았다. 공관에 공짜로 살게 해 강남 아파트 분양 대금을 마련할 수 있게 도운 것이다."[2]

건국 이래 최초의 전 대법원장 양승태 구속

김명수는 자신의 임명동의안이 국회를 통과한 2017년 9월 21일 밤 행정처 판사 거의 전원(30여 명)이 모인 회식 자리에서 "제가 대법원장이 되면 피의 숙청, 인사 태풍이 일어날 것이라는 지적이 있었지만 결코 그렇지 않을 것"이라고 했다. 하지만 9월 25일 첫 출근길에서 "사법행정권 남용 의혹에 대해 추가 조사를 검토하겠다"고 선언한 김명수는 한 달여 뒤인 11월 1일 일선 법원장 발령이 유력하게 점쳐지던 이민걸 전 기조실장을 재판부도 아닌 '사법 연구'로 좌천 발령 냈다. 당시 법원 안에선 "피의 숙청이 시작됐다"는 말이 나왔다.[3]

김명수는 이틀 뒤인 11월 3일 양승태 대법원에서 벌어졌다는 '사법농단'에 대한 2차 조사를, 이듬해인 2018년 1월 3차 조사까지 지시했다. 그는 2018년 초 사법연수원에서 열린 고등법원 부장판사 교육에서도 "나와 생각이 다르면 법원을 나가라"고 한 걸로 전해졌다.[4]

2018년 6월 15일 김명수는 "직접 고발이나 수사 의뢰를 하진 않겠지만, 인적·물적 자료 등 필요한 협조를 마다치 않겠다"며 사실상 검찰에 수사 개시를 요청하는 담화문을 발표했다. 이에 대해 『중앙일보』는

"이 결정은 두고두고 '사법부 수장이 사법부 개혁을 검찰 수사의 칼날에 맡겼다'라는 내부 비판을 받았다. 여론의 눈치를 보다가 당시 윤석열 서울중앙지검장과 한동훈 3차장 검사가 주도하던 사법농단 수사로 악역을 떠넘겼다는 것이다"고 했다.[5]

『한겨레』 선임기자 이춘재는『검찰국가의 탄생: 검찰개혁은 왜 실패했는가?』(2023)에 "적폐 수사로 기세가 오를 대로 오른 윤석열 사단에 대법원장의 수사 협조 발언은 호재였다"고 썼다.[6] 이후 100명 넘는 판사가 검찰 조사를 받았다. 한 법원장은 "검찰 조사를 받고 돌아와 우는 판사들이 많았다. 이후 상당수가 법원을 떠났다"고 했다.[7]

파격 발탁은 상호 독립적이어야 할 관계마저 서열 체제로 만드는 걸까? 2018년 9월 13일 사법부 70주년 기념식 때 문재인이 사법농단 의혹을 거론하며 "만약 잘못이 있다면 사법부 스스로 바로잡아야 합니다"고 사법부를 비판하자, 김명수는 "통렬히 반성하고 다시 한번 깊은 사과의 말씀을 드립니다"고 맞장구를 치고 나서 "대법원장 맞나"는 의구심을 불러일으켰다.[8]

양승태는 검찰이 사법행정권 남용 의혹을 제기했으나 재임 중에 자체 조사에서 문제가 없다고 밝혔지만, 대법원장이 바뀌면서 모든 게 달라졌다. 양승태는 대법원장 시절 일제 강제징용 사건 등 재판에 개입한 혐의, 법관 블랙리스트 작성·지시 혐의 등 40여 개 혐의로 검찰 수사를 받았다. 대법원이 검찰에 수사 협조를 하여 강제징용 사건 재판 지연, 통합진보당 의원 지위 확인 소송 등에서 재판 개입한 정황이 드러나 검찰에 의해 구속영장이 청구되었으며 2019년 1월 24일 서울중앙지방법원 영장전담 부장판사 명재권은 양승태에 대한 구속영장을 발부하면서 "범

죄혐의가 상당 부분 소명되고 증거인멸 우려가 있다"고 밝혔다.[9]

　대법원장을 지낸 법조인이 구속된 사례는 대한민국 건국 이래 처음 있는 일이었다. 그 의미에 대해 이춘재는 이렇게 썼다. "'윤석열 검찰'은 두 전직 대통령에 이어 전직 대법원장까지 잡아넣으며 역대 최강의 권력기관으로 거듭났다. 검찰개혁을 캐치프레이즈로 내건 정권에서 역사상 가장 강력한 검찰이 탄생한 것이다. 문재인 정권의 '적폐청산 드라이브'가 낳은 기막힌 아이러니였다."[10]

　그럼에도 문재인은 여전히 '중단 없는 적폐청산'만 외쳐댔다. 그는 『대한민국이 묻는다: 완전히 새로운 나라, 문재인이 답하다』(2017)에서 "저는 저하고 생각이 다른 입장에 있는 사람들의 일방적인 공격에 대해

문재인은 사법부가 잘못이 있다면 사법부가 스스로 바로잡아야 한다며 여전히 '중단 없는 적폐청산'만 외쳐댔다.

서는 정말로 눈 하나 깜짝하지 않습니다"고 했는데, 그는 정말 이런 점에선 지독한 면을 보였다. 2019년 5월 2일 문재인이 사회 원로 간담회에서 한 발언은 그의 집권 목적이 '적폐청산'이 아니었나 하는 생각이 들 정도였다.

문재인은 "어떤 분들은 이제는 적폐수사는 그만하고 통합으로 나가야 하지 않겠냐는 말씀도 한다"면서도 "살아 움직이는 수사에 대해서는 정부가 통제할 수도 없고 또 통제해서도 안 된다"고 했다. 그는 "개인적으로는 국정농단이나 사법농단이 사실이라면 아주 심각한 반헌법적인 것이고, 헌법 파괴적인 것이기 때문에 타협하기 쉽지 않은 것"이라고 했다.[12]

김명수는 선善, 양승태는 악惡이었는가?

2019년 7월 22일, 양승태는 서울중앙지법 형사합의35부(박남천 부장판사)의 직권으로 수감 179일 만에 보석으로 석방되어 불구속 상태로 사법농단 의혹 재판에 출석하게 되었지만, 수사 대상은 양승태만이 아니었다. 판사 출신 민주당 의원 김승원은 훗날(2024년 10월) 국정감사에서 법원행정처장 천대엽에게 이런 질문을 던졌다. "지난 사법농단 때 검찰에 불려간 판사가 100여 명입니다. 제 후배들 중에서도 중앙지검에 갔다 와서 제 앞에서 눈물을 펑펑 흘리는 판사가 있었습니다. 그 판사들 지금 뭐 하고 있습니까." 이에 대해 『조선일보』 법조 전문기자 양은경은 다음과 같이 말했다.

"이른바 '사법농단'은 법원에 큰 상처를 남겼다. 문재인 정권과 민주당, 김명수 대법원장이 '사법 개혁'을 명분으로 확대 재생산한 사건이다. 100여 명의 엘리트 판사가 검찰에 불려갔고, '내부고발자'를 자처했던 판사들은 민주당 국회의원이 됐다. 그런데 '양승태 구속이 사법 정의'라고 했던 민주당의 의원이 당시 판사들의 고통과 법적 불안을 언급한 것이다. 한 법원 관계자는 '상처를 짚어준 것은 고마운데, 민주당이 할 얘기는 아닌 것 같다'고 했다."[13]

2020년 11월, 20년간 판사로 재직했던 변호사 김태훈은 『조선일보』 인터뷰에서 김명수에 대해 이렇게 말했다. "내가 김명수 대법원장 사퇴 촉구 성명서를 처음 냈다. 법조인 200여 명의 서명을 받는 게 정말 힘들었다. 그는 사법부의 독립성을 허물었다. 문 대통령 지시에 따라 움직였다. 양승태 전 대법원장 등을 구속시켰고, 100명 넘는 법관을 검찰에서 조사받게 했다. 사법부가 위기를 맞았는데도 전직 대법원장·대법관 중에서 공개 목소리를 내는 이가 없었다."

그는 "사법 적폐를 청산하고 정의를 바로 세우는 작업으로 지지하는 국민도 많았는데?"라는 기자의 질문에 이런 주장을 폈다. "뇌물 등 개인 비리나 부정부패가 아니라 사법 행정 직무를 문제 삼아 대법원장을 구속한 것은 받아들이기 어렵다. 양승태 전 대법원장이 잘했다는 게 아니다. 징용공 판결 건件으로 김앤장 변호사들을 만난 것은 잘못됐다. 하지만 그 판결이 미칠 한일 간 외교적 문제를 듣기 위한 것이지 재판 거래를 했다고는 보지 않는다. 법조인 대부분도 재판 거래가 아니라는 걸 알면서 침묵했다."[14]

문재인의 대통령 당선에 기여했던 김종인은 『왜 대통령은 실패하는가』(2022)에서 문재인이 김명수를 대법원장에 임명한 것은 "정치적 코드가 일치한다는 이유에서였다"며 이렇게 말했다. "그 뒤로 대통령과 대법원장은 서로 동맹관계를 맺는 식으로, 대법관과 헌법재판관은 물론 부장 판사, 사법부 말단 연구원에 이르기까지 특정 이념이 도드라진 특정 모임 출신 인물들을 줄줄이 임명했다. 전두환 정권 시절 하나회 출신들이 정부 요직에 승승장구하던 때에도 이 정도는 아니었다. 이른바 '사법 장악'을 이렇게 노골적으로 시도한 정권은 역대에 없었다."[15]

2024년 1월 26일, 서울중앙지법 형사합의35-1부(재판장 이종민)는 양승태와 전 대법관 박병대·고영한에게 모두 무죄를 선고했다. 2019년 2월 기소된 뒤 꼬박 5년 동안 290번에 이르는 재판을 거친 결과였다. 4월 검찰이 양승태 전 대법원장 등에 대해 무죄를 선고한 1심 판결에 항소하면서 "원심은 오로지 피고인들의 무죄를 위해 헌신했다"고 주장한 것으로 밝혀졌다. 이에『동아일보』는 사설을 통해 "양 전 대법원장을 포함해 검찰이 사법농단 사건으로 기소한 14명 중 지금까지 11명은 무죄가 확정되거나 1, 2심에서 무죄가 선고됐다"며 다음과 같이 말했다.

"'양승태 코트'에서 사법행정권을 과도하게 행사한 부분이 없진 않지만 검찰이 이를 침소봉대해 재판에 넘긴 사례가 대부분이라는 게 지금까지 법원의 판단이다. 검찰이 원색적인 표현까지 동원해 법원을 비난한다고 해서 부실한 수사와 무리한 기소라는 비판이 사라지지는 않을 것이다."[16]

양승태의 '사법농단'을 세상에 처음 알린 건 판사 이탄희였다. 그는 2017년 2월 판사 블랙리스트 업무 지시를 거부하고 사직서로 저항하면서 "양심을 따랐을 뿐"이라고 했다. 그러나 그는 훗날 김명수가 사법부 신뢰를 무너뜨렸다는 도덕적 지탄을 받는 동시에 허위 공문서 작성 혐의로 사법 처리 대상이 될 수도 있는 일을 저질렀을 때(임성근 부산고법 부

196

장판사의 사의 표명을 '국회 탄핵'을 이유로 반려하고, 당시 일에 대해 "그런 적 없다"고 밝혔다가 '거짓말' 논란을 빚은 사건) 침묵함으로써 따가운 비판에 직면하게 된다.

『중앙일보』 정치에디터 최민우는 「이탄희는 김명수를 탄핵하라」 (2021년 2월 8일)는 칼럼에서 "그는 사법 정의의 상징이었다. 그래서 그가 지난해 정계 진출을 선언하고 민주당 배지를 달았을 때도 무조건 '법복 정치인'으로 폄하할 수는 없었다. 초심을 잃지 않으려는 듯 이탄희 의원은 세월호 재판에 관여한 임성근 부장판사의 탄핵안을 주도했다"며 다음과 같이 말했다.

"하여 김명수 탄핵에 나서야 할 이는 야당이 아니라 이탄희 의원이다. 머뭇거린다면 그의 용기와 양심은 한낱 정파적 행위로 변질될 거다. 그가 첫 단추를 열었던 '사법농단'의 정당성마저 뿌리째 무너질 것이다. 그는 국회에서 이렇게 외쳤다. '판사는 신인가.' 지금 국민은 의원 이탄희에게 이렇게 되묻고 있다. '문재인 정부의 대법원장은 신인가.'"[17]

이해찬의 '100년 집권론'

민주당은 사법농단 수사를 통해 장기집권의 기반을 마련하려고 했던 걸까? 그럴 리야 없겠지만, 이즈음 민주당은 유난히 장기집권의 전망과 필요성을 역설하고 있었다. 2018년 전당대회 때 민주당 대표 이해찬은 '20년 집권론'을 내놓은데 이어 '50년 집권론'을 주장하더니, 2019년 2월엔 '100년 집권론'까지 내놓았다. 2월 21일 이해찬은 민주당 '40·50특별위원회' 출범식 축사에서 "이 시대의 '천명天命'은 정권 재창출"이라며

"자유한국당 전당대회를 보면 대한민국의 미래를 맡길 수가 없다. 우리가 최선을 다해서 재집권함으로써 실제로 새로운 100년을 열어나갈 기틀을 만들 수 있다"고 강조했다.

이에 자유한국당 대변인 윤기찬은 논평을 통해 "문재인 정부가 들어선 2년여 만에 성장도 잃고 고용은 물론 분배정의까지 악화되면서, 민생경제는 파탄 나고 있는 현실을 보고도 100년 집권론을 오만하게 말하고 있다"며 "선택은 국민이 하는 것이다. 집권당 대표라면 그 오만함을 버리고 최소한 국민의 눈높이에서 겸손한 자세로 국민의 평가를 받길 바란다"고 비판했다. 그는 그러면서 "안타깝게도 지금 국민의 눈에는 현재의 민주당 모습으로는 '100년은커녕 당장 1년도 국정을 제대로 운영해나갈 수 없을 것 같다'는 걱정이 큰 것이 현실임을 명심하고, 야당과의

이해찬은 '20년 집권론', '50년 집권론'에 이어 "새로운 100년을 열어나갈 기틀을 만들"자며 '100년 집권론'을 주장했다.

실질적인 협치에 나서야 할 것"이라고 지적했다.

바른미래당 대변인 김정화도 논평을 내고 "20년, 50년, 이제는 '100년 집권론'인가? 대단한 망상주의자다"라며 "국민은 '국가 부도 100년'이 되지 않을지 우려하고 있다"고 했다. 그는 "실업률 최악, 양극화 최악, 집값 최악, 여당 대표의 상황 인식도 최악"이라며 "엉망진창의 민주당, 민생을 직시하시라. 하루하루가 비상사태다. 경제나 살려라"고 비판했다.[18]

왜 민주당이 20년, 50년, 100년에 이르는 장기집권을 해야 한단 말인가? 도대체 왜 그래야 한다는 건지 이해찬이 훗날(2020년 9월) 『시사IN』 인터뷰에서 밝힌 이유를 들어보자. 그는 "우리 역사의 지형을 보면 정조 대왕이 1800년에 돌아가십니다. 그 이후로 220년 동안 개혁 세력이 집권한 적이 없어요"라면서 다음과 같이 말했다.

"조선 말기는 수구 쇄국 세력이 집권했고, 일제강점기 거쳤지, 분단됐지, 4·19는 바로 뒤집어졌지, 군사독재 했지, 김대중 노무현 10년 빼면 210년을 전부 수구보수 세력이 집권한 역사입니다. 그 결과로 우리 경제나 사회가 굉장히 불균형 성장을 해요. 우리 사회를 크게 규정하는 몇 가지 영역들이 있습니다. 분단 구조, 계층 간·지역 간 균형발전 문제, 부동산 문제, 또 요즘 이슈인 검찰개혁 문제 등이 그렇죠. 이런 영역들이 다 규모는 커졌는데 구조는 굉장히 편향된 사회로 흘러온 겁니다."

"보수가 너무 약해 보여서 승리를 과신하는 건 아닌가요?"라는 기자의 질문에 이해찬은 이렇게 답한다. "보수가 너무 세기 때문에 20년 집권이 필요합니다. 제도정치권 딱 한 군데만 보수가 약해요. 220년 중에 210년을 집권한 세력이 보수입니다. 경제, 금융, 언론, 이데올로기,

검찰…… 사회 거의 모든 영역을 보수가 쥐고 있는 나라가 한국입니다. 이렇게 균형이 무너진 나라가 없어요."

이해찬은 "민주당이 이제는 집권세력인데도 아직 민주화 투쟁 중이라고 착각한다는 냉소도 있습니다"는 기자의 질문엔 이런 답을 내놓는다. "그렇지가 않아요. 경제, 사법, 언론 이런 곳이 민주화가 안 돼 있잖아요. 사회 제반 영역이 다 민주화되어야 합니다. 그래서 노동조합이 강하고, 시민사회가 강하고, 언론이 강해져야 해요. 사회의 나머지 영역이 민주화되어 있으면 우리가 선거 한두 번 국민 선택을 못 받아도 사회는 회복이 가능해요. 지금은 제도정치 한 곳에서 정당만 섬처럼 있으니까, 노조·시민사회·언론이 다 취약하니까, 정당이 밀려나면 다 밀려나는 겁니다."[19]

민주당의 핵심 세력인 586세대의 부패

그렇게 장기집권을 열렬히 원했다면, 일을 잘해서 국민의 점수를 많이 따는 게 좋았을 게다. 그러나 서울 부동산 가격 폭등이 말해주듯이, 민주당의 안중엔 '민생'은 없거나 '민생'에 대해 무능했다. 민주당의 핵심 세력인 586세대가 기득권이 되어 부패했기 때문에 민생엔 무관심했다고 보는 시각도 있었다. 진중권은 "그들은 바꿀 것보다 지킬 것이 더 많은 보수층이 되었다"며 다음과 같이 말했다.

"그들이 살해한 나쁜 아버지보다 더 나쁜 아버지가 되었다. 산업화 세대는 적어도 그들에게 일자리도 얻어주고 아파트도 한 채 갖게 해줬다. 하지만 586세대는 지금의 젊은 세대에게 일자리도 아파트도 주지 않는다. 그저 자기 자식들에게 재산과 학벌을 물려주느라 그 검은 커넥

션을 활용해 다른 젊은이들에게서 '공정'하게 경쟁할 기회마저 빼앗아 버린다."[20]

2019년 3월 29일 『한겨레』 기자 출신 청와대 대변인 김의겸이 부동산 투기 의혹으로 인해 사의를 표한 사건은 586세대(386세대)에 대한 그런 비판을 활성화시켜주는 효과를 냈다. 이에 대해 김정훈·심나리·김항기는 『386 세대유감: 386세대에게 헬조선의 미필적 고의를 묻다』 (2019)에서 다음과 같이 말했다.

"불법은 아니다. 다만 그는 '보통의 상식'을 뛰어넘었다. 한국 사회 감시견을 자처하며 살아온 스스로는 물론 그 길을 가고 있는 수많은 언론인의 자존심에 상처를 냈다. 결국엔 '건물주'만이 답이라는, 중학생도 아는 대한민국의 아픈 진실을 청와대 대변인이 몸소 시연해주어 이번만은 강한 국가권력이 집 없는 설움을 누그러뜨려주리란 서민들의 기대를 허물었다."[21]

김정훈·심나리·김항기는 "이와 같은 386세대의 부동산 불패 신화가 독재정권의 정책 덕분이었다는 점은 역설적이다"며 이렇게 말했다. "박정희 정권이 만든 청약제도와 분양가 상한제, 그리고 노태우 정권의 주택 200만 호 건설정책과 1기 신도시 계획의 합작품이 386세대 한 사람한 사람의 경제적 토대가 되었다."[22] 그런데 묘한 건 운동권 출신 586이 정관계에 진출해 사회적 차원에서 부동산 문제를 다룰 때엔 주어진 행운의 여건을 최대한 활용하는 개인적인 '총명'이 사라지고 갑자기 바보가 된다는 점이었다.

선거법·공수처법 패스트트랙 파동

제20대 국회는 그동안 당을 가리지 않고 선거제 개혁과 공수처 설치, 검경 수사권 조정 개혁을 약속해왔다. 그러나 당시 의원 임기가 대부분 지나가는데도 여야 간 대치, 특히 더불어민주당과 자유한국당의 극한 대치로 인해 실현되고 있지 못했다. 결국 민주당은 사실상 자유한국당 이외의 다른 야3당과 협상 절차에 들어갔고 민주당과 정의당, 민주평화당이 공수처와 수사권 조정, 선거제 개혁 등에 대한 논의에서 대부분 동의한 반면 바른미래당은 당내 내분으로 인해 패스트트랙 지정안에 대해 계파 간 찬반이 갈리면서 논쟁이 일어났다.

바른미래당의 내분은 심각했는데 4월 3일 실시된 2019년 보궐선거에서 참패했고 이어 당권을 잡고 있었던 국민의당계와 밀려났던 바른정당계가 이언주 의원의 제명과 패배로 인해 갈등이 폭발했다. 바른미래당의 지도부는 결국 패스트트랙 지정안에 찬성했으나 정작 바른미래당의 사법개혁특별위원회(사개특위) 위원인 오신환 의원은 지정안 내용을 반대하던 상황이었다.

바른미래당 지도부는 일단 사개특위 의원을 사보임(사임·보임, 위원교체)시키지 않겠다는 약속을 했으나 결국 4월 24일 김관영 원내대표가 오신환 의원을 사보임시키고 채이배 의원을 보임했으며 이후 다른 사개특위 의원이었던 권은희 의원도 사임하면서 패스트트랙 지정에 여야 합의를 주장하던 자유한국당은 이에 반발하면서 본격적인 충돌이 시작되었다.

4월 25일 패스트트랙에 반대하던 바른미래당의 유승민계 의원들은 오신환 의원에서 채이배 의원으로 사보임을 막기 위해 의사과를 항의 방문했다. 하지만 팩스로 제출된 사보임 요청서는 병원으로 보내져 문희상 국회의장이 결재했다. 유승민계 의원들은 병원을 찾아 국회의장 면담을 요구했으나 이루어지지 않았다.

자유한국당 의원들은 국회 4층 정치개혁특별위원회 회의실, 2층 사법개혁특별위원회 회의장, 3층 운영위원회 회의실, 7층 의안과·의사과, 의원회관 6층 채이배 의원 사무실을 동시에 점거했다. 한편 자유한국당 의원들이 채이배 의원을 감금해 오전 9시부터 오후 3시까지 감금해 경찰과 소방관이 출동하고 나서야 풀려났다.

의안과에선 팩스를 통해 들어온 공수처 법안을 빼앗은 이은재 자유한국당 의원은 문서를 찢어 버리고 심지어 자유한국당 관계자가 팩스를 부숴 버렸다. 더불어민주당 보좌진이 법안 제출을 위해 의안과를 방문하자 자유한국당 보좌진이 이를 거칠게 제지했다. 대규모 인원이 충돌하면서 국회 내 혼란이 심각해졌다. 저녁 6시 유인태 국회 사무총장은 입원 중인 문희상 국회의장의 재가를 받아 33년 만에 국회 경호권을 발동했다. 자유한국당 의원과 보좌진은 국회 경위와 방호원들과 곳곳에서 충돌했다.[23] 이날의 국회 풍경을 『한국일보』는 다음과 같이 묘사했다.

"국회는 한국당의 '회의실 봉쇄'와 007작전을 방불케 한 '두 차례 사보임', 채이배 의원 감금, 이에 따른 경찰 출동과 '구해달라'는 채 의원의 '창문 브리핑'에 국회의장 경호권 발동에 이르기까지 엽기적 충돌로 몸살을 앓았다. 고성과 멱살잡이, 여러 의원들이 서로 팔을 엮어 회의장 접근을 막는 '인간띠' 방어, 거친 밀고 당기기가 난무한 '동물국회'의 모습은 2012년 국회선진화법 통과 이후 7년 만이다."[24]

7년 만에 부활한 국회 폭력

4월 26일 자정부터 또다시 몸싸움이 시작되어 국회 본청은 삽시간에 난장판으로 변했다. 새벽 1시 35분까지 패스트트랙 반대파의 방어선을 뚫지 못했다. 봉쇄된 의안과 출입문을 열기 위해 국회 경위와 방호과 직원들이 쇠지렛대(일명 빠루), 망치, 장도리 등을 동원했지만 오히려 자유한국당 보좌진에게 쇠지렛대를 뺏겨 버리면서 진입에 실패했다. 이상민 사개특위원장은 예정되었던 특별위원회 회의실(220호)에 세 차례 입장하려고 했으나 자유한국당 의원과 당직자들에게 저지당한 뒤 법제사법위원회 전체회의장(406호)으로 장소를 옮겨 회의를 열었다. 국회선진

2019년 선거법과 공수처법 패스트트랙 파동 사건은 '동물국회'의 모습을 오롯이 보여주었다. 민주당 당직자들이 '빠루'와 '망치'를 사용해 국회 의안과 진입을 시도하고 있다.

화법 개정 이래 사라질 것으로 여겨졌던 국회 폭력이 7년 만에 부활한 것이다.

오전 10시 문희상 국회의장은 수술이 필요한 상황이라며 서울대병원으로 급히 이송되었다. 그날 저녁 물리력을 뚫지 못해 법안 접수가 연일 실패하면서 급기야 민주당은 패스트트랙 지정에 합의한 검경수사권 조정안과 공수처 설치안을 헌정 사상 최초로 전자입법 발의시스템을 사용해 의안과에 제출했다. 밤 9시 17분 문화체육관광위원회 회의실(506호)에서 사개특위 개의를 선언했다. 하지만 채이배 바른미래당 의원, 박지원 민주평화당 의원이 회의에 불참하고 임재훈 바른미래당 의원도 회의 중 자리를 이탈했다. 이상민 위원장은 의결정족수가 부족해지자 산회를 결정했다.[25]

4월 27일 『동아일보』는 사설을 통해 "국회에서 사흘째 막말과 고성, 몸싸움이 이어졌다. 여야가 정면충돌하면서 헌정 사상 초유의 불명예 기록을 양산했다"며 다음과 같이 개탄했다. "공수처 법안 처리에 반대하는 바른미래당의 두 의원을 교체하기 위해 팩스 사·보임한 것을 비롯해 국회의장의 병상 결재, e메일 법안 제출이 이뤄졌다. 33년 만에 국회 경호권이 발동된 가운데 못을 뽑는 '빠루'와 장도리까지 등장했다. 이런 물리적 충돌을 근절하고 협치하자고 만든 국회 선진화법 통과 이후 7년 만에 벌어진 퇴행적 '폭력 국회'의 낯 뜨거운 장면이다."[26]

주말인 4월 27~28일 양일 동안 물리적 충돌은 발생하지 않았다. 자유한국당 지도부는 광화문광장에 나가서 지난주에 시작한 장외 투쟁을 이어나갔다. 4월 29일 김관영 바른미래당 원내대표는 최고회의에서 "사개특위에서 사임된 두 분(오신환·권은희 의원)과 충분한 논의를 통해 여야 4당 합의사항 이외의 내용을 담기로 했다"고 밝히면서 새로 보임된 임재훈·채이배 의원은 그대로 유지하기로 결정했다. 단, 권은희 의원이 새롭게 대표발의하는 공수처안을 여야 3당(민주당, 민주평화당, 정의당)에 제안했다.

다시 더불어민주당, 민주평화당, 정의당은 의원총회를 열어 권은희안과 기존의 안을 둘 다 패스트트랙으로 지정하기로 결정했다. 여야 4당은 밤 10시 정치개혁특별위원회(정개특위)와 사개특위 전체회의를 열기로 하고 패스트트랙 지정 재시도에 나섰다. 특별위원회 회의실 앞에서 대기 중이던 자유한국당은 다시 농성에 돌입했다. 10시 52분 사개특위는 장소를 변경하여 문체위 회의실(506호)에서 열게 되었다. 10시 20분 이상민 위원장이 회의실로 입장하면서 질서유지권을 발동했다. 더불어민주당, 바른미래당, 민주평화당 위원들이 10시 30분 회의장에 입장했다. 자정 직전 11명의 찬성으로 공수처 법안의 패스트트랙 지정이 가결되었다.

정개특위는 심상정 위원장이 10시 50분 정무위 회의실(604호)에서 회의 개의를 선언했다. 1시간 내내 이어진 회의는 자정을 넘어서게 되었고 차수 변경 후 30일 새벽 0시 20분 무기명 투표를 시작했다. 12명의 찬성으로 선거제 개편안이 패스트트랙으로 지정되었다. 이렇게 일주일간의 국회 파동은 끝났다. 오전 10시 45분 경호권은 닷새 만에 해제되었다.

결국 2019년 12월 27일 공직선거법 개정안이, 2019년 12월 30일에는 공수처법이, 2020년 1월 13일에는 검경 수사권 조정안이 통과되지만, 이 사건(2019년 선거법·공수처법 패스트트랙 파동)은 경찰·검찰의 수사 대상이 되었다. 2020년 1월 2일 서울남부지방검찰청은 자유한국당 황교안 대표와 의원 23명, 소속 보좌관·당직자 3명, 더불어민주당 의원 5명, 소속 보좌관·당직자 5명을 특수공무집행방해, 국회법 위반, 국회 회의장 소동 등 혐의로 불구속기소 또는 약식기소했다고 밝혔다.

이 기소에 대해서 더불어민주당은 국회법에서 피해자인 자신들이 기소를 당했다며 원래 검찰개혁에 반대 입장인 검찰이 법무부 장관 취임과 공수처 신설을 보고 나서야 늦장 기소를 했느냐, 자유한국당은 공수처와 법무부 장관 때문에 정권의 개가 되어 기는 짓이냐며 배후에 대통령이 있냐고 검찰을 비난했다. 이후 법원에서 약식기소된 인원들도 모두 정식 재판에 회부하기로 결정했지만, 2024년까지도 1심 재판 결과가 나오지 않는 '늦장 재판'의 전형으로 꼽혔다.[27]

송영길의
'탈원전 속도조절론'

　　2019년 1월 11일 민주당 의원 송영길은 원자력계 신년인사회에서 "(정부가 백지화 방침을 밝힌) 신한울 원전 3·4호기의 매몰 비용이 7,000억 원 든다. 오래된 원전과 (석탄)화력발전소를 중단하고 대신 신한울 3·4호기는 짓는 방안을 검토할 필요가 있다"고 말했다.

　　신한울 원전 건설을 전면 중단시킨 문재인 정부의 결정과 정면으로 배치되는 주장이었다. 집권 여당의 중진의원이 정권의 핵심 정책을 정면으로 비판했다는 점에서 파장이 컸다. 그러자 청와대는 14일 대변인이 나서 "이미 논의가 끝난 사안"이라고 진화에 나섰다. 하지만 송영길은 15일 페이스북을 통해 신한울 3·4호기 건설을 재개해야 한다고 다시 주장하며, 소신을 굽히지 않았다.

　　송영길을 비롯해 여당 내에서 탈원전 속도론이 불붙은 가장 큰 이유는 탈원전 정책의 문제점이 예상보다 크고, 일찍 드러났기 때문이다. 한국전력과 한국수력원자력의 실적이 크게 악화해 전기요금 인상이 불가 피하다는 지적이 나왔으며, 정부의 탈원전 정책이 해외에 알려지면서 원 전 수출은 사실상 중단 위기에 처했다.[28]

송영길과 탈원전에 대해 많은 논의를 했던 정치학자 함성득은 "또 한 나는 당시 민주당의 정책위원회 의장이었던 조정식 의원에게도 탈원 전의 문제점을 지적했다"며 이렇게 말했다. "문재인 대통령이 참석한 기 업인들과의 정책 간담회에서 어느 기업인이 탈원전 문제를 제기하자 문 대통령이 약 20분 동안 핏대를 세우면서까지 탈원전의 당위성을 설파했 고, 그것을 목격한 조정식은 탈원전 정책에 대한 건의를 결국 포기하고 말았다. 전문성이 부족한 문 대통령의 탈원전에 대한 확고한 신념을 아 는 청와대와 여당의 참모들은 문제점들을 알면서도 겁이 나서 입을 닫 아버렸다. 이것이 대통령 문재인의 성격적 결함이었고 대통령 실패의 원 인이었다."[29]

제2장

하노이 북미정상회담과
남북미 정상의 판문점 회동

2차 북미정상회담을 위한 여정

2018년 7월 6일 미국 국무장관 마이크 폼페이오Mike Pompeo가 평양을 찾았다. 국무위원장 김정은과 미국 대통령 도널드 트럼프가 합의한 '6·12 북미 공동성명' 이행을 협의하려는 방북이었다. 북한 노동당 부위원장 김영철은 평양 순안비행장에서 폼페이오와 악수하면서 "우리는 지난 50년간 풀을 뜯어 먹었고, 앞으로 50년을 더 그럴 수 있다"고 했다. 이에 폼페이오는 "점심이 기대된다. 난 풀을 쪄먹는 것을 선호한다"고 응수했다. 폼페이오가 나중에 회고록에서 밝힌 것인데, 폼페이오는 김영철에 대해 "내가 만난 가장 고약한 사람 중 한 명"이라고 평가했다.[30]

그런데 폼페이오는 평양에 머문 이틀 동안 김정은을 만나지 못했다. 7월 7일 폼페이오의 전용기가 평양 순안공항을 벗어나자마자 북한은 외무성 담화를 통해 "미국 측은 싱가포르 수뇌 상봉과 회담의 정신에 배치

되게 완전하고 검증 가능하며 비가역적인 비핵화CVID요, 신고요, 검증이요 하면서 일방적이고 강도적인 비핵화 요구만 들고나왔다"며 맹비난했다.

북한은 "공동성명의 모든 조항들의 균형적인 이행을 위한 건설적인 방도들", 곧 "조미관계 개선을 위한 다방면적인 교류 실현 문제"(공동성명 1항 '새로운 조미관계 수립'), "조선정전협정 65돌을 계기로 종전선언 발표 문제"(공동성명 2항 '항구적이고 공고한 평화체제 구축 노력'), "아이시비엠ICBM 생산 중단, 물리적 확증 위한 대출력발동기(엔진) 시험장 폐기 문제"(공동성명 3항 '완전한 비핵화 노력'), "미군 유골 발굴 실무협상 조속 시작 문제"(공동성명 4항 '유골 발굴 진행과 송환')를 제안했다고 담화는 밝혔다.[31]

그런데 폼페이오는 "일방적이고 강도적인 비핵화 요구만을 들고나왔다"는 게 북한이 미국을 비난한 주요 이유였다. 이와 관련, 『한겨레』 통일외교팀 선임기자 이제훈은 "폼페이오의 '빈손 방북'은, 1차 북·미 정상회담 직후 워싱턴 외교가를 휩쓴 부정적 여론과 무관하지 않았다. 24시간 워싱턴만 들여다보는 북이 이런 사정을 모를 리 없다"며 다음과 같이 말했다.

"북은 특유의 '강 대 강' 맞서기가 아닌 '먼저 약속 지키기'로 길을 열려 했다. 북은 한국전쟁 정전 기념일인 7월 27일 전쟁 때 숨진 미군 유해 55구를 미국에 인도해줬다. 미군 글로브마스터 수송기(C-17)가 원산까지 와서 오산으로 옮겼다. 북미 공동성명 4조를 먼저 실천해 트럼프의 합의 이행을 에둘러 요구한 셈이다. 그런데도 트럼프가 움직이지 않자, 더 센 카드를 꺼내 들었다. 2018년 9월 19일 평양에서 열린 남북정상회담에서 '미국이 6·12 북미공동성명의 정신에 따라 상응 조치를 취하면 영변 핵시설의 영구적 폐기와 같은 추가적인 조치를 계속 취해나갈 용의가 있다'(평양공동선언 5조 2항)고 밝혔다. 2018년 봄에 그런 것처럼 문재인 대통령의 도움을 받아 '남북정상회담→2차 북미정상회담'의 경로를 뚫으려 한 것이다."[32]

실제로 북한이 기대한 워싱턴의 반응이 나왔다. 9·19 평양공동선언 발표 닷새 뒤인 9월 24일 트럼프는 워싱턴에서 문재인을 만나 "2차 북미정상회담을 멀지 않은 장래에 하게 될 것"이라고 밝혔다. 문재인은 이틀 뒤 유엔 총회 연설에서 "북한은 4월 20일, 핵개발 노선을 공식적으로 종료하고, 경제발전을 위해 모든 노력을 기울여왔다"며 "김정은 위원장의 비핵화 결단이 올바른 판단임을 확인해줘야 한다"며 미국의 '상응 조처'를 촉구했다. 12월 30일 김정은은 문재인에게 보낸 친서에서 "서울을 방문하겠다는 강한 의지"를 나타내며 "내년(2019년)에도 남북 두 정상이 한반도 평화 번영을 위해 함께 나가자"고 밝혔다. 이런 과정을 거쳐 2차 북미정상회담이 열리게 되었다. [33]

"트럼프의 변심, 하노이의 저주"

2019년 2월 27~28일 베트남 하노이 메트로폴 호텔에서 김정은과 트럼프의 정상회담이 2일간 열렸다. 김정은은 회담 나흘 전인 2월 23일 오후 4시 32분 평양역에서 전용열차에 올라 66시간, 3,800킬로미터에 걸친 열차 여행에 나섰다. 조선노동당 중앙위 기관지인 『노동신문』은 "당과 정부, 무력기관의 간부들은 경애하는 (김정은) 최고영도자 동지께서 제2차 조미 수뇌(정상) 상봉과 회담에서 훌륭한 성과를 거두고 안녕히 돌아오시기를 충심으로 축원하였다"고 보도했다.

첫날 회담에서 김정은은 "미국이 유엔 제재의 일부, 즉 민수경제와 인민생활에 지장을 주는 항목의 제재를 해제하면 우리는 영변 핵의 플루토늄과 우라늄을 포함한 모든 핵물질 생산시설을 미국 전문가들의 입회하에 두 나라 기술자들의 공동의 작업으로 영구적으로 완전히 폐기하겠다"고 제안했다. 트럼프도 "합의문에 '제재를 해제했다가도 조선이 핵 활동을 재개하는 경우 제재는 가역적이다'는 내용을 포함시킨다면 합의가 가능할 수도 있다는 신축성 있는 입장"을 보였다.

이렇듯 하노이 회담 첫날 북미 정상은 '영변 핵시설 영구 폐기'와 '제제 일부 해제'를 맞바꾸되 북한이 비핵화 약속을 어기면 제재를 되살리는 '스냅백snapback'을 안전장치로 두는 데 어느 정도 공감을 이루었다. 그런데 이게 웬일인가? 이제훈은 「트럼프의 변심, 하노이의 저주」라는 글에서 "밤사이 트럼프가 '변심'했다. 그 시각 하노이에서 1만 3,400km 떨어진 워싱턴에선 트럼프의 개인 변호사이자 '해결사'로 불린 마이클 코언이 의회 하원 감독개혁위원회의 공개 청문회에 나서 트럼프를 '사기꾼, 인종주의자, 범죄자'라 비난하며 폭로전에 나섰다. 시엔엔CNN은 코언 청문회를 생중계하며 하노이 회담은 자막으로만 처리했다. 당시 미국인의 주된 관심사를 짐작게 한다"며 다음과 같이 말했다.

"2월 28일 단독 정상회담에 앞서 김 위원장이 '나의 직감으로 보면 좋은 결과가 생길 거라고 믿는다'고 기대를 숨기지 않은 반면, 트럼프 대통령은 '속도는 중요하지 않다. 중요한 것은 우리가 올바른 합의를 하는 것'이라고 짐짓 냉정한 태도를 강조했다. 그러곤 회담을 깼다. 시엔엔은

김정은과 도널드 트럼프는 '영변 핵시설 영구 폐기'와 '제재 일부 해제'를 맞바꾸는 합의를 시도했지만, 트럼프의 '변심'으로 만족할 만한 결과를 얻지 못했다.

'하노이 회담 결렬'을 생중계 화면에 올리고 코언 청문회 소식은 자막으로 내렸다. 트럼프가 바란 반응이다. 트럼프 대통령은 많이 미안했는지 '평양까지 내 전용기로 함께 돌아가자'고 제안했지만, 김 위원장은 정중하게 사양했다고 당시 사정에 밝은 고위 외교소식통이 전했다."

　　트럼프는 회담 뒤 혼자 한 기자회견에서 "영변 해체만으론 미국이 원하는 모든 비핵화가 아니라고 판단했다"며 "언론의 비판과 달리 미국은 그 어떤 것도 북한에 양보하거나 포기하지 않았다"며 이렇게 말했다. "그리고 김 위원장과 나는 절친한 친구다. 북한은 엄청난 잠재력을 갖고 있다. 믿을 수 없을 만큼 잠재력이 있지만 지켜봐야 한다. 그래서 제재가 문제가 됐다. 북한은 전면적인 제재 완화를 요구했지만 미국은 그런 요구는 들어줄 수 없었다." 김정은에겐 큰 충격이었다. 이제훈은 "김 위원장은 하노이 회담 결렬로 '무오류의 수령'도 실패할 수 있음을 북녘 인민들한테 들켜 지도력에 심대한 타격을 입었다"고 했다.[34]

남북미 정상의 판문점 회동

그럼에도 김정은과 트럼프의 만남은 계속되었다. 2019년 6월 30일 트럼프와 김정은의 역사적인 판문점 만남이 이루어졌다. 트럼프의 방한 이틀째인 30일 오후 3시 45분쯤 두 정상은 판문점 군사분계선 위에서 만나 서로의 손을 맞잡았다. 트럼프는 이후 군사분계선을 넘어 북측으로 잠시 넘어갔다가 김정은과 함께 남측으로 이동했다. 현직 미국 대통령이 북한 땅을 밟은 것은 이게 처음이었다.

두 정상은 남측에서 취재진의 질문을 함께 받았다. 트럼프는 "정말 좋은 날이다. 북한뿐만 아니라고 전 세계를 위해서도 좋은 일이고 큰 영광으로 생각한다"고 말했다. 이에 김정은은 "과거를 청산하고 미래로 나아가자"고 화답했다. 이후 문재인이 남측 자유의 집에서 나오면서 남·북·미 정상회동도 성사되었다. 두 정상은 이후 자유의 집으로 이동, 별도 회동을 했다. 문재인은 배석하지 않았다.

김정은은 이 자리에서 "북과 남에게 분단의 상징이고 또 나쁜 과거를 연상케 하는 이런 자리에서 오랜 적대 관계였던 우리 두 나라가 이렇게 평화의 악수를 하는 것 자체가 어제와 달라진 오늘을 표현하는 것"이라며 "앞으로 더 좋게 표현할 수 있다는 걸 모든 사람들에게 보여주는 만남이라고 생각한다"고 했다. 또 "우리 각하와 나 사이에 존재하는 훌륭한 관계가 아니라면 이런 하룻만의 상봉이 이뤄질 수 없었을 것이라고 생각한다"며 "이런 훌륭한 관계가 남들이 예상 못하는 그런 계속 좋은 일들을 만들면서 우리가 맞닥뜨리는 그런 난관과 장애들을 극복하는 그런 신비로운 힘으로 될 것이라고 확신한다"고 말했다.

이에 트럼프는 "역사적 순간이다. 우리가 만나는 게 역사적"이라며 "우리는 굉장히 좋은 관계를 만들어왔다"고 말했다. 이어 "제가 대통령 되기 전에는 한국과 미국 모두에게 아주 위험한 상황이었다. 우리가 이후 만든 관계는 많은 사람들에게 크나큰 의미를 가진다 생각한다"고도 했다. 그는 또 "다시 한번 제가 또 선을 넘어설 수 있었던 것에 큰 영광으로 생각하고, 저를 초대해준 것에 매우 감사하다"며 "언론에서 얘기했든 정말 역사적인 순간입니다. 함께하게 되서 감사하다"고 했다.[35]

전 백악관 국가안보보좌관 존 볼턴John Bolton은 회고록에서 이 남·북·미 판문점 회동에 대해 "트럼프는 문재인 대통령이 근처에 없기를 바랐지만, 문 대통령은 완강하게 참석하려 했다"며 "트럼프는 문재인이 근처에 다가오는 것조차 질색했다"고 썼다.[36] 이와 관련, 문재인은 회고록에서 "북한에서는 우리가 (판문점 북·미 회동에) 함께 가는 것에 아무런 거부감이 없었고, 오히려 더 좋겠다는 입장이었다. 그런데 미국 측에서는 내가 가는 걸 꺼리는 것 같은 모습을 보였다"고 기억했다.[37]

하지만 미국 국무장관 폼페이오는 2022년 11월에 출간한 회고록에서 "김정은 위원장은 트럼프 대통령만 만나고 싶어했으며, 문 대통령에게 할애할 시간이 없었고 문 대통령을 존경하지도 않았다"고 했다.[38] 실제로 김정은은 2018년 9월 트럼프에게 보낸 친서親書에서 "저는 각하와 직접 한반도 비핵화 문제를 논의하길 희망하며, 지금 문재인 대통령이 표출하고 있는 과도한 관심은 불필요하다고 생각한다"고 했다. 문재인은 회고록에서 "북한과 미국도 우리의 중재 노력을 당연한 역할로 받아들였다"고 했지만,[39] '귀찮은' 걸로 여겼다는 게 진실에 더 가까운 것 같다.

전 국가안보좌관 존 볼턴의 회고록 논란

2019년 10월 22일 문재인은 국회 예산안 시정연설에서 "남북 간 철도와 도로를 연결하고 경제·문화·인적 교류를 더욱 확대하는 등 한반도 평화와 경제협력이 선순환하는 '평화 경제' 기반 구축에도 힘쓰겠다"고 했다. 하지만 다음 날 김정은은 남북 경협의 간판 사업인 금강산 관광에 대해 "잘못된 정책"이라며 독자 개발을 선언했다. 이와 관련, 『조선일보』는 "작년 3차례 정상회담을 거치며 해빙기를 맞았던 남북 관계는 지난 2월 말 '하노이 노딜'의 여파로 빠르게 경색됐다. 남북 교류·협력이 중단됐고, 대남 비난의 강도와 빈도는 높아졌다"며 다음과 같이 말했다.

> 김정은이 문 대통령을 겨냥해 "오지랖 넓은 '중재자' '촉진자' 행세를 할 것이 아니다"라고 했고 "겁먹은 개" "삶은 소대가리" 같은 막말도 쏟아졌다. 정통한 대북 소식통은 "북한은 지난 4월 김정은의 최고인민회의 시정연설을 계기로 한국에 대한 기대를 거두고, 미국과 직거래를 통해 돌파구를 찾는 방향으로 선회했다"며 "이달 초 미·북 실무협상이 열린 스톡홀름에 한국 정부 당국자가 가지 못한 것도 북한의 강한 요구 탓"이라고 했다. 최근 평양에서 열린 월드컵 예선 남북전이 '무관중·무중계'로 치러지고 북

한이 우리 선수단에 푸대접을 넘어 사실상 린치 수준의 위협을 가한 것도 북한의 험악해진 대남 기류를 반영한다.[40]

2020년 6월 발간된 존 볼턴의 회고록에 따르면 최종 회담에서 트럼프가 김정은에게 북한이 주장한 '완전 제재 해제' 대신 '일부 제재 완화'를 하는 것은 어떻겠느냐고 물었다고 한다. 김정은이 그때 "예스"라고 답했다면 어떤 합의가 나올 수도 있었지만, 김정은이 수용하지 않아 회담이 결렬되었다는 것이다.[41]

회고록은 2018년 5월 백악관을 방문한 정의용이 4·27 판문점선언을 설명하면서 "김정은이 완전한 비핵화에 동의", "문 대통령이 김정은 설득 가능" 등을 이야기했다고 적었다. 당시 정의용은 볼턴에게 "김 위원장이 '완전하고 검증 가능하며 되돌릴 수 없는CVID' 비핵화에 동의하도록 그를 강하게 밀어붙였다"고 설명했다고 한다. 그래서 미국이 한국을 믿고 1차 북미정상회담(싱가포르)에 나섰다고 그는 회고했다.

이에 대해 『중앙일보』는 사설을 통해 "그러나 북한은 CVID식 비핵화를 언급한 적이 없었다. 따라서 볼턴의 주장이 맞다면 정 실장이 미국을 속인 셈이다. 그동안 북한은 '북한 비핵화'가 아니라 '한반도 비핵화'를 주장했다. 한반도 비핵화는 주한미군 철수와 미국의 핵우산 보장까지 제거하는 내용이다. 회고록이 사실이라면 처음부터 모두가 동상이몽이었다"며 다음과 같이 말했다.

"종전선언 주장도 엇갈린다. 볼턴은 '종전선언은 김정은도 원치 않았는데 문 대통령이 원했다'고 주장했다. 그는 '처음에는 종전선언이 북한 아이디어라고 생각했는데, 나중에 통일 어젠다를 위한 문 대통령의 아이디어라고 의심했다'고 밝혔다. 한·미 연합방위체제를 해체하는 효과가 있는 종전선언에 대해선 당시 (조지프) 던포드 미 합참의장도 '왜 검토해야 하느냐'며 의문을 제기했다고 밝혔다.……어리둥절한 국민에게 청와대의 명명백백한 해명이 필요하다."[42]

"미·북 외교는 한국의 창조물"이었는가?

볼턴은 회고록에서 비핵화를 둘러싼 "미·북 외교는 한국의 창조물"이라고 썼다. 싱가포르 북미정상회담을 포함한 북핵 외교가 북핵 폐기를 위한 진지한 논의보다는 "한국의 '통일 어젠다'에 더 많이 관련됐다"는 것이다. '통일 어젠다'라는 것은 문재인 정부의 '남북 이벤트'를 말한다. 볼턴의 말은 북핵 협상이 핵 폐기 시한·방법·원칙 등 본질적 문제를 논의하는 대신 한국 정부가 마련한 트럼프·김정은 회담 쇼 위주가 되어버렸다는 뜻이다. 볼턴은 그 결과 싱가포르에서 트럼프는 김정은에게 "낚였다hooked"고 했다. 이를 '판당고Fandango(춤판)'라고 불렀다.[43]

이와 관련, 『조선일보』는 6월 20일자 사설을 통해 "핵을 포기할 의사가 전혀 없는 김정은과 '내가 북핵을 없앤다'는 트럼프가 아무런 비핵화 실무 과정 없이 무턱대고 마주 앉았다. 김정은은 트럼프를 낚아 제재를 해제하고, 트럼프는 제 자랑을 하고, 한국 정부는 남북 쇼를 하려는 생각뿐이었다. 이것이 가능했던 것은 한국 정부가 '김정은 비핵화 의지'라는 있지도 않은 환상을 창조했기 때문이다"며 다음과 같이 주장했다.

"그게 환상이었다는 것이 드러나자 트럼프는 하노이에서 미·북 협상판을 걷어찼고, 김정은은 이제 분풀이를 하고 있다. 트럼프도, 김정은도 '문 대통령 말대로 했는데 이게 뭐냐'는 것이다. 핵실험을 한 국가 중 스스로 핵을 포기한 나라는 한 곳도 없다. 김씨 왕조는 주민 수십만을 굶겨 죽이면서 핵을 개발했다. 핵 보유 때문에 자신이 죽을 정도가 아니면 핵을 포기할 리가 없다. 이 명백한 사실에도 불구하고 정부가 '김정은 비핵화 의지'를 선전한 것은 속은 것인가, 아니면 알고도 그런 것인가."⁴⁴

『조선일보』는 6월 23일자 사설에선 "폼페이오 미 국무장관이 평양에서 제대로 얘기 한 번 해보지 못하고 빈손으로 돌아왔을 때 이 전체가 김정은의 사기극이란 것이 명확해졌다. 핵을 버리기로 했다면 이렇게 할 리가 없다. 그런데도 트럼프는 하노이까지 쇼를 연장해 '노딜' 사건을 만들었다. 그에 이어 즉흥적으로 판문점 미·북 정상회담 쇼까지 벌였다. 아무런 실질 내용 없이 TV 앞에서 연기만 했다. 지금의 결과가 이 모든 것이 얼마나 허황된 것이었는지를 보여주고 있다"며 다음과 같이 주장했다.

"판문점 쇼에서 문 대통령은 트럼프·김정은과 단 4분여 만날 수 있었다. 미·북은 문 대통령 참여를 꺼렸다고 한다. 트럼프는 쇼의 주인공을 독점하고 싶었고 김정은은 한국 대통령을 상대하지 않으려 했다. 그런데도 문 대통령은 '미·북이 사실상 적대 관계를 종식했다'고 선언했다. 이것은 과장 차원이 아니라 현실을 극도로 왜곡한 것이다. 청와대는 '세 지도자의 비전과 용기와 결단의 산물'이라고 했다. 북핵 폐기는 완전히 뒷전이었다. 그 상황에서도 문 대통령은 '종전선언'을 추진했다. 종전선언이 의미 있으려면 북핵이 없어지고 평화가 정착돼야 한다. 그 반대로 가고 있었는데 무슨 종전선언인가. 모든 것이 쇼이고 이벤트이다."⁴⁵

반면 『한겨레』는 6월 24일 「'한반도 평화' 안중에 없는 보수언론의

한·미 정권에 필요했던 건 북핵 폐기 아닌 TV용 이벤트

청와대는 볼턴 전 미 안보보좌관의 회고록이 왜곡됐다고 반발하고 있다. 그러나 볼턴은 아주 구체적으로 미·북 핵협상 상황을 설명하고 있다. 볼턴의 회고에서 드러나는 일관된 사실 중의 하나는 한·미 정권이 북핵 폐기의 실질적 내용이 아니라 TV 쇼에 몸이 달아 있었다는 것이다.

트럼프 대통령은 '내용 없는 성명에 서명하고 승리를 선언한 뒤 여기(싱가포르)를 떠날 준비가 돼 있다'고 했다고 한다. 북핵 폐기에 진전이 없을 것을 알고 있었던 것이다. 그럼에도 순전히 TV 쇼를 위해 카메라 앞에서 미국 유권자들에게 '승리'를 선언했다는 것이다. 그 쇼에 희생된 것은 '북핵 폐기'만이 아니었다. 한·미 연합훈련도 즉흥적으로 없어졌다. 우리 안보도 마찬가지다.

문재인 대통령도 못지않았다. 한국 정보 당국도 김정은이 핵을 포기할 뜻이 없다는 사실을 알았을 것이다. 그렇다면 어떻게 해서든지 김정은을 핵 포기 길로 이끌기 위한 방안을 고민해야 했다. 하지만 실질적 비핵화 협상보다는 남북 이벤트에만 신경을 쓰는 모습이었다. 화려한 무대장치 속에 각종 깜짝 이벤트들이 등장했지만 그 순간에도 북핵은 생산되고 있었다.

폼페이오 미 국무장관이 평양에서 제대로 얘기 한번 해보지 못하고 빈손으로 돌아왔을 때 이 전체가 김정은의 사기극이란 것이 명확해졌다. 핵을 버리기로 했다면 이렇게 할 리가 없다. 그런데도 트럼프는 하노이까지 쇼를 연장해 '노딜' 사건을 만들었다. 그에 이어 즉흥적으로 판문점 미·북 정상회담 쇼까지 벌였다. 아무런 실질 내용 없이 TV 앞에서 연기만 했다. 지금의 결과가 이 모든 것이 얼마나 허황된 것이었는지를 보여주고 있다.

판문점 쇼에서 문 대통령은 트럼프·김정은과 단 4분여 만날 수 있었다. 미·북은 문 대통령 참여를 꺼렸다고 한다. 트럼프는 쇼의 주인공을 독점하고 싶었고 김정은은 한국 대통령을 상대하지 않으려 했다. 그런데도 문 대통령은 "미·북이 사실상 적대 관계를 종식했다"고 선언했다. 이것은 과장 차원이 아니라 현실을 극도로 왜곡한 것이다. 청와대는 "세 지도자의 비전과 용기와 결단의 산물"이라고 했다. 북핵 폐기는 완전히 뒷전이었다. 그 상황에서도 문 대통령은 '종전선언'을 추진했다. 종전선언이 의미 있으려면 북핵이 없어지고 평화가 정착돼야 한다. 그 반대로 가고 있었는데 무슨 종전선언인가. 모든 것이 쇼이고 이벤트이다.

'한반도 평화' 안중에 없는 보수언론의 볼턴 보도

존 볼턴 전 미국 백악관 국가안보보좌관의 회고록이 한국과 미국에서 큰 파문을 일으키고 있는 가운데, 국내 보수언론들이 볼턴의 일방적인 주장을 마치 진실인 양 받아들이면서 문재인 정부를 공격하는 도구로 활용하고 있다. 볼턴의 회고록은 사실관계를 놓고 논란이 일고 있을 뿐 아니라, 볼턴이 한반도 비핵화 협상을 시종일관 방해해온 자신의 행동을 자의적으로 합리화하고 있다는 비판도 받는다. 그런데도 국내 보수언론은 볼턴의 입장에 서서 우리 정부가 한반도 평화와 비핵화를 위해 기울인 노력을 폄하한다. 참으로 개탄스러운 일이 아닐 수 없다.

《조선일보》는 23일 사설 '한·미 정권에 필요했던 건 북핵 폐기 아닌 TV용 이벤트'에서 "볼턴의 회고에서 드러나는 일관된 사실 중 하나가는 한·미 정권이 북핵 폐기의 실질적 내용이 아니라 TV 쇼에 몸이 달아 있었다는 것"이라고 주장했다. 《중앙일보》와 《문화일보》는 사실에서 한국 정부가 국민과 미국을 속였다고 기정사실화하면서 "볼턴의 회고록에 대해 청와대가 진상을 밝히라"고 요구했다. 《동아일보》는 '북 비핵화 사기극, 남 중재자론 민낯 드러났다' 사설에서 "이벤트에 치중한 중재자론, 운전자론을 접으라"고 했다. "북한이 무조건 핵을 먼저 포기해야만 제

재 완화도 가능하다"는 볼턴의 '리비아식 모델'은 현실적으로 가능하지 않다. 이런 식으로는 한반도 비핵화와 전쟁의 길만이 남게 된다. 한국 정부와 적극 협력했던 스티븐 비건 미 국무부 특별대표는 하노이 북·미 정상회담을 앞두고 '영변 핵시설 폐기와 대북제재 부분해제'를 뼈대로 한 협상안을 마련했다. 볼턴은 회고록에서 자신이 이를 좌초시켰음을 자랑하고 있다. 이처럼 볼턴은 대화를 통한 비핵화를 근본적으로 부정하는 한반도 평화의 '훼방꾼'이다.

볼턴의 회고록은 역설적으로 한국 정부가 어려운 여건 속에서도 한반도 평화와 비핵화의 돌파구를 만들어내기 위해 애쓴 사실을 곳곳에서 보여준다. 북·미 협상을 정치적 이익을 위해 이용하려는 트럼프 대통령, 협상을 좌초시키기 위해 온갖 일을 벌이는 볼턴과 폼페이오 국무장관 등 미국 정부의 난핵상에도 불구하고 한국 정부는 한반도 평화 프로세스를 진전시키기 위해 노력해온 것이다. 그런데도 볼턴의 주장을 사실로 전제하면서 우리 정부의 역할을 부정하는 이들 신문을 보면 한반도 평화는 안중에도 없는 것 같다. 미국 강경파와 한통속이 돼 한반도 평화에 걸림돌이 되고 있는 건 아닌지 스스로 돌아보길 바란다.

『조선일보』는 남북미 정상의 판문점 회동을 "한·미 정권에 필요했던 건 북핵 폐기 아닌 TV용 이벤트"라고 했고, 『한겨레』는 "한반도 평화 프로세스를 진전시키기 위해 노력해온 것"이라고 논평했다. (『조선일보』, 2020년 6월 23일, 『한겨레』, 2020년 6월 24일)

볼턴 보도」라는 사설에서 "볼턴은 대화를 통한 비핵화 가능성을 근본적으로 부정하는 한반도 평화의 '훼방꾼'이다. 볼턴의 회고록은 역설적으로 한국 정부가 어려운 여건 속에서도 한반도 평화와 비핵화의 돌파구를 만들어내기 위해 애쓴 사실을 곳곳에서 보여준다"며 다음과 같이 주장했다.

"북-미 협상을 정치적 이익을 위해 이용하려는 트럼프 대통령, 협상을 좌초시키기 위해 온갖 일을 벌이는 볼턴과 폼페이오 국무장관 등 미국 정부의 난맥상에도 불구하고 한국 정부는 한반도 평화 프로세스를 진전시키기 위해 노력해온 것이다. 그런데도 볼턴의 주장을 사실로 전제하면서 우리 정부의 역할을 부정하는 이들 신문을 보면 한반도 평화는 안중에도 없는 것 같다. 미국 강경파와 한통속이 돼 한반도 평화에 걸림돌이 되고 있는 건 아닌지 스스로 돌아보길 바란다."[46]

『중앙일보』 논설위원 예영준은 6월 30일 「볼턴 없었어도 하노이는 실패였다」는 칼럼에서 "문제는 볼턴의 회고록에 나오지 않는 부분, 즉 남과 북 사이에 오고 간 얘기들의 진상이다. 아직 베일에 가려진 부분이 많지만, 북한은 하노이에서 영변과 제재 해제의 교환에 실패한 뒤 '남한 말을 믿었던 게 패착'이라고 분개했다는 게 북한 소식통과 전문가들 사이의 정설이다"며 다음과 같이 주장했다.

"반면에 트럼프는 정상회담에 응하면서도 끊임없이 북한의 의도를 반신반의하며 자신이 얻을 정치적 과실과 저울질했다. 그 결과 하노이에 가기 전부터 '배드딜'보다는 '노딜'에 기울어져 있었다. 임종석도 이를 인정한다. 그런 트럼프에게 김정은은 끝까지 '+α'는 없다고 버텼으니 결과는 뻔했다. 하노이 실패의 원인은 그리 복잡한 게 아니다. 김정은은 문재인을 너무 믿었고, 문재인은 미국을 몰랐다. 문재인이 김정은을 구슬리는 데 성공했는진 몰라도 트럼프는 올 듯 말 듯하면서도 끝내 선을 넘어오지 않았다. 그것을 '전쟁광' 볼턴 한 사람의 훼방 탓으로만 몰아가는 건 전체 판을 못 본 것이다."[47]

김정은을 보는 미국과 문재인의 다른 시각

2019년에 일어난 북미 외교 논란은 2024년에도 지속된다. 2024년 5월 초순 백악관 재입성을 노리는 미국 공화당 대선 후보 트럼프의 측근들이 대거 집필에 참여한 『미국 안보를 위한 아메리카 퍼스트 접근법An America First Approach to U.S. National Security』이 출간되었다. 이 책에서 전 국무부 대변인 모건 오테이거스Morgan Ortagus는 2018~2019년 북미 대화와 두 차례 정상회담을 "아메리카 퍼스트 외교의 성공 사례"라고 책에 적었다.

그는 "미국의 국력, 대통령의 리더십, 힘에 의한 평화, 동맹과 같이 일하지만 때론 미국이 국익에 따라 혼자 행동할 수 있다는 경고 등이 어우러진 결과"라고 했다. 오테이거스는 "미국은 문 대통령의 얘기를 듣기는 했지만 그가 원했던 것보다 더 북한에 강경한 태도를 취했다"며 "문 대통령이 너무 북한에 양보하려는 의지가 강했기 때문에 고의로 그를 싱가포르 회담에서 배제시켰다"고 했다.[48]

2024년 5월 중순 발간한 회고록 『변방에서 중심으로』에서 문재인은 "상응 조치가 있다면 비핵화하겠다는 김정은 (북한 국무)위원장의 약속은 진심이었다고 생각한다"고 했다. 문재인은 '김정은의 비핵화 의지'

에도 2018년 6월 싱가포르와 2019년 2월 베트남 하노이에서 열린 북미정상회담이 비핵화로 이어지지 못한 데 대해 도널드 트럼프 미국 대통령의 참모들을 문제로 지적했다. 이런 서술은 미국 측 당사자들의 회고와는 차이가 컸다.

문재인은 "북미정상회담에 제동을 걸고 끝내 하노이 회담을 무산시킨 과정을 보면 트럼프 대통령 주변에서 폼페이오(국무장관)나 볼턴(백악관 국가안보보좌관), 심지어 펜스 부통령까지도 대화의 발목을 잡는 역할을 한 것"이라며 "우리로서는 트럼프 대통령이 직접 대화에 나서도록 이끄는 것이 최선이었다"고 했다. 또 트럼프가 하노이 회담 결렬 후 자신에게 미안해하면서 "나는 수용할 생각이 있었는데 볼턴이 강하게 반대했고 폼페이오도 동조해서 어쩔 수 없었다고 했다"고 말했다.

북미 실무 협상 과정에서 미국 측의 핵 리스트 제공 요구와 관련해 문재인은 "김 위원장이 '신뢰하는 사이도 아닌데 폭격 타깃부터 내놓으라는 게 말이 되느냐'고 했고, 트럼프 전 대통령에게 이 말을 전했더니 그도 '나라도 그렇게 생각했겠다. 김정은 똑똑해'라고 말했다"고 주장했다.

문재인은 김정은에 대해 "매우 예의 발랐다"고 했다. 판문점 도보다리 산책 때는 김정은이 남북 정상 공동 기자회견에 대해 자신에게 상의해왔다고 밝혔다. 그는 "김정은이 '(기자회견을) 한 번도 해본 적이 없다. 어떻게 하면 되는 거냐'고 물었다. 기자회견을 마치고 와서도, 자기가 잘했냐고, 이렇게 하면 되는 거냐고 내게 물었다"고 했다.

1차 북미정상회담 장소에 대해 미국 측에서 트럼프의 플로리다 마러라고 별장, 하와이, 스위스 제네바 등을 제안했는데, 김정은이 "우리 전용기로 가기 어렵다. 미국 측에서 비행기를 보내줄 수도 있다고 했지만, 자존심 상해서 할 수 없는 거 아니냐"고 고충을 털어놓았다고 한다. 북한은 판문점을 가장 선호했고, 기차로 이동할 수 있는 몽골 울란바토르가 그다음이었다. 그것도 어렵다면 미국이 북한 해역에 항공모함 같은 큰 배를 정박시켜 회담을 하자고 제안했다고 공개했다. 문재인은 "장소가 싱가포르로 결정되는 바람에 북한이 중국 항공기를 이용하지 않을 수 없었다. 북한을 다시 중국에 밀착시키는 계기가 됐다"고 주장했다.[49]

문재인이 트럼프의 참모 탓을 한 것에 대해 폼페이오는 "사실이 아니다. 나와 트럼프 대통령 사이에는 그(협상)에 대한 이견이 없었다"고 강하게 반박했다. 단계적 조치를 포함한 북한의 요구를 받아들이지 않은 이른바 '하노이 노딜'은 전적으로 트럼프의 결단이었다는 것이다. "김정은이 비핵화에 진심"이라는 주장에 대해서도 손을 저었다. 그는 "나는 그걸 조금도 믿지 않는다"면서 "현재로서는 김정은이 핵무기뿐만 아니라 모든 대량살상무기WMD 프로그램을 포기하는 협상을 할 가능성이 없다고 생각한다"고 밝혔다.[50]

'버닝썬 게이트'와
'K-팝 산업의 미래'

2019년 3월, 4개월 전에 벌어진 서울 강남 클럽 폭행 사건(2018년 11월 24일)에서 시작한 이른바 '승리 게이트' 또는 '버닝썬 게이트'가 터지면서 외신은 일제히 'K-팝의 어두운 면', '섹스, 거짓말 그리고 비디오: K-팝을 강타한 스캔들' 같은 제목의 기사들을 양산해냈다. 외신들은 한국 연예 산업이 돈과 인기만 좇다가 도덕성을 잃어버렸다고 질타했다. 어린 아이돌 지망생에게 오로지 노래와 댄스만 주입하느라 몸가짐에 대한 교육과 스트레스 관리가 되지 않았다며, 이런 아이돌 스타를 '걸어다니는 시한폭탄'이라고까지 표현했다. 싸이의 〈강남스타일〉로 알려진 서울의 모습은 성범죄와 마약, 폭력, 뇌물로 얼룩진 '버닝썬의 도시'로 묘사되고 있다는 말까지 나왔다.[51]

이 게이트의 직격탄을 맞은 YG엔터테인먼트 주가는 이 게이트의 핵심 인물 중 하나인 빅뱅 승리가 은퇴를 발표한 3월 11일 하루 만에 시가총액 1,109억 원이 줄어든 이후에도 계속 하락해 3월 15일 6,520억 원 수준으로 떨어졌다. 2011년 상장 이듬해 싸이의 〈강남스타일〉이 세계적인 돌풍을 일으키며 1조 원을 넘겼을 때와는 대조적인 상황이었다. 첫 보도 당시 "조작된 문자메시지"라고 반박했던 내용이 모두 사실로 드러나고, 지드래곤·탑 등 마약 관련 사건·사고가 끊이지 않으면서 회사 자체가 큰 위기를 맞게 되었다.[52]

그토록 '인성 교육'을 강조했던 YG에서 이런 일이 일어나다니, 참으로 이상한 일이었다. "클럽으로 흥한 자, 클럽으로 망한다?"며 YG 특유의 '클럽문화'를 문제의 원인으로 지목한 진단도 나왔고, "보이그룹은 팬덤이 탄탄해 매출은 상대적으로 더 높지만 대형 사고를 자주 치고, 걸그룹은 상대적으로 멤버들이 구설수에 오르는 일은 거의 없지만 아무래도 팬덤이 약해 매출이 안정적이지 않다"(한 대형기획사 관계자)는 진단도 나왔지만,[53] 그 '인성 교육'의 정체는 아리송하기만 했다.

온 나라가 '버닝썬 게이트'와 가수 정준영의 단톡방 안에서 오간 연예인들의 추악한 대화에 경악하는 동안 일부 언론은 K-팝 산업의 미래를 걱정했다. 무려 '5조 6,000억 원' 규모나 되는 거대 산업으로 성장한 K-팝 산업이 '논란' 때문에 흔들릴 수 있다거나 BTS가 9만 석 규모의 영국 웸블리에서 공연하기까지 세계적 규모로 성장하는 데 20여 년의 시간이 걸렸지만 근 한 달 사이 급격하게 무너지고 있다는 우려가 줄을 이었다. 이에 대해 이승한은 "언론사 기자부터 나 같은 칼럼니스트까지, 이쪽 분야에서 글을 쓰는 사람들은 다 조금씩은 오늘날의 '버닝썬 게이트'에 대한 책임이 있을 것이다"며 다음과 같이 말했다.

"남자 연예인들이 방송을 통해 보여준 이미지를 기사와 칼럼을 통해 거푸 증폭시켜, 검증되지 않은 판타지의 장벽을 굳건히 해준 책임 말이다. 그 책임 때문에라도, 언론은 한국 연예계의 구조적 문제에 대해 더 많이 지적하고 더 많은 검증과 개선을 요구할 의무가 있다. 케이팝 산업이 얼마나 위축이 되었고 재건을 위해서는 얼마나 오랜 시간이 필요할지 헤아리는 건, 그 모든 작업이 일단락되고 난 뒤에 해도 늦지 않다."[54]

윤석열 검찰총장, 조국 압수수색, 촛불집회

윤석열 검찰총장 임명, 조국 법무부 장관 지명

"서울지검장으로 탁월한 지도력과 개혁 의지로 국정농단과 적폐청산 수사를 성공적으로 이끌었다. 아직도 우리 사회에 남아 있는 각종 비리와 부정부패를 뿌리 뽑음과 동시에 시대적 사명인 검찰개혁과 조직 쇄신 과제도 훌륭하게 완수할 것이다."[55]

2019년 6월 17일 청와대 대변인 고민정이, 대통령 문재인이 새 검찰총장 후보자로 서울중앙지검장 윤석열을 지명한 것을 발표하면서 한 말이다. 7월 25일 문재인은 윤석열에게 검찰총장 임명장을 주면서 다음과 같이 말했다.

"우리 윤 총장님은 권력형 비리에 대해서 정말 권력에 휘둘리지 않고, 또 권력의 눈치도 보지 않고 사람에 충성하지 않는 그런 자세로 아주 엄정하게 이렇게 처리해서 국민들 희망을 받으셨는데, 그런 자세를 앞으로도 계속해서 끝까지 지켜주십사하는 것입니다."

겉보기엔 '멋지게' 들렸지만, 차라리 하지 않았더라면 좋았을 말이었다. "권력의 눈치를 보지 말고 살아 있는 권력에 엄정한 법 집행"을 하라니, 자신의 말에 책임을 질 수 없는 위선적인 말이었기 때문이다. 하지만 당시 문재인 정권 내 분위기가 그랬던 걸 어이하랴.

지검장인 검사장이 고검장 승진을 건너뛰고 총장이 된 사례는 임기제 도입 이후 한 번도 없었다. 30년 만에 윤석열이 처음이었다. 민주당 의원들은 윤석열 인사청문회 당시 그런 파격만큼이나 "검찰을 이끌 적임자", "권력 눈치를 보지 않는 검사"라고 파격적인 칭찬을 아끼지 않았다.

김종민은 '윤석열 명언록'까지 화면에 띄우고 "'법에 어긋나는 지시를 어떻게 수용하느냐'는 윤석열 후보자의 말이 인상에 남는다"며 "사람이나 조직에 충성하는 게 아니고 법에 충성해야 한다는 것"이라고 했다. 백혜련은 "윤석열 후보자는 정권에 따라 유불리를 가리지 않고 검사의 소신에 따라 엄정하게 수사해왔던 것들이 가장 큰 동력이다"고 했다.[57]

7월 말 검찰 중간 간부 인사는 청와대가 주도했지만, 문재인의 '우리 윤 총장님'이라는 말이 시사했듯이, 윤석열의 '친정체제' 구축, 즉 이른바 '윤석열 사단'의 대약진이었다. 이른바 '특수통'들이 요직을 싹쓸이한 이 인사에 대한 반발로 40명 넘는 검사가 옷을 벗었다. 이 인사에 대한 총평을 하자면, "윤석열에게 힘 실어주되 '집권층은 건들지 마라'"는 것이었다.[58] 물론 문재인의 뜻대로 돌아가진 않았지만 말이다.

8월 9일 문재인은 조국을 법무부 장관 후보로 지명했다. 이상한 일이었다. 조국은 8년 전(2011년 12월 7일) 문재인과 함께 검찰개혁을 주제로 한 토크콘서트에서 "검찰개혁을 추진하는 법무장관은 검찰에서 표적 수사를 할 가능성이 매우 높다. 따라서 검찰이 뒤를 파도 문제가 없을 깨끗한 사람이 필요하다"고 역설했다.[59] 그랬던 조국이 자신은 그런 기준을 충족시킬 수 있는 '깨끗한 사람'이라고 생각했던 걸까?

그렇다고 해서 '유능'한 것도 아니었다. 『한겨레』 선임기자 이춘재는 『검찰국가의 탄생: 검찰개혁은 왜 실패했는가?』(2023)에 이렇게 썼다. "그가 민정수석으로 있는 동안 인사 검증 실패로 차관급 이상 내정자 12명이 낙마했고, 국회의 청문보고서 채택 없이 대통령이 임명을 강행한 고위공직자가 15명이나 되었다. 민정수석의 또 다른 핵심 업무인 공직 기강 관리에서도 허점을 보여 '특감반 사태'가 일어나기도 했다. 이런 탓에 여론도 '조국 법무부 장관'에 그리 우호적이지 않았다."[60]

조국 법무부 장관 임명, 찬성 27% 반대 60%

8월 20일 일부 온라인 커뮤니티를 시작으로 조국의 딸 조민의 '입시 부정 의혹'이 제기되었고, 언론을 통해 확산되었다. 8월 23일 '공정사회를 위한 대학생 모임' 회원들은 국회 정론관에서 가재·개구리 가면 등을 착용한 채 조국의 딸을 둘러싼 '입시 부정 의혹'을 규탄하는 기자회견을 가졌고, 이날 서울대·고려대 학생들의 조국 비판 촛불집회가 열렸다. 이에 진보 인사들이 강하게 반발하고 나섰다.

정의구현전국사제단 신부 지성용은 이 촛불집회에 대해 "역사의식, 공동체에 대한 공감 능력이 전무한 이기적인 녀석들"이라며 "너희들이 정의·자유를 나불거릴 자격이 있을까?"라고 비난했다. "귀퉁배기를 때리고 싶다", "너희들은 박근혜 정부 적폐에 침묵"이란 표현도 썼다.

조국의 딸 조민의 '입시 부정 의혹'이 제기되자, '조국 법무부 장관 임명'에 대해 반대 60.2%, 찬성 27.2%가 나왔다. 가재와 개구리 가면를 쓰고 국회 정론관을 찾은 '공정사회를 위한 대학생 모임' 회원들.

8월 24일 서울 광화문광장 자유한국당 장외 집회에서 한 청년이 "아버지가 일찍 돌아가셔서 조 후보자 딸 같은 호사를 못 누렸다"고 발언한 것에 대해 YTN 앵커 변상욱은 트위터에서 "반듯한 아버지 밑에서 자랐다면 수꼴(수구 꼴통) 마이크를 잡진 않았을 것"이라고 했다. 그러자 이 청년은 페이스북에 "아버지는 안 계셨지만, 어머니와 동생들과 꽤 잘 살아왔다"며 "조국 같은 특권층 아버지가 없어 노력하고 또 노력해도 장학금, 무시험 전형 같은 호사를 누릴 길 없는 청년들의 박탈감과 분노를 이야기한 것"이라고 반박했다.

소설가 이외수는 2016년 정유라에 대해선 "국민을 얼마나 우습게 알기에 거짓말이냐"고 비난했지만 조국 의혹과 관련해선 "이명박·박근혜 당시에 비하면 조족지혈도 못 되는 사건"이라고 주장했다. 경희대학교 미래문명원 교수 김민웅은 조국 비판자들을 향해 "적폐들에게 조국을 먹잇감으로 넘기겠다는 자들은 그가 누구든지 이제 적敵"이라고 했다. 시인 안도현은 "조국을 물어뜯으려고 덤비는 승냥이들이 더 안쓰럽다"고 했다.[61]

그러나 여론은 이들과는 전혀 다른 판단을 하고 있는 것으로 나타났다. 8월 25일 한국리서치가 KBS〈일요진단 라이브〉의뢰로 22~23일 실시한 여론조사 결과 조국이 법무부 장관직 수행에 '적합하지 않은 인사'라는 응답은 48%인 반면 '적합한 인사'라는 응답은 18%에 그친 것으로 나타났다. 같은 기관의 15~16일 조사에서는 응답자 42%가 '(장관직 수행이) 적절하다'고 답해 '부적절하다'는 의견(36%)보다 우세했다. 이에 대해 KBS는 "일주일간 조 후보자에게 제기된 각종 의혹들, 특히 딸의 논문 및 입시 특혜 의혹이 상당한 영향을 끼친 것으로 풀이된다"고 했다.[62]

8월 26일 『중앙일보』 조사연구팀이 발표한, 23~24일 실시한 여론조사에선 '조국 후보자를 법무부 장관으로 임명하는 데 찬성하느냐, 반대하느냐'는 질문에 반대를 택한 사람은 전체의 60.2%인 반면 '찬성한다'는 응답은 27.2%에 그친 것으로 나타났다.[63] 이날 서울대학교 총학생회는 "후안무치로 일관하는 조 교수의 사퇴를 촉구한다"며 28일 2차 촛불시위를 예고했다.

검찰의 조국 압수수색은 '검찰 쿠데타'였는가?

변곡점은 법무부 장관 후보자 조국에 대한 인사청문회를 앞두고 조국에 대한 검찰의 압수수색이 전격 이루어진 8월 27일 오후였다. 민주당은 이를 '검찰 쿠데타'로 규정했다. 민주당과 그 지지자들은 이후 수년간 '검찰 쿠데타', '사법 쿠데타', '법조 쿠데타', '연성 쿠데타', '2단계 쿠데타', '조용한 쿠데타', '조폭 검사들의 쿠데타' 등 다양한 용어로 윤석열을 쿠데타의 수괴로 몰아가는 폭격을 퍼붓게 된다.

쿠데타는 정권을 잡기 위해 하는 일인데, '검찰 쿠데타'는 무엇을 노린 걸까? 검찰개혁에 저항하기 위해서였나? 그렇다면 문재인 정권은 '인사 실패' 아니 '인사 참사'를 저질렀다는 걸 실토한 게 아닌가? 혹 윤석열에게 엉뚱한 기대를 했던 건 아닐까? 윤석열 임명 당시 문재인 정권 지지자들이 "개자당(현 국민의힘) 너네들, 다 죽었다"고 환호하지 않았던가? 과장되고 그릇된 환호일망정 그게 문재인 정권의 진심 아니었을까?

문재인 정권은 처음에 윤석열에게 따라붙었던 '칼잡이'라는 별명을 반겼을 게다. 오로지 '앞으로 진격' 밖에 모르는 칼잡이라니, 어찌 반기지 않을 수 있었겠는가? 당시 포스텍 교수 송호근이 「최종병기, 그가 왔다」는 『중앙일보』 칼럼에서 지적했듯이, 윤석열은 "국정농단, 사법농단 잔재세력의 완전 소탕"을 해낼 수 있는 "적폐청산의 최종병기"로 선택된 게 아니었느냐는 말이다.[64] 그러나 문재인 정권은 하나는 알고 둘은 몰랐다.

수개월 후(2020년 2월) 『한국일보』 기획취재부장 강철원이 「윤석열 스타일은 바뀌지 않는다」는 인상적인 칼럼을 쓴다. 검찰 안팎에 널리 알려진 '윤석열 스타일'은 "그럴듯한 대의명분을 설정한 뒤 결론을 정해 놓고 수사한다", "원하는 결과가 나올 때까지 무지막지하게 수사한다", "목표에만 집착해 절차를 무시하고 인권을 등한시한다", "수사의 고수들이 깨닫는 절제의 미덕을 찾아볼 수 없다” 등이었다고 한다.

세평이라는 게 누구한테 묻느냐에 따라 크게 달라지기 때문에 그대로 다 믿을 건 아니었다. 이런 세평에 대해 윤석열이 억울하다며 이의를 제기할 수 있겠지만, 여기서 말하고자 하는 건 문재인 정권도 그런 세평을 알고 있었을 것이라는 점이다. 강철원이 칼럼을 통해 하고자 한 말도 이런 것이었다. “윤석열 스타일은 바뀌지 않았다. 그는 청와대와 민주당을 속이지도 않았다. 조국과 유재수를 수사하고 울산시장 선거 개입 사건을 들춰낸 건 자기 스타일대로 간 것이다. 스타일을 지적하지 않고 사람을 믿은 정권이 순진했을 뿐이다.”[65]

순진했다기보다는 오히려 불순했다고 보는 게 더 옳을 수도 있었다. 문재인 정권으로선 그런 스타일이 적폐청산엔 더 도움이 된다고 생각했을 거라는 점에서 말이다. 제 꾀에 제가 넘어간 셈이었다. 불순함을 그 정도에서 끝내고, 합리적인 출구 전략을 찾았더라면 좋았을 텐데 문재인 정권은 그렇게 하지 않았다. 검찰의 칼끝이 ‘구舊적폐’뿐만 아니라 문재인 정권의 ‘신新적폐’를 향하자 흥분했던 건지도 모르겠다. 그래서 ‘윤석열 악마화’라는 전략을 택하고 말았다.

유시민·김민웅의 조국 옹호

노무현재단 이사장 유시민은 8월 29일 교통방송 라디오 〈김어준의 뉴스쇼〉에 출연해 검찰의 압수수색에 대해 “악당들이 주인공을 제압 못할 때 가족을 인질로 잡는 거”라며 “저질 스릴러”라고 했으며, 서울대학교 학생들의 촛불시위에 대해서는 “배후에 자유한국당 세력이 자리 잡고 있다고 본다"고 주장했다. 그는 조국 관련 의혹 보도에 대해 "집단 창작"이라고 일축했으며, 의혹을 제기하는 기자들에 대해서는 "조국만큼 모든 걸 가질 수 없었던 소위 명문대 출신 기자들이 분기탱천憤氣撑天했다"고 조롱했다.[66]

조국 지지자들이 쓴 『검찰개혁과 촛불 시민』, 일명 '조국 백서'의 평가에 따르면, 유시민의 이런 주장은 '조국 수호 운동'의 불꽃을 피우는 데에 큰 역할을 했다. "이 인터뷰에서 유 이사장은 조국 후보자에 대한 언론 보도와 검찰 수사를 각각 '마녀사냥'과 '가족 인질극'으로 분석했다. 이 인터뷰는 조국 정국에서 드러난 검찰과 언론의 문제점을 명확하게 짚어냄으로써 그동안 침묵하던 시민들을 결집시키고 여권 정치인들의 말문을 여는 데 결정적인 역할을 한 것으로 보인다."[67]

유시민의 주장에 대해 민주당 의원 박용진은 "(조국) 편 들어주는 건 고맙게 생각하지만 오버하지 말라"고 했다. 그러자 민주당 의원 전재수는 "자네의 '오버'하지 말라는 발언은 번지수를 잘못 찾았다. 자네 발언이 어떻게 악용되고 있는지 주위를 한 번 둘러보라. 제발 '오버'하지 말라"고 반박했다.[68] 전재수는 믿는 구석이 있었던 건가? 민주당 지지자들은 박용진에게 '전쟁 중에 아군에게 총질', '피아彼我 구분하라' 등의 비판과 더불어 매일 수백 통씩의 '문자 폭탄'을 퍼부었다.[69]

한국갤럽이 8월 27~29일 실시한 여론조사(8월 30일 발표)에서 조국이 법무부 장관으로 '적절하지 않다'는 응답은 57%로 나타난 반면 '적절하다'는 응답은 27%인 것으로 나타났지만,[70] 강성 지지자들의 문자 폭탄이 여론을 대체하는 기현상은 이후로도 계속되었다.

8월 29일 김민웅은 "이번 검찰의 조국 법무부 장관 후보에 대한 전

검찰의 압수수색에 대해 유시민은 '저질 스릴러', 김민웅은 '조용한 쿠데타'라며 검찰을 비판했다. 조국 후보자를 지지하는 시위와 반대하는 시위가 동시에 열리고 있다.

격 수사행위는 사람들의 일상생활에는 충격을 주지 않는 가운데 감추어진 장막 안에서 결정적으로 권력의 판도를 바꾸는 이른바 '조용한 쿠데타Silent Coup'의 가능성이 높아지고 있다"고 주장했다.[71]

8월 30일 경기도지사 이재명은 "조 후보자를 둘러싼 지금의 상황은 비이성의 극치인 마녀사냥에 가깝다"고 주장했다. 이날 조국 지지자 400여 명은 서울 종로구 옛 일본대사관 앞에 모여 앉아 "토착 왜구 몰아내자!", "신新친일파들의 총공격에서 조 후보자를 수호하자" 등의 구호를 외쳤다.[72]

9월 2일 한 온라인 커뮤니티에는 '조국 기자간담회 질문 기자 총 56인'이라는 리스트가 공유되었다. "소속과 성명, 사진, 질문내용 등을 정리해 데이터베이스화하자", "이 기자들이 과거에 어떤 기사를 썼는지도 다 뒤져보자"는 등의 댓글도 달렸다. 이에 대해 익명을 요구한 모 언론학자는 "솔직히 코멘트하기 두렵다. 생각이 조금만 어긋나면 그대로 신상턴다"고 토로했다. 9월 3일, 포털사이트 '다음'의 실시간 검색어 1위는 '근조한국언론'이었다. 8월 27일 '조국 힘내세요'를 필두로 가짜뉴스아웃(28일)→한국언론사망(29일)→법대로임명(30일) 등 친문 지지층 '실검 띄우기'의 일환이었다.[73]

9월 5일 청와대 선임행정관 조경호는 검찰의 전방위 수사를 '검란檢亂'으로 규정하면서 "마녀사냥"이라고 비난했다. 그는 "미쳐 날뛰는 늑대처럼 자기 마음에 들지 않는 사람을 물어뜯겠다고 입에 하얀 거품을 물고 있다"며 "토끼몰이식 압수수색으로 공직 후보자에 대한 국회의 인사청문권을 침해하고, 인사권자의 뜻을 정면으로 거스르고 있다"고 주장했다.[74]

윤석열의 문재인 독대

9월 6일 금요일 오후 문재인은 태국·미얀마·라오스 3개국 순방을 마치고 청와대에서 윤석열과 단독으로 만나서 저녁을 같이했다. 이는 경기대학교 정치전문대학원 원장 함성득이 훗날(2024년 3월) 출간한 『위기의 대통령』에서 밝힌 내용이다. 그는 "문재인 대통령이 정치적으로 실패한 출발점은 조국의 법무부 장관 임명이다. 정치인 윤석열이 잉태된 출발점도 조국의 법무부 장관 임명"이라면서 "이 책을 세상에 내놓기로 결심하게 된 가장 큰 이유는 조국 사태 당시 문재인 대통령과 윤석열 검찰총장이 단독으로 만난 사실을 알게 됐기 때문이다. 지난 몇 년간 끊임없이 많은 사람을 인터뷰하면서 두 사람의 만남을 전후해 벌어진 일의 본말을 자세히 알게 됐다"고 밝혔다.

이어 함성득은 "문재인 대통령과 윤석열 간의 단독 만찬은 친문 핵심 실세들과 청와대 참모들이 반대했으나 문재인 대통령의 결단을 통해 이뤄졌다"며 "이 자리에서 윤석열은 문재인 대통령에게 조국과 그의 가족이 안고 있는 문제점을 자세히 설명했다"고 말했다.

윤석열의 설명을 다 들은 문재인은 "그럼 조국 수석이 위선자입니까?"라고 물었고 윤석열은 "저의 상식으로는 조국이 잘 이해가 안 됩니다"고 대답했다. 또한 윤석열은 문재인에게 "조국의 부인 정경심을 기소하겠다"고 보고했다. 문재인은 "꼭 그렇게 해야 하느냐?"고 물었고 윤석열은 "법리상 그렇게 해야 한다"고 대답했다.

함성득에 따르면, "문재인 대통령은 자신의 질문에 대한 윤석열의 대답을 묵시적으로 용인했다. 윤석열의 의사를 존중했고 사실상 승인한 것이다. 윤석열을 단독으로 만난 후 문재인 대통령은 긴급 참모 회의를 진행했다. 회의가 끝난 후 문재인 대통령은 조국에게 자진 사퇴하라고 통보했다." 그러나 친문 핵심 실세들이 '조국 구명'을 위해 문재인과 윤석열 독대를 철저히 은폐했다는 것이 함성득의 주장이다. 함성득은 "윤석열이 문재인 대통령을 단독으로 면담한 사실을 노영민 비서실장, 윤건영, 양정철을 비롯한 친문 핵심 실세들, 이해찬 당대표, 조국 등은 알고 있었다"며 다음과 같이 말했다.

"다만 이 만남의 정치적 파장이 너무나 컸기에 알려지면 조국을 지키는 데 많은 문제가 발생할 것이 뻔했다. 이를 두려워한 이해찬과 윤건영은 이 만남 자체를 여당 지도부는 물론이고 여당 의원들에게도 철저히 감췄다. 정치적 이득을 얻거나 조국과 연관된 자신들의 정치적 약점을 감추기 위해 그들은 조국 지키기에 앞장섰고 검찰총장이 대통령을 단독으로 만난 사실이 알려지지 않도록 노력했다. 그들은 국가의 이익이나 문재인 대통령의 성공에는 관심이 없었다. 조국이 자신들의 청탁과 편의를 많이 봐주었으니 이번에는 어려움에 처한 조국을 자신들이 지켜줘야 한다는 조폭 또는 공범 논리에 빠져 버렸다."

함성득은 윤석열 검찰총장 사퇴설도 자세히 소개했다. 이러한 과정(친문의 조국 구명 활동)을 알게 된 윤석열은 9월 8일 오후 김조원 민정수석에게 전화를 해서 "조국을 임명하면 저의 조국 수사 의견에 대한 불신임이니 저는 사임하겠다"고 말했다고 한다. "이에 대해 윤건영과 비선 실세들은 검찰총장이 대통령의 인사권에 감히 정면으로 도전했다고 나중에 비난했다. (윤석열 검찰총장이) 김조원 민정수석과 한 통화는 만약 조국을 임명하면 대통령의 생각이 바뀐 것이니 자신은 이를 불신임으로 받아들이고 사표를 내겠다는 의사를 표현한 것인데, 최강욱 등은 이를 대통령 인사권에 대한 도전이라고 교묘하게 말의 본질을 바꾼 것이다."

함성득은 "조국 법무부 장관과 윤석열 검찰총장이라는 쌍두마차는 현실에서는 공존·상생할 수 없었다. 쌍두마차는 대통령만의 낭만적 생각이었다. 쌍두마차가 충돌하면서 대통령의 정치적 추락이 시작됐다. 흔히 이를 정치적 운명이라고 한다. 문재인 정부는 도덕적 우월성에 기초한 자신감 또는 교만에 기인해 종종 민심의 흐름을 무시했다"며 다음과 같이 말했다.

"조국 사퇴에 대해 문재인 대통령은 국민에게 자신의 조국을 임명하면서 판단을 잘못했다고 진술하게 사과했어야 했다. 사과한 후에는 이해찬 대표 및 이인영 원내대표 등 여당의 지도부에 대한 비판과 함께 노영민 비서실장과 윤건영 국정기획상황실장 등을 포함한 청와대 참모들에 대한 과감한 인적 쇄신을 단행했어야 했다. 그랬으면 문재인 대통령은 국론 분열의 원인이 아니라 국론 통합의 상징이 됐을 것이다."[75]

조국 법무부 장관 임명 강행

9월 9일 청와대가 조국 법무부 장관 임명을 강행하자 이외수, 공지영, 황교익 등 여권 스피커들은 환호했다. 황교익은 "검찰이 쏘아대는 네이팜탄을 뚫고 법무부 장관 취임을 한 조국을 위해 폭탄주 한 잔 말아야겠다"고 했다. 반면 『88만원 세대』의 저자 우석훈은 자신의 블로그에 「한 시대가 끝이 났다」는 글을 올렸다. "87년 이후로 이어져온 개혁파의 명분은 이제 끝났다. 10대, 20대가 그것을 명분으로 인정하지 않는 순간, 87년 체계의 명분은 끝났다."[76]

MBC가 여론조사 기관 코리아리서치에 의뢰해 추석 연휴 막바지인 9월 14~15일 이틀간 실시한 여론조사 결과에 따르면(16일 발표) 조국 장관 임명에 대해 '잘못한 일'이라는 응답이 57.1%로, '잘한 일'이라는 답변 36.3%보다 20.8%포인트 높았다.[77]

9월 16일 고려대학교 법학전문대학원 교수 김기창은 자신의 페이스북과 라디오 인터뷰 등에서 "정경심 교수의 PC 하드디스크 교체 논란은 '증거인멸'이 아닌 '자기방어'로 봐야 한다"는 주장을 폈다. "증거인멸이 아니라 증거를 지키기 위한 것"이라는 유시민의 '명언'이 나온 건

문재인은 조국의 법무부 장관 임명을 강행하며 국론을 분열시켰다. 9월 9일 문재인이 청와대에서 조국 신임 법무부 장관에게 임명장을 수여하고 있다.

9월 24일이었는데, 이보다 8일 전 권위 있는 로스쿨 교수가 그런 말을 한 것이다. 이에 대해 같은 대학교 경영대 교수 이한상은 페이스북에 "상식과 정의는 달나라로 갔다"고 공개 비판했다.[78]

여권 스피커들은 계속 여론과는 동떨어진 반응을 보였다. 9월 18일 김민웅은 「단두대가 된 언론, 그 언론의 머리가 된 검찰」이라는 『프레시안』 칼럼에서 이렇게 주장했다. "(언론은) 자신의 기획으로 이루어질 결과를 예상하고 흐뭇한 표정으로 감옥의 자물쇠를 만지작거리고 있다. 아무도 그 자격을 준 바 없는 '무허가 법정'이 거리에 세워지고, 당사자의 이야기를 듣기도 전에 사형 언도가 재빨리 내려진다. 언론은 단두대를 자처하고 있으며, 눈을 가린 채 천칭을 든 여신 디케Dike의 법정은 더이상 필요 없게 되었다."[79]

9월 23일 진중권은 『중앙일보』와 통화에서 조국을 고위공직자 부적격 리스트인 '데스노트'에 올리지 않은 것 등을 포함해 정의당이 조국 사태 대응 과정에서 보인 태도에 실망해 탈당계를 제출했다고 밝혔다.[80] 그러자 공지영은 "문득 '돈하고 권력을 주면 (그가) 개자당(자유한국당의 비하 표현) 갈 수도 있겠구나'라는 생각이 들었다"고 비난했다.[81] (그러나 공지영은 훗날[2024년 1월 23일] 『연합뉴스』 인터뷰에서 "소셜미디어SNS를 통해 열렬하게 옹호했던 한 사람이 내가 이전까지 생각했던 그 사람이 아니라는 것을 깨닫게 되었다"며 "그런 사람일 거라고는 정말 꿈에도 상상을 못 했다. 꽤 오래 친분이 있었기에 배신감은 더 컸다"고 말했다. 공지영은 "욕을 먹으면서도 그를 감쌌던 건 당시로선 나름의 애국이고 희생이었는데, 내가 아무것도 모르고 떠들었구나 싶었다"며 "나중에 과오가 드러났을 때 그가 '미안하다', '잘못했다' 한마디만 했어도 이렇게까지 실망하지는 않았을 것"이라고 했다. 직접 당사자의 실명을 거론하지 않았지만, 사실상 과거 자신이 공개 지지했던 조국을 두고 한 말로 풀이되었다. 공지영은 조국과 관련해 SNS 설전을 벌였던 진중권에게도 "미안해 죽겠다"며 사과의 뜻을 전했다.)[82]

"정경심 PC 반출은 증거인멸 아닌 보존용"

9월 24일 유시민은 동양대학교 교수 정경심이 검찰 압수수색 전 컴퓨터를 반출해 증거인멸 의혹에 휩싸인 것과 관련 "증거인멸이 아니라 증거를 지키기 위한 것"이라는 불후의 '명언'을 남겼다.[83] 그는 9월 28일엔 "조 장관을 넘어 대통령과 맞대결하는 양상까지 왔는데 총칼은 안 들었으나 위헌적 쿠데타나 마찬가지"라고 주장했다.[84]

9월 28일 밤 검찰개혁을 요구한 서초동 촛불집회에 주최 측은 200만

인파가 몰렸다고 주장했다. 이에 단위 면적당 수용 가능 인원 기준을 적용해 참가 인원을 추정하는 '페르미 추정법'을 적용하면 '전원 기립起立' 기준으로 조국 집회 참가자 수는 최대 13만 명 정도라는 반론이 나왔다. 인터넷에선 "집회 참가자 전원이 1인당 14명씩을 등에 업고 바닥에 서면 200만 명이 가능하다" 등의 조롱이 나왔다.[85] 자유한국당 의원 박성중은 시위자들이 있던 누에다리에서 서초역까지의 도로 길이(560미터)와 도로 폭(40미터)을 곱하면 시위 공간은 2만 2,400제곱미터로, 여기에 들어설 수 있는 사람은 3만 3,000명에서 5만 명 수준이라며 "촛불집회 참석자 수는 많아야 5만 명"이라고 주장했다.[86]

그러나 여권은 200만 명을 공식화했고, 집회에 참석한 전현직 의원들은 일제히 감격을 쏟아냈다. 국회의원 민병두는 집회 현장에서 페이스북에 "검찰개혁을 촉구하는 민란, 민란이 정치검찰을 제압하다. 검란을 이기다"라며 "보라, 검찰개혁을 외치는 민중들의 함성을"이라고 글을 올렸다.[87] 하지만 '200만 절대 불가론'이 계속 이어지자, 민주당의 주장은 나중엔 "숫자가 중요한 게 아니다"로 바뀌었다.[88]

친문 네티즌들은 MBC가 드론으로 집회 현장 상공에서 사전 허가 없이 불법 촬영한 영상을 인터넷에 퍼나르며 "200만이 참가한 것이 확실하다"며 "MBC가 돌아왔다", "MBC는 믿을 수 있는 유일한 언론"이라고 찬양했다. 이런 찬양에 고무된 MBC는 29일 뉴스에서 추가로 드론 영상을 공개하고 "날이 완전히 어두워지자 촛불의 물결이 더 뚜렷하다"고 했다. 뉴스 앵커는 "하늘에서 본 영상으로 집회의 규모와 위치를 파악할 수 있다"며 '200만 명이 모였다'는 주최 측 주장을 다시 보도했다.[89]

촛불집회 전체 모습을 담은 MBC의 영상은 엄청난 반향을 불러일으켰다. 9월 29일 하루 만에 유튜브 조회수는 42만 회를 넘었고, 친조국 진영에서는 "마봉춘이 돌아왔다"고 환호하며 SNS로 영상을 퍼날랐다. 이는 JTBC가 9월 28일 현장에 나가 있는 기자를 중계차로 연결했을 때, 집회 참가자들이 '진실 보도'를 연호하고, '돌아오라 손석희'라는 손팻말을 흔들며 항의하던 모습과는 대비되는 것이었다.[90]

문재인·조국 팬이 『뉴스타파』에 사죄한 이유

손석희가 도대체 어디를 갔다고 돌아오라는 것이었을까? 2019년 7월에서 9월까지 단 두 달 사이에 『뉴스타파』를 매개로 벌어졌던 이른바 '대깨문 코미디'의 재연이었다. 이는 어떤 사건인가? 진보적 독립언론 『뉴스타파』는 민주당 지지자들, 특히 조국을 지지했던 촛불 군중이 열렬히 지지해도 좋을 언론이었다. 『뉴스타파』는 그들의 지지를 받기는 했지만 동시에 수시로 그들에 의해 박해를 받기도 했다. 이유는 단 하나. 맹목적盲目的이지 않다는 것이었다. 진실 보도라는 저널리즘의 원칙에 충실하되 이른바 '대깨문(대가리가 깨져도 문재인)' 정신에 충실하지 않은 보도를 할 땐 어김없이 '불매운동'이라는 보복 조치가 가해졌다.

이 '대깨문 정신'을 이론화한 유시민의 '어용 지식인론'에 따르자면, 어느 언론이건 스스로 언론임을 포기하고 문재인을 위한 어용 선전 도구 노릇에만 충실하라는 게 그들의 요구였다. 『뉴스타파』에 대한 불매운동은 이미 2014년 7월(새정치민주연합 의원 권은희의 재산신고 축소 의혹 보도)과 2015년 11월(국회 산업통상자원위원회 위원장 노영민의 피감기관 책 판매 보도)에 나타났다.

『뉴스타파』가 문재인 대선 후보 캠프 검증 보도를 했을 땐 월 2,000명 가량의 후원자가 이탈해 큰 타격을 받았다. 문재인 정권 출범 후에도 그런 일은 계속되었다. 2018년 3월 민주당 의원 민병두의 성추행 의혹 보도, 2019년 7월 검찰총장 후보 윤석열의 위증 논란 보도 때도 마찬가지였다. 옳고 그름에 관계없이 정부·여당에 불리한 보도만 했다 하면 항의 전화와 후원 중단 사태가 일어났다.[91]

윤석열의 위증 논란 보도를 좀 자세히 들여다보자. 당시 『뉴스타파』는 7월 8일에 열린 윤석열 인사청문회 말미에 후보자 '위증'과 관련된 통화녹음 파일을 공개했다. 당시는 문재인 지지자들 사이에서 윤석열의 인기가 하늘을 찌르던 때였다. 문재인과 윤석열 지지자들은 "뉴스타파와 자유한국당이 야합했다"고 비난하면서 『뉴스타파』 후원을 끊거나 댓글로 보도를 비난했다. "2012년에 시작했던 후원을 오늘부로 종료한다", "아무데나 총질하면 공정 언론인가?", "이번 기회에 뉴스타파 기레기들 후원금 모두 받아내야 한다" 등 『뉴스타파』 홈페이지엔 900여 개의 댓글이 달렸다.

논란이 확산되자 『뉴스타파』 대표 김용진은 이례적으로 '대표 서한'을 통해 "저희는 윤 후보자가 청문회에서 윤우진 관련 부분을 이런 식으로 넘겨버린다면 앞으로 본인이나 검찰 조직에 두고두고 부담이 될 수 있고, 국민과 임명권자에 대한 후보자의 도리가 아니라는 판단을 했다"며 취재 이유를 밝혔다. 김용진은 "그가 어떠한 흠결이나 의혹도 깔끔하게 털어내고 모든 국민들의 여망인 검찰개혁을 이끌어가는 주역이 되기를 바라는 마음으로 이번 보도를 한 것"이라고 해명했다.

그러나 이런 해명은 전혀 받아들여지지 않았으며, 광고 없이 후원으로 유지되는 『뉴스타파』는 엄청난 타격을 입었다. 전체 후원자 8~9%에 달하는 3,000여 명이 후원을 끊어버렸으니 말이다. 이렇게 매몰찼던 어용파들은 '조국 사태' 이후 윤석열을 타도해야 할 적으로 지목하면서 180도 달라졌다. 2개월 전에 나왔던 『뉴스타파』 7월 8일자 「윤석열 2012년 녹음파일… '내가 변호사 소개했다'」는 기사엔 다음과 같은 후속 댓글들이 달렸다.

"뉴스타파에 사과합니다. 윤석열을 인사이트로 본 언론이 뉴스타파가 유일했네요." "너무 미안하네요. 대중의 어리석음. 저도 그 대중의 1인. 후원 증액합니다. 그게 제 반성의 도리인 것 같네요. 계속 검찰과 검사집단 심층 취재 부탁드려요." "지난 윤석열 씨 청문 소란 때 후원을 접을까 잠깐 고민했던 제 자신이 어리석었습니다. 윤석열 씨에 관한 후속 기사 있으면 올려주세요."

『뉴스타파』 홈페이지와 각종 커뮤니티에도 『뉴스타파』에 사과의 뜻을 전하는 댓글들이 줄을 이었다. 진정한 사과였을까? 아니었다. 다음 댓글을 보자. "그 당시 윤석열 녹취록을 청문회 막판에 공개한 게 다 이유가 있었던 것 같네요. 뉴스타파에 사죄드립니다."[92] 이런 '대깨문 코미디'에 웃어야 할까, 울어야 할까?

'기레기' 판별 기준은 내로남불

그런 '대깨문 코미디'의 소품으로 등장한 '돌아오라 손석희'라는 손팻말이 등장한 9월 28일의 취재 현장으로 다시 돌아가보자. 손석희는 2년 후에 출간한 『장면들』(2021)이라는 책에서 당시의 심정을 밝혔다. 손석희는 "잠시 당황하지 않을 수 없었다. 아마 나보다도 현장 기자나 앵커, 그리고 뉴스 제작진이 더 그랬을 것"이라며 이렇게 말했다. "보도국으로 전화를 걸어 모든 걸 그냥 있는 그대로 담아내 달라고 얘기했다.……뉴스 후반에 다시 현장을 연결하게 되어 있었다. 그때 현장 기자가 자리를 피해 옮길 필요도 없고, 또다시 그 문구가 나가도 그냥 담으라고 했다."

손석희는 "그날의 상황은 어찌 됐든 조국 정국하에서 JTBC 뉴스의 현주소였다"며 "서초동에 모인 사람들에게는 원망의 대상이었다"고 했다. 왜 그렇게 되었을까? 이유는 단 하나. '대깨문의 어용 선전기관' 노릇을 거부하고 '언론답게' 굴었기 때문이다. 그는 "드러난 사실과 발표된

우리 편에 유리하게 보도하면 '참 언론', 불리하게 보도하면 '기레기'가 되는 세상이었다. 당시 언론은 이래도 저래도 기레기가 될 운명이었다. 손석희의 저널리즘 에세이 『장면들』.

의혹, 그리고 그에 대한 반론이 뒤엉켰다"며 다음과 같이 말했다.

"그 포화 속에서 우리가 택한 것은 수사 상황은 전하되, 반론도 분명히 담아야 한다는 것이었다. 그 과정에서 반론에 의해 보도 내용을 정정하는 일도 있었다. 물론 단지 벌어지고 있는 상황을 전하거나 반론을 다루는 데에만 그치진 않았다. 정경심 교수의 PC 은닉 등 몇 가지의 단독보도도 이어졌다. 그러니 조 장관 지지자 입장에서는 '충분히 감싸지 않았다'기보다는 '전혀 감싸지 않았다'고 느꼈을 것이다. 내가 그런 보도들을 막았다면, 나는 '돌아온' 것이었을까."[93]

일부 대깨문들에 의해 '기레기'로 매도당하고 있었지만 손석희는 그런 문제 제기에만 머물렀을 뿐 자신의 솔직한 심정은 자제하면서 『한국일보』 정치부 차장 최문선이 10월 3일자에 쓴 「'기레기' 없는 세상에 살고 싶다면」이라는 칼럼 전체를 소개하는 것으로 자신의 심정을 전했다. 기레기? 이즈음 유행하던 '기레기'라는 말의 용법은 철저히 내로남불이었다. 기준은 딱 하나, 자신의 마음에 드느냐 들지 않느냐였다. 마음에 들면 '참 언론', 마음에 들지 않으면 '기레기'였다. 최문선은 이 점을 다음과 같이 재미있게 지적했다.

"'기레기'라고 내뱉는 당신의 마음은 선량하기만 한가. 지난 주말 서울 서초동 촛불집회 규모를 따지느라 페이스북이 두 쪽으로 갈렸다. '이렇게 엄청난데 100만 명이라고 보도 안 하면 기레기다.'(문학평론가인 대학교수) '턱도 없는데 100만 명이라고 보도하면 기레기다.'(자유한국당 의원) 이래도 저래도 기레기가 될 운명에 웃어버렸다."

이어 최문선은 다음과 같이 말했다. "조국 법무부 장관 보도에 관한 한, 기레기 판별 기준은 '기자다움'보다는 '내 편다움'에 가깝다. 2016년 박근혜 전 대통령의 '변기 취향' 보도에 환호했던 사람들이 조 장관을 겨누는 '모든' 보도를 쓰레기 취급한다. 태블릿PC 보도로 박근혜 정권을 허물어 칭송 받은 종편은 조 장관을 충분히 감싸지 않는다는 이유로 기레기 리스트에 올랐고, 후보자 시절 윤석열 검찰총장의 의혹을 캔 죄목으로 기레기가 된 독립언론은 윤 총장이 역적으로 몰린 덕에 사면받았다."[94]

최문선이 "이 글을 쓰겠다고 했을 때, 동료 여럿이 말렸다는 것을 밝혀둔다. 이 말을 하고 싶어서 그래도 썼다. '누군가에게 침을 뱉는 것으로는 세상을 바꿀 수 없다'"는 말로 칼럼을 끝맺은 게 의미심장했다. 실제로 그게 현실이었다. 속된 말로 똥이 무서워서 피하건 더러워서 피하건 피하는 건 피하는 거였다. 온갖 악플로 괴롭히거나 불매운동을 부르짖는 검열 세력은 바로 그 점을 노렸다.

'촛불집회' 참가 인원을 둘러싼 논란

서초동 '촛불집회'의 참가 인원의 규모를 둘러싼 논란은 계속되었다. 2019년 9월 29일 서초구청장을 지낸 자유한국당 의원 박성중이 기자회견을 열고, "경찰이 쓰는 '페르미 기법'을 적용하면 사람이 서 있을 때를 가정해 평당 최대 9명을 계산해보니 총 5만 명이 된다"고 주장하면서, 북한의 10만 군중대회와 5만 5,000명이 참석했다는 빅뱅 콘서트 사진을 제시했다. 그래서 100만 인파를 주장했던 조국 지지자들의 입장이 궁색해진 상황이었다.[95]

그러자 다음 날인 9월 30일 MBC 보도국장 박성제는 MBC 라디오

〈시선집중〉이 아니라 '진영방송'의 본거지인 〈김어준의 뉴스공장〉에 출연해 "면적 계산하고 이런 거 별로 중요하지 않아요. 경험 많은 사람은 감으로 압니다"며, 9월 28일 100만 명, 9월 29일 200만 명이라는 주최 측 주장에 힘을 실어주었다.

박성제는 9월 28일의 '조국 지지 집회'에 대해 "'이건 10만 명 이상 올 수도 있겠다. 드론 촬영을 한 번 해보자'고 했던 것"이라며, "고故 노무현 전 대통령 장례식을 다 봤지 않나. 100만 명 정도 되는 숫자가 어느 정도인지 느낌이 있다. (집회를 드론으로) 딱 보니까 '이건 그 정도 된다'"고 했다. 그는 "검찰이 언론플레이를 하고 있다"며 검찰을 비판하기도 했다.[96] MBC가 문재인 정권을 대변하는 방송의 총본산임을 분명히 한 셈이었다.

아니 이래도 되는 건가? 공영방송이 '조국 수호'의 선동 전위대 노릇을 해도 괜찮단 말인가? 채 2년도 안 된 2017년 12월 MBC가 '참회 방송'에서 했던 다음 말을 잊었던 말인가? "촛불집회는 축소하고 태극기 집회는 지나치게 확대해 보도했습니다. 많은 시민들은 MBC 뉴스에 등을 돌렸습니다. 대통령과 태극기 집회는 국정농단 국면에서 MBC가 지켜야 했고 띄워야 했던 대상이었습니다. 태극기 집회 51만 명 참가라는 터무니없는 숫자를 그대로 전했고……."[97]

이제는 그 반대로 가는 게 '공정 방송'이란 말인가? 이상한 일이었다. 역대 어느 방송사의 보도국장이 그런 정치적 발언을 다른 방송사에 나가 공개적으로 한 적이 있었던가? 보수정권 치하에서 정파적 보복으로 온갖 고초를 겪었던 피해자가 왜 세상 바뀌었다고 정파적 보도의 선두에 서야 한단 말인가? 박성제는 2017년 7월에 출간한 『권력과 언론』

이라는 책의 결론에서 "권력을 감시하고 비판하는 것은 언론의 숙명이다"며 "문재인 정권을 어떠한 각도에서 감시하고 비판할 것인가?"라고 물었다. 그는 "신뢰를 회복해가려는 언론인이라면 이 같은 질문을 외면해서는 안 된다. 스스로 묻고 답을 고민해야 한다"고 했다.[98] 그러나 MBC는 정반대의 방향으로 치닫고 있었다.

제4장

조국 사퇴, 정경심 구속, 추미애 등장

"서초동은 국민집회, 광화문은 동원·폭력집회"

2019년 10월 1일 노무현재단 이사장 유시민은 국회 법제사법위원회 여당 간사인 송기헌과 함께 재단 유튜브 방송 〈알릴레오〉에 나와 "총칼은 안 들었지만 검찰의 난이고, 윤석열의 난"이라며 "(윤석열 검찰은) 정승화한테 대든 (전두환) 신군부와 비슷한 정서"라고 주장했다. 이에 대해 『중앙일보』 정치팀 차장 최민우는 "8월 말 서울대 촛불집회를 향해 '한국당이 아른거린다. 왜 마스크 쓰고 집회하나'라고 할 때부터 징조가 보였지만, 최근 행보는 '조국 호위 무사'를 넘어 흉악범도 무죄로 만드는 '데블스 에드버킷The Devil's Advocate(악마의 변호인)'을 자처했다는 평가다"고 했다.[99]

이날 밤 MBC 〈PD수첩〉은 '장관과 표창장' 편에서 검찰이 조국의 부인인 동양대학교 교수 정경심을 사문서 위조 혐의로 기소한 사건을 다루었다. 『한겨레』는 사설을 통해 "〈피디수첩〉 보도는 검찰의 '동양대 표창장 위조' 주장을 의심하지 않을 수 없게 한다. 동양대 직원 등의 증언은 검찰 '졸속 기소'의 허점을 적나라하게 폭로하고 있다는 점에서 이번 수사의 신뢰도를 뿌리부터 뒤흔들고 있다"고 주장했다.[100]

나중에 '조국 백서'도 "검찰의 주장을 일방적으로 보도하는 '받아쓰기' 언론 행태에 대한 비판이 높아지던 중에 이런 흐름을 뒤바꾸는 보도가 나왔다"며 4쪽에 걸쳐 MBC 〈PD수첩〉의 '장관과 표창장' 편을 자세히 소개하면서 높이 평가했다.[101] 그러나 당시 동양대학교 교수로서 이 사건을 잘 알고 있던 진중권은 이 방송에 대해 매우 비판적인 입장을 취했다.

그다음 날인 10월 2일 〈PD수첩〉 김재영 PD 역시 〈김어준의 뉴스공장〉에 출연해, '장관과 표창장'을 제작하기까지 김어준이 방송에서 주장하던 내용에서 많은 도움을 받았다고 감사를 표했다. MBC의 보도국장과 〈PD수첩〉 담당 PD가 연거푸 〈김어준의 뉴스공장〉에 출연해 친조국 성향을 과시한 것은, '나꼼수'의 팬덤이 MBC 시사·보도 프로그램으로 이전되는 효과를 가져왔다. 한때 '주털야손', 즉 '아침에는 〈김어준의 뉴스공장〉, 저녁에는 〈손석희의 JTBC 뉴스룸〉'이라는 말이 나올 정도로, 〈김어준의 뉴스공장〉의 청취자들이 JTBC의 뉴스룸을 선호했는데, 이제는 MBC 〈뉴스데스크〉로 흐름이 바뀐 것이다.[102]

10월 2일 고려대학교 법학전문대학원 교수 김기창은 자신의 페이스북에서 윤석열 검찰총장과 한동훈 대검찰청 반부패·강력부장, 고형곤 서울중앙지검 특수2부장을 향해 맹비난을 퍼부었다. 그는 "윤석열, 한동훈, 고형곤…… 당신들은 비겁하고 비굴하기 짝이 없는 깡패들에 불과하다"며 "당신들의 저열한 조작 수법은 이미 백일하에 드러나고 있다. 조만간 그 책임을 지게 될 것"이라고 했다.

김기창은 "저는 아무 진영에도 속해 있지 않다"며 "조 장관이 아닌 누구의 가족이라도 이런 식으로까지 패륜적으로 국가권력에 의해 린치 당하는 광경을 그냥 두고 볼 수는 없다"고 했다.[103] 나름 정의로운 분노의 표출이었겠지만, 아무 진영에도 속해 있지 않다는 그가 검찰의 박근혜 국정농단 수사 과정에서 자살자가 4명이나 나온 것에 대해선 어떻게 생각했던 걸까? 핵심부의 인적 구성에서 그때의 검찰과 지금의 검찰은 똑같았는데, 단지 정권에 따라 평가가 달라져야 하는 걸까? 검찰 이전에 정권이 더 문제였던 건 아닐까? 비단 김기창뿐만 아니라 이즈음 분노를 표하는 사람들의 문제는 대부분 내로남불 원칙에 따른 '선택적 분노'를 구사했다는 점이었다.

개천절인 10월 3일 서울 광화문광장에서 조국 구속과 문재인 퇴진을 요구하는 대규모 집회가 열렸다. 이에 여당 지도부는 "서초동은 국민집회, 광화문은 동원·폭력집회"라고 주장했다.[104] 서울 광화문광장 집회의 인원 수가 훨씬 더 많다는 주장이 나오자 토요일인 5일로 예정된 조국 지지 집회 총동원령이 친문親文 진영에 내려지는 등 '세勢 경쟁'이 본격화되었다.

광화문광장의 '조국 반대' 집회는 공영방송의 주목을 받지 못했다. '조국 사수' 집회엔 헬기까지 띄우고 50미터 높이의 카메라용 크레인까지 세워 톱뉴스로 다룬 MBC는 광화문 조국 반대 집회는 아홉 번째 뉴스로 보도하면서 "쿠데타 선동"이라고 한 여당 지도부의 목소리도 함께 보도했다. 이에 MBC 소수파 노조는 "서초동 집회는 자발적이고 광화문

광화문광장에서 조국 구속과 문재인 퇴진을 요구하는 대규모 집회가 열렸지만, 이 '조국 반대' 집회는 공영방송의 주목을 받지 못했다. 특히 MBC는 아홉 번째 뉴스로 보도하면서 "쿠데타 선동"이라고 한 여당 지도부의 목소리를 전했다.

집회는 '야당의 동원'이란 프레임을 짜고 있다"고 비판했다.[105]

"유시민 앞에 벌벌 떤 국가 공영방송"

10월 5일 서울 서초동 서울중앙지검 주변에서 '조국 수호'와 '조국 사퇴'를 요구하는 진보와 보수 단체의 집회가 잇따라 열렸다. 방송은 이 집회를 어떻게 다루었을까? KBS〈저널리즘토크쇼J〉기자인 김덕훈은 "방송의 경우 대다수 언론사들이 검찰개혁 촉구 집회를 비중 있게 전하면서도 동시에 보수 단체의 집회를 진영 간의 대결 구도로 봤습니다"면서 다음과 같이 말했다.

"KBS는 「우리공화당 보수 단체, '조국 사퇴' 맞불 집회」라는 제목으로 관련 소식을 단신으로 보도를 했고요. SBS는 서초동 집회 소식을 다룬 첫 번째 보도에서 '이틀 전 광화문 집회에 이어서 다시 한번 진보와 보수가 거리 집회로 세 대결을 이어가는 분위기'라면서 우리공화당이 주최한 맞불 집회를 함께 다뤘습니다.……반면 MBC는 다른 방송사들과 상반됐는데. MBC는 당일 저녁 종합뉴스에서 검찰개혁 집회를 톱뉴스로 전했지만 보수 단체 집회에 대해서는 다루지 않았습니다."[106]

KBS가 MBC에 비해 조금이나마 나은 모습을 보이긴 했지만, 공영방송의 치욕이라는 점에선 차이가 없었다. 10월 8일, 유시민은 유튜브 방송 〈알릴레오〉를 통해 검찰과 KBS가 밀접한 관계를 맺고 정보를 주고받고 있다는 의혹을 제기했다. 이에 KBS는 "KBS는 취재원의 인터뷰 내용을 유출하지 않았다"며 "허위사실 유포에 대해 법적으로 대응할 것"이라고 밝혔다.

그러자 유시민은 다음 날인 9일 라디오 방송과 유튜브 방송에 나와 KBS 사장 양승동을 압박하는 듯한 발언을 했다. 유시민은 9일 오전 교통방송 라디오 〈김어준의 뉴스공장〉에 나와 KBS 반박에 대해 "제가 양 사장이라면 서둘러서 해명하기 전에 김씨와의 인터뷰 영상과 내보낸 세 꼭지의 뉴스를 보고 점검해볼 것 같다"고 했다. 그는 이날 오후엔 유튜브 〈알릴레오〉 생방송에서 "전날 밤 '이상한 해명' 내지 법적 조치하겠다는 '으름장'은 보도국 차원으로 책임 범위가 넓어진 것"이라며 "CEO(최고경영자)가 나서 공신력의 위기를 빨리 정리해야 한다"고 했다. 이어 "(오전 라디오에서) 양 사장에게 인터뷰 영상과 (보도된) 뉴스를 비교해보라고 했다. 입수한 첩보에 따르면 오전 중 그 일이 실제 일어났다고 한다"며 "KBS

안에서 내부 논의를 한다니, 조금 지켜보면 좋을 것 같다"고 말했다.

'KBS 안의 내부 논의'는 방송 도중에 나온 KBS의 발표를 두고 한 말이었다. KBS는 "조 장관 및 검찰 관련 보도를 위한 특별취재팀을 구성해 관련 취재 및 보도를 담당하도록 하겠다"고 밝혔는데, 이는 조국 의혹이 불거진 후 두 달간 취재해오던 법조팀 기자들을 사실상 조국 관련 보도에서 배제하겠다는 뜻으로 해석되었기에 논란이 될 수밖에 없었다. 이에 대해 『조선일보』는 "유 이사장의 유튜브 생방송은 이날 오후 9시쯤 시작했다. KBS가 조 장관 보도 관련 '조사위·특별취재팀' 구성을 보도자료를 통해 알린 것은 오후 9시 19분이다"며 다음과 같이 말했다.

"유 이사장이 오전과 오후에 양 사장을 언급하는 발언을 한 뒤, KBS가 조사위와 특별취재팀을 구성한다고 밝힌 것이다. KBS가 진상 조사란 명목을 내걸었지만 그동안 조 장관과 여권 입장을 대변해온 유 이사장 주장을 제대로 검증하기도 전에 기존 취재팀 기자를 사실상 취재에서 배제한 것으로 해석되는 조치를 한 셈이어서 양 사장이 유 이사장 등 여권의 압박을 의식해 이런 조치를 취한 것 아니냐는 지적이 야당에서 나왔다."[107]

『조선일보』는 「유시민 앞에 벌벌 떤 국가 공영방송, 이게 나라 맞나」는 사설에서 다음과 같이 개탄했다. "유씨가 KBS 운영을 총괄 책임지는 이사장인가 아니면 방송의 공정 보도를 감시하는 방송통신위원장인가. 그가 무엇이기에 그의 한마디에 국가 공영방송이 자사 기자들을 범죄자 취급을 하나. 이게 정상적인 나라인가.……조국 법무부 장관이 지명된 8·9 개각 이후 집권 세력과 그 비호 세력은 조국 한 사람을 살리기 위해 검찰, 법원, 언론 같은 국가의 중요 기능을 난도질하고 있다. 그가 없으면 정권이 무너지나. 국민, 국정보다 조국이 더 중요한가. 왜 이렇게까지 하나."[108]

조국, 취임 35일 만에 법무부 장관직 사퇴

그럼에도 전반적인 여론은 조국과 문재인 정권에 등을 돌리고 있었다. 『내일신문』과 서강대 현대정치연구소가 한국리서치에 의뢰해 9월 26일부터 10월 2일까지 실시한 여론조사에 따르면, 문재인의 국정 운영 지지율은 32.4%로 나타났다. 이에 비해 절반(49.3%)은 '못하고 있다'고 답했다.[109] 리얼미터가 CBS 의뢰로 10월 11일에 실시한 여론조사에선 조국이 장관직에서 물러나야 한다는 응답이 55.9%인 것으로 나타났다. 반면 '유지해야 한다'는 응답은 40.5%였다.[110]

10월 11일은 『한겨레』에 놀라운 내용의 1면 머리기사가 실린 날이기도 했다. 「"윤석열도 별장에서 수차례 접대" 검찰, '윤중천 진술' 덮었다」는 기사였다.[111] 오보였다. 이에 『중앙일보』 칼럼니스트 전영기는 "윤석열 검찰총장이 윤중천의 성접대를 받은 듯한 보도는 놀라웠다"며 "내용도 내용이지만 저토록 사실 확인이 부실한 취재기사를 1면 머리기사로 내보낸 과정이 궁금하고 놀랍다"고 했다.[112] 어떻게 해서건 윤석열에게 치명타를 날려 조국을 살리고자 했던 문재인 정권 일각의 음모에 『한겨레』가 놀아난 꼴이었다.

계속 여론이 악화되면서 조국은 장관 지명 67일, 취임 35일 만인 10월 14일 장관직에서 물러났다. 이에 대해 『한겨레』 논설위원 이세영은 장관 후보자 지명에서 장관직 사퇴에 이르는 "그 67일의 시간은 민

문재인의 국정 운영 지지율은 32.4%로 추락했는데, 이는 조국 법무부 장관 사태 때문이었다. 결국 조국은 장관 지명 67일, 취임 35일 만에 사퇴했다.

주화 이후 한국 사회가 한 번도 경험하지 못한 극한의 갈등과 혼돈의 나날이었다"며 "누군가에겐 열정과 분노로 점철되었을 그 시간이, 또 다른 누군가에겐 냉소와 환멸의 시간이었고, 진실을 둘러싼 일진일퇴의 공방이 거듭되는 사이 조국이라는 한국적 앙가주망의 아이콘은 후안무치한 위선의 화신으로 추락하고 말았다"고 했다.[113]

그런 만큼 조국 지지자들의 분노는 거셌다. 시인 안도현은 "칼과 풀잎의 싸움이었다. 풀잎이 버티자 칼은 풀잎을 난도질했고 풀잎은 결국 스스로 목을 꺾었다"고 했다. 나꼼수 멤버였던 김용민은 "자신의 상관을 체포 구금하게 한 전두환은 결국 대권까지 거머쥐고. 자신의 상관을 수사 사퇴케 한 윤석열"이라고 말했다.[114]

시인 김주대는 페이스북에 "조국, 당신은 인간이 만든 인간 최고의 악마 조직과 용맹히 싸우다 만신창이가 되어 우리 곁으로 살아서 돌아왔다"며 이렇게 주장했다. "울지 마라, 이것은 인간의 역사, 기록이 사라진 이후까지 기록될 것이다. 당신의 온 가족을 발가벗겨 정육점 고기처럼 걸어놓고 조롱하며 도륙하던 자들은 떠나지 않고 우리 곁에 있으므로 우리의 철저한 목표물이 되었다."[115]

조국 부인 정경심 구속

그러나 대체적인 민심은 여전히 그런 분노와는 거리가 먼 것처럼 보였다. 리얼미터가 『오마이뉴스』 의뢰로 여론조사를 한 결과, 조국의 사퇴가 '잘한 결정'이라는 긍정 응답은 62.6%로 '잘못한 결정'이라는 부정 응답(28.6%)의 2배가량이었다.[116] 성공회대학교 엔지오대학원장 김동춘은 10월 18일 "'조국 사태'에 대해선 여러 갈래의 해석과 평가가 가능하지만, 거시적으로는 검찰·언론이라는 '선출되지 않은 권력'이 '선출된 권력'을 제압하려 한 사건"이라고 주장했다.[117]

10월 24일 정경심이 강제수사 착수 58일 만에 구속되었다. 이날 새벽 서울 서초역 주변에 집결한 친문親文 시위대 1,000여 명은 법원을 향해 일제히 "야 이 개××들아!"라고 외쳤다. 전날 오후 9시부터 이곳에서 '정경심 교수 영장 기각 촉구 촛불집회'를 열었던 이들은 '무사귀환 기원' 등의 손팻말을 들고 3시간 동안 법원과 검찰을 향해 "정경심 교수님 힘내세요"를 외치며 영장심사 결과를 기다렸다. 이들은 문재인의 영상을 틀고 기립해 눈물을 글썽이거나, "제정신이라면 영장을 기각시켜야 한다"며 고함지르기도 했다. 자정이 지나 정경심의 구속영장 발부

소식이 전해지자 "이게 법이냐", "너희들은 미쳤어", "검찰과 사법부 아웃" 등의 고함소리가 여기저기서 터져 나왔다.

한참 욕설을 쏟아내던 친문 시위대는 오전 1시쯤 〈임을 위한 행진곡〉을 틀고, 예정에 없던 서울중앙지법으로 행진을 시작했다. "× 같아서 집에 못 갈 것 같다. 중앙지법 앞에서 한번 시원하게 외치자"며 시위대는 "적폐 판사 물러나라", "공수처 설치하라" 등의 구호를 외치며 법원으로 향했다. 이 행진이 경찰이 설치한 법원 입구 앞 차벽에 가로막히자 법원을 향한 저주는 온라인에서 계속되었다.[118]

김어준은 '조국 수호 운동'의 총사령탑 역할을 하길 원했던 것 같다. 그는 11월 초순 〈김어준의 다스뵈이다〉를 통해 '조국 보도백서'를 만들어야 한다고 주장했으며,[119] 11월 13일 〈김어준의 뉴스공장〉에선 '정경심 씨에 대한 검찰 공소장은 허위 공문서'라는 주장을 하기에 이르렀다. 그가 "허위 공문서"라고 주장한 근거는 '검찰이 정씨에 대한 공소장 내용 일부를 변경했다는 것'이었다. 공소장 변경은 수시로 일어나는 일이었지만, 이 주장은 친문 지지자들을 흥분시키기에 충분했다. 주요 친문 인터넷 커뮤니티에서는 "검찰의 소설을 뉴스공장이 까발렸다. 이분들이 이 시대를 바꾸고 있다", "30일 500만 촛불로 여의도를 점령하자"는 글이 쏟아졌고,[120] 이후 김어준은 모든 친문 집회와 시위를 이끄는 사령관 같은 존재가 되었다.

이렇듯 김어준은 부정확한 사실과 무리한 해석 등으로 사실상 친문 지지자들의 피를 끓어오르게 만드는 선동에 충실했다. 그의 방송은 친문 세력 결집의 구심점이 되었다. 김어준이 이런 선동을 집요하게 하지만 않았어도 조국 사태의 전개 양상과 문재인 정권의 운명은 달라졌으련만,

문재인 정권과 지지자들은 김어준의 손아귀에 잡혀 있는 것처럼 보였다.

청와대의 울산시장 '선거 개입' 의혹

12월 5일 문재인이 법무부 장관에 민주당 의원 추미애를 지명하자 언론은 검찰과의 '전면전'을 예고한 것으로 해석했다. 여당 일각에선 "당대표를 지낸 인물이 대통령 밑의 내각에 들어가는 것은 격格에 맞지 않는다"는 비판도 나왔지만,[121] 정작 문제는 '격'보다는 '법무장관직의 정치화'에 있었다.

추미애 지명 직전인 11월 중순에 터진 청와대의 울산시장 '선거 개입' 의혹 사건을 보자. 문재인은 30년 지기 송철호의 당선을 위해 그간 눈물겨운 노력을 했다. 문재인은 2014년 국회의원 보궐선거 때 "나의 가장 큰 소원은 송철호 당선"이라고 했지만, 그의 소원은 성취되지 못했다. 2018년 6월 이젠 울산시장 후보가 된 송철호는 선거 유세에서 "(문 대통령이) 유일하게 형이라고 호칭하는 사람 저 하나뿐입니다"고 외쳤다.[122]

당시 민주당 대표로 지원 유세를 왔던 추미애는 "'인권변호사 친구, 동지 송철호가 됐으면 좋겠다'고 하는 게 문 대통령 마음"이라고 했다.[123] 그랬던 그가 이제 법무부 장관이 되었다고 해서 검찰의 수사를 공정한 자세로 지켜볼 수 있었을까? 추미애는 장관에 임명된 지 일주일도 안 된 2020년 1월 8일 검찰 고위 인사에서 청와대 울산시장 선거 개입 수사를 총괄한 대검찰청 공공수사부장 박찬호를 제주로 보낸다. 『조선일보』 논설실장 박정훈은 10개월 후 다음과 같이 썼다.

"문 대통령의 30년 지기를 당선시키려 청와대가 총동원돼 공작을 벌였다. 정무·민정수석실을 포함한 8개 조직이 나서 여당 후보 공약을 만들어주고, 야당 후보의 비위 첩보를 경찰에 넘겼으며, 경선 상대방을 매수하려 했다. 모든 사실과 증거들이 참모들의 상급자인 그 한 사람을 지목하고 있다. 검찰이 정권을 겨냥하자 여권은 윤석열 총장을 거세하려 혈안이 됐다. 추미애 장관이 선봉에 서서 폭주하고 있지만 그 역시 하수인에 지나지 않는다. 권력자의 뜻을 너무나도 충실하게 이행한 것이 추장관의 죄라면 죄일 것이다."[124]

공영방송은 어떠했던가? 2019년 11~12월 정국은 청와대의 울산시장 선거 공작 사건으로 떠들썩했지만, 공영방송만 보면 이 사건은 아예 존재하지 않는 듯했다. KBS 공영노조는 "의혹의 몸통은 문재인 대통령"이라며 "KBS는 대통령의 선거 개입 증거를 즉각 보도하라"는 성명을 냈다. 『조선일보』는 사설을 통해 다음과 같이 말했다.

"그제 청와대 비서진이 후보 매수 등에 개입했고 이는 송철호 후보 출마가 대통령 뜻이었기 때문이라는 사실이 드러났지만 KBS는 18일 메인 뉴스에서 이를 전혀 보도하지 않았다.……MBC 〈뉴스데스크〉는 지난 1주일간 울산시장 선거 관련 기사를 단 한 꼭지도 보도하지 않았다. '조국 가족 수사 언제 끝나나…유죄 나올 때까지?'라는 제목의 뉴스에 김기현 전 울산시장의 '손바닥으로 하늘을 가릴 수 있느냐'는 육성을 끼워 넣었을 뿐이다."[125]

이런 불공정과 편파성은 문재인 정권 내내, 아니 문재인 정권 이후에도 지속된다. 청와대의 울산시장 '선거 개입' 의혹 사건은 비슷한 시기에 터진 이른바 '유재수 파동'과 더불어 문재인 청와대가 의외로 부패한 곳일 수 있다는 새로운 인식을 갖게 하기에 충분했다. 이 사건은 2017년 금품수수 등 비위 혐의로 청와대 감찰을 받던 유재수 당시 금융위원회 금융정책국장이 징계는커녕 민주당 수석전문위원과 부산시 부시장으로 영전을 거듭한 배경에 '윗선'의 외압이 작용했다는 의혹과 관련된 것이었다.

유재수는 문재인을 '재인이 형'이라 부를 만큼 가까운 관계였다. 노무현을 수석·비서실장으로 모신 문재인이 '큰 형'이고, 직원으로 모신 자신은 동생이란 개념이었다고 한다.[126] 좀 친해지면 '형 아우' 관계를 맺는 한국 특유의 문화를 모르는 건 아니지만, 문재인만큼은 그런 문화와 거리를 둘 것만 같은 느낌이 들어서 의아하다는 생각을 하게 만들었다(2022년 3월 31일 대법원 1부[주심 김선수 대법관]는 수뢰 후 부정처사·뇌물수수 등 혐의로 기소된 유재수의 상고심에서 징역 1년에 집행유예 2년, 벌금

5,000만 원을 선고한 원심을 확정했다).[127]

정치가 종교가 된 '증오와 혐오의 시대'

"선배. 정당이 원래 이런가요?" "음…종교 담당이라고 생각해." 한 달 전쯤
이었다. 민주당을 취재하는 기자들 사이에 이런 대화가 오갔다는 이야기를
들었다. "왜 조국 법무장관을 믿지 못하는 겁니까?" 의원들이 기자들에게
믿음을 요구한다는 것이었다.

2019년 11월 5일 『중앙일보』 논설위원 권석천이 「'촛불정부'의 옹
졸한 가족주의」라는 칼럼에서 한 말이다. 정치가 종교가 된 '증오와 혐
오의 시대'를 실감나게 말해준 에피소드였다. 권석천은 이렇게 말했다.
"늘 옳은 사람도 없고, 늘 틀린 사람도 없다. 조국 사태에서 확인된 진
실이다. 하지만 민주당과 청와대는 '그래도 우린 도덕적으로 우월하다'
'우린 일사불란하게 뭉쳐야 이긴다'는 도그마 밖으로 나오려 하지 않는
다. 눈앞에 똑똑히 보이는 개인의 문제까지 제도 탓으로 돌리려 한다. 그
토록 시스템을 강조하면서 개인(조국)이 아니면 검찰개혁이 안 되고, 개
인(이해찬)이 아니면 총선에서 이길 수 없다고 한다."[128]

2019년 말 민주당 등 범여권이 야당의 반대 속에 강행 처리한 선거
법은 어떤가? 이에 대응해 야당이던 자유한국당이 비례한국당이라는 위
성정당을 창당하겠다고 하자, 민주당은 "해괴한 방식, 괴물, 꼼수"라며
"국민 눈을 속이는 위성정당은 국민 모독"이라고 맹비난했다.[129] 물론 나
중에 민주당도 스스로 "해괴한 방식, 괴물, 꼼수"를 동원하는 "국민 모

독"에 동참했다.

청와대의 울산시장 '선거 개입' 의혹 사건은 어찌 되었는가? 2023년 11월 29일 서울중앙지법 형사21-3부(재판장 김미경)는 '문재인 정부 청와대의 울산시장 선거 개입 사건'의 1심 재판에서 송철호 전 울산시장과 황운하 전 울산경찰청장(민주당 의원), 송병기 전 울산부시장에게 각각 징역 3년을 선고했다. 백원우 전 청와대 민정비서관에게는 징역 2년이 선고되었다. 이들을 포함해 12명이 유죄 선고를 받았는데, 기소된 지 3년 10개월 만에 나온 판결이었다. 이런 '재판 지체'로 송철호는 시장 임기(4년)를 마쳤고 황운하도 의원 임기(4년)를 거의 다 채웠다.

재판부는 "(피고인들은) 국민 전체에 봉사해야 할 경찰 조직과 대통령 비서실을 자신들의 정치적 이익을 위해 사적으로 이용해 국민의 투표권 행사에 영향을 미치려 했다"며 "엄중한 처벌로 다시는 선거 개입 행위가 일어나지 않도록 해야 할 필요가 크다"고 했다. 재판부는 "(피고인들이) 공권력의 정점에 있는 지위를 악용해 청탁 수사를 통해 선거에 개입함으로써 유권자 선택과 결정을 왜곡시켰다"면서 "이는 선거 제도와 참정권을 위협한 중대한 범죄행위"라고 밝혔다. 또 "송철호 씨는 범행을 주도적으로 계획하며 가담했고 황운하 씨와 백원우 씨 등은 특정인과 특정 정당의 이익을 위해 경찰 수사 기능과 대통령 비서실 감찰 기능을 부당하게 이용했다"고 했다.[130]

경기대학교 정치전문대학원장 함성득은 2024년 3월에 출간한 『위기의 대통령』에서 "당시 청와대 고위층 인사는 울산시장 선거 개입 의혹 사건을 울산에서 서울로 이첩하면 '문 대통령에게 정면으로 도전하는 것'으로 간주하겠다는 뜻을 검찰 수뇌부에 전달했다"며 "하지만 윤석열

총장은 이러한 위협에 전혀 개의치 않고 원칙대로 사건을 울산에서 서울로 옮겨오게 했다"고 주장했다. 그러면서 "문재인 대통령과 친문 실세들, 청와대 참모, 그리고 여권 지도부 등은 윤석열 총장을 '제거해야 하는 적'으로 간주하기 시작했다"고 주장했다.[131]

이춘재 연쇄살인 사건

1986년 9월 15일부터 1991년 4월 3일까지 경기도 화성군 일대에서 여성 10여 명이 강간·살해당한 연쇄살인 사건이 일어났지만, 33년간 범인이 검거되지 않은 채로 영구 미제사건으로 남았다. 너무도 엽기적인 사건인지라 이 사건을 소재로 연극 〈날 보러 와요〉(1996), 영화 〈살인의 추억〉(2003), 드라마 〈시그널〉(2016) 등이 제작되었을 정도로 전 국민적 관심사가 되었다.

가장 큰 화제를 모은 〈살인의 추억〉은 봉준호가 연출한 두 번째 장편 영화로 김광림의 희곡 〈날 보러 와요〉를 원작으로 삼았다. 봉준호는 이 영화를 통해 처음으로 상업적 성공을 거두며 여러 영화제에서 각종 상을 받았으며, 주연배우로 출연했던 송강호 역시 대한민국 영화대상에서 남자 주연상을 받았다.

그간 화성 사건의 범인으로 몰려 고초를 겪은 사람은 무려 41명에 달했으며, 용의자로 지목되어 정식 수사 대상에 오른 사람까지 따지면 2만 1,280명에 이르렀다. 대중문화로만 소비될 뿐 모두가 다 포기한 이 사건의 범인이 33년 만에 밝혀진 건 새로운 DNA 검사 기술 덕분이었다. 2019년 7월 15일 새로 개발된 잔사 DNA 증폭 및 복원 기술로 사건 현장에 남겨진 증거품에서 새로운 DNA를 뽑아냈고 그걸 토대로 교도소 수감자들의 DNA 데이터베이스와 대조하던 중 일치 판정이 나온 것이다.

2019년 9월 18일 DNA 대조로 유력 용의자 이춘재가 특정되었는데, 그는 1994년 청주 처제 살인 사건으로 이듬해에 무기징역을 선고받고 20년 이상 부산교도소에서 복역 중인 무기징역수였다. 2019년 10월 1일 조사에서 이춘재가 30여 년 만에 화성 연쇄살인 사건 범행을 자백했다. 10월 2일, 경찰은 14건의 살인과 30여 건의 강간과 강간미수 사건에 대해 자백을 받았다고 밝혔다.

수십 년 동안 범인이 밝혀지지 않은 미제사건이라서 2019년 범인 이춘재가 특정되기 전까지는 화성 연쇄살인 사건으로 불렸다. 10차례의 연쇄살인 사건이 모두 당시의 화성군 일대에서 발생했기 때문이다. 범인은 논두렁, 수풀 등에 숨어 있다가 밤늦게 귀가하는 여성을 노려 성폭행 후 살해했는데, 대부분의 살인에 스타킹·브래지어·양말 등 피해자의 소지품을 이용했다. 2019년 12월 17일 이전까지는 지역명을 따서 화성 연쇄살인 사건으로 불리다가 2019년 12월 17일 이후 경찰이 화성 지역 주민들과 화성시의회의 요청을 받아들여 현재 이름으로 사건명이 최종 변경되었다.

이 사건들의 공소시효는 2006년 4월 2일부로 모두 만료되었다. 또 이춘재가 추가로 자백한 살인 14건과 강간, 강도 등 9건은 이미 공소시

효가 만료되었기 때문에 공소권 없음으로 처분되었다. 이로써 이춘재의 처벌은 영원히 불가능하게 되었지만, 이춘재는 이미 무기징역을 선고받고 복역 중이므로 가석방 신청을 차단해서 사회에서 영구히 격리하는 것은 가능하다.[132]

제5장

"한일관계가 나쁘면
대통령 지지율이 오른다"

문재인의 '친일잔재 청산', 조국의 〈죽창가〉

"친일잔재 청산은 너무나 오래 미뤄둔 숙제입니다.……민족정기 확립은 국가의 책임이자 의무입니다."[133] 문재인이 2019년 3월 1일 오전 서울 광화문광장에서 열린 3·1절 100주년 기념식에 참석, 기념사를 통해 한 말이다. 이에 대해 한일관계가 순탄치 않을 것 같다는 예감을 한 사람도 적지 않았다. 자유한국당 원내 대변인 이만희는 논평을 통해 "문재인 대통령의 3·1절 기념사에서 선열들의 희생을 바탕으로 성취한 대한민국의 자랑스러운 역사는 과소평가되고, 분열적인 역사관이 강조된 것은 아닌지 우려된다"고 밝혔다.[134]

고려대학교 명예교수 최장집은 3월 15일 3·1운동 100주년 기념 학술대회에서 문재인의 3·1절 기념사를 "관제 민족주의의 전형적인 모습"이라고 비판했다. 그는 "현 정부가 이념적 지형을 자극해서 촛불시위

이전 못지않게 더 심한 이념 대립을 불러오고 있다.……앞으로 100년간 정치가 발전할 거 같지 않단 생각도 든다"고 했다.[135]

4개월 후인 7월 1일 일본 정부는 한국 대법원의 강제징용 배상 판결(2018년 10월 30일)에 반발해 반도체와 디스플레이 핵심 소재 3개 품목에 대한 수출 규제를 발표했다(제2권 제1부 「역사 산책 4: 독립운동하는 심정으로 쓴 판결문」 참고). 이로 인해 한일관계가 악화되기 시작했지만, 문재인 정권은 반일 선동에 앞장서는 것처럼 보였다.

7월 12일 문재인은 전남 무안에서 열린 '전남 블루 이코노미 경제 비전 선포식'에서 "전남 주민들은 이순신 장군과 함께 불과 열두 척의 배로 나라를 지켜냈다"며 호국 정신을 강조했다. 다음 날 청와대 민정수석 조국은 페이스북에 항일의병을 소재로 한 노래인 〈죽창가〉를 소개했고, 이렇듯 시민의 피를 끓게 만드는 고위공직자들의 '의분義憤' 표출은 문재인 정권 내내 계속된다.

조국의 '죽창가 타령'에 무소속 의원 이언주는 "자기 본분을 잊고 과거 야당 입장에서 정권을 비판하던 시절에 머물러 있는 듯해 한심하다"며 "조국 청와대 민정수석의 '죽창가' 운운은 코미디의 극치"라고 비난했다. 이언주는 "지금 문재인 정권과 운동권들, 당시 관념론과 위정척사론에 빠져 민생과 부국강병을 외면한 사대부와 유사하지 않느냐"며 "이제 국민은 동학농민운동처럼 죽창가를 부르며 무능한 문재인 정권과 운동권을 몰아내지 않으면 안 되는 상황까지 가고 있다"고 했다. 그러면서 "조 수석을 비롯한 집권세력은 당신들을 향해 죽창가가 울려퍼지기 전, 지금 국가적 위기를 수습해야 할 권력자가 자신들임을 깨닫길 바란다"고 비판했다.[136]

일본 정부가 촉발한 일본 상품 불매운동

갈등의 상대는 일본이 아닌가? 시민들의 일본 상품 불매운동이 온·오프라인상에서 다양한 형태로 벌어지기 시작했다. 불매할 일본 상품과 이를 대신할 제품 정보를 공유하는 사이트가 인기를 끌고, 일본 여행 카페가 '휴업'하는가 하면, 자발적인 1인 시위도 이어졌다. 7월 17일 리얼미터가 일본 제품 불매운동 실태를 조사한 결과를 보면, '현재 참여하고 있다'는 응답이 54.6%로 전주前週보다 6.6%포인트 증가했다.[137]

7월 17일 회원수가 133만여 명에 이르는 국내 최대 일본 여행 카페 '네일동'이 사이트를 임시 휴면 상태로 돌리는 '활동 중단' 방식으로 불매운동에 동참했으며, 일본 여행 취소 인증샷은 소셜미디어의 트렌드가 되었다. 불매운동 참가자들은 "1919년 독립운동은 못 했지만 2019년 일본 불매운동은 한다"는 구호를 외치고 나섰다.[138]

광주광역시 광덕고등학교 학생회는 학교 현관에서 학생과 교사

일본 상품 불매운동은 온·오프라인상에서 다양한 형태로 벌어졌는데, 특히 참가자들은 "1919년 독립운동은 못 했지만 2019년 일본 불매운동은 한다"는 구호를 외쳤다.

170여 명이 모인 가운데 일본 제품 불매운동을 선언했다. 이들은 이날 '일제日製의 사용은 일제日帝로의 회귀', '역사를 잊은 민족에게 미래는 없다'는 등 손팻말을 들었으며, '노NO'라는 영문과 함께 일본 지도를 새긴 상자 안에 평소 쓰던 일제 볼펜, 샤프, 핫팩 등을 넣어 버리는 행동을 펼쳤다.[139]

7월 18일 오전 포털사이트 실시간 검색어엔 불매할 일본 상품의 대체재를 알려주는 사이트인 '노노재팬(닷컴)'이 등장했다. 실시간 검색어 1위에 오르면서 접속자가 몰렸고, 트래픽이 늘면서 서버가 감당하지 못해 접속 장애가 발생하기도 했다. 온라인 커뮤니티나 사회관계망서비스 SNS에는 '일본 상품 리스트'가 공유되는가 하면, 일본 브랜드 회원에서 탈퇴했다는 인증 글도 속속 올라왔다. 특히 "(불매운동이) 장기적으로 매출에 영향을 줄 만큼 오래가지 않을 것"이라는 최고재무책임자CFO의 발언으로 한국 소비자들을 격앙시킨 유니클로가 주된 탈퇴 대상이 되었다.[140]

7월 24일 문재인은 부산에서 열린 시도지사 간담회를 한 뒤 부산 시내 한 식당에서 오찬을 했는데 식당 이름이 '거북선 횟집'이었다. 편도 1차선 좁은 도로의 구석진 식당인지라 그 의미에 대한 해석이 분분했다. 청와대 대변인 고민정은 "오찬 자리에서 시도지사들은 일본의 부당한 수출 규제에 대한 우리 정부의 단호한 대처에 감사를 표하고, 지방자치단체도 중앙정부의 대응에 적극 호응하며 힘을 보태겠다고 한목소리로 말했다"고 전했다.[141]

한국갤럽이 7월 23~24일 실시한 여론조사에 따르면, 한일 간 분쟁 때문에 "일본산 제품을 사는 것이 꺼려진다"는 응답자는 80%인 것으로 나타났다.[142] 실제로 한국수입자동차협회의 7월 수입차 판매 실적 자료에 따르면, 렉서스 등 일본차 판매량은 2,674대로 불매운동이 벌어지기 전인 6월(3,946대) 대비 32% 급락한 것으로 나타났다. 전년 동기(3,229대)와 비교해도 17% 줄어들었다. 일본차의 국내 시장 점유율은 6월 20%에서 7월 14%로 6%포인트 떨어졌다. 한 일본차 업계 관계자는 "지난달 계약률은 그 이전과 비교했을 때 40~50% 이상 줄었다"며 "7월 계약된 차량이 판매 실적으로 잡히는 8월 이후 실적은 폭락세를 보일 것"이라고 말했다. 또 수입 맥주 시장에서 부동의 1위였던 일본 맥주는 10년 만에 벨기에 맥주, 미국 맥주에 이어 3위로 급락했다.[143]

KB국민·롯데·삼성·신한·우리·현대·비씨·하나 등 8개 카드사의 국내 주요 일본 브랜드 가맹점 신용카드 매출액은 6월 마지막 주 102억 3,000만 원에서 7월 넷째 주 49억 8,000만 원으로 반 토막이 났으며, 특히 유니클로 매출액은 6월 마지막 주 59억 4,000만 원에서 7월 넷째 주 17억 7,000만 원으로 70.1%나 급감한 것으로 나타났다. 도쿄와 오사카, 오키나와, 후쿠오카 등 일본 주요 관광지 4곳에서 8개 카드사 매출액도 19%가량 감소한 것으로 나타났다.[144]

'민주연구원 보고서 파동'과 정치권의 '친일파 논쟁'

이런 반일 여론에 근거한 것인지는 알 수 없지만, 7월 30일 더불어민주당 싱크탱크인 민주연구원이 "일본의 경제 보복으로 불거진 한·일 갈등이 내년 총선에 긍정적인 영향을 줄 것"이라는 내용의 비공개 보고서를 당내 의원들에게 배포한 것이 알려지면서 물의를 빚었다.

야 4당은 "반일 정서를 총선 카드로 썼다"고 거세게 비판했다. 자유한국당은 "사태를 수습할 생각 대신 국민 정서에 불을 지피고 그 정서를 총선 카드로 활용할 생각만 하는 청와대와 집권여당"이라고 했고, 바른미래당은 "국익보다 표가 먼저인 민주당은 나라를 병들게 만드는 박테리아 같은 존재"라고 했으며, 민주평화당과 정의당도 "민주당은 양정철 민주연구원장을 즉각 해임하라", "책임지는 자세가 필요하다"고 비판했다.[145]

자유한국당 의원 김용태는 자유한국당이 양정철의 해임을 요구한 것과 관련해 "자타가 공인하는 이 정부 최대 실세를 민주당이 해임하겠는가"라고 되물으며 "해임하지 않을 것 같다"는 견해를 밝혔다. 그는 "양 원장이야 민주당 총선 필승을 위해 가진 수를 다 쓰겠지만 이런 방식으로 대한민국 경제와 기업들이 견뎌낼 수 있을지가 걱정"이라고 말했다.[146]

8월 2일 일본이 결국 한국을 수출 심사 우대국(화이트리스트)에서 빼기로 결정하자, 문재인은 긴급국무회의를 열었고 그의 모두 발언은 이례적으로 방송에 생중계되었다. 문재인은 "우리 정부와 국제사회의 외교적 해결 노력을 외면하고 상황을 악화시켜온 책임이 일본 정부에 있는 것이 명확해진 이상, 앞으로 벌어질 사태의 책임도 전적으로 일본 정부에 있다는 점을 분명히 경고한다"며 "우리는 다시는 일본에게 지지 않을 것"이라고 강조했다. 그는 올해가 3·1독립운동과 임시정부 수립 100주년이라는 사실을 언급하며, "도전에 굴복하면 역사는 또다시 반복된다"고 했다.[147]

이날 일본의 발표가 나온 직후 이른바 '일식당서 사케 오찬' 보도가 터져 나왔다. 민주당 대표 이해찬이 일식당에서 '사케'를 곁들인 점심 식사를 했다고 야당이 "반일 감정을 부추기던 여당 대표가 일식당에서 사케를 마신 것은 이율배반의 극치"라고 공격한 것이다. 그러자 여당은 "이 대표가 마신 사케는 국산 쌀로 만든 국내산 청주"라고 반박했다. '친일파' 공격에 앞장섰던 전 청와대 민정수석 조국은 "야당은 전국의 일식당이 다 망하기를 원하는가"라며 이해찬 옹호에 나섰다. 이에 『조선일보』는 「여야의 '친일파' 몰기, 코미디가 따로 있나」는 사설에서 다음과 같이 주장했다.

"이 모습을 그대로 방영하면 코미디가 될 것이다. 여당 대표가 일식당에서 식사하는 일이 문제가 될 수는 없다. 일식당도 한국인이 경영하는 곳이 대부분일 텐데 그곳에서 식사하는 게 무슨 문제가 되나. 대법원 판결을 비판하면 '친일파'라는 조국 전 수석과 뭐가 다른가. 야당은 언제까지 이런 말초적인 정쟁에 몰두할 것인가. 이 코미디는 청와대와 민주당이 반일 감정을 선거에 이용하기 위해 '죽창' '의병' '매국'이라며 선동을 시작한 탓이 크다. 냉정한 대책을 내놓는 데 주력했다면 이런 논란이 벌어졌겠나.……이런 정권을 견제해야 할 야당도 '사케 마셨으니 너도 친일파'라는 수준이니 할 말이 없다."[148]

8월 3일 산업통상자원부는 소셜미디어에 현 상황을 IMF 외환위기에 빗대며 사실상 반일 불매운동을 부추기는 게시물을 올렸다가 이틀 만인 5일 별다른 설명 없이 삭제했다. 산자부는 게시물에서 "우리가 어떤 민족입니까? IMF 외환위기 때 결혼반지, 돌반지 팔아 외채 갚아 세계를 놀라게 한 국민 아닙니까?"라고 적었으며, 첨부한 가상假想 카카오톡 대화창 이미지에는 "진짜 열 받는다. 당하고만 있을 거야? 받은 만큼 돌려주자", "매운맛을 보여주자" 등과 같은 표현이 담겼다. 산자부 측은 "부정적 댓글이 있어 지웠다"고 했다.[149]

뉴스하다 "이건 국산볼펜"… 사케 공방 이어 '日製 색출' 바람

"어느 장관이 일제 자동차 몬다더라" 소셜미디어에 리스트 떠돌아
산자부는 페북에 '日에 매운맛 보여주자' 반일 글 올렸다 삭제
서울 중구 도심에 'NO 재팬' 깃발… 수원시 등은 일제 불매운동

KBS 뉴스 진행자가 자신이 들고 있는 볼펜은 국산이라고 말할 정도로 국내에서 일본 제품 불매운동은 거셌다. (「조선일보」, 2019년 8월 6일)

"방송 중에 제가 들고 있는 이 볼펜이 일제가 아니냐는 시청자의 항의 전화가 왔습니다. 일본에 대한 우리 국민의 분노가 얼마나 큰지 실감할 수 있습니다. 이 볼펜은 국산입니다. 9시 뉴스 마치겠습니다. 고맙습니다."

8월 4일 밤 KBS 〈뉴스9〉 진행자가 뉴스를 마치며 이같이 말했다. KBS는 다음 날 아침 「"이 볼펜은 국산입니다" KBS 뉴스에 초유의 클로징 등장한 사연」이란 제목으로 이를 긍정적으로 소개한 인터넷 기사까지 내보냈다. 그러자 네이버에만 1,000개 넘는 댓글이 붙었는데, 대부분 "일본인과 결혼한 사람은 다 이혼하거나 추방해야 하는 건가", "고가 의료기기 90%는 일제. 수술도 받지 마라" 등과 같은 조롱 댓글이었다. "그 뉴스를 찍는 카메라는 어디 것이냐"는 댓글도 있었는데, KBS 메인 뉴스 촬영 카메라는 일본 소니사社 제품으로 알려졌다.[150]

제2부 2019년

279

'냉정'이라는 말이 '보수 용어'인가?

8월 5일 더불어민주당 일본경제침략대응특별위원장 최재성은 MBC 라디오에 나와 "도쿄에서 방사능 물질이 기준치보다 4배인가 초과돼 검출됐다"며 "도쿄를 포함해 여행금지구역을 사실상 확대해야 한다"고 했다. 국회 문화체육관광위원회 민주당 간사인 신동근은 "(도쿄의 방사능 검사를 위한) 민관합동 조사단을 구성해 점검을 실시해야 한다"며 "조사 결과에 따라 도쿄올림픽을 보이콧하는 것도 적극 검토해야 할 것"이라고 했다.[151]

같은 날 서울 중구청은 15일 광복절에 '노/보이콧 재팬/가지 않습니다/사지 않습니다'는 문구가 들어간 가로 60센티미터, 세로 180센티미터의 깃발을 태극기와 함께 명동·청계천 길가에 걸겠다고 밝혔다. 퇴계로, 을지로, 태평로, 동호로, 청계천로 등 22개 길에는 태극기와 일본 보이콧 깃발 1,100개가 설치되고, 이 가운데 722개는 6일부터 걸린다고 했다. 이 운동의 취지에 대해 중구청장 서양호는 "중구는 서울의 중심이자 많은 외국인 관광객이 오가는 지역"이라며 "전 세계에 일본의 부당함과 우리의 강한 의지를 보여줄 것"이라고 밝혔다.[152]

이에 앞서 2일 성북구청장은 석관초등학교에서 팻말을 들고 학부모들에게 대일對日 불매 동참을 호소했으며, 구로구청장은 구청 현관 앞에서 직원들과 일본 제품·일본 여행 보이콧 문구가 적힌 종이를 들고 단체 사진을 찍었다. 경기도는 5일부터 8월 말까지 '반도체 소재 장비 국산화 및 해외 투자 유치 아이디어' 공모전을 연다고 밝혔다. 수원시는 일제 사용과 일본 여행을 거부하는 '신新물산장려운동'을 선언했다. 수원

시 외에도 안양·군포·시흥·양주 등이 구청 차원에서 일제 구매를 전면 중단하기로 했다.[153]

이렇듯 지자체들까지 가담한 일본 제품 불매 열풍의 와중에서 '냉정'이라는 말은 거의 '보수 용어'가 된 느낌마저 주었다. 8월 6일 『경향신문』 기자 이명희는 「이제 냉정해질 때」라는 칼럼에서 불매운동을 긍정적인 시각으로 전한 뒤 "'일본 보이콧'은 아베 정부에 타격을 줄 수 있을까. 당장 일본의 입장 변화를 끌어낼 순 없겠지만 적어도 한국이 만만찮다는 것은 보여줄 수 있다. 물론 효과를 보려면 6개월 이상 지속돼야 한다"며 다음과 같이 말했다.

"이제 정부는 냉정해야 한다. 지자체들도 교류를 이어나가야 한다. 이미 국민들은 차분히 일본과의 싸움을 벌이는 중이다. 반일 감정은 우리를 하나로 뭉치게 하고 때론 상상 밖의 힘을 발휘한다. 분명한 사실은 그런 내셔널리즘이 감정에 휩싸인다면 장기적으로 큰 손해를 낳는다는 것이다. 내셔널리즘이 배타주의로 바뀌는 한 비판을 피할 수 없다. 폭염 속 우리는 견디기 힘든 지점에 서 있다. 일본 대신 집 근처 시원한 도서관으로 북캉스를 떠나보자."

아주 좋은 칼럼이었건만, 이 칼럼에 달린 댓글들은 '냉정'이라는 단어를 물고 늘어졌다. "지금 냉정하지 않은 국민이 있는가요? 일본으로 쳐들어가야 한다고 떠들지 않고 조용히 분을 삼키고 있는데…", "훈장질이군요^^ 너나 잘 하세요~~", "좀 한가한 소리처럼 들리네요. 길 떠난지 얼마 되지 않았습니다. 갈 길이 멀단 말입니다. 배웠다는 사람들의 이런 소리가 많은 사람들 맥빠지게 한다는 걸 알았으면 합니다."[154]

'경제판 임진왜란론'에 대한 시민들의 반발

그런 주장들에 대해 "불매운동 그만하자는 내용이 아님. 정부나 지자체의 역할은 따로 있다는 것입니다"는 댓글이 달린 게 불행 중 다행이었다. 실제로 이 네티즌처럼 생각하는 사람이 많았다. 깃발 게양에 반대하는 비판 글이 중구청 홈페이지에 400개 가까이 쏟아졌는데, 한 시민은 이런 글을 남겼다. "시민이 촛불집회한다고 정치권이 달려와서 불 지르는 꼴입니다."[155]

청와대 국민청원 게시판엔 '서울 한복판에 NO Japan 깃발을 설치하는 것을 중단해주십시오'(남시훈 명지대학교 교수)란 글이 올라왔고, 정의당에서도 "아베 정권과 일본을 구분하지 못하고 무개념적인 반일과 민족주의로 몰아가는 정치인들의 돌발적 행동은 자제할 것을 촉구한다"는 비판 논평이 나왔다.[156]

그러나 중구청장 서양호는 완강했다. 그는 6일 오전 10시쯤 자신의 페이스북에 글을 올려 "왜 구청은 나서면 안 되지요? 왜 명동이면 안 되나요?"라며 "지금은 경제판 임진왜란이 터져서 대통령조차 최전선에서 싸우는 때"라고 했다. 이어 "중구의 현수기는 국민과 함께할 것"이라고 했다. 그러나 서양호와 함께할 뜻이 없는 국민도 많았다.

서양호의 '경제판 임진왜란론'에 대해 일부 네티즌들은 '상처 입고 돌아갈 일반 일본인 관광객에게 미안하다', '구청장이 사리분별도 못하나' 등의 댓글을 달았다. 서울시관광협회는 이날 "10월부터 일본인 관광객 수가 예년 20~30% 수준으로 급감하는 것으로 파악됐다"며 "서울시에 대책을 요구할 것"이라고 밝혔다. 서울시 관광 안내 자원봉사자인

50대 여성은 "서울 주요 관광지에서 일본말 듣기가 어려워졌다. 체감상 40%는 줄었다"고 했다.

　이건 중구청만의 문제가 아니라 서울시의 문제이기도 했다. 오후 2시쯤 서울시장 박원순은 서양호에게 전화를 걸어 깃발에 대한 우려 의견을 표했다고 한다. 이 우려 의견 때문인지는 알 수 없으나, 서양호는 오후 2시 30분쯤 자신의 페이스북에 "일본 정부의 경제 보복에 국민과 함께 대응한다는 취지였는데 뜻하지 않게 심려를 끼쳐 드려 죄송하다. 배너기를 내리도록 하겠다"고 썼다. 오후 4시 무렵 중구에선 깃발을 더는 찾아볼 수 없었다.[157]

　다음 날 『경향신문』은 「도쿄 여행 금지·올림픽 불참, '무작정 반일' 자제해야」라는 사설에서 시민들보다 더 뜨거워진 정치인들의 행태를 비판하고 나섰다. 이 사설은 최재성과 신동근의 주장에 대해 "일본의 부당한 조치에 강력한 대일 압박이 필요하다는 입장은 일견 이해하지만, 지나치게 반일 감정을 자극하는 이런 대응은 바람직하지 않다"고 했다. 이어 중구청의 깃발 사건에 대해 다음과 같이 비판했다.

　"비록 해프닝에 그쳤지만, 일본인 관광객에게 공포심만 안겨줄 게 뻔한 이런 대응이 사태 해결에 무슨 도움이 될 것이라고 기대했는가. 극일 의지는 무도한 조치를 행한 아베 정권을 향해야지, 일본 시민들까지 적으로 돌리는 '무작정 반일'이 되어선 안 된다. 중구청 사례는 '반일 이벤트'를 기획하는 다른 지자체에서도 반면교사로 삼을 필요가 있다."[158]

　『조선일보』논설실장 박정훈은 "이 정권은 '말듶'로 일본과 싸우고 있다. 실력을 키우고 힘을 보탤 노력은 소홀히 하면서 '다시는 지지 않겠다'고 한다"며 이렇게 주장했다. "서울의 한 구청장이 '노No 재팬' 캠페인을 벌이려다 상인들 반발에 철회하는 해프닝이 벌어졌다. 그 시각 일본 지자체들은 한국 항공사를 찾아와 한·일 노선을 없애지 말라고 로비를 벌였다고 한다. 어느 쪽이 이기는 게임을 하고 있는지는 자명하다."[159]

　　여론조사 기관 칸타가 SBS의 의뢰를 받아 8월 12~13일에 실시한 여론조사에선 일본 불매운동에 대해 응답자 4분의 3이 적극, 또는 가능한 한 동참한다고 밝혔다. 일본의 경제 보복 조치에 대한 우리 정부 대응을 '잘하고 있다'고 평가한 사람은 56.2%, '잘못하고 있다'고 평가한 사람은 38.3%인 것으로 나타났다. 긍정 평가한 응답자들에게 이유를 물었더니 44.2%가 단호한 대응이라서, 35.8%는 과도한 일본 의존도를 낮출 기회라서 지지한다고 답했다. 반대로, 잘못하고 있다는 응답자들은 구체적인 경제 대응책 부족 49.5%, 지나친 반일 감정 자극 31.9%, 외교적 노력 부족 17.5% 순으로 이유를 꼽았다.

　　8월 24일까지 연장 여부를 결정해야 하는 한일군사정보보호협정GSOMIA(지소미아)에 관한 질문에선 '맞대응 차원에서 즉시 파기' 37.2%, '안보 차원에서 유지하는 게 좋다' 56.2%로 나타났다. 정부 대응을 긍정 평가한 응답자에서는 즉시 파기 의견이 유지보다 8.2%포인트 높았지만, 부정 평가 응답자들은 4분의 3이 '유지' 쪽을 지지했다. 도쿄올림픽 보이콧 주장에는 올림픽과 정치 연계는 옳지 않고 국제 여론도 우려되어 보이콧에 반대한다는 응답이 61.3%로, 방사능 우려와 강경 대응을 위해 찬성한다 36%를 크게 앞섰다. 칸타 이사 이양훈은 "일본에 단호하게 대응을 하라는 요구들이 강하면서도, 개별 사안에 대해서는 합리적이고 차분한 태도들을 유지하고 있는 게 특징"이라고 분석했다.[160] '총론은 열정, 각론은 냉정'으로 대처한다고 말할 수 있겠다.

일본 상품 불매운동의 그늘

불매운동의 그늘도 있었다. 한 맘카페에는 일본 편의점 브랜드를 운영하는 자영업자의 글이 올라왔다. 글쓴이는 "어찌어찌 살다 보니 편의점을 하게 됐는데 하필 그곳"이라며 "인수하고 몇 달은 매출도 잘 나오고 단골도 늘어갔는데, 최근 일주일 넘게 매출이 바닥을 친다. 생업이 걸려 있고 당장 먹고살아야 하니 답답하다"고 토로했다. 이에 누리꾼들은 "안 그래도 불매를 하면서도 결국 자영업자들이 타격을 받을까 걱정했다", "괜한 자영업자가 피해 보는 것 같다"며 안타까움을 표했다.[161]

어떤 운동에서건 늘 과격파는 나오기 마련이다. 앞서 소개한 「도쿄 여행 금지·올림픽 불참, '무작정 반일' 자제해야」라는 『경향신문』 사설엔 이런 댓글이 달렸다. "오늘만큼은 사설에 반대한다. 이번에 아주 본때를 보여야 한다." "맨날 깨끗한 척 교조주의에 빠져서, 결정적 시기에 개혁세력 발목 잡더니 또 시작이냐?"[162] 이런 유형의 네티즌들은 불매운동을 극단으로 끌고 가려는 성향을 보였다.

8월 6일 다수의 온라인 커뮤니티에는 '유니클로 단속반입니다'는 제목의 글이 게재되었다. 해당 게시물에는 불매운동 여파로 텅 빈 유니클로 매장의 사진이 올라왔다. 작성자는 사진 속 유니클로 매장이 구체적으로 어느 지점인지까지 명시하고 있으며 "순찰 중 이상무"라는 글과 함께 상황을 보고하는 문구도 올렸다. 유니클로 단속반은 매장 상황 파악뿐만 아니라 매장에서 제품을 구매하는 사람들을 포착해 고발하기도 했다. 자신이 유니클로 단속반이라고 주장하는 한 네티즌은 "현재 계산대에 2명 정도 있고 매장 안에서 구경하는 사람은 2~3명 정도 있다"고

수원역 롯데몰 유니클로입니다

2019-08-04 14:19

추천 0 조회 2,547 리플 10   가- 가+

외국인들 몇명이랑... 우리나라 사람들 몇 명 지
나가다 보니까 있네요....
사람 없을 줄 알았는데 2층이나 1층이나 몇 명
있었습니다...
그냥 지나가다 사진 찍고 한 번 써 봤습니다...

온라인 커뮤니티에는 자신이 '유니클로 단속반'이라며 텅 빈 매장의 사진이나 매장에서 제품을 구매
하는 사람들을 사진 찍어 올리기도 했다.

보고하기도 했다.

　해당 게시물을 본 일부 네티즌들은 댓글을 통해 불매운동을 강요하
는 자세는 지양해야 한다고 주장했다. 한 네티즌은 "불매운동은 개개인이
자발적으로 선택해서 하는 것"이라며 "불매운동에 동참하지 않는 사람들
을 감시까지 해가며 고발하는 행동은 그들을 강제·협박하는 것"이라고
비판했다. 또 다른 네티즌들도 "유니클로 매장에 들어가거나 구매한다고
해서 사람들을 촬영하는 행동은 부적절하다고 생각한다. 불법 촬영 아닌

가", "나는 불매운동을 지지하는 사람이지만 극단적이고 부적합한 형태의 불매운동으로는 번지지 않길 바란다", "불매운동을 하지 않는다고 해서 무조건 비난하는 것은 옳지 않은 것 같다" 등의 반응을 보였다.[163]

8월 7일 강원도 강릉의 사설 박물관인 참소리박물관이 '일본인 관람 금지'와 'No Japs Allowed(노 잽스 얼라우드)'라고 적은 '보이콧 재팬' 팻말을 내걸었다가 관람객의 항의를 받고 철거하는 일이 발생했다. 8월 10일 올해로 한국 생활 9년 차인 프리랜서 기자 라파엘 라시드 Raphael Rashid(32)는 자신의 트위터 계정에 '일본인 출입금지'라고 쓰인 현수막을 내건 부산의 한 식당 사진과 함께 "이것은 국가주의가 아니라 인종차별주의다This ain't nationalism, this is racism"고 비판했다. 그는 '애국 마케팅' 혐의도 제기했다. "'일본인 출입금지'라고 썼지만, 한국어로만 쓰여 있어서 정작 일본 사람들은 무슨 뜻인지 알 수도 없어요. 이런 현수막을 내건 이유가 정말 일본인들을 막기 위한 거였을까요? 현수막 홍보의 대상은 사실 한국인이죠. 한국인 고객들에게 '애국심이 있는 우리 식당에 오라'는 애국 마케팅이요."[164]

'일본 불매운동'이 확산하면서 불매운동에 동참하지 않은 이들을 '친일파'로 규정해 공격·비난하는 사례도 적잖았다. 극단적 사례지만, 심지어 일본에서 7년째 거주 중인 양모(26) 씨는 사회관계망서비스SNS에서 "한국인이 왜 일본에 사느냐"며 비난하는 메시지를 받았으며, "집 주소를 알아내 죽이겠다"는 협박마저 받았다.[165] 8월 25일엔 일본 차량이라는 이유로 골프장에 주차된 렉서스 승용차 3대를 돌로 긁어 파손한 사람마저 나타났다.[166]

문재인, "우리는 다시는 일본에게 지지 않는다"

"한일관계가 나쁘면 대통령 지지율이 오르고 좋으면 내린다"는 속설 또는 법칙은 이번에도 어김없이 작동했다. 리얼미터가 YTN 의뢰로 7월 15~19일에 실시한 여론조사에서 문재인의 국정 수행 지지율은 8개월 만에 50%를 넘긴 51.8%를 기록했다. 이와 관련, 인사이트케이 연구소장 배종찬은 "일본과의 갈등은 열성적 지지층뿐 아니라 잠재적 지지층까지 결집하게 만드는 반면 반대층은 다른 목소리를 내기 어렵기 때문에 대통령 지지율이 급격히 올라가게 된다"고 말했다. 그러면서 "전문적 용어로는 '플래그 잇 어라운드Flag it around'라고 부른다"며 "깃발(국기) 주변에 모여들게 한다는 의미, 즉 쉽게 말하면 '태극기 휘날리며' 효과"라고 말했다.[167]

8월 1일 『조선일보』는 「'일본 호재' 만났다고 좋아하는 집권 민주당」이라는 사설에서 "정부는 (한일관계) 문제가 터지자 반일 선동부터 시작했다. 반일 감정에 불을 지르면 선거 호재가 될 수 있다는 판단이 선 것이다. 청와대 조국 수석이 '징용 판결을 부정하면 친일파'라고 나선 것이나 대통령이 이순신이나 거북선을 말하고 다니는 것도 같은 계산일 것이다"며 다음과 같이 말했다.

"민주당에서는 내년 도쿄올림픽 보이콧 주장이 나왔다. 일부 의원들은 '한일군사정보보호협정을 파기하자'고 했다. 북한 미사일 최종 궤적은 일본의 정보를 받고 알았다. 그래도 여권 안팎에서는 '내년 총선은 한·일전'이라는 주장도 나온다고 한다. 어이없고 말도 안 되는 얘기다. 하지만 정부 응원단이 된 언론들과 열성 지지층을 동원하면 그조차 만

문재인은 "우리는 다시는 일본에게 지지 않는다"(임시국무회의), "우리는 단숨에 일본 경제의 우위를 따라잡을 수 있다"(수석보좌관회의)고 말하며 반일 감정에 불을 질렀다.

들 수 있다고 보는 모양이다."[168]

앞서 지적했듯이, 8월 2일 문재인은 임시국무회의에서 "우리는 다시는 일본에게 지지 않는다"고 발언한 데 이어, 8월 5일 청와대에서 주재한 수석보좌관회의에선 "이번 일을 겪으면서 우리는 평화경제의 절실함을 다시 한번 확인할 수 있었다"며 "일본 경제가 우리 경제보다 우위에 있는 것은 경제 규모와 내수시장이다. 남북 간의 경제협력으로 평화경제가 실현된다면 우리는 단숨에 일본 경제의 우위를 따라잡을 수 있다"고 말했다.[169]

민주당은 '일본 호재' 만났다고 좋아한 반면 자유한국당의 지지율은 8월 6~8일에 조사된 한국갤럽 조사에서 18%로 '황교안 체제' 이전인 10%대로 떨어진 것으로 나타났다(더불어민주당 41%). 50대 집단에선 34%였던 지지도가 20%로 떨어졌고, 보수층과 중도층에서 각각 55% 와 23%였던 지지도가 43%와 12%로 10%포인트 이상 하락했다. 수도 권 지지도(24%→10% 중반)도 비슷한 양상이었다.[170]

이게 보수와 진보 편가르기를 할 일인가?

정치권의 그런 이해득실이 시사하듯이, 매우 부실한 기준으로 보수 와 진보 편가르기를 하는 사람이 적지 않았다. 변호사 정인진은 8월 19일 「내게 '보수냐 진보냐' 묻는 이들에게」라는 『경향신문』 칼럼에서 "너는 보수냐, 진보냐?"고 따지는 '진영논리의 무지스러움'에 대해 이렇게 개 탄했다. "한·일 경제전쟁에서 일본이 도발해오기 전 대일청구권 문제에 관한 정부의 조치가 미숙했다는 견해에 동조하면 보수적이고, 반대하면 진보적인가. 거꾸로, 이 문제를 놓고 보수주의자라면 정부를 비난해야 하고 진보주의자라면 정부를 옹호해야 하는가."[171]

사실 한일관계 악화로 인해 나타난 가장 큰 문제는 한국 사회 내부 의 분열이었다. 일본과는 비교할 수 없을 정도로 크고 광범위한 분열 전 선이 한국 사회를 찢어 놓았으며, 그 선봉엔 언론도 가담했다. 8월 22일 정부의 한일군사정보보호협정 종료 방침의 공식 발표 이후 그런 분열과 갈등은 심화되었다. 이 방침을 일본은 물론 한미일 안보 협력을 저해하 는 조치로 본 미국의 반발이 거셌다. 한국은 또 9월 일본을 세계무역기 구WTO에 제소하고 일본을 백색국가에서 제외하도록 전략물자 수출입 고시를 개정하기도 했다.

하지만 양국 간 물밑 협의는 계속되었다. 특히 10월 이낙연 총리가 나루히토德仁 일왕 즉위식에 참석하고 11월 문재인 대통령과 아베 총리가 태국 방콕에서 아세안(동남아시아국가연합) 관련 회의에서 환담하면서 관계 개선을 모색했다. 문재인 정권은 무엇보다도 안보 문제를 정치에 끌어들인 지소미아 종료 방침에 대한 미국의 강한 반발을 의식하지 않을 수 없었다. 양국은 11월 23일 지소미아 종료를 6시간 앞두고 조건부 연장과 수출 규제 재검토에 합의하면서 봉합에 나섰지만, 문재인 정권은 감당 못할 일을 저질러놓고 일본에 매달리는 것 같은 모습을 보였다는 비판을 받았다.[172]

문재인은 도대체 왜 그랬던 걸까? 민주당의 원로이자 국회의장인 문희상은 강제징용 등 과거사 배상과 관련해 '한·일 양국 기업과 국민의 자발적인 기금'으로 지원하는 '1+1+a' 방안을 제안했다. 이에 대한 일본의 반응도 긍정적이었지만, 문재인의 단호한 반대로 성사되지 못했다. 국회의장을 지낸 민주당 원로 김진표는 회고록에서 문재인의 반대는 '법률가적 소신' 때문이었을 것으로 추측하면서 다음과 같이 말했다.

"문재인 대통령은 법과 제도에 의해 절차적으로 완벽하게 완성된 세상 안에서 행동했다. 그의 주장과 행동 기저에 논리적 결함은 없었다. 그래서 타협도 양보도 없었다. 그러나 사람과 사람이 부딪치는 정치는 그런 것이 아니다. 정치에서 이런 태도로 이룰 수 있는 것은 아무것도 없다."[173]

한일관계는 문재인 정권 내내 불편한 관계를 유지한다. 일본 정부가 한국에 대해 수출 절차를 간편하게 할 수 있는 우대 대상국으로 복귀시킨 건 4년 만인 2023년 7월 21일이었다. 한국은 2023년 4월 일본을 화이트리스트에 복원했고, 일본도 2023년 3월 반도체 품목 수출 규제를 철회한 데 이어 이날 화이트리스트 재지정 절차가 끝났다. 이로써 2017년 7월 시작된 한일 사이 수출 규제 관련 갈등이 모두 해소되었다.[174] 윤석열 정권에서 이루어진 일이지만, 윤석열 정권은 문재인 정권과는 정반대로 일본에 대해 지나친 저자세로 일관한다는 비판을 받게 된다.

제6장

문재인 정권의
부동산 실정

최초로 1명 이하로 떨어진 합계출산율

2019년 2월 통계청이 발표한 '2018년 인구동향조사'에 따르면, 여성 1명이 평생 동안 낳을 것으로 예상되는 평균 출생아 수인 '합계출산율'이 2017년 1.05명에서 2018년 0.98명으로 감소했다. 출생 통계를 작성한 1970년 이래 최저치였다. 경제협력개발기구OECD 회원국의 평균 출산율은 1.68명(2016년 기준)으로, 1명 이하로 떨어진 합계출산율은 회원국 중 유일했다.[175]

이후 출산율은 계속 떨어져, 4년 후엔 급기야 '서울멸종론'까지 나오게 된다. "서울을 생물학 종에 비유한다면 이미 멸종의 길에 들어섰다." 서울대학교 보건대학원 교수 조영태가 지난해 한국의 합계 출산율이 세계 최저인 0.78, 그중에서도 서울시가 0.59를 기록한 것을 두고 2023년 3월 CBS 라디오 〈김현정의 뉴스쇼〉에서 한 말이다. 이는 2명이 결혼해 0.5명을 낳는다는 뜻으로, 이렇게 간다면 멸종의 길에 들어설 수밖에 없다는 것이다.

조영태는 "한국의 출산율이 유독 떨어지는 근본적인 원인은 서울과 수도권으로의 엄청난 집중"이라며 "지금 청년들, 아이를 안 낳는 30대 초중반은 대한민국 역사상 가장 경쟁이 심한 삶을 살아왔다"고 했다. 그는 "청년들에게는 인생의 모든 것이 다 경쟁"이라며 "동년배만이 아니라 윗세대와도 계속해서 치열하게 경쟁해야 한다고 했을 때 내가 사는 게 중요한가, 후손을 낳는 게 중요할까를 생각해보라"고 했다. '나도 못 살겠는데 무슨 애를 낳아. 나부터 살아야지'라는 입장이 된다는 것이다.[176] 그럼에도 서울 집중을 부추기는 정책은 계속 이루어지고 있었다.

"구직 청년에겐 서울 사는 것도 '스펙'이다"

"구직 청년에겐 서울 사는 것도 '스펙'이다." 『단비뉴스』 2019년 6월 27일자의 기사 제목이다. 『단비뉴스』를 발행하는 세명대학교 저널리즘연구소는 취업 준비생들이 모이는 온라인 카페 '스펙업'에 3월 25일부터 한 달간 게시된 스터디 모임 모집 글을 분석했다. 지역이 명시되지 않았거나 중복된 글을 빼고 지역별로 스터디 모임의 분포를 확인했다. 그 결과 전체 364개 공고 중 서울이 244개(67%)로 가장 많았고, 인천과 경기도가 71개(19.7%)로 수도권 비중이 약 87%였다. 이어 부산·울산·경남 20개(5.4%), 대구·경북 12개(3.2%), 대전·충청 11개(3%), 광주·전라 5개(1.4%), 강원 1개(0.3%) 순이었고 제주 지역은 해당 기간 모집 글이 없었다.

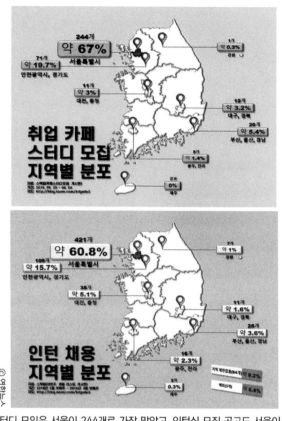

취업 카페
스터디 모집
지역별 분포

인턴 채용
지역별 분포

각 지역별 스터디 모임은 서울이 244개로 가장 많았고, 인턴십 모집 공고도 서울이 421개로 가장
많았다. 그러니 구직 청년들에게 서울에 사는 게 '스펙'일 수밖에 없다.

    세명대학교 저널리즘연구소는 또 '스펙업'에 2018년 5월부터
2019년 4월까지 1년간 올라온 인턴십 공고의 지역 분포를 살펴보았다.
삼성물산, SK그룹, 한국도로공사, 한국조폐공사, 한국가스안전공사 등
민간 대기업과 공기업 등 626개 회사(지역 중복 포함)가 이 기간 중 인턴
모집 공고를 올렸다. 기업 본사 등 일자리가 많은 서울이 이 중 421개로

60.8%를 차지했다. 인천·경기는 109개(15.7%)로, 서울을 포함한 수도권이 전체의 76.5%였다. 이어 대전·충청 35개(5.1%), 부산·울산·경남 25개(3.5%), 광주·전라 16개(2.3%), 대구·경북 11개(1.6%), 강원 7개(1%), 제주 2개(0.3%) 순으로 나타났다.

지자체가 제공하는 청년 지원 시설도 서울과 지방의 격차가 컸다. 서울시는 2016년 5월부터 청년들이 무료로 스터디룸을 이용하고 취업 상담과 특강, 멘토링 등의 서비스를 받을 수 있는 '일자리 카페'를 운영하고 있었다. 민간·대학·공공기관과 협력해 매년 일자리 카페를 확대한 결과 5월 31일 기준으로 87곳까지 늘었다. 반면 강원, 제주 등은 일자리 카페가 각 1곳밖에 없는 것으로 나타났다. 이 기사는 "이런 현실 때문에 취업준비생들은 '서울에 사는 게 스펙(자격·조건)'이라고 말하기도 한다"고 했다.[177]

서울 시민들은 '서울에 사는 게 스펙'인 현실이 왜 문제인지 모르거나 "그러길래 누가 지방에 살라고 했어?"라고 생각하는 경향이 있었다. 강남 사람들이 그러는 건 모르겠는데, 비강남 사람들이 그러는 건 우스웠다. 얼마나 더 당해봐야 정신 차릴까?

2018년 9월 카카오톡에 한 지라시가 돌았다. '강남 27개, 도봉·서대문·양천·관악·금천·강북 28개.' 이름하여 '안 살아봐도 알 수 있는 강남 살고픈 이유'였다. 이를 소개한 『경향신문』 기자 전병역은 「이러려고 촛불을 들었나」는 칼럼에서 "그중에 눈에 띄는 건 서울 강남구 지하철역 수가 하위 6개 자치구와 엇비슷하다는 대목이었다"며 "'역세권'이란 말처럼 집값을 결정하는 가장 큰 요소가 지하철역이란 점에서 웃어 넘길 사안이 아니다"고 했다.

그는 "강남, 강남, 서울, 서울 하지 않게 해달라는 게 '성' 밖에 사는 평민들의 요구다. 실태는 어떤가. 부동산 시장에서 서울 중심은 시청이나 광화문, 서울역 따위가 아니다. 바로 강남역이다. 거기에 삼성이 있고 내로라하는 기업들이 있어서다. 정책은 거꾸로다"며 다음과 같이 말했다. "예컨대 강남 턱밑 판교에 한국판 실리콘밸리인가 뭔가를 유치했다. 판교가 어딘가. 노무현 정부가 서울 집값을 잡겠다며 개발한 신도시다. 결과는? 알다시피 제2 강남이 돼버렸다. 섣부른 공급 정책의 위험성을 보여준다. 거기에 더해 제2, 제3의 판교테크노밸리까지 키우고 있다. 대체 누구를 향한 정부인가."[178]

"부동산 문제는 자신 있다고 장담하고 싶다"

"부동산 문제와 관련해서는 우리 정부에서는 자신 있다고 장담하고 싶다." 문재인이 2019년 11월 19일 오후 서울 상암동 MBC 사옥에서 집권 반환점을 맞아 열린 '국민이 묻는다, 2019 국민과의 대화' 행사에 참석해 한 말이다. 그는 "지금까지 부동산 가격을 잡지 못한 이유는 역대 정부가 부동산을 경기 부양 수단으로 활용해왔기 때문"이라며 "건설경기만큼 고용 효과가 크고 단기간에 경기를 살리는 분야가 없으니 건설로 경기를 좋게 하려는 유혹을 받는데, 우리 정부는 성장률과 관련한 어려움을 겪어도 부동산을 경기 부양 수단으로 사용하지 않겠다"고 강조했다. 이어 "전국적으로는 부동산 가격이 하락했을 정도로 안정화하고 있다"고 주장했다.[179]

이게 얼마나 황당한 발언이었는지는 채 한 달도 안 돼 구체적으로 밝혀졌다. 12월 11일 경제정의실천시민연합(경실련)은 문재인 정부 청와대 1급 이상 전·현직 참모 65명의 집값이 문재인 정부 출범 전 8억 2,000만 원에서 11억 4,000만 원으로 평균 3억 2,000만 원 올랐다며, "소득주도성장이 아닌 불로소득 주도 성장만 나타나고 있다"고 했다. 김상조의 서울 강남구 아파트도 4억 4,000만 원 상승했다.[180] 사정이 이렇다면 화들짝 놀라서 무슨 조치를 취해야 했건만, 문재인 정권의 부동산 정책은 엉뚱한 방향으로 치닫기만 했다.

『경향신문』 논설위원 양권모는 "(당시) 대통령의 부동산 발언을 들으면서 아연해졌다. '자신 있다'는 건 각오로 새길 수 있지만, '안정화되고 있다'는 진단은 도통 딴 나라 얘기로 들렸다. 자고 나면 '억, 억' 하는 소리가 들리고, 800만 명에 달하는 무주택자들은 심각한 박탈감을 토로하는 상황이다"며 다음과 같이 말했다.

"'전국적 안정화'는 서울·수도권 집값은 폭등하고 지방은 폭락하면서 '평균'의 허상이 가져온 통계의 장난이다. 서울 중위 아파트 가격은 역대 최대인 8억 7,525만 원을 기록했다. 2년 반 새 70%가 급등했다. 6대 광역시의 중위 가격은 평균 2억 4,000만 원, 나머지 지방은 1억 6,000만 원이다. 서울의 가장 비싼 구와 싼 구의 주택 가격 격차는 2016년 3.4배에서 3.9배로 커졌다. 부동산 광풍으로 자산 불평등이 극심해졌는데, '평균'을 앞세워 안정화를 얘기하니 여론이 사나울 수밖에 없다."[181]

약 8개월 후 문재인의 '장담'은 헛말이었다는 게 분명해졌다. "서울에서 집 산 게 호랑이 담배 피우던 시절 이야기가 될 것 같아요. 그때는 서울에서 집을 살 수 있었지, 그렇게 되지 않겠어요?" 2년 전 결혼한 ㄱ(41)씨가 『한겨레』(2020년 7월 6일) 인터뷰에서 '집값이 떨어질 것'이라는 기대가 무너졌다며 한 말이다. 그는 "화요일에 검색하고 토요일에 부동산에 가면 2천만 원, 3천만 원이 올라 있어요"라고 개탄했다. "영끌(영혼까지 끌어모은다는 것으로, 온갖 수단을 동원한다는 의미)해서 살걸, 땅 치고 후회"하는 이가 많다니,[182] 이게 어인 일인가?

차라리 문재인이 그런 장담이라도 안 했더라면, 속아넘어가는 사람들은 없었을 텐데, 참으로 기가 막힌 일이었다. 왜 이런 기가 막힌 일이 벌어졌을까? 경제정의실천시민연합 부동산건설개혁본부 본부장 김헌동은 이렇게 말했다. "고위 관료들은 이미 알아요. 이 정부 몰캉몰캉하네, 아니네, 확실히 압니다.……누군가 대통령에게 거짓 보고를 하고 있는 겁니다."[183]

그러나 문재인 정부는 정치학자 박상훈이 『청와대 정부』(2018)에서 지적한 것처럼 명실상부한 '청와대 정부'였기에 고위 관료만 탓할 수는 없는 일이었다. 박상훈은 청와대 정부를 "대통령이 임의 조직인 청와대에 권력을 집중시켜 정부를 운영하는 자의적 통치 체제"로 정의하면서 이렇게 말했다. "정부가 청와대로 협소해지고, 열렬 지지자들의 여론만 크게 들리게 되면, 시민은 분열되며 정치는 적극적 지지자와 반대자로 양분되는 결과를 피할 수 없다. 문 대통령이 민주적 원리에 맞는 책임 정부가 아니라 청와대 정부를 만든 것이 가져온 폐해는 생각보다 크게 나타날 것이다."[184] 부동산 가격 폭등이 바로 그런 폐해 중 하나라는 건 두말할 나위가 없었다.

"문재인, 정말 고맙다!"고 외치는 강남 사람들

"강남 좌파와 우파들이 '문재인, 정말 고맙다!'고 합창한다." 『중앙일보』 주필 이하경이 「부동산 폭등은 문재인 정부의 서민 착취 아닌가」는 칼럼에서 "갤럽 여론조사는 뜻밖에도 '서울에 집이 있는 화이트칼라 중산층'이 문 대통령 국정 지지율의 버팀목임을 알려준다. 내 재산을 몇억 원씩 불려주는 정권을 누가 미워하겠는가"라면서 한 말이다. 이어 그는 "지방 거주자·블루칼라·저소득층은 절망하고 있다. 역대 최악의 부동산 광풍을 불러온 이 정권은 공동체 분열의 책임을 져야 할 것이다"며 다음과 같이 말했다.

"도대체 이 정권의 정체는 무엇인가. 평등·공정·정의라는 달콤한 약속과 달리 서민을 지켜주지 못한 무능한 정권인가. 아니면 지지자를 늘리기 위해 의도적으로 부자를 더 부자로 만들어준 교활한 정권인가. 그 어느 쪽도 치욕적인 평가로 역사에 남을 것이다. 불로소득인 자산소득이 땀 흘려 번 근로소득의 가치를 부정하는 사회는 윤리적이지 않다. 그런 결과를 만든 정책은 불순하며, 정의를 조롱한다. 실물경제의 건강한 성장과 무관하게 돌아가는 더러운 투전판에서 너와 나는 넋을 잃고 부자가 된 기분에 취해 있다. 거품이 터지면 어쩔 것인가. 부자 나라 미국에서도 대선을 앞두고 자산 불평등을 완화하기 위한 부유세 도입 논쟁이 뜨거운데 한국에서는 진보정권이 불평등을 조장하고 있다. 부끄럽지 않은가."[185]

그러나 부끄러워할 것 같진 않았다. 5일 전인 12월 11일 경제정의실천시민연합은 문재인 정부 청와대 1급 이상 전·현직 참모 65명의 집

미친 집값, '불로소득 청와대'

아침 햇발

신승근
논설위원

"소득 주도 성장이 아닌 불로소득 주도 성장만 나타나고 있다." 경제정의실천시민연합이 지난 11일 문재인 정부 청와대 1급 이상 전·현직 참모 65명의 집값이 지난 3년간 평균 3억2천만원 올랐다는 조사 결과를 발표하며 던진 경고다.

청와대는 이런 조롱에 수치심을 느껴야 한다. 부동산 시장의 현실과 상승률 40%에 이른 청와대 참모들의 부동산 시세는 "집값을 반드시 잡겠다"던 문재인 대통령을 부끄럽게 만든다. 부동산 정책을 총괄한 김수현 전 정책실장마저 9억원짜리 과천 아파트가 재건축단지로 19억원으로 뻥튀기됐다니, 배신감을 느끼는 이도 많을 것이다.

김성달 경실련 부동산건설개혁본부 국장은 말했다. "강남권이나 세종시, 경기도의 재건축단지 등 가격이 급등하는 곳에 부동산을 많이 가지고 있고, 이것은 정부 관계자들이 가격 안정을 위해 노력하기보다는 부양이나 투기를 장려하는 쪽으로 정책을 쓰는 게 아닌가…".

청와대 참모가 제 배 불리려 정책을 왜곡했다고 생각지 않는다. 하지만 '참모들 중에는 재산이 느는 사람도 있고 준 사람도 있고, 소수를 일반화시키지 않았으면 좋겠다'는 청와대 관계자 발언은 어처구니없다. 자신의 재산은 늘지 않았다고 했던 이 관계자는 "제 재산은 이자 등이 붙어서 올랐을지 모르겠으나 평균 3억원은 얼토당토않다는 뜻"이라고 부연했다니 기가 막힌다. 부동산 시장에 대한 국민 불안과 우려를 엄중하게 인식하고 처신해야 했다. 그위치가 국민 뜻을 헤아려 발산하라는 자리가 아닌가.

재산을 신고한 전·현직 비서실 공직자 76명 가운데 아파트나 오피스텔을 보유한 65명을 대상으로 했으니, 소수 일반화가 아니다. 더 심각한 건 다주택자가 늘어난 것이다. 집을 두 채 가진 이가 13명, 세 채 가진 이가 5명이다. 2017년에 견줘 5명이 증가했다. 집 여러 채 가진 이들을 불편하게 해 팔도록 만들겠다며 문 대통령과 김현미 국토교통부 장관이 집을 팔았다. 그런데 집값 폭등의 수혜자이면서, 두 채 이상 집을 가진 참모가 늘어난 청와대라면 국민은 부동산 정책의 이중성을 의심할 수밖에 없다.

솔직히 정부의 부동산 정책 신뢰도는 땅에 떨어졌다. "안 산 게 바보"라며 집안 싸움이 한창이다. 집 팔라는 정부 말에 못방귀 뀌며 갭투자하고 임대 사업자로 등록해 수억원을 벌었다는 사람도 많다. 12일 국토교통부 통계로도 집값 상승은 확인된다. 지난해 서울 집값은 1년 전보다 6.2% 올랐다. 2017년 3.6%보다 상승세가 더욱 가팔랐다. 이젠 서울 아파트는 연금생김, 빌라나 협소주택을 구입하려는 사람도 줄어든다. 늦었지만 더 오르기 전에 뛰어보려는 이들이다.

정부가 부동산 정책을 제대로 하는 걸 겁내는 게 아닌가 의문이 든다. 문재인 정부 들어 17번의 크고 작은 부동산 대책을 내놨다. 하지만 '조세 저항' '보유세 폭탄론'을 걱정하며 '임대사업자 등록 활성화' '엘콤 보유세 인상' '일부 지역 판셋 분양가 상한제'로 투기꾼이 빠져나갈 구멍을 만들며 대응한 탓에 결과적으로 뒷북만 쳤다.

문재인 정부 1년 때 청와대 고위 인사에게 '정말 집값 잡을 수 있느냐'고 물은 적이 있다. 그는 이런 얘기를 했다. "경제학자 케인스가 주식으로 돈을 벌자, 한 대학이 그에게 재단 운영을 맡겼다. 그런데 손해를 봤다. 대학이 '당신 주식은 이익을 봤는데 왜 우리 손해냐'고 물었다. 케인스는 '재단은 내 경제학 지식을 총동원해 운영했고, 주식은 마누라 하라는 대로 했다고 답했다." 어처구니없는 답변이다. 집권 2년차에 다른 고위 인사에게 호안장담한 집값은 왜 못 잡았느냐고 물었다. 그는 "홍콩 등 다른 나라에 비해 덜 올랐다. 아직 더 오를 여지가 있다"고 했다. 두 사람 모두 경실련 발표 집값상승 순위 10위 안에 들어갔다.

"지난 2년여 동안 집값 폭등 사실을 감추고 거짓 보고로 대통령과 국민을 속인 자들을 문책할 것을 요청한다"는 경실련의 요구는 좀 과할 수 있다. 하지만 능력 부족, 예측 착오, 정책 실기로 명진 건 따지고 책임을 물어야 한다. 박근혜 정부 규제 해제 탓, 일부 투기 가수요…. 한가한 말을 할 때가 아니다. 국유지에 토지임대부 주택을 때려 짓든지, 보유세를 억소리 날 만큼 물리든지 뭔가 하기를 국민들은 바란다. 민심은 계속 안내하지 않는다.

skshin@hani.co.kr

문재인 정부의 실패한 부동산 정책은 강남 좌파와 우파들에게 참으로 고마운 일이었다. 소득주도성장이 아닌 불로소득 주도 성장만 나타나는 '더러운 투전판'이 된 것이다. (『한겨레』, 2019년 12월 13일)

값이 지난 3년간 평균 3억 2,000만 원 올랐다는 조사 결과를 발표하면서 "소득주도성장이 아닌 불로소득 주도 성장만 나타나고 있다"고 했으니, 정권의 고위층은 속으론 웃고 있었을지도 모를 일 아닌가? 김성달 경실련 부동산건설개혁본부 국장은 이런 의문을 제기했다. "강남권이나 세종시, 경기도의 재건축 단지 등 가격이 급등하는 곳에 부동산을 많이 가지고 있고, 이것은 정부 관계자들이 가격 안정을 위해 노력하기보다는 부양이나 투기를 장려하는 쪽으로 정책을 쓰는 게 아닌가…….”

『한겨레』 논설위원 신승근은 “부동산 정책을 총괄한 김수현 전 청와대 정책실장마저 9억 원짜리 과천 아파트가 재건축 단지로 19억 원으로 뻥튀기됐다니, 배신감을 느끼는 이도 많을 것이다”며 이렇게 말했다. “청와대 참모가 제 배 불리려 정책을 왜곡했다고 생각지 않는다. 하지만 ‘참모들 중에는 재산이 느는 사람도 있고 준 사람도 있고, 소수를 일반화시키지 않으면 좋겠다’는 청와대 관계자 발언은 어처구니없다.……재산을 신고한 전·현직 비서실 공직자 76명 가운데 아파트나 오피스텔을 보유한 65명을 대상으로 했으니, 소수 일반화가 아니다. 더 심각한 건 다주택자가 늘어난 것이다. 집을 두 채 가진 이가 13명, 세 채 가진 이가 5명이다. 2017년에 견줘 5명이 증가했다.……민심은 계속 인내하지 않는다.”[186]

이하경은 부동산 가격 폭등은 문재인 정부의 ‘서민 착취’ 아니냐고 물었지만, 그건 물을 필요조차 없는 것이었다. 가슴 아프고 비극적인 건 문재인 정부에 그렇게 할 뜻은 전혀 없었다는 점이다. 부동산을 비롯한 민생 문제는 과거의 민주화 투쟁 모델로는 감당할 수 없는 것임을 깨닫는 게 그리도 어려웠던 것일까?

손가락을 자르고 싶은 심정의 사람들

“정부 말을 믿고 집 구매를 미룬 무주택자, 내집 마련이 멀어진 저소득층과 청년층, 소외된 지방 거주자는 손가락을 자르고 싶은 심정이다.”

『경향신문』논설위원 양권모가「누구를 위한 부동산 정책인가」는 칼럼에서 한 말이다. 그는 "청와대 참모들의 불로소득 잔치를 보면서, 구보씨는 묻고 싶어진다. 대체 누구를 위한 부동산 대책인가. 배신감에 억장이 무너지는 건 구보씨만은 아닐 터이다"며 안치환의 노래 〈자유〉를 인용했다. "사람들은 맨날 겉으로는 소리 높여/자유여 해방이여 통일이여 외치면서/속으론 워 속으론 제 잇속만 차리네/속으론 워 속으론 제 잇속만 차리네."[187]

이 노래엔 이런 사연이 있다. 1988년 김남주 시인이 출옥한 뒤 함께한 집체극에서 시인이 낭송한 시 〈자유〉에 곡을 붙여 그는 같은 제목의 노래를 만들어 불렀다. 그가 이 노래를 부를 때, 한 번은 나이가 많은 선배가 "왜 그런 노래를 부르나. 왜 우리(진보 진영)를 욕하는 내용의 노래를 부르냐"고 훈계조로 말했다고 한다. 그 뒤 이 일화를 전하니, 시인은 "부끄러워해야 할 놈은 부끄러워해야 한다. 신경 쓰지 말고 맘껏 불러라"고 해서 마음껏 부르고 다녔다는 것이다. 그는 이 '자유'의 연장선에 있는 〈아이러니〉라는 노래를 2020년 7월에 발표하게 된다.[188]

문재인은 손가락을 자르고 싶은 심정의 사람들에 대해 무슨 생각을 했을까? 그는 2020년 1월 7일 신년사에서 "부동산 시장의 안정, 실수요자 보호, 투기 억제에 대한 정부의 의지는 확고하다. 부동산 투기와의 전쟁에서 결코 지지 않을 것이다"고 했다.[189] 그러나 불과 50일 전 "부동산 문제는 자신 있다고 장담하고 싶다"는 말이 왜 부도가 난 건지 그 이유를 설명했어야 국민적 신뢰를 얻을 수 있는 게 아니었을까?

그러나 그런 설명은 없었다. 그래서 많은 사람에게 그의 말은 "내가 무능할망정 부동산 약탈을 좋아할 정도로 나쁜 사람은 아니라는 것만은 알아달라"는 식의 하소연에 불과한 것으로 여겨졌을 가능성이 높다. 전쟁은 전략과 전술로 하는 것이지, 의지의 천명으로만 하는가? 전쟁에서 진정 승리할 자신이 있는 사람은 "결코 지지 않을 것이다"는 따위의 말을 하지 않는 법이다.

일주일 후인 1월 14일 문재인은 청와대에서 열린 신년 기자회견에서 "집값이 급등한 일부 지역은 집값이 원상 복귀돼야 한다"고 말했다. 이에 대해 "원상회복의 기준이 언제냐. 서민들이 대통령 말 믿고 집 안 사고 기다려도 되느냐"는 질문에는 "대답이 불가능한 질문이다. 강력한 의지라고 생각해달라"고 답했다.[190] '장담' 운운했다가 혼이 난 학습 효과 때문에 그리 말했겠지만, 그래도 진일보한 거라고 칭찬해야 하는 건지 모르겠다.

문재인 정권의 부동산 실정에 대한 국민적 분노는 2020~2021년에 극에 이르러, 결국 2022년 3·9 대선에서 정권 재창출에 실패하는 결정적 이유가 된다. 노무현 정부에서 경제·교육부총리를 지낸 전 국회의장 김진표가 2024년 7월에 출간한 회고록 『대한민국은 무엇을 축적해왔는가: 1961-2024, 이 나라의 열 정권을 돌아보며』에서 털어놓은 이야기가 의미심장하다.

"부동산 문제는 근본적으로 수급을 통해 해결해야 한다. 한데 참여정부는 세금으로 단박에 풀려다 보니 실패를 거듭했다.……20년이 지난 지금도 부동산 정책을 막지 못한 일은 사무치게 후회된다." "(내가) 욕을 먹더라도 그때 강하게 주장하고 시정시켰어야 했다. 그랬다면 참여정부는 최소한 경제 영역에서는 훌륭하게 성공한 정부로 마무리할 수 있었을 것이다."

김진표는 문재인 정권이 세금을 강화해 주택 수요를 억제하려 한 것에 대해 "부동산에 이념적으로 접근해 노무현 정권과 똑같은 실수를 저질렀다"고 했다. 이어 "집값을 잡으려는 노력이 집값을 폭등시키는 결과를 낳았다"며 "부동산으로 정권을 두 번 뺏긴 것"이라고 했다. 노무현·문재인 정부가 '정권 재창출'을 못한 이유가 부동산 정책 실패 때문이었다고 결론을 낸 것이다.[191]

경기도지사 당선무효 위기에 처한 이재명

친형 강제 입원·선거법 위반, 1심 모두 무죄

2019년 5월 16일 오후 수원지법 성남지원 형사1부(부장판사 최창훈)는 1심 선고공판을 열어 경기도지사 이재명에게 적용된 친형 정신병원 강제 입원 시도, 검사 사칭, 대장동 개발 효과 과장 혐의에 대해 모두 무죄를 선고했다. 그간 이재명은 2018년 12월 11일 재판에 넘겨져 치열한 법정 공방을 벌였으며, 검찰은 4월 25일 결심공판에서 직권남용 혐의에 대해 징역 1년 6월을, 3개 공직선거법 위반 혐의에 대해서는 벌금 600만 원을 각각 구형했다.

재판부는 대장동 개발 효과 과장 혐의에 대해서는 "해당 사업을 통해 5,503억 원의 이익을 얻게 될 상황은 만들어졌다"며 "방송 토론회에서 선거법상 허위사실을 공표한 것으로 보기 어렵다"고 판시했다. 검사 사칭에 대해서도 "(방송토론회에서 한) 피고인의 발언이 구체적 사실로 볼 수 있는 단계에 이르렀다고 보기 어렵다"며 무죄를 선고했다. 가장 관심을 모았던 친형 강제 입원 시도 혐의에 대해서는 이재명 측 주장을 받아들였다.

이재명 측은 재판 내내 친형 이재선에 대한 입원 시도가 강제 입원이 아닌 강제 진단을 위한 조치라면서 혐의를 부인했다. 재판부는 이 같은 이재명 측 주장을 받아들여 이재명이 취한 형에 대한 일련의 조치는 시장으로서 할 수 있는 정당한 조치로 판단했다. 선거 방송토론회에서 이재명이 형 정신병원 강제 입원 시도와 관련해 "그런 사실이 없다"고 한 발언에 대해 재판부는 "후보자 판단을 그르칠 수 있어 허위사실 공표로 볼 수 있는 측면이 있지만 구체적 행위가 추출되지 않는 측면이 있다"며 무죄를 선고했다.[192]

2·3심이 아직 남아 있어 완전히 안심하기는 일렀지만 일단 1심 무죄로 한숨을 돌린 이재명은 문재인 지지자들의 마음을 얻기 위한 일에 박차를 가했다. 그는 1심 무죄선고 직후 지지자들에게 "'큰 길'로 함께 가길 기대한다"며 문재인 정부와 민주당 중심으로 단결할 것을 강조했다. 또한 문재인과 호흡했던 청와대 인사들을 잇따라 경기도로 '초빙'하며 '문재인의 남자 끌어안기'에 나섰다.[193]

"이재명의 진가를 확인시켜준 계곡 정비"

이명박에게 청계천이 있었다면, 이재명에겐 계곡이 있었다. 하천·계곡 내 불법 점유 음식점 등에 대한 철거 사업 말이다. 이명박을 싫어하는 사람들도 청계천 복원 사업은 칭찬하듯이, 이재명의 계곡 사업 역시 모든 사람의 칭찬 대상이 되었다. 물론 지지자들엔 극찬의 대상이었다. 이재명 지지자인 나꼼수 김용민은 "개혁은 아무나 하는 것이 아니다. 힘과 신뢰를 지녀야 한다"며 "계곡 정비는 이재명의 진가를 확인시켜준 리트머스 시험지였다"고 칭찬했다.[194]

2019년 8월 12일 이재명은 경기도 확대간부회의에서 "경기도에서 하천을 불법 점유하고 영업하는 행위가 내년 여름에는 한 곳도 없도록 바로잡겠다"며 "철거하고 비용도 징수하고, 안 내면 토지 부동산 가압류도 해야 한다"고 말했다. 이후 경기도 하천·계곡 내 불법 점유 음식점 등에 대한 강제 철거 작업이 시작되었다. 상인들이 불법 평상·천막을 설치해 자릿세를 받고, 시중 가격보다 비싸게 음식을 파는 등 텃세를 부린 것에 철퇴를 내린 것이다.[195]

초반엔 경기도 내부에서조차 "불가능하다. 무리하면 충돌이 벌어질 것"이란 우려가 컸다. 이에 이재명이 선택한 해법은 '정면 돌파'였다. 그는 2019년 8월 23일 직접 경기도 양주 일대 영업소 2곳의 철거 현장을 찾아 직접 작업을 지휘했고, 반대 주민들과 만나 공개 논쟁을 벌였다. 이 과정에서 이재명은 "살짝 불쾌하다"고 하는 상인에게 "당연히 불쾌하죠. 저도 불쾌하긴 마찬가지"라며 언성을 높이기도 했다. 그는 "단칼에 다 없애면 어떡하냐"고 고성을 지르는 상인들을 향해 "그러면 불법 상태를 계속 방치할 거냐. 유예는 불가능하다"고 설득했다.[196]

당시 상황을 찍은 영상은 470만 명이 넘는 사람이 보았고, 댓글이 2만 개가 넘었다. 이 영상을 본 SBS 논설위원 윤춘호는 "대화 분위기는 험악했다. 상인들은 지사를 면전에 두고 노골적으로 불만을 터트렸다. 주민들의 언성이 높았고 가끔은 말끝이 짧아서 반말처럼 들렸다. 여차하면 책상을 엎고 물병이라도 집어 던질 기세였다. 자신들의 생계 수단을 이재명이 한순간에 철거해버렸으니 그럴 만도 했다"며 다음과 같이 말했다.

"이재명의 태도는 그들을 달래기보다 화를 돋우는 것처럼 보였다. 여러분들 기분 나쁘고 불쾌한 거 안다며 멱살을 잡아도 좋다는 그의 말은 진담인지 농담인지 구분이 잘 되지 않았다. 화를 내는 주민들에게 그역시 얼굴을 붉히며 불쾌한 표정을 숨기지 않았다. 그는 유예기간을 달라는 한 주민의 요청을 말이 끝나기 무섭게 단칼에 거절했다. 듣는 사람이 민망할 정도였다. 유권자들이기도 한 주민들에 대한 공손함이나 절제된 언행 같은 것은 보이지 않았다."

훗날 이재명과의 인터뷰에서 윤춘호가 "어려운 사람들의 손을 잡고 그 사람들 눈을 가만히 들여다보면서 그 사람들 하소연을 듣는 목민관의 자세는 아닌 거 같다"고 했더니, 이재명은 이렇게 답했다 "그게 정확하게 보신 거예요. 저는 제 감정을 있는 그대로 진짜 표현해요. 원래 정치하는 사람은 감정 표현 안 하잖아요. '허허허' 이렇게 웃고 '아, 네네네', '그럴 수 있겠네요' 이렇게 하는데 이렇게 하면 그 사람들 괴롭히는 거예요. 불가능한 희망을 갖게 하면 희망 고문이잖아요. 그 사람들이 닥치고 있는 객관적 상황을 정확하게 알려주고 대비하게 해줘야지. 자기이익을 위해서 자기 피해 안 입으려고 허허허 웃어주고 난 다음에 그 사람들 기대를 꺾어버리면 더 나쁜 짓이잖아요."[197]

계곡 정비 사업의 명암明暗

경기도 산하 25개 시·군과의 조율도 원만하지만은 않았다. 가평군은 초반엔 불법시설물 정비 속도가 더뎠던 탓에 이재명에게서 불호령을 들었다. 그는 2019년 10월 경기도 확대간부회의에서 "불법을 방치한 것도 문제인데, 이렇게 버티면서 인력 없다고 있으면 어떻게 하나. 당연히 수십 년을 그대로 방치한 것 문제 아니냐. 직무유기다"며 가평군에 대한 감사를 지시했다.[198]

이 때문에 계곡 정비 사업은 이재명의 농담처럼 "이재명은 거칠다"는 이미지가 각인된 사건이기도 했지만, 성과는 분명했다. 1년 후인 2020년 8월 현재 경기도 하천 내 불법시설물 1만 1,562개소 중 1만 1,342개소(98.2%)는 모두 철거된 상태였다. 오랜 시간 묵인 속에 이루어졌던 하천·계곡 인근 상인들의 바가지 요금과 평상·천막 등 불법시설이 사라졌다.[199]

이 계곡 정비 사업은 이재명의 정치적 입지를 높이는 데 크게 기여했다. 윤춘호는 8월의 갈등 상황을 찍은 영상에 달린 댓글은 "하나 같이 이재명 칭찬 일색이다. 역시 이재명 사이다!라며 속 시원하다고 열광한다"며 "해방 이후 그 누구도 못했다는 계곡 불법 영업 단속을 이재명은 1년 만에 해치웠다"고 평가했다.[200] 도지사 취임 직후인 2018년 7월만 해도 29.2%로 전국 17개 시·도지사 중에 꼴찌였던 이재명의 직무수행 지지도는 계곡 정비 사업이 본격화된 뒤 상승세를 탔다. 2019년 12월엔 49.8%로 4위까지 올랐다.[201]

뒷이야기도 미리 해보자. 2021년 5월 26일 오후 이재명은 경기 가

이재명은 경기도 일대 계곡 철거 현장을 찾아 작업을 지휘하고, 반대 주민들과 만나 공개 논쟁을 벌이기도 했다. 경기도 청정계곡 생활 SOC 준공식에 참석한 이재명.

평균 용소폭포에서 열린 '경기도 청정계곡 생활 SOC 준공식'에서 철거 대상 불법시설 1,501곳 가운데 단 6곳을 제외한 99.7%가 자진 철거된 것에 대해 "기적에 가까운 일이었다"고 말했다. "'한다면 한다'는 사람인 건 좋은데 엄청난 물리력을 동원해서 (계곡 시설물을) 다 때려 부쉈을 거란 의심을 많이 받았다. 지금도 저에 대해 '독재자라 함부로 하지 않을까' 의심하는 분들이 있다"며 '자진 철거'를 강조한 것이다.[202]

이재명은 그간 각종 인터뷰를 통해 사업 추진 이유에 대해 "상인들은 반대할 게 뻔하다. 거칠게 저항할 것이기에 이런 문제는 안 건드리는 게 낫다는 걸 안다. 그렇지만 국민들은 무엇이 옳은지 안다. 그래서 건드렸다"고 했다. 그는 2021년 9월 유튜브 채널 '박영선TV'에 출연해선

"화가 나서 했다", "성남시장이었으면 무조건 강제 철거를 했을 것이지만 (경기지사로서) 그렇게 하지는 않았다"고 말했다.

이와 관련 『한국일보』 기자 신은별은 "성과 도출을 위해선 강제 철거와 같은 '거친 행정'을 자랑스럽게 밝히는 것은 그에게 '불안한 후보'라는 꼬리표가 따라붙는 이유 중 하나다. 과거의 일에 대해 무용담처럼 언급한 것이었으나, 대선 주자가 과도한 표현을 서슴없이 말하는 모습에 부적절하다는 지적도 적지 않았다"며 "'돌파력'이 대통령의 제1의 자질이 되어서는 안 된다는 지적이다"고 했다. 신은별이 인용한 민주당의 한 재선 의원은 "헤쳐 나가야 할 대상을 상정하고 움직이는 모습은 시와 도를 관할할 때는 유효할 수 있다"면서도 "대통령이라면 '행동한다'는 것보다 행동까지의 '과정'에 더 중점을 둬야 한다"고 했다.[203]

계곡 정비 사업 표절 의혹

'과정'의 중요성과 관련해 '정책 표절'의 혐의가 제기되었다는 것도 밝혀둘 필요가 있겠다. 2021년 7월 6일 경기 남양주시장 조광한은 더불어민주당 대선후보 경선 TV 토론회에서 언급된 하천·계곡 정비 사업과 관련해 입장문을 배포, "이 지사의 토론회 발언으로 사실이 왜곡될 소지가 많아 설명한다"며 "이재명 지사가 '하천·계곡 정비' 정책을 표절, 자신의 치적으로 홍보하고 기사 댓글로 문제를 제기한 직원들에 대한 보복성 감사를 진행했다"고 비판했다.

남양주시는 조광한의 시장 취임 직후인 2018년 8월부터 하천 불법 시설 정비와 정원화 사업을 추진했다. 국가 소유인 하천과 계곡을 특정

상인이 점유해 사익 추구 수단으로 이용하자 휴식처로 만들어 시민에게 돌려주기 위해서였다. 16차례에 걸친 간담회와 일대일 면담을 거쳐 상인들이 자발적으로 불법시설을 철거함으로써 이듬해 6월 정비를 완료했다.

조광한은 "이 내용이 많은 언론에 보도되자 경기도는 일주일 뒤 확대간부회의를 열어 하천·계곡 정비에 나섰고, 특별사법경찰을 앞세워 무자비하게 밀어붙였다"며 "지난해 6월 이 지사 취임 2주년에 맞춰 '경기도가 전국 최초로 하천·계곡 정비 사업을 시작했다'고 발표했다"고 주장했다. 이어 "그러면서 남양주시가 경기도에 있기 때문에 경기도가 처음이라는 궤변을 한다"며 "남양주시의 좋은 정책을 적극적으로 수용해 경기도 전체로 확대한다고 발표했다면 이 지사에게 더 큰 도움이 됐을 것"이라고 일침을 가했다.

조광한은 2020년 말 이 사업으로 더불어민주당 참좋은지방정부위원회에서 '1급 포상'을 받았다. 이는 더불어민주당 소속 광역·기초단체장과 광역·기초 의원을 대상으로 국민의 삶과 생활에 도움이 되는 참신하고 검증된 정책과 조례에 주는 상이다.

조광한은 "(하천·계곡 정비 사업이) '경기도가 최초'라는 기사에 '남양주가 최초'라고 댓글을 단 직원들을 대상으로 경기도가 보복성 감사를 벌여 분노했다"며 "특별조사라는 이름으로 감사를 진행하고 이를 여론조작으로 몰아갔다"고 주장했다. 이에 이재명은 감사에 대해서는 "도정을 비방하는 가짜뉴스가 있다고 해서 감사한 일이 있는데, 그게 포함됐는지는 모르겠다"고 해명했다.

앞서 7월 5일 더불어민주당 대선후보 경선 TV 토론회에서 김두관이 이 사업과 관련해 지적하자, 이재명은 "취임 후 연인산에 갔다가 시설물을 보고 (정비를) 기획해야겠다고 마음먹었는데, 남양주가 먼저 하고 있더라"며 "표창도 해드렸다. 시장이 본인을 (표창)해달라더라"고 답했다. 조광한은 이 발언에 대해 "이 지사가 먼저 제안했고 완곡히 거절했다"고 반박했다.[204]

실제로 「"밤길 조심" 협박 받고도…시민에게 계곡 돌려준 시장」이라는 『동아일보』 기사는 계곡 정비 사업이 남양주에서 2018년부터 시작되었다고 보도하고 있다. 이 기사는 "돗자리를 펼칠 만한 자리는 이미 상인들이 불법으로 평상을 설치해 찜을 해두고 자릿세를 요구한다. 2인 기준 7만~8만 원짜리 닭백숙을 시켜야 한다. 정성껏 준비해온 도시락은 뚜껑도 못 열고 울며 겨자 먹기로 닭다리를 뜯는다"며 다음과 같이 말했다.

"올여름 수락산 계곡 등 경기 남양주시의 계곡에선 이 같은 불법행위가 싹 사라졌다. 평상, 천막, 보 등의 불법시설물이 걷히고 계곡이 제모습을 드러냈다. 상인들에게 빼앗겼던 하천과 계곡이 시민 품으로 돌아온 것이다. 조광한 남양주시장이 1년간 집요하게 추진해온 '계곡 탈환 작전' 덕분이다. 지난해 7월 취임한 조 시장은 취임 직후부터 시민들에게 하천을 돌려주겠다고 강조했다. 수십 년간 계속된 불법의 고리를 끊겠다고 했다. 조 시장은 '시장이 떠들어봐야 현장에서 움직이지 않으면 소용없다'며 '공무원들의 공감을 얻고 설득하는 작업부터 시작했다'고 말했다."

조광한은 업주들에겐 2018년 여름부터 "올해까진 눈감아준다. 내년부턴 장사 못 한다"고 거듭 공지했다. 가을부턴 주민, 업주 등을 상대로 16차례나 토론회와 설명회를 가졌다. 설명하고 설득하고 연말까지

자진 철거해달라고 사정했다. 조광한은 "업주들도 주민인데 일회성 소
탕 작전처럼 밀어붙여선 안 된다"고 설명했다.[205]

"이재명 경기도로부터 보복성 감사만 9번"

앞서 보았듯이, 이재명은 5월에 철거 대상 불법시설 1,501곳 가
운데 단 6곳을 제외한 99.7%가 자진 철거되었다고 했지만, 경기도는
2021년 7월 29일 보도자료를 통해 계곡·하천 인근 식당의 불법시설
물을 철저히 단속·처벌하겠다고 밝혔다. 이 발표에는 "기초단체가 불법
행위를 장기간 방치하면 특정감사(개별 사안에 대한 감사)를 실시하겠다"
는 내용도 포함되었다.

『조선일보』기사에 따르면, 이를 두고 경기도 내 상당수 기초단체에
서 "이미 현장 점검을 수시로 진행하고 있는데 도道가 감사권을 앞세워
막무가내로 압박하려 한다"는 반발이 나왔다. 경기 북부 지역 한 지자체
과장급 공무원은 "대선에 도전한 이 지사의 치적을 부각시키려고 무리
한 지시를 하는 것 같다"고도 했다. 조광한은 "상인들과 간담회와 면담
을 진행하니 자진 철거했다"며 "대화와 공감을 통해 합의하는 것이 근본
대책"이라고 했다. 이런 지적에 대해 경기도는 "이번 정비 사업의 강력
한 추진은 도지사로서의 당연한 의무"라며 "불법을 알고도 내버려두는
공무원들을 감찰하는 것도 과도한 조치가 아니다"고 했다.[206]

2021년 9월 23일 남양주시는 SBS 예능 프로그램 〈집사부일체〉
제작진에 26일로 예정된 '이재명 편' 일부 내용의 방영을 중단해달라고
요청했다. 또 이날 서울남부지법에 방영 금지 가처분 신청도 냈다. 남양

주시는 "이 프로그램이 예고 방송을 하면서 계곡·하천 정비 사업을 이재명 경기도지사의 치적으로 소개했으나 사실과 다르다"고 주장했다.

방송의 예고편에서는 경기도 계곡·하천 정비 사업이 이재명의 치적인 것처럼 일방적으로 주장하는 내용이 방송되었다. 이에 대해 남양주시는 "계곡·하천 정비 사업은 조광한 남양주시장이 취임 직후부터 추진한 핵심 사업"이라며 "경기도가 벤치마킹해 도내 계곡·하천 정비 사업을 추진하면서 '경기도가 전국 최초'라며 이재명 지사의 치적으로 홍보했다"고 주장했다. 또 남양주시는 "경기도의 이러한 행태를 지적하는 글을 인터넷에 올린 남양주시 직원들을 경기도 감사관이 불법 사찰하고 행정감사를 빙자해 의무 없는 진술을 강요한 바 있다"고 주장했다.

남양주시는 "이러한 이 지사의 일방적이고 그릇된 주장이 여과 없이 방송된다면 시청자들에게 잘못된 정보가 전달되고 여론이 왜곡될 것이며, 특히 공중파 방송의 파급력을 생각하면 그 폐해는 심각할 것"이라며 "불법 사찰과 진술 강요를 당한 남양주시 소속 공무원들의 명예가 실추됨은 물론 심각한 정신적 고통이 우려된다"고 주장했다.

경기도는 지난 9월 17일 감사에 불응했다는 이유로 남양주시에 공무원 16명에 대한 징계를 요구했다. 올해 남양주시는 경기도 종합감사 대상이었지만, 감사가 과도하다는 이유로 사전조사 자료 제출을 거부했다. 이에 경기도는 종합감사를 중단했고 그 이후 감사 거부에 따른 특정·복무감사를 실시해 이 같은 처분을 내렸다. 이에 대해 조광한은 입장문을 내고 "경기도의 위법하고 부당한 조치에 단호히 대처해나갈 것이며, 그 일환으로 경기도 감사관 등 관련자들에 대한 고발장을 수사기관에 제출할 예정"이라고 밝혔다.[207]

조광한 남양주시장은 이재명의 '하천·계곡 정비' 정책이 남양주의 정책을 표절했다고 밝혔다. 정비 사업을 추진하면서 '경기도가 전국 최초'라며 이재명의 치적으로 홍보했다는 것이다. ('조선일보', 2021년 7월 6일)

9월 24일 서울남부지법 민사51부(김태업 수석부장판사)는 남양주시가 SBS를 상대로 제기한 〈집사부일체〉 방영 금지 가처분 신청을 기각했지만, 조광한은 "매우 만족한다"는 반응을 보였다. 그는 페이스북에 "결과는 기각 결정이지만 저는 매우 만족한다. 저희가 져서 기각이 아니라 저희가 문제 삼은 부분을 방송하지 않겠다고 했기 때문"이라고 했다. 그가 공개한 SBS 답변서에 따르면, SBS 〈집사부일체〉 측은 계곡·하천 정비 사업과 관련해 '경기도 또는 경기도지사가 독자적으로 고안했다', '최초로 했다', '신청인보다 먼저 주도적으로 실시했다', '경기도나 도지 사만의 치적이나 성과다'는 내용을 방송하지 않겠다고 약속했다.

조광한은 "김빠진 재판이 되어 그냥 취하할 생각도 잠시 들었다. 그 러나 저는 의미 있는 흔적을 남기도 싶었다. 비록 기각을 받더라도 상대 방의 반응과 재판부의 판단을 역사에 남기고 싶었다. 그래서 저는 지금 제 손에 쥐어진 기각결정문이 자랑스럽다"고 했다.[208]

11월 1일 조광한은 『조선일보』 유튜브·팟캐스트 '강인선·배성규 의 모닝라이브'에 출연해 "이 후보가 지사로 있던 시절 경기도로부터 보 복성 감사만 9번 받았다"며 "무엇보다 제 밑에 있던 직원들이 부당한 대 우를 받으며 감사를 받아 불이익을 받게 되는 상황에 빠지는 걸 참을 수 없었다"고 주장했다. "계곡 정비 사업을 경기도가 마치 자신들이 먼저 한 것처럼 홍보를 해도 저는 가만히 있었다"며 "그런데 이에 대해 '원래 남 양주에서 먼저 시작한 것'이라는 취지로 인터넷 댓글을 통해 불만을 제 기한 우리 직원의 아이디를 조사해 경기도에서 감사를 하면서 직원 보호 차원에서 제가 가만히 있을 수 없어 대응을 시작한 것"이라고 밝혔다.[209]

'신용불량자의 삶'을 걱정하게 만든 항소심

이제 다시 2019년 9월로 돌아가자. 9월 6일 이재명이 큰 위기에 몰 렸다. 4개월 전 친형 강제 입원·선거법 위반 등에 대해 모두 무죄 판결을 내린 1심과는 다른 항소심 판결이 나왔기 때문이다. 항소심에선 강제 입원에 대한 직권남용, 대장동 개발에 대한 공직선거법상 허위사실 공포, 검사 사칭에 대한 공직선거법상 허위사실 공포 혐의는 무죄판결을 받았다. 그러나 강제 입원에 대해 사실과 다른 사실을 당선 목적으로 토론회에서 발언했기에 공직선거법상 허위사실 공포죄가 유죄로 인정되어 벌금 300만원 형을 받고 당선무효 위기에 몰린 것이다.[210]

이재명은 2심 재판 이후 외부 행사를 줄이자는 주위의 권유를 물리치면서 "내 재판 결과보다 흔들리지 않는 경기도정이 더 중요하다"고 했다. 모든 걸 예정대로 진행하고 더 활발하게 활동하겠다는 것이었다. 그는 언론 인터뷰에서 "내 인생에서 목표를 정하고 그 목표를 향해 설계한 인생 디자인은 애초부터 없었다. 그냥 최선을 다해 몰두하면 일이 그렇게 풀렸고 한 번도 비굴하게 살지 않았다"고 했다.[211]

그렇게 의연한 자세를 보이긴 했지만, 이재명의 마음속은 타들어가고 있었다. 그는 대법원 판결을 5개월 앞둔 2020년 2월 이런 글을 올렸으니 말이다. "나 역시 부양할 가족을 둔 소심한 가장이고 이제는 늙어가는 나약한 존재다. 두려움조차 없는 비정상적 존재가 아니라 살 떨리는 두려움을 사력을 다해 견뎌내고 있는 한 인간이다. 누릴 권세도 아닌 책임의 무게로부터 벗어나는 것이 아쉬울 뿐 지사직을 잃고 피선거권이 박탈되는 정치적 사형은 두렵지 않다. 그러나 이제 인생의 황혼녘에서 경제적 사형은 두렵다. 전 재산을 다 내고도 한 생을 더 살며 벌어도 못 다 갚을 엄청난 선거자금 반환 채무와 그로 인해 필연적인 신용불량자의 삶이 날 기다린다."[212]

그러나 이재명은 '만독불침萬毒不侵'의 경지에 이른 사람이 아닌가?

그는 상고심 재판을 위한 변호인단 구성을 위해 최선을 다했다. 과거 자신이 했던 발언과 충돌했지만, 그냥 당할 수만은 없다고 생각했던 건지도 모르겠다.

이재명은 2017년 더불어민주당 대선 경선에서 법조계 전관예우前官禮遇를 뿌리 뽑겠다고 공약한 바 있었다. 당시 이재명은 "대형로펌은 재벌 총수를 위해 담당 판검사와 인연이 있는 전관 변호사들을 총동원하고, 심지어 증거조작까지 한다. 대가로 천문학적인 액수의 변호사 보수를 받는다"며 "전관예우, 무전유죄, 유전무죄를 척결하기 위해서는 형사사건 변호사 보수에 제한을 둬서 이들로부터 경제적 이익을 제거해버려야 한다"고 주장했다.

그러나 이재명의 전관예우 척결 약속은 '호화 변호인단'으로 인해 무색해졌다. 전 대법관 이상훈을 비롯해 전 대법관 이홍훈, 전 헌법재판관 송두환, 민주사회를위한변호사모임(민변) 전 회장 최병모와 백승헌 전 회장, 전 서울지방변호사회 회장 나승철 등 전직 주요 변호사 단체장들도 상고심 변호인으로 참여했다. 부인 김혜경이 '혜경궁 김씨' 사건으로 수사를 받게 되자 변호인단에 수원지검 공안부장 출신 변호사 이태형을 영입한 것도 다시 구설수에 올랐다. 김혜경을 수사하는 곳이 수원지검인데 수원지검 출신 변호사를 선임한 것이었으니 말이다.[213]

"이재명 변호인, 전관예우 아니냐"

2019년 10월 18일 국회 행정안전위원회 경기도 국감에서 자유한국당 의원 안상수는 이재명이 대법관 출신 변호사 선임과 관련해 "이상

훈 변호사가 현재 이 지사님 배정 사건의 대법관과 함께 근무했던 분. 전
관예우를 기대를 하시는 것은 아니냐?"고 물었다. 이재명은 "절대 아니
다. 법리적으로 뛰어나신 분"이라고 답변했다.[214] 안상수는 "자기가 편할
때 상대방을 공격하고 자기한테 엄격하지 않은 것은 국민이 정치인을
혐오하게 만드는 요인이 된다"며 "국민과 도민을 위해 열심히 해야지 기
회 있을 때마다 정치성 발언을 해서 갈등을 조장하는 것은 좋지 않다"고
말했다.

　　자유한국당 의원 김영우는 이재명 선처를 구하는 구명운동에 대해
문제를 제기했다. 그는 "경기도에서 많은 분들이 이 지사 구명운동을 벌
이는데 문제는 경기도 승인이 필요한 사업을 추진하는 기초단체로서 구
명운동을 하지 않을 수 없다는 점이다"며 "그런 압박을 많이 받는다는
이야기를 듣는다"고 말했다. 김영우는 "심지어 경기도 공무원조차 구명
운동 탄원서에 서명하지 않기가 힘들다고 한다"며 "구명운동은 자발적
으로 해야 하는데 상급자 공무원이 서명을 해달라고 하는데 안 하기 힘
들지 않겠냐"고 했다.

　　이어 "임을 생각하는 공무원 충정은 이해할 수 있지만, 공무원은 기
본적으로 정치적 중립을 지켜야 하고, 법과 원칙을 따라야 한다"며 "공
무원이 직접 경기도 자문위원에게 지지를 구하는 카톡을 보내는 것은 직
권남용이 아니냐"고 지적했다. 또 "한때 이 지사와 초기에 각을 세웠던
경기도공무원노동조합도 공개적으로 나서는데 지사가 이들의 인사권을
가진 상황이다"며 "노조가 지사가 유죄를 받으면 추진하는 사업이 취소
될 수 있다는 내용의 탄원서를 냈는데 엄청난 협박 아니냐"고도 했다.

　　이재명은 "의원님이 걱정해주시는 것을 공감하지만, 공무원이 서명

한다는 것은 사실이 아니다"고 말했다. 김영우가 "방금 (공무원이 도 자문위원에게 서명을 권유한) 카톡을 보여드렸다"고 말했지만, 이재명은 "개인적으로 알 수 없는 일이다"고 잘랐다. 오후 보충 질의에서 김영우가 다시 "도 공무원이 자문위원에게 메시지를 보낸 것을 확인도 하지 않고 무조건 사실이 아니라고 해서는 안 된다"고 질책하자 "제가 그렇게 하지 않았다는 뜻"이라고 수습했다. 김영우가 "이런 일들이 벌어지면 바로 자제를 시켜야 한다"고 당부하자 이재명은 "그렇게 하도록 하겠다"고 답했지만, 국감이 끝난 뒤에도 공무원들의 도지사 구명운동과 관련한 조사나 지시는 없었던 것으로 밝혀졌다.[215]

"'팬덤 무죄, 무팬덤 유죄'인가"

2019년 11월 20일 '경기도지사 이재명 지키기 범국민대책위원회'가 이재명의 무죄 선처를 구하는 시민 13만여 명의 탄원서를 대법원에 제출했다. 범대위 측은 "사법부의 잘못된 판단으로 이재명 지사가 지사직을 내려놓는 불행한 일은 결코 있어서 안 된다"며 "그동안 전국 각지에서 모아온 탄원서를 취합해 상고심 재판부가 있는 대법원에 냈다"고 밝혔다.[216]

탄원의 시작점은 아주대학교 중증외상센터 교수 이국종이었다. 이국종은 범대위가 출범(9월 25일)하기 전인 9월 19일 "이 지사에 대한 판결은 경기도민의 생명과 안전과도 밀접한 연관이 있음을 깊이 헤아려주셔서 도정을 힘들게 이끌고 있는 도정 최고책임자가 너무 가혹한 심판을 받는 일만큼은 지양해주시길 간곡히 부탁한다"고 쓴 10쪽 분량의

'경기도지사 이재명 지키기 범국민대책위원회'는 이재명의 무죄 선처를 구하는 시민 13만여 명의 탄원서를 대법원에 제출했다. 그중에는 아주대학교 중증외상센터 교수 이국종이 쓴 10쪽 분량의 탄원서도 있었다.

자필 탄원서를 냈다.

　이후 국내외, 각계각층에서 탄원 행렬이 이어졌다. 경기도 포천시 백운계곡 상인들, 칠레·케냐·짐바브웨·콩고 의원들, 각 지역 민주당 의원들, 경기도 시장·군수 협의회, 경기도 교육감 이재정, 서울시 교육감 조희연, 경기도 조계종 스님들, 경기도 상인연합회 상인들, 경기도청 공무원 노조, 5·18 광주민주화운동 유족회, 웹툰 작가들, 국회의원 원혜영·임종성·김두관·제윤경·유승희·안민석·박지원·전해철, 작가 이외수, 시인 노혜경, 목사 이해동, 신부 함세웅, 군인권센터 소장 임태훈, 변호사 176명, 14개 시·도지사 등이었다.

　이런 탄원 열풍과 관련, 작가 공지영은 페이스북에서 "민주당이 선거법 위반 판결받은 사람 구명에 혼신을 다하고 있다. 거물들이 줄줄이 서명해서 선처받는 선례를 만들겠다는 건가? 여기에 서명하시는 거물들에게 묻고 싶다"며 이재명 탄원을 비판하는 듯한 글을 올렸다. 한 자유한국당 의원은 "팬덤이 있는 정치인은 무죄를 호소하고 평범한 서민은 아무리 옳아도 지원을 못 받는다면 '팬덤 무죄, 무팬덤 유죄'인가"라며 비판했다.[217]

전관예우와 관련된 변호인 구성과 팬덤의 지원 사격은 과연 이재명의 '만독불침'의 경지를 다시 증명해줄 것인가? 나중에 '변호사비 대납 의혹'과 '대법관 권순일에 대한 로비 의혹'도 제기되지만, 이재명으로선 그건 나중의 일이고 당장 자신에게 호의적인 여론 조성을 하려는 노력도 게을리할 순 없었을 게다. 천운이 따라준 것인지는 알 수 없어도, 2020년 한국은 물론 전 세계를 덮친 코로나19 사태는 그가 '행동하는 행정가'의 이미지를 구축해 자신의 지지도를 올리는 기회로 작용하게 된다.

1990년대생들의 '반反페미니즘'

구세대의 관점에서 볼 때엔 1990년대생은 신인류였다. 페미니즘을 대하는 태도가 전혀 달랐다. 자신을 진보적이라고 생각하는 구세대에게 페미니즘은 지지해주어야 할 당위였다. 하지만 그건 형식적인 시혜 수준의 제스추어일 뿐, 그것은 실천과는 거리가 매우 멀었다. 즉, 공적 영역에선 남성 페미니스트인 척하지만, 사적 영역에선 전혀 다른 인간이라는 이야기다.

반면 1990년대생에겐 그런 이중성이나 위선이 없었다. 구세대는 생활은 반페미니즘을 실천하면서 머리로만 페미니즘을 긍정하는 반면, 1990년대생은 출생 이후 생활이 곧 페미니즘 그 자체였다. 2008년과 2018년의 통계청 조사 결과를 비교해보자. 2008년엔 가사 분담에 대한 견해를 묻는 항목에 "공평하게 분담해야 한다"는 응답이 20대 남성은 44.0퍼센트, 20대 여성은 61.3퍼센트로 나타났다. 2018년엔 어떻게 달라졌는가? 놀랍게도, 20대 남성은 80.0퍼센트, 20대 여성은 83.0퍼센트였다.

가부장제에 대한 생각은 어떤가? 구세대는 입으로는 페미니즘의 옹호자인 것처럼 행세하지만, 그들의 몸과 마음은 가부장제에 찌들어 있는 중독자라고 해도 과언이 아니다. 반면 1990년대생은 가부장제를 온몸으로 거부했다. 가부장제라고 하면 무작정 나쁜 것처럼 여겨지지만, "남자가 가족의 생계를 책임져야 한다"는 생각이 바로 가부장제적 사고이며, 남성 권력의 횡포는 바로 이런 사고에서 비롯된 것임을 유념할 필요가 있겠다.

한국여성정책연구원이 2018년 11월 실시한 설문조사에 따르면 "가족의 생계는 남자가 책임져야 한다"는 항목에 50대 남성의 70.8%가 동의했으나 20대 남성은 33.1%만 동의했다. "남자는 힘들어도 내색하지 말아야 한다"는 질문에 동의하는 20대 남성은 18.2%에 불과했다. 2019년 1월 『중앙일보』가 인터뷰한 20대 남성들의 목소리를 들어보자.

"20대 남성이 언제 가부장제 혜택을 보고 그런 제도를 답습하며 여성을 억압했나. 학교 안에서 우리는 그런 권력을 누린 적이 없다." "20대는 남녀구분 없이 약자지만 우린 '남자니까' 기득권 취급을 받는다." "성차별적인 문화를 만들고 가부장제 문화에서 혜택을 본 세대는 40, 50대 남성이다. 근데 40, 50대 남성은 지금 페미니즘 정책을 펴면서 가해자가 아닌 것처럼 행동한다."[218]

박원익과 조윤호는 『공정하지 않다』(2019)에서 "20대는 제도적인 영역에서 성평등 가치가 공식화되고 남녀의 고정된 역할이 해체되는 과정 속에서 태어나고 성장했다. 이들에게 성평등은 어떤 세대보다 익숙하고 보편적인 가치이다. 한편 이들이 남녀 가릴 것 없이 무제한적인 입시와 취업 경쟁에 시달리기 시작한 세대라는 점을 눈여겨봐야 한다"고 역설했다.[219]

1990년대생 남성의 반페미니즘 뿌리가 바로 여기에 있다. 그들은 "자신이 남자로 태어났다고 해서 과거 세대의 과오에 대해 연대책임을 묻는 것은 불공정하다고 생각"하는데,[220] 페미니즘은 '남자 대 여자'라고 하는 전통적 잣대를 들이대는 경향이 있다. 여기서 싹트기 시작한 반감이 갈등의 증폭 과정을 거치면서 '반反페미니즘'으로까지 나아가게 된 것이다. 젠더 갈등이 2018년에 폭발한 데엔 폭로와 이슈몰이에 활용된 유튜브의 대중화가 큰 영향을 미쳤다.[221]

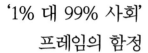

'1% 대 99% 사회'
프레임의 함정

불평등을 은폐하는 프레임

2011년 9~11월 전 세계를 떠들썩하게 만든 '월스트리트 점령 시위'의 슬로건은 "1% 대 99% 사회", "우리는 99%다", "탐욕스런 기업과 부자에게 세금을!" 등이었다. 이 시위는 전 세계로 번져나갔고, 한국에서도 "1%에 맞서는 99% 분노", "1%에게 세금을, 99%에게 복지를" 등과 같은 슬로건을 내세운 시위가 벌어졌다.[222] 정의롭고 진보적인 시위였지만, 사회를 보는 기본 틀에 문제가 있었다.

미국 브루킹스연구소 경제학자인 리처드 리브스Richard Reeves의 『20 VS 80의 사회』(2017)는 "1% 대 99% 사회"라는 프레임에 의문을 제기한 책이어서 주목할 만하다. 그는 영국 출신으로 신분사회적 요소가 강한 영국 문화가 싫어 평등 지향적인 미국에 귀화해 미국인이 된 인물이다. 그런데 미국에서 살아보니, 실제로는 미국이 영국보다 더 심한 신분

사회라는 걸 절감하게 되었고, 그런 문제의식으로 이 책을 쓰게 되었다고 한다.[223] 그간 '20 대 80의 사회'에 대한 문제 제기는 많이 있었지만, '1 대 99의 사회'에 시비를 걸진 않았다. 상호 공존할 수 있는 것으로 여겨졌다. '20 대 80의 사회'는 사실상 공존 불가론을 시사한다는 점에서 의미가 있다.

리브스는 2011년 5월 1일에 벌어진 '월스트리트 점령 시위'에 참여한 사람 중 3분의 1 이상이 연 소득 10만 달러가 넘었다는 점, 2015년 1월 말 버락 오바마Barack Obama 대통령의 세제 개혁안이 당시 민주당 하원 원내대표였던 낸시 펠로시Nancy Pelosi 등의 강력한 반대로 죽었다는 점을 지적한다. 펠로시가 누군가? 펠로시는 '진보의 화신'이라고 해도 좋을 정도로 민주당 내에서 강경한 진보 노선을 걸어온 인물이다. 상위 1%를 향해 날카로운 비판과 독설도 불사했던 그가 상위 20%의 이익을 위해선 전혀 다른 자세를 취한 것이다. 20%의 기득권을 유지하면서 1%만 문제 삼는 것으로 극심한 불평등 문제를 해결할 수 있을까?

'529 대학 저축 플랜'으로 불린 그 세제 개혁안은 자녀의 대학 학비 용도로 돈을 붓는 장기저축 상품의 세제 혜택을 없애고, 그 재원을 공정한 세액공제 시스템을 확충하는 데 쓰자는 것이었다. 펠로시를 비롯한 리무진 리버럴 정치인들의 지역구는 부유하고 교육 수준이 높으며 진보 성향 계층이 주로 사는 곳이었다. "영향력을 발휘할 수 있을 만큼 충분히 부유하고, 당락을 좌우할 만큼 숫자도 많은" 소득 상위 20%의 중상류층이 개혁을 무산시킨 것이다.[224]

미국 정치학자 래리 바텔스Larry M. Batels는 미국 상원의원들을 대상으로 그들이 누구를 대변하는가 하는 실증적 연구를 했다. 그는 상원의

리처드 리브스는 '20 대 80의 사회'는 공존 불가하다고 말하고, 래리 바텔스는 미국 상원의원들이
가난한 유권자들보다 부유한 유권자들의 이익을 대변한다고 말했다.

원들이 가난한 유권자들보다 부유한 유권자들의 이익을 대변한다는 걸
입증했다. 분석 결과 소득분포의 상위 3분의 1에 속하는 유권자들의 견
해는 중간 3분의 1에 속하는 사람들보다 50% 더 높은 중요도를 부여받
았으며, 하위 3분의 1에 속하는 유권자들의 견해는 거의 무시된 것으로
나타났다.

　　이 결과도 놀랍지만, 더욱 놀라운 건 부자들의 요구에 더 민감하게
반응하는 성향은 민주당 의원들과 공화당 의원들 사이에 차이가 없었다
는 점이다. 왜 그런 일이 벌어진 걸까? 부유한 유권자일수록 투표를 더
많이 하며 돈과 로비로 정치에 영향을 미치려고 애를 쓴다는 이유들이
그간 제시되었지만, 바텔스는 상원의원들이 부유층에 속한다는 점을 중

시했다. 자신이 부유하기 때문에 부유층의 이익을 대변할 가능성이 높다는 것이다.[225]

과도한 불평등 정당화하는 '능력주의 신화'

미국 정치철학자 매슈 스튜어트Matthew Stewart의 『부당 세습』(2018)이란 책도 상위 '9.9%'의 책임을 묻는다는 점에서 주목할 만하다. 그는 자신도 9.9%에 속하는 사람이라고 밝히면서 "우리는 이를테면 90퍼센트로부터 자원을 뽑아내어 0.1퍼센트로 옮기는 깔때기 형태의 기계를 작동시키는 직원이나 마찬가지다"며 이렇게 말한다. "우리는 그 공정에서 우리 몫의 전리품을 만족할 만큼 챙겼다. 분노에 차 있고, 정치적으로 조종당하기 쉬운 사람들이 생겨나는 데 우리가 기여했는데도, 우쭐대고 멸시하는 태도로 방관했다. 이제 우리는 그 결과를 받아들일 채비를 해야 한다."[226]

그러나 9.9%는 결코 그런 사실을 인정하지 않으려 할 것이다. 왜 그런가? 자신의 능력으로 성공했다고 굳게 믿는 이른바 '능력주의 신화' 때문이다. 스튜어트는 "새로운 귀족 계층인 능력자 계층meritocratic class 은 다른 사람들의 자녀를 희생양으로 삼아 부를 축적하고 특권을 대물림하는 오래된 술책을 터득했다"며 다음과 같이 말한다.

"우리는 이 시대에 점점 심각해지고 있는 부의 편중과 관련해 아무 잘못도 없는 방관자가 아니다. 서서히 미국 경제의 목을 죄고, 정치적 안정을 위협하고, 민주주의를 갉아먹는 과정의 주요 공범이다. 우리는 능력에 대해 크게 오해하는 바람에, 우리가 하나의 계층으로 부상할 데 따르는 문제의 본질을 인식하지 못하고 있다. 우리는 우리의 성공으로 인한 희생자들을 단순히 능력이 모자란 탓에 우리 계층에 진입하지 못한 사람들로 생각하는 경향이 있다. 하지만 우리가 벌이고 있는 이런 종류의 게임에서는, 결국 모두가 처참하게 패배한다는 것이 역사적으로 명백한 사실이다."[227]

9.9%를 넘어 19.9%까지 문제삼는 게 바람직하겠지만, 1%만 문제삼는 게 당연하게 받아들여지는 현실을 감안해 9.9% 책임론도 환영할 필요가 있다. 그러나 미리 각오해야 한다. 9.9%나 19.9%에 속하는 사람들의 거센 반발을 말이다. 앞서 소개한 리브스의 책에 대해서도 많은 미국 독자가 "의미 없는 글", "계급전쟁을 불러일으키려고 한다", "죄책감에 사로잡혀 있다"는 등의 반응을 보이며 그를 비난했다.[228] 그럴 만도 하다. 그간 1%를 맹공격하면서 나름의 풍요와 더불어 정의감까지 누려왔는데, 그런 자신을 '1%의 공범'이라는 식으로 몰아붙이니 어찌 화가 나지 않을 수 있겠는가?

스튜어트는 그런 심리가 "미국인들의 '듣기' 능력이 떨어지기 때문에 발생한다"고 그러는데, 이 점에선 한국인들도 비슷할 것 같으니 그의 설명을 경청해보자. "미국인들은 사회에 대한 비판과 개인에 대한 모욕을 잘 구분하지 못한다. 그런 탓에, 복합적인 기원을 지닌 광범위한 사회적 문제를 지적하는데도, 이를 읽는 독자들은 '가만, 내가 성공했다고 욕을 먹어야 한다는 거야'라고 반응한다."[229]

"한국은 20%가 80%를 착취하는 사회"

'1 대 99의 사회'라는 프레임은 '1% 개혁'마저 어렵게 만드는 함정이며, 이게 바로 오늘날 한국이 처해 있는 현실이다. 2014년 한국에서도 『21세기 자본』이란 책으로 세계적인 선풍을 불러일으킨 프랑스 경제학자 토마 피케티Thomas Piketty 열풍이 불면서 국세청의 과세자료를 이용한 상위 1%, 10% 등의 소득집중도 통계에 관한 연구가 이루어졌다. 연구 결과, 한국은 상위 10%의 소득집중도가 이미 10년 넘게 세계 최고 수준이었고, 상위 1% 기준보다 상위 10% 기준의 불평등이 더 심각한 것으로 나타났다.

상위 10%, 즉 20세 이상 성인 인구의 10%인 380만 명에는 재벌, 대기업과 금융기관의 대주주, 경영진 등의 고소득자에서부터 의사 등 전문직, 교수, 공무원, 괜찮은 자영업자, 금융기관과 공기업 직원, 대기업 정규직, 생계형을 넘는 임대업자 등이 포함된다. 송현경제연구소장 정대영은 "이들 상위 소득자의 높은 소득은 자신이 열심히 일하고 시장의 경쟁을 통해서 얻어지는 부분도 있지만, 상당 부분이 정부의 특혜성 지원과 과보호 그리고 부실한 조세 제도 등 법과 제도의 불공정성에 기인한다"고 말했다.[230]

더욱 심각한 건 불로소득이다. 국세청의 '2017년 귀속 양도소득과 금융소득' 자료에 따르면, 부동산 양도차익과 금융소득 등 대표적인 불로소득이 135조 6,000억 원인 것으로 나타났다. 전년(112조 7,000억 원)보다 20%나 증가한 것이다. 물론 이런 불로소득은 거의 대부분 상위 10%의 몫이다. 개인별 소득을 파악할 수 있는 배당과 이자소득(33조

4,000억 원)을 살펴보면, 상위 10%가 차지한 몫은 각각 93.9%와 90.8%에 달했다.[231]

이는 한국이 그 어떤 나라보다 더 '1 대 99의 사회'가 아니라 '10 대 90의 사회', 더 나아가 '20 대 80의 사회'를 기본 프레임으로 삼아 개혁에 임해야 한다는 걸 말해준다. 2019년 8월 통계청이 발표한 '2019년 2분기 가계동향조사 소득부문(가계소득조사)'에 따르면, 상·하위 20%의 소득격차는 5.3배로 역대 최대를 기록했다.[232] 그런 소득격차는 더욱 벌어지는 추세이니, 아예 '50 대 50의 사회'를 문제 삼아야 할지도 모른다. 『불평등의 세대』(2019)의 저자인 서강대학교 사회학과 교수 이철승의 말을 빌리자면, "지금 우리 사회는 정규직 노조와 자본이 연대해서 하청과 비정규직을 착취하는 구조로, 1% 대 99%가 아니라 20%가 80%를, 또는 50%가 50%를 착취하는 사회"이기 때문이다.

그는 "대기업 노조들은 대부분 임금 상위 20퍼센트에 속하는 최상층 임금노동자 집단이 되었다"며 "노조들은 불평등의 '치유자'가 아닌, 불평등 구조의 '생산자' 혹은 '수혜자'로 변모했다"고 개탄했다.[234]

'노동귀족'은 '수구꼴통'의 용어인가?

그럼에도 진보적인 언론, 지식인, 정치인들이 불평등 문제에 대해 하는 말을 들어보라. 모두 다 재벌만 문제삼는다. 그런 프레임에 이의 제기를 하면 '친親재벌'로 몰리기 쉽다. '노동귀족'이란 말은 프리드리히 엥겔스Friedrich Engels, 1820~1895가 노동자 계급 내부의 특권층을 지적하기 위해 쓴 말이지만, 한국에선 그 말을 쓰면 '반反노조' 의식에 찌든 '수

구꿀통'으로 간주되기 십상이다. 이게 바로 '1 대 99의 사회' 프레임이다. '노동귀족'은 '1 대 99의 사회', 즉 '재벌 대 노동자'의 구도라는 관점에서 보자면 언어폭력에 가까운 망발이지만, '20 대 80의 사회'의 관점에서 보자면 재벌이 빠지는 대신 '정규직 대 비정규직'의 구도가 형성되면서 반드시 문제삼아야 할 개혁 대상이 될 수 있다.

이렇듯 어떤 프레임으로 접근하느냐에 따라 세상은 전혀 다르게 보이는데, 진보 진영은 오직 '1 대 99의 사회' 프레임에만 갇혀 있는 것으로 보인다. 진보 진영에서 '노동귀족'을 강하게 문제삼은 이는 경제학자 김기원이 거의 유일했다. 그는 『개혁적 진보의 메아리: 경제학자 김기원 유고집』(2015)에서 "박노자 교수는 현대자동차의 정규직 노동자들을 '귀족'이라고 부르는 것은 '어불성설'이라고 주장하고 있습니다.……엥겔스의 정의에 기초할 때 현대차 정규직은 충분히 '노동귀족'에 해당한다고 생각합니다"면서 다음과 같이 말했다.

"박 교수는 현대차 정규직이 한 달에 270~280만 원을 받는다고 썼는데, 이는 사실이 아닙니다.……현대차 정규직 생산직의 평균 연봉은 이것저것 다 합쳐서 약 1억 원입니다. 이건 언론뿐만 아니라 현대차 직원을 통해서도 확인할 수 있고, 또 노조 간부 입을 통해서도 확인된 사실입니다.……박 교수는 또한 비정규직은 한 달에 100~150만 원을 받는다고 썼습니다. 이것 역시 부정확한 사실입니다.……현대차 사내하청 비정규직 노동자의 평균 연봉은 6천만 원이 넘습니다. 그러니 월평균으로 따지면 100~150만 원이 아니라 월 500만 원가량입니다."[235]

대기업 노조의 '고용 세습'이 문제가 되었을 때에도, 보수언론만 펄펄 뛰며 비판했을 뿐 진보언론과 지식인은 조용했다. 그러나 김기원은 이 문제도 외면하지 않았다. 그는 모든 노동문제에 대해 '신자유주의' 타령을 전가의 보도처럼 쓰는 진보파의 무능과 무책임에도 일침을 가했다. 그는 "우리 진보운동 진영의 적잖은 부분에서 보수 진영과 마찬가지로 열린 마음과 실사구시의 자세보다는 닫힌 마음과 과거의 관성이 판을 치고 있다"고 개탄하기도 했다.[236]

1% 개혁론에만 집중하면 나머지 99% 내부의 격차와 불평등은 비교적 작은 문제로 여겨지고, 그마저 '1% 개혁'을 완수하는 그날까진 해결이 유예되어야 했다. 그 누구도 감히 '1% 개혁'을 언제까지 완수할 수 있다는 말은 하지 못하니, 사실상 죽을 때까지 99% 내부의 격차와 불평등 문제를 외면하자는 것이나 다를 바 없었다. 1% 개혁과 20% 개혁은 상충되지 않으며 동시에 병행할 수 있음에도, 왜 1% 개혁을 이룬 후에 나머지 19%에 대한 개혁에 나서자는 걸까? 힘의 집중을 위해서? 아니다. 정반대였다.

1% 개혁은 그 프레임 자체가 착각이나 위선에 기반하고 있기 때문에 성공할 수도 없었다. 오히려 20% 개혁이 1% 개혁의 동력이 될 수 있다는 점이 중요했다. 그 어떤 계층도 '양보' 없이 불평등을 완화시키는 건 불가능했다. 19%가 스스로 양보하거나 양보를 강요당하는 변화가 있을 때에 비로소 1% 개혁도 가능해지며, 그래야 1% 개혁 정책도 시늉이나 제스추어로 그치지 않고 실천 가능성이 높아질 수 있었다.

"고위공직자 절반이 상위 5% 부자"

그 어려운 일을 다루어야 하는 게 정치의 역할이지만, 정치는 상위

20%가 지배하고 있었다. 전문가 집단도 상위 20%에 속하는 사람들이었다. 1% 개혁의 주체는 사실상 정책을 만들고 여론에 절대적 영향을 미치는, 고위 관료와 각종 전문직 집단으로 대변되는 19%에 속하는 사람들이다. 이들이 자신의 기득권 유지를 전제로 만들어내는 1% 개혁안은 결코 성공할 수 없다.

바로 여기서 '강남좌파'가 문제가 된다. 조국에게만 강남좌파 딱지를 부정적 의미로 붙이는 건 부당하거니와 어리석다. 상위 20%에 속하는 좌파는 다 강남좌파로 보아야 한다. 물론 상위 10%로 좁힐 수도 있지만, 여기서 중요하게 생각해야 하는 건 강남좌파에 대한 엄밀한 정의가 아니라 정치인과 관료 등 정책 결정에 큰 영향을 미치는 집단의 '다양성' 가치에 대한 문제의식이다.

이른바 '필수적 다양성의 법칙law of requisite variety'이라는 게 있다. 어떤 조직이나 집단이 성공하기 위해선 그 구성원이 사회의 다양성을 반영해야 한다는 원칙이다.[237] 쉽게 말해 전체 인구의 절반이 여성인데, 특정 조직이나 집단의 구성원, 특히 상층부가 남성 일색으로 구성되어선 안 된다는 것이다. 정책 결정을 하는 집단에 가장 필요한 건 계급적 다양성이다. 그런데 그런 집단이 상위 10%나 20%에 속하는 사람들로만 구성된다면 어떤 일이 벌어지겠는가?

2015년 3월 국회·대법원·헌법재판소·중앙선거관리위원회·정부공직자윤리위원회가 관보에 공개한 소속 고위공직자 2,302명의 정기 재산변동 신고 내역을 보면, 행정·입법·사법부를 통틀어 우리나라 고위공직자의 절반이 상위 5% 자산가인 것으로 나타났다. 순자산이 9억 원을 넘는 고위공직자는 1,100명으로 47.8%에 이르렀다.

우리나라 고위공직자 대부분이 상위 10%나 20%에 속하는 사람들이고, 이들이 정책을 만들고 여론에 절대적 영향을 미친다. 왜 이들이 '1 대 99의 사회'를 외치는지 이해할 만하지 않은가? (『조선일보』, 2019년 3월 28일)

반면 통계청·금융감독원·한국은행이 공동으로 조사한 '2014 가계금융·복지 조사'(2014년 3월 기준)를 보면, 가구당 순자산이 9억 원 이상인 가구는 5.1%에 그쳤다. 일반 국민 100가구 중 5가구에 불과한 순자산 9억 원 이상 고액 자산가 그룹에 고위공직자는 절반가량이 포함된 것이다. 각 분야별 상위 5% 자산가 비중은 법조계 71.3%(202명 중 144명), 국회의원 62.3%(292명 중 182명), 행정부(중앙부처·지방자치단체) 43.1%(1,790명 중 771명)였다.[238]

2017년 4월 정부공직자윤리위원회·대법원·헌법재판소가 공개한 '2017년 정기 재산변동 공개' 내역에 따르면, 2016년 말 기준 국회의원과 행정부처 1급 이상 고위공직자, 고등법원 부장판사 이상 고위 법관과 헌법재판관 등 2,276명의 평균 순자산(자산-부채)은 17억 3,800만 원으로 전체 국민 평균치의 5.9배에 이르는 것으로 집계되었다. 국회의원들로 범위를 좁히면 1인당 평균 37억 2,800만 원으로 일반 가구 평균

의 12.6배에 달했다.[239]

　　물론 이는 수백억대의 재산을 가진 부자 국회의원들로 인해 좀 부풀려진 통계이긴 하지만, 국회의원의 계급 구성이 다양하지 못하며, 강남좌파가 많다는 건 분명한 사실이다. 2019년 3월 정부공직자윤리위원회가 공개한 '2019년 공직자 정기 재산변동 사항'(2018년 말 기준)에 따르면, 김병관 더불어민주당 의원(2,763억 원), 김세연 자유한국당 의원(966억 원), 박덕흠 자유한국당 의원(523억 원) 등 기업인 출신 국회의원인 이른바 '슈퍼리치 3인방'을 제외한 국회의원 286명(현직 장관은 제외)의 재산 평균은 23억 9,767만 원이었다.[240]

1% 비판에 집중하는 '진보 코스프레'

　　대학입시 전쟁으로 인한 온갖 교육 문제가 해결되기는커녕 날로 악화되는 이유 중의 하나도 '필수적 다양성의 법칙'이 전혀 지켜지지 않는 것과 깊은 관련이 있다. 정책 결정 엘리트의 대부분이 학벌주의의 수혜자이기 때문에 이들은 이 문제에 대한 문제의식이 결여되어 있거나 내심 "이대로가 좋은데 뭐가 문제라는 거야?"라는 생각을 한다.

　　2016년 10월 기준 '고위공무원단' 1,411명 중 이른바 'SKY'(서울대·고려대·연세대) 출신은 780명으로 전체의 55.2%(서울대 33.7%)나 된다. 2013년 48.0%에서 오히려 늘었다. 대법원이 2016년 신규 임용한 경력법관 가운데 84%, 제20대 지역구 국회의원 253명 가운데 48.2%(122명)가 이 3개 대학 학부 출신자들이었다. 또 500대 기업 최고경영자의 절반이 이 3개 대학을 나왔고(2015년), 4년제 이상 대학 총

장의 30% 이상이 서울대 졸업자였다(2009년 기준).[241]

우리는 진보정권이 들어서면 문제가 좀 나아질 것이라고 기대하는 경향이 있지만, 실상은 정반대다. 학벌은 돈 많은 보수 엘리트보다는 돈이 비교적 적은 진보 엘리트에게 더 필요하기 때문에 진보정권이 더 심한 학벌주의 경향을 보인다. 박근혜 정부 집권 1년차인 2013년 조사에서 SKY 출신은 220명 중 111명으로, 전체의 50.5%였던 반면 문재인 정부 출범 100일 조사에서 파워엘리트 213명 중 서울대는 90명, 고려대 24명, 연세대 16명 등 전체의 61%(130명)가 SKY 출신이었다.

2019년 5월 『경향신문』이 문재인 정부 취임 2주년을 맞아 고위직 232명의 출신 대학을 분석한 결과 SKY 출신은 서울대 99명, 고려대 24명, 연세대 26명으로 조사되었다. 전체의 64.2%(149명)에 달하는 수치다. 이는 문재인 정부 출범 100일 때 『경향신문』이 조사했던 61%(213명 중 130명)보다 3.2%포인트(19명) 늘어난 것이다. 청와대 대통령비서실의 주요 인사 16명 중 9명, 18개 부처 장관 중에 3분의 1이 넘는 7명이 SKY 출신이었다.[242] 박노자가 『전환의 시대』(2018)에서 지적했듯이, "강남우파가 해먹든 강남좌파가 해먹든 학벌 엘리트들이 여전히 한국 사회를 요리하고 있는 것이다".[243]

좋은 대학을 나온 건 칭찬할 일이지 결코 흉볼 일이 아니다. 문제는 그런 집중으로 인한 '특혜'의 집중이다. 민주화 투쟁 경력이 화려하다고 해도 누구나 국회의원이 될 수 있는 건 아니다. 그런 기회는 좋은 학벌을 가진 사람들에게 집중된다. 대학 지원도 다를 게 없다. 2017년 서울대·연세대·고려대 3곳에 지원된 국비 지원액은 1조 3,333억 원인데, 이는 전체 고등교육기관에 지원하는 총지원액인 13조 465억 원의 10%를 웃도는 규모였다. 전체 대학생 가운데 이들 3곳 대학에 다니는 재학생 비율은 고작 3.5%에 불과했는데도 말이다.[244]

한국에서 학벌은 부익부빈익빈富益富貧益貧의 주요 이유인지라, 날이 갈수록 SKY, 의대, 로스쿨에 부잣집 자식이 많아지는 건 당연한 일이라 하겠다. 2019년 9월 한국장학재단의 통계에 따르면, 국내 의대에 다니는 학생의 절반가량은 가구소득이 9·10분위에 속하는 고소득층 자녀들인 것으로 나타났다. SKY도 재학생 10명 중 4명은 가구소득이 9·10분위인 집안의 자녀들이었다.[245] 2019년 법학전문대학원(로스쿨) 신입생 10명 중 5명은 SKY 출신이었다.[246]

이 정도면 왜 강남좌파가 '1 대 99의 사회'를 외치는지 이해할 만하지 않은가? 이들이 외치는 진보는 부지불식간에 자신의 경제적 기득권 유지를 전제로 한 것일 가능성이 높다. 그래서 진보 정책의 주요 '의제 설정'이 경제적 불평등 해소와는 거리가 먼 방향으로 이루어지는 경향이 있다. 합리적 보수 논객이라고 할 수 있는 공병호는 『좌파적 사고: 왜, 열광하는가?』(2019)라는 책에서 "좌파적 사고로 무장한 사람들은 평등을 최고의 가치로 여긴다"고 진단하면서 이에 대해 비판했지만,[247] 오늘날 한국의 좌파는 결코 그렇지 않다. 진영 논리엔 열광할망정, 평등엔 무관심하다. 경제적 불평등을 외면한 진보가 진보일 수 있을까? 그것도 진보라면 그건 '진보 코스프레'라고 부르는 게 옳지 않을까?

그런 '진보 코스프레'가 꼭 기득권 때문만에 이루어지는 건 아니다. 진영 논리도 작동한다. 자기 진영 내부에 긴장과 갈등을 일으킬 수 있는 주제보다는 진영 논리에 충실한 '모범답안'만 이야기하려는 안전의 욕구가 1% 비판만 하게 만든다. 자신도 포함되는 19%에 더 많은 세금을 거두어야 한다는 주장은 끼리끼리 어울리는 주변 사람들을 불편하게 만들수 있다. 그래서 모두를 만족시킬 수 있는 1% 비판에 집중하는 것, 이게바로 자신도 모르는 사이에 빠져들 수 있는 '진보 코스프레'의 정체다.

빈부격차에 가장 둔감한 능력주의 사회

능력주의 사회는 원래의 취지처럼 실현될 수 없는 것임이 분명함에도 모든 사람은 다 성공할 수 있는 동등한 기회를 가졌으며 성공은 각자하기에 달린 것이라는 신화는 여전히 큰 힘을 발휘하고 있다. 능력주의는 가난과 불평등의 문제를 사회적 이동성의 문제로 둔갑시켜버리는 효과를 낸다. 능력주의 시스템에 의해 생산되는 불평등은 계층 이동성을죽일 정도로 심해지게 되어 있으며 능력주의와 과두제는 분리할 수 없다는 의미에서 '능력주의의 철의 법칙The Iron Law of Meritocracy'이 작동하게 되어 있다.[248]

능력주의 사회는 부자나 빈자 모두에게 자기정당화 효과를 발휘하게 되어 있기 때문에 그런 비극은 좀처럼 교정되지 않는다. 부자는 자신의 능력 때문에 부자가 되었다고 할 것이고, 빈자도 자신의 능력의 한계때문에 빈자가 되었다고 할 게 아닌가 말이다. 학벌 차별 문제도 마찬가지다. 2019년 10월 1일 국회 의원회관 제2세미나실에서 열린 '특권 대물림 교육 체제 중단 국회 토론회'에서 한 학부모가 눈물을 글썽이며 한다음 말을 들어보라.

"울산대 앞에서 출신학교 차별금지법 제정 서명 캠페인을 한 적이있어요. 지방대이니만큼 이 법에 찬성할 것이라고 생각했지요. 그런데

능력주의 사회에서는 부자는 자신의 능력 때문에 부자가 되었고, 빈자는 자신의 능력의 한계 때문에 빈자가 되었다고 말한다. 국회 의원회관에서 열렸던 '특권 대물림 교육 체제 중단 토론회' 모습.

의외로 반대하는 쪽에 학생들이 스티커를 많이 붙이더라고요. 법에 대해 설명을 해줬어요. 그런데 학생들이 '스카이 대학 나온 애들은 그만큼 성실하고 머리 좋고 실력 좋으니 특별대우 받는 것이 공정한 것 아니냐'고 말하는 겁니다. 도대체 우리 기성세대는 이 젊은 지방 대학생들에게 그동안 무슨 짓을 한 걸까요?"[249]

그렇다. 이게 바로 능력주의 신화의 마력이다. 일단 이 신화에 감염되면 그 어떤 특권도 정당한 것으로 간주하는 심성을 갖게 되고, 자신이 할 일은 오직 그 특권의 영역으로 진입하는 것뿐이라는 생각을 하게 된다. 이런 식으로 능력주의 사회는 빈부격차에 가장 둔감한 사회가 될 수 있다. 이런 이유로 미국 정치철학자 존 롤스John Rawls, 1921~2002는 능력주

의 사회를 배격한다. 능력주의 사회가 민주적일진 몰라도 공정성fairness
에 위배된다는 이유 때문이다. 다른 건 다 제쳐놓더라도 출발 지점에서부
터 계급 간 격차가 존재하는 데 어떻게 공정할 수 있겠느냐는 이야기다.[250]

　　불공정은 그 수준에 그치지 않는다. 미국은 고등교육 '소비' 규모가
세계에서 가장 큰 나라다. GDP의 2.75%를 차지하는데, 이는 유럽 국가
들의 2배에 이르는 수치다.[251] 또한 미국은 고등교육에 가장 돈을 많이
지원하는 국가다. 그 돈은 사회복지를 희생으로 한다. 사회복지에 들어
가야 할 돈이 교육 분야에 쓰이는 것이다. 물론 국가경쟁력 강화를 위해
서라는 명분을 앞세우기 때문이다. 그렇게 해서 미국이 세계 최강대국이
된 건 좋은 일이지만, 미국이 선진 21개 국가 중 사회복지는 꼴등이라는
점은 어떻게 이해해야 할 것인가?[252]

　　대학, 그것도 좋은 대학을 간 사람일수록 국가 지원이라는 혜택은
크게 누리는 반면, 대학을 가지 않았거나 서열 체계에서 낮은 곳에 속하
는 대학을 간 사람들이나 아예 대학을 가지 못하는 사람들은 자신들이
누려야 할 몫도 누리지 못하는 게 아닌가? 이게 과연 공정한 게임인가?
한국에서도 당연히 제기되어야 할 문제라 하겠다.

　　한국에서도 능력주의 사회의 허구성에 대한 많은 연구와 비판이 이
루어져 왔는데, 그런 비판을 압축시켜 상징적으로 표현한 것이 바로 최
근 청년 세대를 중심으로 유행한 '수저론'이다. 하지만 이미 왜곡된 능력
주의 사회 구조의 덫에 갇힌 개인으로선 사회에서 인정되는 더 많은 '능
력'을 갖기 위해 치열한 경쟁을 벌이고 있는 게 현실이다. 이 경쟁은 우
선적으로 명문대에 진학하기 위한 입시전쟁으로 나타나고 있는데, 미국
에서 통용되는 "명문대에 입학하는 길은 우편번호에 달렸다"는 말은 한

국에서도 그대로 적용되었다.

동국대학교 교수 조은은 수능점수에 따른 대학의 서열은 거의 학부모의 사회적 지위와 같이 가고 있기 때문에 웬만한 사회학자는 대학의 순위에 맞춰 학부모들의 직업과 소득, 학력, 거주지까지 어느 정도 맞힐 수 있다고 했다.[253] 그러니 우리 국민의 90%가 "특권 대물림 교육이 심각하다"고 생각하는 건 당연한 일이라 하겠다.[254]

정파적 싸움으로 탕진한 '조국 사태'

좋은 학벌을 갖기 위한 학벌전쟁이 공정하게만 이루어진다면 그것도 해볼 만한 일이긴 하지만, 공정은 없다. 이는 미국도 마찬가지여서, 리브스는 '유리 바닥Glass Floor'이란 개념을 제시한다. 이는 사회적 자본을 축적한 기득권층이 자신들에게 유리한 정책을 통해 사회·경제적 신분의 하락을 막으려 만들어놓은 방지 장치를 뜻한다. 그는 불공정한 대학 입학 제도와 인맥·연줄이 중요한 인턴제도 같은 기득권층의 '기회 사재기Opportunity Hoarding'가 계층 이동을 막는 유리 바닥을 만들고 있다고 지적했다.[255]

한국에서 성행하는 '기회 사재기' 방식 중 하나는 이른바 '스펙 품앗이'였다. 상위 20%에 속하는 사람들이 자기들 간의 인맥을 최대한 활용해 자녀들의 스펙을 만들어주는 걸 말한다. 대오교육컨설팅 대표 오기연은 "특히 부모가 교수·의사·사업가 등 고소득 전문직이고 서로를 잘 아는 특목고 유학반에서 성행했다"며 "제약회사 임원인 아버지는 연구소 투어를 시켜주고, 대학교수 아버지는 학교 연구소에 인턴이나 자원

봉사자 기회를 주는 식"이라고 했다. 한 입시 전문가는 "'스펙 품앗이'는 교수 사회에서 이미 공공연한 관행"이라고 했다.[256]

사정이 그렇다 보니, "누가 조국 가족에 부끄럼 없이 돌 던질 수 있겠는가?"라는 말도 나왔으며,[257] 조국 지지자들은 "다들 조국처럼 살아왔는데 왜 조국만 때리냐"고 항변했다.[258] 일리 있는 주장일망정, 이게 바로 '1 대 99의 사회'라는 프레임의 함정이다. '20 대 80의 사회'라는 관점에서 보자면, 상위 20% 밖의 사람들에겐 그렇게 할 기회조차 없기 때문이다.

'조국 사태'의 와중에서 그런 '기회 사재기'가 문제가 되자, 더불어민주당 대표 이해찬은 국회의원 자녀의 입시 비리에 대해 전수조사할 것을 제안했다. 자유한국당 등 야당도 민주당 제안에 "거리낄 게 없다"며 긍정적 반응을 보이자, 이게 정말 실현될 것 같은 분위기가 조성되기도 했다.[259] 전수조사가 제대로 이루어진다면 정말 볼 만할 진풍경이 벌어질 게 틀림없었다. 그러나 그런 일은 일어나지 않았다. 여야를 막론하고 자멸의 길로 갈 것임을 그들이 잘 알고 있었기 때문이다.

문재인 정권 1기 인사를 생각해보라. 장관 또는 후보자 17명 중 6명(35.3%)이, 청와대 수석비서관과 보좌관 15명 중 6명(40%)이 교수 출신이었다. '교수님 정부'라는 별명이 어색하지 않을 정도로 내각과 청와대에 교수가 넘쳐났다. 학생들을 가르치는 교수이니 도덕성 수준도 비교적 높았어야 했겠건만, 사정은 전혀 딴판이었다. 보통 사람들보다 훨씬 못했다.[260]

우리는 경제적 불평등이라고 하면 곧장 신자유주의나 자본주의를 원흉으로 지목한다. 일견 맞는 말이지만, 불평등의 해소나 완화를 목표로 삼으면서 실천 방식에 주목한다면 답은 오히려 정치적 불평등이라고 보는 게 진실에 가까웠다. '조국 사태'는 그런 문제의식을 의제화시킬 수 있는 좋은 기회였지만, 정치권, 언론, 아니 일반 국민들까지 '친조국이냐, 반조국이냐' 하는 정파적 싸움으로 그 좋은 기회를 탕진하고 말았다.

역사 산책 11	

관변단체로 전락한 시민단체

    2017년 5월 유시민이 외친 '어용 지식인론'과 이에 맞장구를 친 시민운동가 이태경의 '진보 어용지식인 찬양론'은 2018년에서 2020년 사이에 나온 다음과 같은 기사 제목들이 시사하듯이 부인하기 어려운 한국 사회의 현실이 되었다.

    「또 참여연대, 특정 시민단체가 출세 코스가 된 나라」,[261] 「권력의 단물은 다 받아먹는 참여연대」,[262] 「청와대·내각 등에 62명 진출…'참여연대 정부' 비판도」,[263] 「서울대 위에 참여연대…지금 대한민국은 '만사참통'?」,[264] 「관변단체로 전락한 시민단체」,[265] 「어용 권력이 된 시민단체」,[266] 「"정부 감시 대신 정권 옹호" 86세대 성공 루트된 시민단체」,[267] 「시민단체가 정부 돈·요직의 통로가 된 비정상 사회」,[268] 「시민운동하다 정·관계 발탁…NGO와 여권 '회전문 공생'」,[269] 「진중권 "참여연대는 불참연대…여與에 붙어먹어"」,[270] 「성추행·인권침해도…야野엔 벌떼, 여與엔 침묵」,[271]

「친여親與서도 경고음 "시민언론운동이 민주당 하위 조직 편입…"」,[272]
「권력이 된 좌파 시민단체…야野 비판 87% vs 여與 비판 13%」,[273]

이 기사들은 모두 보수신문의 것이므로 진영논리에 편향된 것으로 보아야 할까? 그렇게 보긴 어려웠다. 진보적 지식인인 서강대학교 명예교수 손호철은 2021년 8월 『프레시안』에 기고한 「시민단체인가 관변단체인가, 갈림길에 선 시민운동」이라는 장문의 글을 "일정 공직의 취업 제한처럼 시민운동 관계자들도 일정 기간이 지나야 정계 진출을 할 수 있도록 자체 규정을 만들어야 하나?"는 말로 끝맺었다.[274] 그렇듯 진보 시민단체가 진보 지식인들의 정관계 진출의 수단으로 이용되는 문제가 매우 심각했다. 바로 그런 이유 때문에 시민운동가들이 정파적 진영논리의 포로가 될 수밖에 없었기 때문이다.

진보적 시민운동가인 채효정은 2021년 5월 『경향신문』 기고문에서 "(시민운동) 경력을 쌓아 기업이나 정부의 요직으로 자리를 옮기는 것이 시민운동의 경로처럼 되었다"며 다음과 같이 말했다. "지금까지 그 경로를 착실히 만들어온 이들, 그런 운동을 후배들에게까지 전수하고 시민사회를 정부와 기업의 중간관리 인력풀로 만들어버린 이들에게, 지금처럼 계속 운동의 대표성을 부여해도 되는 것일까? 시민운동의 이유와 목표와 원칙을 다시 물어야 할 때다."[275]

가습기 살균제
살인 사건

"대한민국이 사실상 무정부 상태"

"세상에 어떤 참사에서 사망자가 1,300명을 넘을 수 있을까요. 전쟁 말고 비교할 수 있는 게 있습니까."[276] 환경보건시민센터 소장 최예용이 2018년 초에 한 말이다. 전쟁, 그것도 아주 잔인한 전쟁이었다. 가습기 살균제 문제가 드러난 건 2011년이었음에도 왜 이 참사, 아니 전쟁은 7년 후에도 계속되고 있었던 걸까? 물론 진실을 파헤치면 엄청난 비용이 든다는 이유로 사건을 축소하기에 급급했던 박근혜 정권의 책임이 컸다. 그러나 그것만으론 다 설명할 수 없다.

정권이 바뀐 후 문재인이 처음으로 피해자들을 청와대로 불러 사과를 했지만, 단지 말뿐이었다. 정부는 여전히 책임을 인정하지 않았고, 따라서 그 어떤 조처도 취해지지 않았다. 피해를 당한 소비자들의 억울함과 분노로 말하자면, "대한민국이 사실상 무정부 상태"라고 한 어느 피해자의 절규처럼 그 어떤 사건과도 비교할 수 없을 정도로 클 텐데, 왜 이런 '무정부 상태'가 지속되었던 걸까?[277]

가습기 살균제 사건은 2011년 4~5월 서울의 한 대학병원에서 출산 전후 산모 8명이 폐가 굳는 원인 미상의 폐질환으로 입원한 뒤 4명이 숨지면서 알려졌다. 2011년 8월 31일 질병관리본부(현재 질병관리청)는 가습기 살균제가 중증 폐질환의 원인이라고 발표했고, 유족들은 2012년 8월 옥시 등 가습기 살균제 제조·판매사 10곳을 검찰에 고발했다.

그러나 검찰은 이를 일반 형사사건으로 보고 검사 1명에게 수사를 맡겼고, 이듬해 "역학조사 결과가 나오지 않는다"며 시한부 기소중지했다. 피해자 접수는 역학조사 결과가 나온 지 2년이 지난 2013년 7월에서야 시작되었고, 정부는 2014년 3월에야 가습기 살균제가 폐질환의 원인이라는 공식 판정을 내렸다. 검찰 수사는 그로부터 1년 6개월이 지난 2015년 10월에서야 시작되었다. 하지만 수사는 지지부진遲遲不進했다.

2019년 7월 23일 서울중앙지검 형사2부는 가습기 살균제 사건 3차 수사 결과를 발표했다. 사건 책임자 34명(8명 구속기소, 26명 불구속기소)을 재판에 넘겼다는 게 주요 내용이었다. 2016년 22명이 기소되었던 2차 수사를 피했던 이들이다. 검찰은 이 수사에서 가습기 살균제가 최초 개발 단계부터 부실하게 개발되었고, 업체와 정부기관 간에 조직적인 유착이 있었다는 점 등을 새로 밝혀냈다.

가습기 살균제 원료 물질을 처음 개발한 유공(현재 SK케미칼)은 1994년 개발 당시 "유해성 여부를 검증해야 한다"는 지적을 어긴 채 제품을 시중에 유통시켰다. 환경부 서기관 최 아무개 씨는 업체에서 금품을 받은 뒤 국정감사 등 내부자료를 제공했고, 국회의원 보좌관 출신 양

가습기 살균제 살인 사건은 '안방의 세월호 사건'으로 불렸지만, 말 그대로 '안방'에만 머무른 수준으로 국민적 관심도가 적었다. 2019년 10월 가습기 살균제 피해자들이 '특별법' 제정을 촉구하고 있다.

© 연합뉴스

아무개 씨는 가습기 살균제 사건 조사를 무마해달라는 부탁으로 수천만 원을 수수했다.[278]

TV를 통해 이 뉴스를 지켜보던 시청자들 중엔 깜짝 놀란 이가 많았을 게다. 기자가 이젠 모든 게 다 마무리된 것처럼 말을 하는 게 아닌가? 아니다. 전혀 그렇지 않았다. 이 사건은 '안방의 세월호 사건'으로 불리기도 했지만, 실은 '잔인한 국가'라고 하는 점에서 보자면 세월호 사건보다 훨씬 더 중요한 사건이었다. 하지만 두 사건에 대한 국민적 관심도를 놓고 보자면, 세월호 사건은 국가적 수준의 사건이었던 반면 '안방의 세월호 사건'은 말 그대로 '안방'에만 머무른 수준이었다. 정치적 사건으로서 가치가 약했기 때문이었을까?

"가습기 살균제가 죽인 딸, 저는 '4등급' 아버지입니다"

왜 이런 어이없는 일이 벌어진 걸까? 가습기 살균제 피해자 구제 관련 법안을 가장 먼저 대표 발의하며 제19대 국회 4년 임기 내내 가장 적극적으로 나섰던 더불어민주당 의원 장하나는 『한국일보』(2016년 5월 3일) 인터뷰에서 "기업들은 피해자들이 찾아가도 문전박대하고, 보상을 요구하는 피해자들을 상대로 한 소송에만 돈을 썼다"며 "정부의 든든한 '빽'이 없었다면 불가능한 일"이라고 비판했다. 정부가 허용한 물질로 제품을 만들어 사고가 발생한 만큼 정부가 책임을 피하기 위해 해당 기업 편을 들었다는 것이다.

장하나는 법안 발의 이후 자신을 가장 힘들게 했던 것은 "세상의 무관심"이었다고 했다. 그는 "언론도, 국민들도, 정부도, 입법부도 가족이 머무는 공간을 '아우슈비츠'로 만든 사건에 지금까지 별다른 반응을 보이지 않고 있다가 이제서야 불매운동을 벌이는 등 공분하고 있다"며 "검찰이 칼을 뽑으면서 사태가 재조명받게 된 만큼 그 칼은 정부로도 향해야 할 것"이라고 강조했다.[279]

장하나는 『미디어오늘』(2016년 5월 12일) 인터뷰에선 "늦었지만 옥시가 나서서 사과까지 했으니 이제 잘 풀릴까"라는 질문에 이렇게 답했다. "사과할 기회는 5년 전부터 있었다. 피해자들이 1인 시위 매일 하고 한 번만 만나달라고 했는데 그때마다 기업들은 진상 취급, 악질 민원인 취급을 했다. 한번은 피해자들과 같이 옥시 회사를 방문한 적이 있는데, 국회의원이 가니까 그래도 문은 열어줬다. 근데 직원 식당 같은 데 앉혀놓고 책임 있는 사람도 안 나왔다. 이런 히스토리가 있는데 이제 와서 사과하니까, 그 사과가 사과로 안 들리는 거다."

또 장하나는 "지금 상황은 마치 검찰과 정부가 잘못한 기업을 때려잡는 것 같은 그림이다"는 질문에 이렇게 답했다. "포청천 코스프레하고 있다. 정부가 해당 가습기 판매허가 다 내줬다. 가해 기업 책임으로만 몰아가는 것도 어불성설이라 본다. 잠깐 팔린 것도 아니고 15년 동안 800만 개가 팔리는 동안 가만 놔뒀으면 그건 정부 책임이다. 구하기 힘든 물건도 아니고 동네 마트만 가면 다 널려 있었다. 정부의 책임이 없다는 식의 정부 태도가 가장 큰 재앙이고 문제의 본질이다. 이걸 못 고치면 이런 사고 다시 일어난다. 아무리 검찰 수사를 하고 교수를 조지고 옥시를 조지고 해도 죽음의 행렬을 막으려면 정부가 책임 인정하고 사과하고 재발 방지대책 마련하는 것으로 첫 단추를 끼워야 한다."[280]

가습기 살균제로 인해 백일을 갓 지난 딸을 떠나보낸 피해자 아버지 정일관은 2016년 8월 『오마이뉴스』에 올린 「가습기 살균제가 죽인 딸…저는 '4등급' 아버지입니다」는 글에서 "이번 가습기 살균제 피해자들은 여러 번 죽었으며 또 죽어간다"며 다음과 같이 피를 토하는 심정으로 절규했다.

"가습기 살균제로 인해 폐와 장기가 망가져 죽고, 사망 원인이 가습기 살균제라는 사실에 애통하여 죽고, 정부 당국자들에게 외면당하고 무시당하여 죽고, 부도덕한 기업의 발뺌과 무책임함에 죽고, 언론의 무관심에 죽고, 의사·교수들로 구성된 판정단에 의해 등급이 매겨져 죽고, 1,2등급과 3,4등급을 차별하고 분열시켜서 피해 규모와 배상 책임을 축소하려는 농간에 죽고, 더디고 더딘 우리 사회의 공감 능력에 거듭 죽는다. 이런 사상 최악의 생명 경시 사고로 인해 피해를 입었는데도 왜 피해자들이 거듭해서 고통을 당하고 거듭해서 죽어야 하는가."[281]

"가습기 살균제 사건은 '재난'이 아니라 '악행'이다"

정부의 가습기 살균제 피해 판정이 뒤늦은 데다 지나치게 까다로워 아무런 지원도 받지 못한 채 숨지는 희생자가 계속 늘어나고 있었지만, 정부는 별로 달라진 게 없었다.[282] 가습기 살균제 사건 특별조사위원회와 한국역학회가 2018년 10월부터 약 3개월간 조사한 연구에 따르면, 살아남은 피해자 66.6%가 '만성 울분'으로 고통받고 있었다. 피해자 ㄱ씨는 이렇게 말했다. "제가 할 수 있는 건 다한 것 같아요. 피해자한테 자꾸 증명하라고 하면 저는 가습기를 다시 흡입할 수밖에 없어요. 다시 흡입하고 임신해서 아픈 애를 낳고 부검하는 수밖에 없어요. 도대체 저한테 뭘 어떤 식으로 증명하라는 건지 모르겠어요."

연구를 진행한 서울대학교 보건대학원 교수 유명순은 "이들의 울분은 현재의 피해보상 및 대응체계가 양산하는 '사회적 울분'"이라고 분석했다. ㄱ씨 사례처럼 피해자에게 전가하는 피해 입증의 어려움, 유해 제품을 생산한 기업과 규제하지 못한 정부에 대한 분노, 자신이 구매한 제품 때문에 가족이 죽거나 아픈 데 대한 죄책감, 피해 인정 과정에서 모욕적 경험 등이 누적되어 만성적인 울분과 각종 추가 피해를 겪고 있다는 것이다.[283]

2020년 2월 18일 사회적 참사 특별조사위원회(사참위)와 한국역학회는 '가습기 살균제 전체 피해 가정 대상 첫 조사결과'를 발표했다. 이 조사는 2019년 6월 13일부터 12월 20일까지 가습기 살균제 전체 피해가

구인 4,953가구 가운데 1,152가구(피해자 성인 637명, 아동·청소년 236명)를 대상으로 진행되었다. 이 조사에 따르면, 피해자 중 성인 83%가 폐질환 등을 앓고 있으며, 성인의 49.4%가 자살 생각을 한 적이 있다고 대답했고, 11%는 실제로 극단적 선택을 시도했던 것으로 나타났다.[284] 이는 일반 인구가 극단적 선택을 생각하거나(15.2%) 시도한 경우(3.2%)에 견줘 3배 이상 높은 수치였다.

1,528명의 사망자, 피해자 수천 명의 '만성 울분'의 고통은 사회적으로 어떤 의미를 갖는 걸까? 숙명여자대학교 교수 구연상은 「가습기 살균제 사건, 재난(참사)인가 악행인가」는 철학적 논문에서 기존 시각은 이 사건을 대체로 재난災難이나 참사慘事로 규정하거나, '제조물에 따른 피해 사건' 정도로 보고 있지만, 악행惡行으로 규정해야 한다고 주장했다.

"살균제 기업들의 악행의 질은 그들이 살균제 제품에 쓰인 화학물질의 위험성을 '이미' 알고 있었을 뿐 아니라, 그것의 안전성을 검사해야 할 자신들의 의무를 '제대로' 수행하지 않았고, 심지어 그 검사 결과를 '거짓'으로 조작하기까지 했으며, 소비자의 안전을 철저히 무시해왔다는 점에서 매우 악질적이었다고 평가할 수 있다. 그들의 악행은 그것이 사고나 참사로 위장될 수 있었을 뿐 아니라 나중에 불거진 책임까지 회피하기 좋았다는 점에서 교묘巧妙하고 교활狡猾했다고 볼 수 있다."[285]

그렇다면 정부는 어떻게 볼 것인가? 『미디어스』 기자 장영은 "독성물질 천만 병이 판매되는 동안 정부가 한 일은 아무것도 없다. SK케미칼을 무죄로 만들어주기 위해 혈안이 되었다는 것 외에 정부가 한 일은 가습기 피해자를 인정하지 않는 것뿐이었다"며 다음과 같이 말했다. "정부가 국민을 먼저 생각했다면 보다 적극적으로 피해자를 찾아야 했다. 모

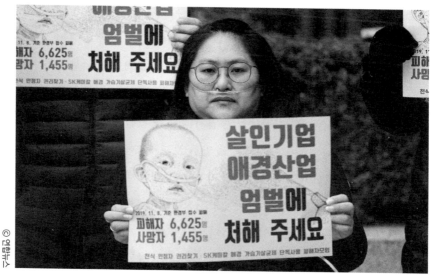

가습기 살균제 전체 피해 가정 중 성인 83%가 폐질환 등을 앓고 있고, 극단적 선택을 한 이들도 11%가 되었다. 2019년 11월 가습기 살균제 피해자가 가해 기업들을 처벌해달라고 호소하고 있다.

든 가능성을 열어두고 피해자를 찾고 연구를 통해 가습기 살균제의 영향을 받을 수밖에 없는 질병은 철저하게 피해자로 인정해 구제를 해야만 했다.…… '악의 평범성'이 여전히 우리 사회를 지배하고 있다는 사실이 끔찍하다."[286]

왜 언론은 '가습기 살인'을 외면했는가?

이런 악행을 방관한 언론과 시민사회는 면책될 수 있을까? 유가족 연대 대표 최승운이 말했듯이, "언론에서 처음부터 추적 보도를 해줬으면 (상황이) 이렇게까진 오지 않았을 것이다. 어느 누구도 관심을 가지고

보도하지 않았다".[287]

2016년 10월 15일 카이스트 과학저널리즘 7기 연구팀이 발표한 '가습기 살균제 참사, 언론 보도에 대한 고찰' 연구결과에 따르면 언론 보도는 2011년부터 2016년까지 심층 보도보다 '발표 저널리즘'이 주를 이루었다. 연구팀은 "기자들의 출입처 제도가 이번 사태 취재에 가장 큰 걸림돌"이었다며 "즉 얘기되는 출입처 보도자료에만 언론이 끌려다닌 것"이라고 비판했다.[288] 이는 언론의 가습기 살균제 관련 기사량이 검찰의 수사 결과가 조금씩 새어나오기 시작한 2016년부터 극적으로 증가하기 시작했다는 것으로 입증되었다.[289]

언론은 왜 그랬을까? 『중앙일보』 논설위원 권석천은 2016년 5월 17일 「나는 왜 '가습기 살인'을 놓쳤나」는 칼럼에서 용감하게 양심선언을 하고 나섰다. 그는 후배 기자 H가 자신에게 한 말을 소개했다.

"요즘 신문·TV에서 가습기 살균제 피해자들 보면 죄책감이 들어요. 2014년 서울중앙지검에 들어갈 때마다 거의 매일 그분들을 봤거든요. 피켓 들고 수사를 촉구하던 그분들 앞을 그냥 지나치곤 했어요. 검찰이 나서지 않는데 나보고 어떻게 하라고? 그런 마음이었던 것 같아요. 얼마나 크게, 몇 번이나 쓸 수 있을지 견적도 나오지 않고…… 검찰이 뒤늦은 수사로 비판받고 있기는 해도 기자들 감수성이 검사들보다 못한 것 아닌가 하는 생각이…….."

이 말을 듣고 자신이 사회2부장으로 있던 2014년 하반기부터 2015년 말까지 가습기 살균제 사건을 되돌아본 권석천은 "지난 5년간 피해자들을 투명인간으로 만든 건 언론이었다. 아무리 절규하고 발버둥쳐도 언론의 눈엔 보이지 않았다. 그들이 보인 건 수사가 본격화되고 시민들의 분노가 불붙은 뒤였다"며 다음과 같이 말했다.

"쉬지 않고 터지는 사건에 한정된 취재 인력, 단발성 보도까지 알리바이는 차고 넘칠 것이다. 하지만 비상벨을 울리지 않은 죄는 어떤 이유로도 용서받을 수 없다. 특별수사팀이 소환하고, 발표하고, 보도자료가 나와야 움직이는 게 기자이고 언론일까. 그러고도 '악마의 보고서'를 썼다고 대학 실험실에 돌을 던질 자격이 있을까. 지금 나 자신을 포함해 한국 기자들은 '악마의 관성'에 갇혀 있다. 위험을 감수하며 스스로의 힘으로 '탐사'하기보다는 발표 내용, 발설 내용을 그럴듯하게 포장해 '퍼나르기' 하는 데 급급하다. 나태하게 방관하다 사냥의 방아쇠가 당겨지면 그제야 달려들어 과잉 취재를 한다. 사자가 먹다 남긴 고기에 코를 처박는 하이에나와 다른 게 무엇인가."[290]

나흘 후 『서울신문』 편집국 부국장 진경호도 「가습기 살균제의 공범은 누구입니까」는 칼럼에서 권석천의 양심선언에 가세하고 나섰다. "그의 고백과 자책은 그러나 그만의 것이 아닙니다. 필자를 포함해 언론 모두가 무릎을 꿇을 일입니다. 1996년 유공(현 SK케미칼)과 옥시, 애경 등이 잇따라 세계 어느 나라에도 없는 가습기 살균제를 만들어 팔고, 이로 말미암아 수백의 영문 모를 죽음이 이어지는 상황에서 언론은 청맹과니였습니다. 아니 '사흘에 한 번은 꼭 청소를 해줘야 한다'며 기사로, 광고로 이들 제품을 선전하기 바빴습니다. 이들 제품에 사람을 죽이는 물질이 들어 있다고 상상도 못 했고, 알려 하지도 않았습니다."[291]

'하루살이 저널리즘'과 '먹튀 저널리즘'

권석천과 진경호가 고뇌 어린 반성 칼럼을 쓴 건 경의를 표할 일이지만, 언론의 기존 시스템과 관행은 그대로였다. 앞서 지적했듯이, 언론은 여전히 주요 기사의 대부분을 정부기관의 일방적인 발표와 정치인의 입에 의존하는 '발표 저널리즘'에 미쳐 있다. 이건 실은 '하루살이 저널리즘'이요 '먹튀 저널리즘'이다. 발표가 나오는 하루 동안만 관심을 기울이다가 다른 기삿거리가 나오면 그쪽으로 튄다. 국민적 삶에 직결된 중요한 문제라도 발표에만 의미를 둘 뿐 문제의 해결엔 아무런 관심이 없다.

언론이 외면하면 기업·정부·정치권은 결코 움직이지 않는다. 장하나가 잘 지적했듯이, 국회의원들은 이런 식으로 움직였다. "국회의원 의정활동도 언론에 얼마나 주목받느냐로 평가받는다. 그래서 반짝 하다 마는 경우가 많다. 이슈 되면 이 의원 저 의원이 다루다가 잠잠해지면 다른 이슈로 옮겨간다. 4년 내내 하는 의원은 없다. 쌍용자동차 해고노동자 문제도 19대 개원했을 때 특위도 만들고 했는데 처음에는 열심히 하다가도 잘 안 풀리거나 언론 관심도 떨어지면 안 다루기 마련이다."[292] 기업과 정부도 다를 게 없었다.

미시적인 소통의 문제를 교정하는 데에 자극을 주는 것도 언론의 역할이었다. 서울대학교 교수 홍성욱이 「가습기 살균제 참사와 관료적 조직 문화」라는 논문에서 잘 지적한 것처럼, 관련 기업의 부처들과 정부의 부처 같은 조직들 내부에서 발생한 "칸막이 문화, 피드백과 소통의 단절 같은 문제가 가습기 살균제 재앙의 중요한 원인"이었다.[293]

서양에선 정치적 소비자운동이 주로 소셜미디어를 통해서 이루어진 다지만, 한국에선 공적인 사회적 문제에 관한 한 여전히 소셜미디어마저 언론의 의제 설정 영향에서 자유롭지 못했다. 언론과 무관하게 실제 일상적 삶에서 겪는 문제가 동력이 되었던 '사립유치원 비리 사건'과는 달리, 가습기 살균제 사건엔 그런 동력이 없었거나 약했던 것으로 보인다.

아니면 다른 이유가 있었던 건가? 생각해보면, 참 이상한 일이었다. 앞서 지적했듯이, 한국은 인터넷과 소셜미디어가 과잉 발달된 나머지 누리꾼들이 아직 사건의 전모가 드러나지 않은 상황에서도 가해자로 지목된 기업이나 개인에게 맹폭격을 가하는 '현대판 마녀사냥'이 자주 일어나는 나라였다. 그런데 정의를 내세우는 이 투사들이 왜 가습기 살균제 사건에 대해선 비교적 얌전했던 걸까? 자신과 무관한 마녀사냥엔 재미로 뛰어들 수 있어도 그런 재미가 없는 일엔 자신의 쇼핑 행위와 관련이 있는 일이라도, 자신도 얼마든지 피해자가 될 수 있었던 일이라도, 나설 뜻이 없다는 것이었을까?

1,528명을 '통계'로만 여기는 냉담

전반적인 시민의식의 문제는 없었던 걸까? 가정의학과 의사이자 의료인류학자인 김관욱이 『아프지 않았으면 좋겠습니다: 무감각한 사회의 공감 인류학』(2018)에서 토로한 '단장지애斷腸之哀', 즉 "자식 잃은 어미 원숭이의 창자가 끊어질 정도의 슬픔"이 널리 공유되지 않았다는 점에서 시민들 역시 깊은 성찰을 해야 할 일이 아니었을까?

"첫째 아이 출산 때 내가 좀더 꼼꼼하고 부지런했더라면, 그래서 가

습기 살균제를 철저히 챙겼더라면, 나 역시 피해자의 일원이 되었을지
모를 일이었다. 이런 생각에 미치니 상상만으로도 미칠 것 같았다. 온몸
의 장기가 다 끊어지는 '단장지애'의 고통이 눈앞까지 밀려왔다."[294]

일반 시민들이 자신도 피해자가 될 수 있었다는 역지사지易地思之의
정신으로 좀더 일찍 분노하고 나섰더라면 사태는 달라졌을 것이다. 그런
데 그들은 왜 움직이지 않았던 걸까? 미셸 미셸레티Michele Micheletti는 정
치적 소비자 운동의 메시지는 '개인화personalization'의 방식으로 접근해
야 소비자들을 움직일 수 있다고 했는데,[295] 혹 그런 이유 때문이었을까?

"한 사람의 죽음은 비극이지만, 백만 명의 죽음은 통계다." 소련 독
재자 이오시프 스탈린Iosif Stalin, 1879~1953의 말이다. 좋은 말이라고 소개
한 게 아니다. 우리 인간의 맹점을 알자는 뜻이다. 각기 말한 취지는 다
르지만, 테레사Teresa, 1910~1997 수녀도 인간 본성에 대해 "다수를 보면
행동하지 않고, 한 명만 본다면 행동한다"고 했다.[296] 4년간 20만 명 이
상이 숨진 소말리아 다르푸르 내전에 대한 국제사회의 차가웠던 반응이
이 점을 잘 말해준다고 볼 수 있다.

가습기 살균제에 노출된 이후 정신질환이나 증상을 호소하는 비율
도 높았다. 성인 피해자 가운데 '우울 또는 의욕 저하'를 호소한 경우는
72%, '불안·긴장'은 72%, '불면'은 66%, '분노'는 64.5% 등을 나타냈
다. 아동·청소년 피해자의 67.2%는 신체건강 영역에서, 55.1%는 정신
건강 영역에서 아동·청소년 준거집단 대비 하위 15%(100명 중 하위 15번
째 이하에 해당) 수준인 것으로 드러났다.[297]

가습기 살균제 피해로 숨진 사람은 1,528명에 이르렀다(2020년 2월
19일 기준). 가습기 살균제 전체 피해 가구인 4,953가구 가운데 보상을 받

을 수 있는 피해 인정율은 8.2%에 지나지 않았다.[298] 2024년 6월 27일, 2011년부터 가습기 살균제 피해를 겪어온 임성호 씨가 향년 58세로 사망함으로써 가습기 살균제 피해로 인한 사망자가 1,860명으로 늘어났다. 임씨는 2008년부터 2010년까지 옥시싹싹 가습기 살균제와 롯데마트의 자체 브랜드PB 상품 가습기 살균제를 사용했다. 이 기간 그의 자녀 중 첫째가 3~5세였고, 둘째와 셋째가 태어났다. 자녀 셋은 모두 가습기 살균제 피해를 겪고 있었다.[299]

피해자들이 바라는 건 많지 않았다. 단지 피해 인정 범위를 넓히고 구제에 차등을 없애달라는 것뿐이었다. 그럼에도 가해 기업과 정부는 모르쇠로 일관했다. 아무런 이해관계도 없으면서 피해자들의 상처에 소금을 뿌리는 악한 인간들도 있었다. "다 끝나지 않았어? 다 끝난 걸로 알고 있는데?"라고 말하는 사람들은 비판받아 마땅할망정 눈감아줄 수도 있지만, 이런 말을 내뱉는 인간들은 어찌할 것인가? "그만 해먹어라. 그만 해먹어 좀. 그만 나와."[300]

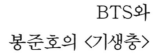

BTS와
봉준호의 〈기생충〉

"한류의 원동력은 독창성보다는 왕성한 흡수력"

2019년 4월 12일 BTS가 전 세계에 동시 발매한 미니 앨범《MAP OF THE SOUL: PERSONA(맵 오브 더 솔: 페르소나)》가 공개와 동시에 미국·캐나다·브라질·인도·일본 등 세계 86개국 아이튠즈 앨범 차트 1위에 올랐다. 타이틀곡 〈작은 것들을 위한 시〉(〈작은 시〉)는 67개국 음원 차트 1위를 차지했다. 〈작은 시〉의 뮤직비디오는 역대 최단 시간인 37시간 만에 유튜브 조회수 1억 회를 넘었다. 세계 최대 음원 스트리밍 업체 스포티파이는 BTS가 재생 횟수 50억 회를 넘은 첫 번째 K-팝 그룹이라고 발표했다.[301] 김성현은 BTS를 비롯한 K-팝의 활약과 관련, "한국 문화 수출의 원동력은 독창성보다는 왕성한 흡수력에서 찾아야 한다"며 다음과 같이 말했다.

"1990년대 이후 한국 영화 르네상스의 주역은 프랑스 누벨바그 영

364

화를 보면서 자라난 감독들이다. 마찬가지로 K-팝 역시 일본 대중음악 (J팝)의 성공 사례를 면밀히 살펴보면서 '후발 주자'의 이점을 톡톡히 누렸다. 만약 문화 개방 대신 쇄국鎖國 정책을 고집했다면 우리는 아직 영화 〈쉬리〉와 가수 보아 이전에 머물고 있었을지도 모른다.……역설적인 건, 반제反帝와 종속 이론이 극에 이르렀던 1980년대 현대자동차와 삼성전자는 본격적인 미국 수출을 시작했다는 점이다. 제조업에서만 가능한 줄 알았던 세계 진출이 문화 분야에서도 얼마든지 가능하다는 걸 입증한 건 21세기 들어서다. 현재 중국·동남아가 한국을 모델로 맹추격하고 있지만, 지난 세기의 패배주의와 열등감에 비하면 격세지감이 아닐 수 없다."[302]

5월 2일 미국 라스베이거스 엠지엠 그랜드 가든 아레나에서 열린 '2019 빌보드 뮤직 어워드'에서 BTS는 한국뿐 아니라 아시아 가수로는 처음으로 '2019 빌보드 뮤직 어워드' '톱 듀오·그룹' 부문을 수상했으며, '톱 소셜 아티스트'상을 3년 연속 수상하며 2관왕에 올랐다. 음악 평론가 김영대는 "한국 대중음악이 사상 처음으로 미국 팝 주류 시장 중심부에서 성과를 공인받은 역사적인 순간이라고 볼 수 있다. '미국 음악' 시상식에서 한국 그룹이 한국어 음악으로 이뤄낸 성과라는 점이 하나의 중요한 전기가 될 것이다"고 말했다.[303]

그로부터 20여 일 후인 5월 25일 프랑스 칸에서 열린 제72회 칸영화제 폐막식에서 봉준호 감독의 영화 〈기생충〉은 최고 작품상인 황금종려상을 수상했다는 소식이 전해졌다. 쿠엔틴 타란티노Quentin Tarantino 감독의 〈원스 어폰 어 타임 인 할리우드〉, 장 피에르Jean Pierre·뤼크 다르덴Luc Dardenne의 〈소년 아메드〉 등 쟁쟁한 21개 작품을 제치고 최고의

행복은 나눌수록 커지잖아요

2019년 5월 25일 프랑스 칸에서 열린 칸영화제에서 최고 작품상인 황금종려상을 수상한 봉준호 감독의 영화 〈기생충〉은 왕성한 흡수력이 '한국적 독창성'으로 이어졌음을 보여준 사례였다.

영화로 선정된 것이었다. 한국 영화 역사상 최초로 황금종려상의 영예를 안은 봉준호는 수상 소감에서 "이 트로피를 손에 만지게 될 날이 올 줄을 몰랐다"며 "위대한 배우들이 없었다면 만들어지지 않았을 것"이라며 함께한 배우들에게 감사를 전했다.[304] 그러나 봉준호와 더불어 '위대한 배우들'이 놀랄 일은 아직 더 남아 있었다.

"한류의 원동력은 독창성보다는 왕성한 흡수력"이라는 평가는 10세

무렵부터 미군 방송 AFKN으로 영화를 보며 꿈을 키워온 봉준호에게도 해당되는 것이었다. 칸영화제에선 "봉준호가 장르가 되었다"는 평가마저 나왔는데,[305] 이는 한류의 왕성한 흡수력이 '한국적 독창성'을 곁들인 흡수력임을 말해주는 것이었다. 한국보다 자본주의 역사가 훨씬 앞선 나라가 많지만, 자본주의에 대한 문제의식과 표현 방식에서 〈기생충〉이 독보적인 영상 언어를를 구사했다는 점에서 말이다.

영화평론가 이형석은 "〈설국열차〉가 '고장 난 자본주의'의 미래에 관한 묵시록이라면, 〈기생충〉은 '정상적 자본주의'의 현재에 대한 암담한 비평이다"며 이렇게 말했다. "21세기의 자본주의는 고장 나서가 아니라, 정상적으로 작동하기 때문에 비극적이다. 정상적인 자본주의는 성공의 신화 한편으로 비극을 끊임없이 확대 재생산하는 것이다.⋯⋯〈기생충〉은 우리가 살아가는 매일, 특별히 잘못된 것 없고, 특별히 나쁜 놈이 없는 일상, 그 속에 배태된 사회적 비극을 가장 평범한 인간들의 가장 극적인 드라마로 만들어냈다."[306]

BTS는 '자기계발서' 또는 '종교'다

'정상적 자본주의' 체제하에서 대중문화는 늘 경제적으로 환산되는 과정을 거치기 마련이었다. 2019년 6월 6일 현대경제연구원은 「방탄소년단의 성공 요인 분석과 활용 방안」 보고서에서 빅히트엔터테인먼트의 2018년 기준 기업 가치가 1조 2,800억 원(11억 6,000만 달러)에서 2조 2,800억 원(20억 7,000만 달러) 수준으로 추정된다고 밝혔다. 이는 국내 증시에 상장된 3대 연예기획사인 SM(1조 604억 원), JYP(9,296억

원), YG(5,805억 원)의 5일 시가총액을 훌쩍 뛰어넘는 수치였다. 빅히트의 2018년 매출액은 2,142억 원이며 영업이익과 순이익은 각각 641억 원, 502억 원으로 2016년 대비 6배 이상 증가했다. BTS의 '빅히트'에 힘입어 기획사의 실적과 기업 가치가 급증한 것이다.[307]

BTS의 맹활약에 대해 BTS를 공정하게 평가한 서양 언론도 많았지만, 인종차별주의적 편견과 오만으로 BTS를 폄하한 언론도 있었다. 한 프랑스 TV 기자는 "성형수술을 강요받고, 살찌는 것이 허용되지 않으며, 물건을 파는 데만 혈안이 되어 있다"고 보도했는가 하면, 스페인의 한 방송은 "전원 성형수술을 받았다"며 "음악이 아니라 외모로 유명해진 것"이라고 폄하하기도 했다. 그리스에선 심지어 BTS를 여성 같다고 비교해 팬들의 분노를 사기도 했다.[308] 이들이 놓치거나 아예 생각조차 하지 못한 건 이전의 팝스타와는 전혀 다른 BTS의 사회적 의미였다.

영국 런던에 사는 데이지(17)는 4년 전만 해도 친구 하나 없는 외톨이였다. 잦은 괴롭힘으로 학교생활은 공포였다. 그는 우리말로 또박또박 "BTS가 날 구해줬다"고 말했다. "유튜브를 보다 '나약해지지 마, 이길 거랬잖아'라는데 제 어깨를 토닥이는 것 같았죠. '너 자신을 사랑하라'는 말은 정신적 무기가 됐어요." 네덜란드의 헤이예스(24)는 "대학도 못 가고 취업도 안 돼 방황했을 때 BTS 초기 시절 이야기를 알게 됐다"며 "앞날도 모르고, 힘든데도 최선을 다하는 걸 보면서 'BTS처럼 하자'고 마음을 다잡았다. 얼마 전 직장도 구했다"고 말했다.

2019년 6월 10일 『조선일보』 문화부 차장 최보윤은 「BTS라는 자기계발서」라는 칼럼에서 영국 웸블리 BTS 공연장에서 이와 같은 팬들 이야기를 들으니 "BTS는 그들에게 '살아 있는 자기계발서'였다"고 말

BTS의 팬들은 BTS가 힘든 시기를 극복하게 도와주고, 삶의 태도를 긍정적으로 변화시켰다고 입을 모은다. 이는 BTS가 이전의 팝스타와는 전혀 다른 사회적 의미를 가진 스타라는 것을 시사한다. 2019년 6월 영국 웸블리 스타디움에서 열린 BTS 콘서트에 모인 팬들.

했다. 기자회견에서도 영국 SKY뉴스 기자는 BTS에게 이런 질문을 던질 정도였다고 한다. "팬들을 만나보니 힘든 시기를 극복하게 도와주고, 삶의 태도를 긍정적으로 변화시켰다 입을 모은다. 비결이 뭔가?"[309]

　　SBS PD 이재익은 「BTS가 제2의 비틀스 맞냐고 묻는 분들에게」라는 칼럼에서 BTS를 감히 비틀스에 비견할 수 있는 가장 큰 이유는 시대정신에 있다고 했다. 그는 "비틀스가 반전과 평화를 노래한 것처럼 방탄소년단도 음악을 통해 메시지를 전해왔다. 빈부격차가 공고하고, 남과 비교당하기 쉽고, 그래서 그 어느 시대보다 개개인이 초라해지기 쉬운 지금 가장 필요한 메시지다"며 다음과 같이 말했다.

"무려 유엔이라는 무대에서 '너 스스로의 목소리에 귀를 기울이고, 너의 이야기를 하고, 무엇보다 너 자신을 사랑하라'는 아르엠RM의 연설을 보며 (필자를 포함한) 세계 각국의 남녀노소가 눈물 지은 이유도 그래서다. 우리가 진정으로 원하던 위로를 방탄소년단이 건네준 것이다. 나는 이제 방탄소년단의 위치가 종교의 영역에 들어왔다고 생각한다. 종교가 별건가? 신이 따로 있나? 내가 어찌 할 수 없는 것들에 대해 의지할 수 있는 대상이 바로 신이다. 아무리 그래도 신은 너무했다고? 근엄한 척 뒤로는 온갖 비행을 저지르고, 정치인 행세를 하는가 하면 신도들에게 돈 뜯어낼 생각에 골몰하는 일부 혹은 다수 종교인들보다 방탄소년단에 빠지는 편이 몇 배는 더 도움 된다. 나 역시 자기 혐오와 막연한 공포에 질려 있던 최악의 시기에 방탄소년단을 통해 구원받았음을 간증한다. 할렐루야. 나무아미타불."[310]

『BTS와 아미 컬처』의 저자인 이지행은 "방탄이 대변하는 게 마이너리티성, 혹은 언더독underdog성이다. 신자유주의는 세계 인구의 99%를 스스로 언더독이라고 여기게 하는 측면이 있지 않나. 방탄은 언더독 중에서도 언더독으로 출발했다. K팝 중에서도 굉장히 낮은 곳에서 출발했고. 그런 언더독의 한계를 극복해간 과정에 대한 응원이 크다"며 다음과 같이 말했다.

"2018년 초 그래미상을 주관하는 레코딩아카데미 트위터에서 '자신의 인생에 가장 영향을 끼친 앨범'을 물었는데, 누군가 BTS를 썼다가 '진짜 음악을 말하라'는 조롱이 쏟아졌다. 그때 전 세계 아미들이 달려들어서 방탄이 내 인생에 어떤 영향을 줬는지 수만 개의 댓글을 달았다. '우울증이었는데 자살 생각을 하지 않게 도와줬다.' '목을 매기 직전

BTS를 보면서 울었다.' 이런 글이 많았다. 밑바닥에서 올라온 방탄의 성장사, '지금 자체로도 괜찮다'는 음악의 메시지에 공감하면서 위로받았다는 것이다. '미국이 더는 인종차별 말고 방탄을 인정하는 게 다양성을 실천하는 길'이라는 글도 많았다. 이 '그래미의 난亂' 이후 콧대 높은 그래미가 방탄을 받아들이게 된다."[311]

빅히트엔터테인먼트와 SM엔터테인먼트의 경쟁

2019년 8월 21일 서울 강남구 대치동 섬유센터에서 열린 빅히트엔터테인먼트의 설명회에서 방시혁은 "빅히트의 2019년 상반기 매출이 2018년 연간 매출과 맞먹는 수준인 총 2,001억 원을 달성했습니다"고 발표했다. 대중음악계의 '빅3'인 SM·JYP·YG엔터테인먼트를 모두 제친 결과였다. 별도재무제표 기준으로 SM의 상반기 매출은 1,215억 원, YG는 795억 원, JYP는 616억 원이었다.

방시혁은 기존의 음반·음원 중심에서 영화·웹툰·소설·드라마로 사업 영역을 확장하겠다는 포부를 밝혔다. 이미 빅히트는 기존의 팬 커뮤니티를 대체할 수 있는 새로운 온라인 플랫폼 서비스인 '위버스Weverse'를 개통했고, 콘서트 티켓과 응원봉·컵 등 각종 기념품을 판매하는 온라인 전용 쇼핑몰 '위플리Weply'도 론칭했다. BTS를 스타로 키우는 줄거리의 온라인 게임 'BTS 월드'도 출시했는데, 방시혁은 "K-게임(한국 온라인 게임)의 시장 규모가 K-팝의 10배에 달한다"고 했다. 걸그룹 '여자친구'의 소속사인 쏘스뮤직도 인수했는데, 방시혁은 "글로벌 오디션을 통해 걸그룹을 탄생시킬 것"이라고 밝혔다. 이 같은 파격 행보

SM엔터테인먼트는 미국의 초대형 음원 제작·유통 기업 CMG와 손잡고 '슈퍼엠'이라는 비장의 카드를 꺼내들었다. 니콜 프란츠 수석 부사장은 "K-팝은 미국 음악산업의 새로운 메인 스트림"이라며 성장 가능성을 높게 보았다.

때문에 2018년 말 156명이었던 직원 수도 400여 명으로 늘었다.[312]

그간 BTS의 활약에 압도당했던 SM엔터테인먼트는 '슈퍼엠Super M'이라는 비장의 카드를 꺼내들었다. 미국 캐피톨 뮤직 그룹CMG과 손잡고 샤이니 태민, EXO 백현·카이, NCT 127 태용·마크, WayV의 루카스·텐 등 멤버 7명으로 구성된 연합팀을 출격시킨다는 전략이었다. 이수만은 "CMG 스티브 바넷Steve Barnett 회장으로부터 동서양의 시너지를 낼 수 있는 새로운 팀 프로듀싱을 부탁받았다"며 "슈퍼엠은 차원이 다른 음악과 퍼포먼스를 보여줄 것"이라고 밝혔다.

이런 계획에 대해 음악평론가 김작가는 "BTS의 성공으로 빅히트에 주도권을 뺏긴 SM 입장에서 한계효용을 극대화할 수 있는 가장 빠르고 확실한 방법이지만 CMG와의 협업이 시너지를 낼지는 미지수"라고 밝혔다. 빌보드 칼럼니스트로 활동하고 있는 제프 벤저민Jeff Benjamin은 "K-팝 산업에서 가장 강력한 브랜드 파워를 가진 SM만이 할 수 있는 매우 흥미로운 기획"이라며 "완성된 음반을 배급·유통만 하는 형태의 협업이 아니라 양사가 기획 단계부터 함께하는 조인트 프로덕션이기에 파급력이 더 클 것"이라고 밝혔다.[313]

오디션 프로그램 생방송 투표수 조작 사건

2019년 11월 5일 Mnet 오디션 프로그램 〈프로듀스 101〉 생방송 투표수 조작 혐의로 안준영 PD와 김용범 CP가 구속됨으로써 큰 충격을 안겨주었다. 2016년 시작된 〈프로듀스 101〉 시리즈는 대형 연예기획사나 미디어의 개입 없이 오직 '국민 프로듀서'라 지칭된 시청자 투표를 통해서만 '데뷔조'가 결정된다는 공정성을 앞세워 신드롬적 인기를 얻었지만, 〈프로듀스 101〉의 투표 조작 정황은 시리즈가 내세운 공정성이 결국 산업 내 고착화된 부조리를 감추기 위한 허울일 뿐이었다는 추악한 진실을 드러냈다.[314]

문화체육관광부와 한국콘텐츠진흥원이 운영하는 '대중문화예술종합정보시스템'에 등록된 연예기획사 수는 2017년 2,025개에서 2019년 2,916개로 증가했다. 서울에만 2,555개의 연예기획사가 집중되어 있었다. 한국콘텐츠진흥원이 발표한 「한국 대중문화 예술 산업 실태 보고서」에 집계된 1,952개(2017년 기준) 기획사 중 연습생을 보유한 회사는 13.4%(261개)였으며, 연습생 수는 총 1,440명이었다. 이는 2014년

국민이 직접 프로듀싱하는 걸그룹을 육성한다는 기획 의도를 가지고 만든 오디션 프로그램 〈프로듀스 101〉은 공정성을 앞세워 신드롬적 인기를 얻었지만, 생방송 투표수를 조작한 것으로 밝혀져 큰 충격을 안겨주었다.

대비해 240명이 증가한 것으로, 1,440명의 연습생 중 가수 연습생이 1,079명으로 가장 많았다.[315] 연습생 착취와 기만의 사례가 줄줄이 폭로되었다.

그런 상황에서 〈프로듀스 101〉은 방송사 입장에선 시청률과 제작 비용을 동시에 해결해주는 포맷이었다. 〈프로듀스 101〉은 2017년 시즌2부터 "당신의 소년에게 투표하세요"라는 슬로건을 내세워 시청자의 투표로 데뷔 멤버 11명을 결정하는 방식을 취함으로써 팬들의 경쟁 심리를 자극, 마지막 생방송은 총 120만 건의 투표수를 기록했고, 이를 통해 데뷔한 '한시적' 신인 그룹 '워너원'은 데뷔 앨범의 초동 판매량만 41만 장에 달하는 대형 아이돌 그룹이 되었다.[316]

즉, Mnet은 시청자를 '국민 프로듀서'로 부르며 참여를 유도했고, 선발된 아이돌을 데뷔시켜 회당 수십억 원이 드는 제작비를 충당한 것이었다. 〈프로듀스 101〉 포맷을 만든 안준영 PD는 방송가에서 '천재'라는 소리까지 들었다. 한 방송 관계자는 "PD들 사이에선 100년이 지나도 이보다 나은 포맷은 나오지 않을 것이라고 할 만큼 완벽한 수익 구조"라고 했다.[317]

콘텐츠 기획자 황효진은 "현재 한류의 중심인 K-POP은 비유하자면 큰 판돈이 걸린 도박판이다. 더이상 산업은 한국에만 머물지 않고 전 세계로 퍼져나간다. 성공하기까지는 어렵지만 일단 성공만 하면 큰 수익을 보장받는다. 이런 상황에서 CJ가 만드는 것과 같은 방송 콘텐츠는 엄청난 권력을 갖는다. 어떤 연습생이 〈프로듀스 101〉과 같은 프로그램에 출연해서 비중 있게 나올 경우, 그는 데뷔 전부터 K-POP 시장에서 주목받을 기회를 선점하고 데뷔하자마자 글로벌 스타가 된다"며 다음과 같이 말했다.

"101명의 아이돌 연습생 중 시청자 투표를 통해 데뷔 멤버를 뽑는다는 방식의 〈프로듀스 101〉은 시종일관 연습생들의 꿈을 강조했다. 그것은 누군가의 간절한 희망을 이뤄주고 싶은 '국민 프로듀서'의 마음을 움직이는 방법이기도 했고, 프로그램에 참가한 연습생들이 겪을 수밖에 없는 고통을 당연한 것으로 여기게 만드는 방법이기도 했다. 10대 중반에서 많아야 20대 중반 정도밖에 되지 않는 연습생들은 TV 앞에 앉은 수많은 사람들로부터 신체 부위를 나뉘어 낱낱이 평가받고, 상상 이상의 빡빡한 스케줄과 열악한 환경에 놓여야 했지만 프로그램 안에서 이 모든 것은 '꿈을 이루기 위해서라면'이라는 말로 정당화됐다."[318]

CJ E&M의 '갑질'과 K-팝 팬덤의 극단화

2019년 11월 11일 『한겨레』 기자 엄지원은 「케이팝 열풍과 전근대성」이라는 칼럼에서 "음악 방송 제작이 끝난 뒤 제작진에게 90도 인사를 하기 위해 줄지어 기다리는 아이돌 멤버들의 풍경은 얼마나 구태의연한가. 케이팝 열풍의 포스트모던함에 견주면 그 이면의 전근대성은 믿을 수가 없을 정도다. 문화의 첨단에서 일어나는 이런 문화지체 현상은 유튜브처럼 직접 소통할 채널이 생긴 뒤에도 전 세계 케이팝 소비자들에게 국내 음악·예능 방송의 영향력이 지배적이기 때문에 벌어지는 일이다"며 다음과 같이 말했다.

"'프로듀스 시리즈'를 통해 방송과 음원 유통과 제작에 이어 매니지먼트에까지 손을 뻗친 씨제이이엔엠CJ E&M은 이런 방송사 갑질 구조를 고도화했다는 게 매니지먼트 업계 관계자들의 설명이다. 씨제이이엔엠은 계열사 구조 안에서 음원을 제작·유통하고, 음악 방송과 예능 방송에 출연시켜 매니지먼트까지 맡아 하며 '아이돌 상품'의 판매 구조를 장악했다.……그러는 사이 오늘도 젊은 매니저들은 '비티에스BTS 신화'를 꿈꾸며 방송사 문지방을 밟고, 숱한 아이돌 지망생들은 '피 땀 눈물'을 쏟으며 연습실을 지킨다."[319]

11월 18일 『한겨레』 기자 남지원은 "조작이 밝혀진 뒤에도 달라지지 않는 엠넷을 보면 참담한 마음마저 든다"며 이렇게 말했다. "이들은 또 다른 10대 경연 프로 '10대 가수' 제작을 강행하고 있다. 쏟아질 비난을 모르지 않는데도 아이들의 꿈을 볼모 삼아 또 다른 경연을 준비하는 건 10대 콘텐츠가 돈이 되기 때문이다. 씨제이이엔엠의 한 예능 피디는 '욕하면서도 지원하지 않느냐'고 말한다. 그의 말처럼 아이들은 또 지원하고 있다. 어쩌면 '프듀' 새 시즌이 만들어진다고 해도 지원할 것이다. 누군가에게는 '조작이든 아니든 경연에 나가는 것만으로도 얼굴을 비출 수 있는 절실한 기회'이기 때문이다. 문제는 그걸 아는 어른들이 그런 마음을 이용한다는 것이다."[320]

오디션 프로그램은 조작이 없었다면 괜찮은 것이었을까? 그렇게 보기 어려운 점이 있었다. 〈프로듀스 101〉은 3세대 팬덤의 출발점이 되었는데, 팬덤의 진화라고 하지만, 여기엔 명암明暗이 있었다. 신윤희의 분류에 따르면, 1세대 팬덤은 또래 집단을 기반으로 팬 개인 사이의 관계를 통해 공동체를 형성했고, 2세대 팬덤은 웹을 통한 연결이 전국으로, 해외로 퍼지게 되면서 온라인 중심의 공동체를 형성한 반면, 3세대 팬덤은 팬들이 아이돌 생산의 기획 단계에 적극적으로 참여한다는 점에서 이전의 팬덤과는 다른 성격을 갖게 되었다.

신윤희는 "이제 팬들은 스타를 무조건 지지하지 않고, 애정을 기반으로 관리하고 감독한다. 직접 기획하고 홍보해가며 키워낸 스타라는 점이 팬들의 개입을 가능하게 한다"며 이렇게 말한다. "3세대 팬덤의 핵심적인 특징은 양육에 있다. 2세대 팬덤의 연령대가 20대 이상으로 확장되면서 소비 능력, 즉 경제적 능력을 갖게 되었다면, 3세대 팬덤은 양적 확장을 이루는 동시에 주체성과 기획 능력을 갖게 되었다. 국민 프로듀서라는 부름은 팬덤을 기획자이자 유통자, 전략가, 홍보가, 평론가 등으로 존재하게 했고, 이는 단순한 소비 능력을 뛰어넘는 팬덤의 위치를 만들어냈다."[322]

그런 '양육'의 과정은 치열한 경쟁을 수반하기 마련이었다. 양성희는 "'프듀'가 안 그래도 과열된 K팝 팬덤을 더욱 극단화했다는 지적도 있다. K팝 팬덤의 특징인 양육자 모델(팬이 돈과 시간을 들여 스타를 응원하며 키워내는 방식)을 '극성 헬리콥터 맘'이란 극단으로 끌고 갔다는 뜻이다"고 했다. 이어 양성희는 "스타와 팬 사이 거리가 먼 해외와 달리, K팝 팬덤은 양자 간 친밀한 소통을 내세우고, 그만큼 팬들의 충성도도 높다. 밤새운 음원 스밍(스트리밍), 시상식 투표, 포털 실검이나 트위터 실시간 트렌드 총공(총공격) 등에 열성적으로 참여하며 아이돌의 순위를 올려주거나 사회적 화제를 만들어내는 '노동하는 극성 맘'이 K팝 팬덤의 정체성이다"며 다음과 같이 말했다.

"스스로 스타와 팬의 관계를 '새끼'와 '맘(엄마)'이라 칭하기도 한다. '프듀'는 여기서 나아가 시청자가 투표로 당락을 결정하며 생사여탈권을 쥐는 방식으로 팬덤의 과몰입, 과당경쟁을 촉발한다. '내가 뽑은 아이돌이니 내 마음대로'라는 식의 과도한 개입을 낳기도 한다. 굳이 순위가 의미 없는데도 팬덤 간 기싸움 하듯 각종 기록 줄 세우기 경쟁을 하거나, '닥치고 지지'라는 폐쇄적인 아이돌 팬덤 문화가 여타 팬덤 문화의 근간을 이룬다는 점에선 문화적 심각성도 있다."[323]

단지 열성 팬들만 문제였을까? 그게 결코 그렇지 않다는 데에 문제가 있었다. 대다수 시청자가 문자 그대로 손에 땀을 쥐게 만드는 경쟁 구조 자체를 워낙 좋아하는 수요의 문제가 있었다. K-팝 팬덤의 극단화도 바로 그런 수요 차원에서 발생한 일이었다.

"왜 그렇게 많은 여배우들이 자살하는지 알겠다"

2019년 11월 대학가에서 홍콩 시위를 지지하는 한국 학생과 중국 유학생 사이에서 갈등이 벌어졌다. 중국 웨이보엔 고려대학교에서 일어난 양측의 충돌 장면을 찍은 영상과 글이 올라가기도 했다. 여기에 달린 중국인들의 댓글엔 전혀 동의할 수 없어 혀를 끌끌 찼지만, 어느 댓글 하나엔 그럴 수 없었다. "왜 그렇게 많은 여배우들이 자살하는지 알겠다. 뼛속 깊이 증오심이나 가득하니 그렇지"라는 댓글이었다.[324]

이 댓글의 취지에도 동의할 순 없었지만, 많은 연예인을 죽음으로 몰아간 '증오의 악플'이 가장 심한 나라가 한국이라는 데엔 수긍하지 않을 수 없었다. 연예인, 특히 여성 연예인에 대한 '악플 테러'로 인한 연예인 자살이 수년째 지속되어오고 있음에도 한국 사회는 믿기지 않을 정도로 둔감했으니, 이걸 어찌 이해해야 하는 걸까? 정말 모든 국민이 '뼛속 깊이 증오심이나 가득하니' 증오의 표현에 너그러워진 걸까?

인터넷 실명제가 해결책은 아닐망정 이마저도 용납하지 않으려는 게 한국 사회였다. 2012년 8월 23일 헌법재판소는 인터넷 실명제를 규정한 정보통신망법 조항에 대해 실효성이 없다는 근거하에 위헌을 결정함으로써 인터넷 사용자의 실명과 주민등록번호가 확인되어야만 인터넷 게시판에 글을 올릴 수 있도록 한 인터넷 실명제는 실시된 지 5년 만에 폐지되었다. 지식인들은 표현의 자유를 내세워 사실상 댓글에 무한대의 자유를 줄 것을 요구했으니, 과거 표현의 자유를 억압했던 독재 정권

한국은 연예인들에 대한 악플이 가장 심한 나라다. 특히 여성 연예인들에 대한 '악플 테러'는 '사회적 타살'이라고 할 정도로 그들을 자살로 몰아간다. 2019년 안타깝게 세상을 떠난 설리와 구하라.

시절에 덴 상흔이라고 하기엔 너무 가혹한 게 아니었을까?

2019년 10~11월 갖은 욕설과 성폭력을 담은 악성 댓글(악플)에 시달리던 두 여성 연예인(설리, 구하라)이 자살, 아니 '사회적 타살'을 당한 비극적인 사건 이후 댓글 폐지론이 강하게 대두되었다. 청와대 국민청원 게시판에는 11월 25일 '인터넷 실명제 도입을 원한다'는 청원에 이어 26일 '포털사이트 뉴스 댓글을 폐지해달라'는 청원이 올라왔다. SNS에는 "댓글과 연관 검색어로 사람이 죽고 고통받는다", "익명의 그늘에 숨어 누가 더 인간 말종인지 경쟁하게 됐다", "관리도 못하고 책임도 안 진다면 폐지하는 것이 맞다" 같은 의견이 빗발쳤다.[325]

이에 포털사이트 다음은 연예 뉴스 댓글과 인물 관련 검색어 폐지를 결정하고 이를 실행에 옮겼으며, 국내 최대 포털사이트 네이버는 2020년

2월, 4·15 총선 기간에 자사의 실시간 검색어 서비스를 중단하고, 연예 기사 댓글도 잠정 폐지하기로 했다.[326] 이어 네이버는 3월 19일부터 댓글 작성자의 과거 이력 전체를 공개하는 조치를 취했다. 그러자 한때 하루 100만 건이 넘던 댓글 수는 21일엔 37만 건(자진 삭제 제외)으로 급감했다.[327]

연예인을 대상으로 한 '악플 테러'가 이런 정도의 조치로 사라지진 않을 것이다. '악플 테러'는 '대중문화 공화국'의 업보일까? '악플 테러'는 이 공화국 체제의 명암明暗 가운데 최악의 암暗일 텐데, 이는 한류라는 명明을 위해 감수해야 한다는 걸까? 모든 한국인의 각성이 더 요구된다는 건 두말할 나위가 없었다.

한국 웹툰 100개국 만화 앱 1위

라인웹툰(네이버웹툰의 글로벌 서비스명)은 해외 진출 5년째인 2019년 세계 100개국 만화 앱 부문 수익 1위(구글스토어)를 기록한다. 9월 기준 월 사용자는 총 6,000만 명으로 한국을 제외한 아시아가 2,500만 명으로 가장 많았다. 빈익빈 부익부의 그늘도 뚜렷했다. 웹툰계 최강자인 네이버의 연재 작가 62%(221명)는 2019년 기준 연봉 1억 원 이상, 전체 평균 연 수익은 3억 원가량이었지만, 중소 플랫폼 작가를 포함하면 웹툰 작가 761명 중 68.7%는 연봉 3,000만 원도 벌지 못하는 것으로 나타났다(한국콘텐츠진흥원, 2018년 기준).[328]

잠시 역사를 거슬러 올라가보자면, 2013년 1월 기준 네이버는 130여 편, 다음은 70여 편을 연재할 정도로 웹툰은 탄생 10년 만에 호황을 누렸다. PC를 통한 네이버웹툰의 2012년 한 달 최고 페이지 뷰PV는 9억 건을 넘어섰으며, 스마트폰과 태블릿PC를 이용한 방문자수도 폭발적으로 늘었다. 2012년 12월 네이버에선 처음으로 모바일 이용 비중이 51%를 기록해 PC보다 높게 나타났다. 스마트폰에서 구현되는 웹툰을 가리키는 스마툰smartoon:smart+cartoon이라는 신조어도 생겨났다.

또한 웹툰은 영화, 드라마, 연극, 뮤지컬, 게임 등으로 다시 태어나면서 대중문화 전반에 깊은 영향을 미쳤으며, 웹툰에 대해 가장 뜨거운 애정을 보인 곳은 충무로였다. 역대 웹툰 원작 최고 흥행작인 강우석 감독의 〈이끼〉(2010년, 340만 명)에 이어 2012년 강풀 원작의 웹툰을 극화한 영화 〈이웃사람〉(243만 명)과 〈26년〉(294만 명)이 성공하며 본격적인 불이 붙었다.

웹툰에 무관심했던 방송사들의 태도도 변하기 시작했다. 강도하 원작의 tvN 〈위대한 캣츠비〉, 원수연 원작의 KBS 〈메리는 외박중〉에 이어 여러 편의 웹툰이 드라마로 만들어졌으며, 〈위대한 캣츠비〉와 〈바보〉, 〈그대를 사랑합니다〉(이상 강풀 원작)가 연극이나 뮤지컬로 제작되어 좋은 결과를 낳았다. 게임이나 캐릭터 상품으로 활용되는 경우도 늘어났다.[329]

2016년 기준으로 네이버웹툰과 다음웹툰, 레진코믹스를 비롯한 40여 개의 웹툰 플랫폼에서 매일 수백 개의 웹툰이 경쟁적으로 쏟아져 나왔다. 네이버의 '도전 만화'엔 13만 명이 웹툰 작가를 꿈꾸며 자신의 작품을 올렸다.[330] 2017년 웹툰을 포함한 만화 산업 매출액은 전년보다 6.3% 증가해 총 1조 원을 넘어섰으며, 연 수출액도 4,000만 달러를 넘어선 것으로 집계되었다.[331]

웹툰이 대중문화 전반에 깊은 영향을 미치면서 2016년 기준 네이버웹툰과 다음웹툰, 레진코믹스를 비롯한 40여 개의 웹툰 플랫폼에서 매일 수백 개의 웹툰이 경쟁적으로 쏟아져나왔다. 위에서부터 네이버웹툰, 다음웹툰, 레진코믹스.

웹툰 한류의 견인차 역할을 한 작품은 〈노블레스〉, 〈마음의 소리〉, 〈신과 함께〉 등이었다. 한국의 웹툰이 일본 만화 시장에 진출한 건 2013년이었는데, 5년 만인 2018년 일본 만화 수입액(595만 달러)보다 수출액(915만 달러)이 많은 역전이 일어났다.[332] 2019년엔 웹툰이 수개월간 일본 만화 앱 1, 2위를 휩쓸기도 했다.[333] 〈열혈강호〉, 〈풀하우스〉, 〈궁〉, 〈프리스트〉 등 출판 만화도 해외에서 큰 인기를 얻으면서 만화 한류의 선봉으로 맹활약했다.[334]

2020년 4월 1일 이용자가 3억 명이 넘는 미국 최대 커뮤니티 사이트인 레딧Reddit.com의 주간 애니메이션 랭킹에서 〈신의 탑tower of god〉이 1위에 올랐다. 한국 만화를 원작으로 한 애니메이션이 1위에 오른 것은 처음이었다. 미국 경제 전문지『포브스』는 "〈신의 탑〉을 보면 500만 독자를 사로잡은 원작의 매력을 이해할 수 있다"고 평했다. 11년째 네이버웹툰에서 연재 중인 이 작품은 영어·중국어·일본어 등 11개 언어로 번역되었으며, 2019년엔 웹툰(2부 20화) 한 편에 독자 댓글 100만 개가 달리기도 했다. 네이버웹툰에서 전체 이용자 중 젊은 층(14~24세)의 비율은 미국(75%)·일본(41%)·한국(46%)·대만(61%)·태국(57%) 등 나라를 가리지 않고 매우 높아 드라마·영화 등 2차 저작물의 성공 가능성이 클 것으로 전망되었다.[335]

아카데미 4관왕에 오른 봉준호의 〈기생충〉

2019년 12월 8일 봉준호 감독의 영화 〈기생충〉이 미국 로스앤젤레스비평가협회LAFCA에서 작품상과 감독상, 남우조연상(송강호) 수상

작으로 선정되었다. 〈기생충〉은 마틴 스코세이지Martin Scorsese 감독의 넷플릭스 영화 〈아리시리맨〉을 제치고 감독상과 작품상을 받았다. 또한 〈기생충〉은 이날 발표된 토론토비평가협회TFCA상에서도 작품상과 외국어상, 감독상 3관왕을 차지했다.

봉준호는 시상식 수상 소감에서 의미심장한 말을 던졌다. "LAFCA를 들으니 갑자기 AFKN이 생각납니다. 주한미군 방송인데, 한국 문화가 정말 보수적일 때 AFKN은 유일하게 야한 거, 폭력적인 걸 볼 수 있던 곳이었어요. 아홉 살 때 부모님이 주무시면 혼자 나와서 금요일 밤에 영화를 봤습니다. 그땐 몰랐지만 정말 유명한 감독님들의 영화였어요. 그 당시엔 영어도 몰라서 영상만 봤는데 그때 몸속에 영화적인 세포들을 만든 것 같습니다."[336]

〈기생충〉은 LAFCA에 앞서 전미비평가협회(외국어영화상)와 애틀랜타비평가협회(감독·각본·외국어영화상)에서 상을 받았고, 『뉴욕타임스』 선임 평론가들이 뽑은 올해 최고의 영화 3위에 오르기도 했다. 이에 따라 〈기생충〉이 제77회 골든글로브상 후보작에 포함될지, 수상 가능성은 있을지에 관심이 쏠렸다.[337]

2020년 1월 5일 미국 로스앤젤레스 비벌리힐튼호텔에서 열린 제77회 골든글로브 시상식에서 〈기생충〉이 한국 영화 최초로 '외국어영화상'을 수상했다. 아카데미(오스카)와 더불어 미국의 양대 영화상으로 꼽히는 골든글로브는 '아카데미'의 전초전으로 불리기에 아카데미 수상 가능성에 대한 기대가 높아졌다. 〈기생충〉은 각본상과 감독상 후보에도 선정되었지만, 수상에는 실패했다. 각본상은 〈원스 어폰 어 타임 인 할리우드〉의 쿠엔틴 타란티노 감독에게 돌아갔고, 감독상은 〈1917〉의 샘 멘

2020년 2월 9일 〈기생충〉이 제92회 아카데미 시상식에서 작품상, 감독상, 각본상, 국제장편영화상을 수상하자 이 역사적인 '아카데미 4관왕'의 기록에 한국인은 모두 열광했다.

데스Sam Mendes 감독이 수상했다.[338]

봉준호는 골든글로브 시상식 레드카펫 행사에서 캐나다의 CTV 'eTALK'와 인터뷰 중 "제가 비록 골든글로브에 와 있긴 하지만 BTS가 누리는 파워와 힘은 저의 3,000배 이상"이라라면서 "그런 멋진 아티스트들이 많이 나올 수밖에 없는 나라인 것 같다. 감정적으로 격렬하고 다이내믹한 나라"라고 밝혔다.[339] 'BTS가 누리는 파워와 힘은 저의 3,000배 이상'이란 말은 믿기 어려웠지만, 한국이 '감정적으로 격렬하고 다이내믹한 나라'라는 건 분명한 사실이었다.

2020년 2월 9일 〈기생충〉이 미국 로스앤젤레스 할리우드 돌비극장에서 열린 제92회 아카데미 시상식(오스카)에서 작품상, 감독상과 각본상, 국제장편영화상을 수상했다. 이 역사적인 '아카데미 4관왕'의 기록에 한국인은 모두 열광했다. TV조선 앵커 신동욱은 〈9시 뉴스〉의 '앵커의 시선: 아카데미에 휘몰아친 폭풍'에서 "가난하고 남루하던 시절, 할리우드를 꿈꾸던 아이들이 있었습니다. 할리우드 영화에 빠져, 언젠가는 누추한 현실을 벗어나 저 멋진 곳으로 가리라 맘먹곤 했습니다. 소설가 안정효는 자신을 포함한 그 시절 아이들을 '할리우드 키드'라고 불렀습니다"라면서 다음과 같이 말했다.

"봉준호는 그보다 한두 세대 뒤 '충무로 키드'였습니다. 기름기 흐르는 할리우드 상업 영화를 그리 좋아하지 않았습니다. 그런 봉준호도 열 살 무렵부터 미군 방송 AFKN으로 영화를 보며 꿈을 키웠습니다. 몰래 봤던 야하고 거친 영화들이 알고 보니 마틴 스코세이지, 브라이언 드 팔마 작품이더라고 했습니다.……한국인의 영화 사랑은 특별합니다. 한 해 극장 관객 2억 명을 벌써 7년째 넘기고 있습니다. 어두운 좌석에 몸을 묻고서 영화와 함께 울고 웃는 사람들에게 봉준호가 오늘 최고의 보답을 했습니다. 이제 노년이 된 옛 '할리우드 키드'부터 어린 '충무로 키드'까지 온 국민에게 소름 돋는 기쁨과 자랑과 꿈을 선물했습니다."[340]

맺는말
'선택적 과잉 공감'을 넘어서

'증오·혐오'와 '공감'은 아무 관계가 없는가?

"문재인 전 대통령은 전직 대통령을 두 명이나 구속하면 어떤 후폭풍이 올지 깊이 헤아리지 못했다. 그때는 보수가 씨가 말라 진보 진영이 수십 년간 집권할 듯한 분위기였다. 하지만 민주당 정권은 불과 5년 만에 무너졌다. 문재인 정부 적폐청산 수사에서 900명 이상이 조사를 받았고, 200명 이상이 구속됐으며, 5명이 목숨을 끊었다. 보수를 증오와 한으로 똘똘 뭉쳐 재기하게 한 장본인이 바로 문 전 대통령이다. 문 전 대통령이 일으킨 피바람은 이제 본인까지 집어삼킬 기세다."[1]

『중앙일보』 논설위원 김정하가 2024년 9월 「문재인 수사, 보복이 아니라 업보다」는 칼럼에서 한 말이다. 전반적으로 공감할 수 있는 말이지만, 진실을 말하자면, 문재인은 후폭풍을 헤아리지 못했다기보다는 그걸 원했다고 보는 게 옳을 것이다. 그는 '대청소'를 원했으니 말이다. 그가 2016년 12월에 했던 다음 말을 음미해보자.

"정권 교체가 된다면 확실한 청산 작업을 해야 한다. 정치검찰뿐만 아니라 많은 적폐에 대한 확실한 청산 의지를 가지고 있다. 그것을 나는 대청소라고 표현한다. 대청소 위에서만 새로운 대한민국 건설이 가능하다. 청산 없이 새로운 대한민국을 건설하겠다는 것은 사상누각이다."[2]

지지자들이 '대청소' 운운하는 이런 발언에 호응하고 열광했다는 점에서 문재인의 '과격성'을 탓하기는 어려운 일이었다. 이 책에서 2010년대의 메인 테마로 제시한 '증오와 혐오의 시대'는 2020년대까지 이어졌으며, 이젠 아예 한국 정치의 구조적 속성으로까지 자리 잡을 기세다. 증오와 혐오가 아예 없는 세상은 가능하지 않지만, 그렇다고 해서 증오와 혐오가 정치의 근본적 동력이자 일용할 양식이 되는 세상을 정상적인 사회라고 보기는 어렵다는 데엔 거의 모든 사람이 동의할 것이다.

그런데 놀랍고도 흥미로운 사실은 많은 사람이 증오·혐오와 공감을 서로 아무런 관계가 없는 별개의 것으로 보는 경향이 있다는 사실이다. 증오와 혐오를 공개적으로 긍정하거나 예찬하는 사람은 없지만, 공감에 대해선 긍정과 예찬이 홍수처럼 흘러 넘친다. 공감은 거의 대부분의 사람에게 아름다운 단어로 통하기 때문이다.

2008년 미국 대통령 선거를 위한 민주당 후보 경선 과정에서 실시된 한 여론조사는 민주당 지지자들을 대상으로 "대통령 후보에게 가장 중요한 자질이 무엇인가?"라는 질문을 던졌다. "선거에서 이길 확률이 가장 높은 사람"이라는 선택을 제치고 많은 사람이 '공감'이라고 답한 것으로 나타났다.

미국 사회비평가 제러미 리프킨Jeremy Rifkin은 『공감의 시대』(2009)에서 이 여론조사 결과를 거론하면서 "대통령 선거에서 공감이란 문제가 제기된 것은 지난 50년 동안 세계적으로 가치관에 뚜렷한 변화가 일어났다는 사실을 반영해주는 현상이다"며 공감의 가치에 큰 의미를 부여했다.[3]

꽤 그럴듯해 보이는 주장이긴 하지만, 동의하긴 어렵다. 리프킨은 2016년 미국 대선에 대해선 뭐라고 말할지 궁금하다. 이 대선의 승자인 도널드 트럼프는 2008년 대선의 승자인 버락 오바마처럼 공감 능력이 뛰어난 사람이었는가? 아니면 공감의 가치가 8년 만에 폭락이라도 했단 말인가? 혹 우리가 공감이라는 개념에 대해 뭔가 오해를 하고 있는 건 아닌가?

증오감을 발산하기 위한 공감

"나는 공감에 반대한다. 공감은 형편없는 도덕 지침이며 우리는 공감이 없을 때 더 공평하고 공정한 도덕적 판단을 내릴 수 있다." 미국 심리학자 폴 블룸Paul Bloom이 『공감의 배신』(2016)이란 책에서 한 말이다. 그가 이런 주장을 칼럼을 통해 했을 때 한 사회학자는 블룸을 "지적 망신이자 도덕적 괴물"이라고 비난했다고 한다.[4]

왜 이런 비난이 나왔는지는 포털사이트에서 "공감 능력이 없다"는 문장으로 검색을 해보면 금방 알 수 있다. 공감 능력이 없다는 게 얼마나 심한 비난, 아니 욕인지 실감할 수 있을 게다. "공감 능력이 없다"는 말은 미국은 물론 한국에서도 정치적 비방의 용도로 자주 쓰이는데, '소시오 패스Sociopath'라는 딱지를 설명하기 위해 동원되기도 한다.

"공감 능력이 없다"는 말은 보수보다는 진보 쪽에서 더 많이 쓰는 욕이다. 미국 언어학자 조지 레이코프George Lakoff가 "공감은 진보적인 도덕적 세계관의 핵심이다"고 주장했듯이,[5] 주로 진보가 보수를 향해 자주 퍼붓는 비난 중의 하나가 바로 공감 능력의 결여다. 그러나 블룸의 말처럼 최근 들어 공감에 대해 다시 생각해보자는 움직임이 활발해지고 있다. 공감의 그늘이 너무 짙기 때문이다.

독일의 인지과학자 프리츠 브라이트하우프트Fritz Breithaupt는 『나도 그렇게 생각한다: 공감의 두 얼굴』(2017)이란 책에서 "공감은 자아 상실로 이어질 수 있으며, 흑백사고, 또는 '친구 아니면 적'이라는 식의 사고방식을 보인다"며 "공감 능력이 없어서가 아니라 오히려 공감 능력이 있기 때문에 비인간적인 일들이 벌어진다"고 주장한다. 예컨대, 많은 사람이 위험한 막말을 많이 했던 트럼프에겐 공감 능력이 없는 것처럼 주장했지만, 실은 그는 자신의 말에 공감하는 사람들의 힘으로 대통령이 되었다는 것이다.[6]

공감의 어두운 면은 무엇인가? 브라이트하우프트가 지적한 것 중 세 가지만 음미해보자. 첫째, 공감은 자아 상실로 이어질 수 있다. 둘째, 공감은 흑백사고, 또는 '친구 아니면 적'이라는 식의 사고방식을 보인다. 셋째, 특정인에 대한 공감을 앞세워 다른 생각을 가진 사람을 잔인하게 공격하기도 한다.[7]

이는 극렬 정치 팬덤의 행태를 두고 하는 말 같다. 혹 주변에 이른바 '빠'로 볼 수 있는 사람이 있다면 잘 관찰해보시라. 자신이 사랑하는 정치인에 대한 그 사람의 공감 능력은 어떤가? 지나칠 정도로 과잉이다.

과잉일망정 누군가를 열정적으로 추앙하는 게 아름답지 않은가? 유감스럽게도 전혀 아름답지 않다! 자신의 그런 편파적인 공감을 공유하지 못하는 사람에 대해선 믿기지 않을 정도로 적대적이기 때문이다.

그런 사람들의 공감과 사랑은 증오와 한 쌍을 이루고 있다. 증오가 없는 사람은 '정치적 빠'가 될 수 없다고 해도 과언이 아니다. 만행을 당한 피해자의 고통에 공감하는 사람이 가해자를 증오하는 건 당연하지만, '빠'들의 증오는 그런 게 아니다. 그들의 증오는 오직 우리 편이냐 아니냐 하는 기준에 의해서만 활성화될 뿐이다.

'상호 관용'과 '제도적 자제'는 있는가?

미국 정치학자 스티븐 레비츠키Steven Levitsky와 대니얼 지블랫Daniel Ziblatt은 『어떻게 민주주의는 무너지는가: 우리가 놓치는 민주주의 위기 신호』(2018)에서 노골적인 형태의 독재는 전 세계적으로 점차 종적을 감추고 있지만, "오늘날 민주주의 붕괴는 다름 아닌 투표장에서 일어나고 있다"는 점에 주목한다.[8] 미국 대통령 도널드 트럼프의 재임 중에 벌어진 정치적 아수라장을 기억하는 사람이라면, 이들이 왜 독재의 개념을 재정의하려는 시도를 했는지 쉽게 이해할 수 있을 게다.

이 책은 민주주의를 수호하는 핵심 규범으로 성문화된 규칙보다 '상호 관용'과 '제도적 자제'를 꼽으면서 탄탄한 역사적 증거들을 제시한다. 그간 우리가 이해해온 독재는 성문화된 규칙 중심이었던바, 문재인 정권을 독재로 보는 건 저질의 정치 공세로 여겨지기 십상이다. 그러나 '상호 관용'과 '제도적 자제'를 독재 판별의 근거로 삼는다면 이야기는 좀 달라진다.

저자들은 "상호 관용이란 정치 경쟁자가 헌법을 존중하는 한 그들이 존재하고, 권력을 놓고 서로 경쟁을 벌이며, 사회를 통치할 동등한 권리를 갖는다는 사실을 인정한다는 개념"이라며 이렇게 말한다. "물론 경쟁자의 주장에 동의하지 않거나, 그 주장을 혐오할 수 있다. 그럼에도 그들을 정당한 존재로 인정해야 한다. 경쟁자가 올바르고, 국가를 사랑하고, 법을 존중하는 시민임을 인정해야 한다. 다시 말해 그들 역시 우리와 마찬가지로 나라를 걱정하고 헌법을 존중한다고 가정하는 것이다. 비록 그들의 생각이 어리석고 잘못된 방향으로 나아가고 있는 것으로 보인다고 해도, 그들을 위협적인 존재로 바라보지 않는 것이다."⁹

저자들은 '제도적 자제'를 '지속적인 자기통제, 절제와 인내', 혹은 '법적 권리를 신중하게 행사하는 태도'로 정의하면서 이렇게 말한다. "또한 법을 존중하면서도 동시에 입법 취지를 훼손하지 않는 자세를 말한다. 자제 규범이 강한 힘을 발휘하는 나라에서 정치인들은 제도적 특권을 최대한 활용하려 들지 않는다. 비록 그게 합법적인 테두리 안에 있는 것이라고 해도 기존 체제를 위태롭게 만들 위험이 있기 때문이다."¹⁰

이어 저자들은 "제도적 자제는 민주주의보다 더 오랜 전통을 갖고 있다. 왕이 권력을 신에게서 부여받았다고 주장했던 시대에(신권은 왕권의 토대였다) 어떤 법도 왕권을 제한하지 못했다. 그럼에도 민주주의가 등장하기 이전에 유럽의 많은 군주는 권력 행사를 자제했다. 어쨌든 '신의 뜻을 따르기 위해서' 지혜와 절제의 덕목을 갖춰야 했다"며 다음과 같이 말한다.

"군주제가 자제를 필요로 했듯이 민주주의도 자제를 요구한다. 민주주의를 무한히 이어지는 경기라고 한번 생각해보자. 경기가 이어지려면 선수들은 상대를 완전히 짓밟아서는 안 된다. 그리고 다시는 보지 않을 사람처럼 상대를 적대시하지 말아야 한다. 상대 팀이 떠나면 더이상 경기는 없다. 이 말은 승리를 위해 최선을 다하더라도, 어느 정도 선에서 자제하며 경기에 임해야 한다는 뜻이다."[11]

넬슨 만델라에게 배우면 안 되는가?

자, 어떤가? 꼭 2010년대에 존재했던 이명박·박근혜·문재인 정권을 염두에 두고 한 말 같지 않은가? 세 정권 모두에게 관용과 자제는 없었다. 관용과 자제가 없었던 역사를 극복하기 위한 뜨거운 민심에 의해 세워진 문재인 정권에서조차 관용과 자제가 없었다는 건 특정 정권을 넘어서 우리가 민주주의와 정치에 대해 무언가 크게 오해하고 있을 가능성을 시사해준다.

새로운 시대의 개막이라고 하는 점에서 가장 큰 기대를 모았던 문재인 정권을 보자. 대선에서 문재인이 얻은 득표율은 41.08%에 불과했지만, 이에 어울릴 법한 관용과 자제는 없었다. 제21대 총선은 의석수 기준으론 더불어민주당이 거의 더블스코어 압승을 거두었지만, 지역구 득표율은 더불어민주당 49.9%, 미래통합당 41.5%로 두 정당의 격차는 8.4%포인트에 불과했다. 이 작은 차이에 어울릴 법한 관용과 자제 역시 없었다.

오히려 문재인 정권은 야당을 일방적으로 밀어붙이는 게 '준엄한 촛불 민심'이라며 인사에서부터 입법에 이르기까지 일방적인 독주를 감행했다. 야당 지지자들도 적잖이 포함되어 있는 '촛불 민심'을 그렇게 자의적으로 독식하면서 편의적으로 해석하는 건 파렴치한 행위라는 문제의식조차 없었다. 착하고 선하고 인자하다는 문재인의 얼굴이 관용과 자제의 이미지는 풍겼는지 몰라도 문재인 정권의 정치 행태는 법학자 마크 터시넷Mark Tushnet이 작명했다는 '헌법적 강경 태도' 일변도였다. 저자들의 해설에 따르자면, "이 말은 규칙에 따라 경기에 임하지만, 규칙의 테두리 안에서 최대한 거칠게 밀어붙이고 '영원히 승리를 빼앗기지 않으려는' 태도를 의미한다. 이러한 접근 방식은 민주주의라고 하는 경기가 계속 이어질 수 있는지에 대해서는 전혀 걱정하지 않고, 오로지 정치 경쟁자를 없애버리기 위한 전투 자세다".[12]

문재인 정권의 강성 지지자들과 이들의 인정을 받으려고 애쓰는 여권 정치인들의 언행은 야당을 정당한 경쟁자로 인정하지 않으면서 수시로 비난하고 모욕하는 독선과 오만 그 자체였다. '민주주의'와 '정의'의 이름으로 말이다. 문재인은 늘 스스로 손에 더러운 걸 묻히지 않으려는 소극성을 보이면서 착하고 선하고 인자한 표정만 지어 보였지만, 그는 강성 지지자들의 그런 행태를 지지하는 자세를 취함으로써 사실상 경쟁자를 인정하지 않는 경향을 강화했다.

야권은 이런 문재인 정권을 어떻게 바라보았을까? '상상도 할 수 없는 폭거'를 저질렀다고 보았다.[13] 과도한 비판일망정, 이게 바로 당시 야권의 생각이었다. 그렇게 무시와 모욕을 당한 야권 정당들이 문재인 정권을 독재(연성 독재)라고 부르는 엔 나름의 근거가 있었다. 남아프리카공화국 최초의 흑인 대통령이자 세계적인 인권운동가였던 넬슨 만델라Nelson Mandela,1918~2013처럼 하면 안 되는 것이었을까?

"어떤 사람에게 그가 이해할 수 있는 언어로 이야기하면 그것은 머릿속으로 간다. 그의 언어로 이야기하면 그것은 그의 마음으로 직행한다."[14] 만델라의 말이다. 그는 27년간 감옥살이를 하면서 자신을 가둔 남아프리카 태생 백인들의 문화와 역사에 관한 많은 책을 읽었고, 그들이 좋아하는 럭비를 시청하고 그들의 언어를 배웠다. 이게 바로 그가 비폭력운동을 성공시킬 수 있었던 결정적 이유였다. 백인들과의 소통과 상호 신뢰가 가능해졌기 때문이다.

네덜란드 언론인 뤼트허르 브레흐만Rutger Bregman의 『휴먼카인드: 감춰진 인간 본성에서 찾은 희망의 연대기』(2019)에 나오는 이야기다. 누구건 이 책을 읽으면 만델라 부분에서 우리 사회를 지배하고 있는 양극화된 증오의 정치를 떠올리지 않을 수 없을 것이다.

물론 한국은 야만적인 인종 분리 정책을 펴는 나라가 아니다. 인종 갈등도 없고, 정치적 갈등으로 인한 폭력 사태도 없다. 증오라고 해봐야 말과 글로 표현하는 수준이다. "갈등은 민주주의의 위대한 엔진"이라는 이유를 들면서 우리는 민주주의를 치열하게 실천하고 있을 뿐이라고 말할 수도 있겠다. 하지만 정치가 승자독식 전쟁을 벌이느라 민생이 도탄에 빠지게끔 하는 역할만 하고 있다는 데에 분노한다면 이 책을 통해 소통과 협치의 가능성에 대한 모색을 해볼 수 있을 게다. 성선설을 역설하는 듯한 저자의 모든 주장에 동의할 필요는 없다. 성악설의 신봉자일지라도 조금이나마 얻을 게 있다는 게 중요하다. "악이 더 강해 보이더라도 선의 숫자가 더 많다"는 점에서 말이다.[15]

'증오 마케팅'을 하는 '증오 산업'의 번영

정치인들 가운데 마키아벨리를 존경한다고 공개적으로 말하는 사람은 아무도 없다. 하지만 정치를 보라. 마키아벨리가 깜짝 놀랄 정도의 권모술수가 난무한다. 선거라는 게 원래 그런 법이라고 생각하는 언론은 그런 네거티브 권모술수가 정치의 일용할 양식인 양 자연스럽게 보도한다. 그런 가운데 '증오의 정치'는 유권자들의 일상적 삶에 파고들어 정치권의 소통 불능 상태를 악화시킨다.

물론 증오 없는 세상은 가능하지 않으며, 증오가 나쁘기만 한 것도 아니다. 증오는 사회정의를 실현하기 위한 동력이 되기도 한다. 프랑스 작가 에밀 졸라Emile Zola, 1840~1902는 유대인이라는 이유로 억울하게 독일 간첩누명을 쓰고 투옥된 알프레드 드레퓌스Alfred Dreyfus, 1859~1935의 무죄를 주장하는 싸움을 시작하면서 "증오란 신성한 것이다"고 했다.[16] 집단이 저지르는 야만적인 불의엔 그런 신성한 증오로 맞서는 것이 옳으리라.

그러나 한국 사회를 지배해온 증오는 그런 유형의 증오가 아니었다. 기존 '증오의 정치'라는 프레임에 갇힌 사람들은 반대편이 증오를 필요로 하는 대상이라는 걸 입증하기 위한 '악마화'를 시도하면서 자신의 증오를 정당화하지만, 이는 선후 관계가 바뀐 것이다.

모두 가슴에 손을 얹고 답해보자. 증오는 나에게 고통을 주는가, 쾌락을 주는가? 후자일 가능성이 높다. 일찍이 아리스토텔레스Aristoteles, B.C.384~B.C.322가 지적했듯이, 분노는 고통을 동반하지만 증오는 고통을 동반하지 않기 때문이다.[17] 분노는 시간이 지남에 따라 사그라질 수 있지만 증오는 사그라지지 않는 이유도 바로 여기에 있다. 증오는 고통이 없기 때문에 사그라들 필요가 없을뿐더러 자신을 좀더 우월한 존재로 여기게끔 만드는 쾌락을 제공하기 때문이다.

지금 우리 사회엔 '증오 마케팅'을 하는 '증오 산업'이 번영을 누리고 있다. 정치 산업과 부족주의적 동맹 관계를 맺고 있는 각종 하위 산업이 자신들의 '밥그릇'을 지키고 키우기 위해 온갖 명분으로 포장을 씌운 증오의 선동에 앞장서고 있다. 안치환은 이미 〈개새끼들〉이란 노래에서 그 점을 탁월하게 간파했다. "절대 가친(가치는) 없어 절대 신념도 없어/니 밥그릇 앞에 내 밥그릇 앞에/영원한 사랑은 없어 영원한 증오도 없어/니 밥그릇 앞에 내 밥그릇 앞에." 진짜 증오이건 가짜 증오이건 증오가 밥그릇의 도구로 활용되는 게 우리의 현실임을 어찌 부정할 수 있으랴.

선진국들의 정치도 원래 그런 게 아니냐며 너무 호들갑을 떤다는 반론이 가능하겠다. 그렇다면 이렇게 물어보면 어떨까? 우리가 미국이나 유럽의 어떤 나라보다 더 선진적인 정치를 하면 안 되는가? 사회발전 단계상 그건 불가능하다고 지레 포기하기 전에 꼭 해야만 할 절박한 사정이 우리에게 있다는 '발상의 전환'을 해보면 안 될까?

주변 강대국들이 강자의 횡포를 부리는 지정학적 조건, 만성적인 위협과 불안을 초래하는 남북분단 상황은 정치를 대하는 우리의 기본 자세에 변화를 요구하는 게 아닐까? 독재정권들이 그런 특수 상황을 독재의 명분으로 내건 과거를 청산하기 위해서라도 우리 스스로 새로운 정치의 실현을 위해 애써야 하지 않을까? 『추월의 시대』라는 책 제목에 빗대 말하자면,[18] '추격'이 아닌 '추월'의 가능성을 정치에서도 찾아보자는 것이다.

증오와 혐오 없는 냉정이 더 아름답다

　2022년 5월 10일 대통령에 취임한 윤석열이 조국을 수사했던 방식 그대로 자신이 외쳤던 '공정과 상식'의 원칙을 집권 후에도 계속 실천했다면, 특히 자신의 아내 김건희에 대해 그렇게 했다면 윤석열 정권에 대한 증오와 혐오의 열기는 가라앉기 시작했을 것이다. 그러나 그는 자신이 비난했던 문재인 정권의 내로남불을 능가하는 내로남불의 화신처럼 행세함으로써 오히려 증오와 혐오의 열기를 뜨겁게 만드는 데에 기여했으며, 앞으로도 계속 그렇게 할 가능성이 높아 보인다. 비극이다.

　이런 상황에서 '공감'이란 과연 무엇인지, 다시 '공감' 이야기로 돌아가보자. 과학철학자이자 진화생물학자인 장대익은 『공감의 반경: 느낌의 공동체에서 사고의 공동체로』(2022)에서 "우리의 편 가르기는 내집단에 대한 과잉 공감에서 온다"며 다음과 같이 말한다.

　"공감은 일종의 인지 및 감정을 소비하는 자원이므로 무한정 끌어다 쓸 수 없다. 따라서 자기가 속한 집단에 대해 공감을 과하게 쓰면 다른 집단에 쓸 공감이 부족해진다. 자기 집단에만 깊이 공감하는 것이다. 대한민국의 최근 상황이 딱 이렇다. 특정 정치인을 둘러싸고 광화문과 서초동 법원으로 갈라진 무리를 보지 않았는가? 이 두 광장의 갈등은 내집단에 대한 공감이 너무 강해서 생기는 현상이다."[19]

　그렇다. 공감 그 자체가 문제될 건 없지만, 문제는 우리 대부분이 자주 '선택적 과잉 공감'을 한다는 데에 있다. 우리 편에 대해선 무한대의 공감을 하지만 반대편에 대해선 공감은커녕 최소한의 이해조차 하지 않으려고 한다. 어떻게 해서건 악의적으로 해석함으로써 자신이 자기편에 대해 이미 쏟은 무한대의 공감을 정당화하고 미화하려고 한다. 심지어 반대편에 대해 비인간적으로 잔인해지는 것도 마다하지 않는다. 그러려면 차라리 그 어느 쪽에도 공감하지 않는 게 훨씬 더 나은 게 아닐까? 그래, 차라리 공감하지 마라. 아니 정중하고 간곡한 자세로 호소하고 싶다. "제발 선택적 과잉 공감은 자제해주십시오!"

그런 선택적 과잉 공감에 브레이크를 걸 수는 없을까? 장대익은 감정이입과 같은 정서적 공감을 넘어서 역지사지와 같은 인지적 공감으로 나아가야 한다고 역설한다. 그는 내집단 편향을 만드는 깊고 감정적인 공감을 바깥쪽에서 안쪽으로 향하는 힘으로 보아 공감의 '구심력'으로, 외집단을 고려하는 넓고 이성적인 공감을 안쪽에서 바깥쪽으로 향하는 힘으로 보아 공감의 '원심력'으로 부른다. 그러면서 이런 해법을 제시한다. "공감의 구심력보다는 원심력을 만들어야 한다. 우리에게 필요한 건 공감의 깊이가 아니라 넓이다."[20]

물론 쉽지 않은 일이다. 하지만 지금 우리가 목격하고 있는 '선택적 과잉 공감'의 비극을 이대로 방치할 수는 없는 일 아닌가? 기존의 맹목적 공감 예찬론에서 벗어나 자신의 현 공감 상태가 위험한 것일 수 있다는 가능성만 인정해주어도 많은 게 달라질 수 있다. 선택적 과잉 공감은 아예 그 어떤 공감도 하지 않는 것보다 더 위험할 수 있다는 인식의 전환이 이루어지면 좋겠다.

다시 말하지만, 공감을 하지 말자는 이야기가 아니다. 증오와 혐오를 발산하기 위한 편파적 공감만큼은 경계하면서 멀리 하자는 뜻이다. 한국 정치를 잘 뜯어보면 흥미롭지 않은가? 누군가에 대한 지극한 공감과 사랑이 반드시 다른 사람이나 집단을 악마로 만들어야만 가능할 수 있다는 게 말이다. 공감의 편파적 과잉은 너무도 위험해 두렵기까지 하다. 2010년대가 우리에게 준 최고의 교훈이 있다면 바로 그게 아닐까? 공감을 자제하자. 증오와 혐오를 위한 공감보다는 증오와 혐오가 없는 냉정이 훨씬 더 아름답다.

제1부 2018년

1 손병관, 『노무현 트라우마: 보복을 넘어 공존의 정치로』(메디치, 2022), 217~218쪽.
2 이동현, 「MB의 3분 성명… '문재인 정부에 경고·보수 결집' 이중 포석」, 『한국일보』, 2018년 1월 18일.
3 「[사설] 반성 없는 정치 보복론으로 시민 기만한 이명박」, 『경향신문』, 2018년 1월 18일.
4 「[사설] '정치 보복' 내세워 진실 막으려는 뻔뻔한 MB」, 『한겨레』, 2018년 1월 18일.
5 「[사설] 갈 데까지 간 現 정권 對 前前 정권 복수극」, 『조선일보』, 2018년 1월 18일.
6 「[사설] 이젠 전전 대통령까지 검찰 포토라인에 서나」, 『중앙일보』, 2018년 1월 18일.
7 박태인, 「연일 尹 저격하는 文…현직 시절 MB 발언엔 "분노 금할 수 없다"」, 『중앙일보』, 2024년 4월 6일; 김정하, 「문재인 수사, 보복이 아니라 업보다」, 『중앙일보』, 2024년 9월 6일.
8 김보협·김남일, 「MB, 비리 수사를 정치 보복 둔갑시켜…청 "넘으면 안 될 선 넘었다"」, 『한겨레』, 2018년 1월 18일.
9 손병관, 『노무현 트라우마: 보복을 넘어 공존의 정치로』(메디치, 2022), 228~229쪽.
10 「[사설] 선 넘은 전·현직 대통령의 정면충돌 사태」, 『중앙일보』, 2018년 1월 19일.
11 「[사설] 국가적 위기 속 現 대통령과 前前 대통령 정면충돌」, 『조선일보』, 2018년 1월 19일.
12 김유민, 「국민 10명 중 7명, 이명박 전 대통령 구속 수사 '찬성'」, 『서울신문』, 2018년

3월 1일.

13 손병관, 『노무현 트라우마: 보복을 넘어 공존의 정치로』(메디치, 2022), 224~225쪽.

14 정반석, 「이명박 "참담한 심정…역사에서 이번이 마지막이었으면"」, 『한국일보』, 2018년 3월 15일.

15 강희철, 『검찰외전: 다시 검찰의 시간이 온다』(평사리, 2020), 38쪽.

16 강희철, 『검찰외전: 다시 검찰의 시간이 온다』(평사리, 2020), 39쪽.

17 https://www.facebook.com/leemyungbak/posts/1283148005163428; 「이명박 전 대통령 구속 사건」, 『나무위키』.

18 손병관, 『노무현 트라우마: 보복을 넘어 공존의 정치로』(메디치, 2022), 226~227쪽.

19 손병관, 『노무현 트라우마: 보복을 넘어 공존의 정치로』(메디치, 2022), 230쪽.

20 강재구, 「사면·복권 이명박, 벌금 82억 면제에 '경호·경비' 예우 받는다」, 『한겨레』, 2022년 12월 27일.

21 이제훈, 「전쟁 위기의 수렁에서 피어난 평화의 꽃, 평창올림픽」, 『한겨레』, 2022년 11월 15일.

22 김혜란, 「한국당 "文 대통령 한미훈련 연기 제안, 대한민국 안보 포기하자는 것"」, 『동아일보』, 2017년 12월 21일.

23 고상민, 「유승민 "문 대통령 '한미군사훈련 연기' 제안 철회해야"」, 『연합뉴스』, 2017년 12월 20일.

24 이제훈, 「전쟁 위기의 수렁에서 피어난 평화의 꽃, 평창올림픽」, 『한겨레』, 2022년 11월 15일; 손제민, 「"트럼프, 남북대화 중에는 어떤 군사적 행동도 없다"」, 『경향신문』, 2018년 1월 10일.

25 박린, 「만두집 알바로 국대됐는데…단일팀에 들끓는 2030」, 『중앙일보』, 2018년 1월 24일.

26 성환희, 「흘린 땀과 눈물은 뭔가…남북단일팀 추진 비분의 여자 아이스하키팀」, 『한국일보』, 2018년 1월 15일.

27 이헌재, 「女 아이스하키 감독 "남북단일팀 우리 선수에 분명한 피해"」, 『동아닷컴』, 2018년 1월 17일.

28 선담은, 「여자 아이스하키 남북단일팀 찬반 여론 '팽팽'」, 『한겨레』, 2018년 1월 19일.

29 이형민·손재호·박구인, 「'남북단일팀 반대' 젊은 층, 좌우 떠나 '공정한 룰' 원한다」, 『국민일보』, 2018년 1월 18일.

30 손제민, 「문 대통령 "남북단일팀 두고두고 역사의 명장면 될 것"」, 『경향신문』, 2018년 1월 18일.

31 「[사설] 문 대통령 지지율 최저가 의미하는 것」, 『경향신문』, 2018년 1월 26일.

32 이승준,「갤럽 “아이스하키 단일팀, ‘잘된 일’ 40% vs. ‘잘못된 일’ 50%”」,『한겨레』, 2018년 2월 3일.

33 이병철,「2030세대와 단일팀」,『경향신문』, 2018년 2월 3일.

34 이제훈,「전쟁 위기의 수렁에서 피어난 평화의 꽃, 평창올림픽」,『한겨레』, 2022년 11월 15일.

35 문재인,『변방에서 중심으로: 문재인 회고록: 외교안보 편』(김영사, 2024), 159쪽.

36 존 볼턴(John Bolton), 박산호 · 김동규 · 황선영 옮김,『그 일이 일어난 방: 존 볼턴의 백악관 회고록』(시사저널, 2020), 49쪽.

37 존 볼턴(John Bolton), 박산호 · 김동규 · 황선영 옮김,『그 일이 일어난 방: 존 볼턴의 백악관 회고록』(시사저널, 2020), 149쪽.

38 「연합뉴스 선정 2018 10대 국내 뉴스」,『연합뉴스』, 2018년 12월 16일.

39 이제훈,「전쟁 위기의 수렁에서 피어난 평화의 꽃, 평창올림픽」,『한겨레』, 2022년 11월 15일;「2018년 북미정상회담」,『위키백과』.

40 박영환 · 손제민,「한반도의 봄…트럼프 · 김정은, 5월에 만난다」,『경향신문』, 2018년 3월 9일.

41 김고연주,「작품 해설: 우리 모두의 김지영」, 조남주,『82년생 김지영』(민음사, 2016), 179~190쪽; 김향미,「 ‘82년생 김지영’ 베스트셀러 1위로 역주행」,『경향신문』, 2018년 3월 29일.

42 이재호,「아이린 ‘82년생 김지영’ 독서 인증에 사진 불태운 누리꾼들」,『한겨레』, 2018년 3월 20일; 위근우,「아이린에 분노하는 한국 남성들」,『경향신문』, 2018년 3월 24일.

43 지승연,「[이번 주 이 책] 레드벨벳 아이린 언급에 판매 급증한 ‘82년생 김지영’」,『천지일보』, 2018년 3월 25일; 한기호,「 ‘죽음의 수용소’ 같은 세상을 벗어나는 법」,『경향신문』, 2018년 3월 27일; 김향미,「 ‘82년생 김지영’ 베스트셀러 1위로 역주행」,『경향신문』, 2018년 3월 29일.

44 허진,「 “대통령 숨소리 울음이 묻어 있다” 청와대 · 민주당 ‘SNS 보좌’ 논란」,『중앙일보』, 2017년 12월 25일.

45 홍영림,「소통 강박증 ‘쇼통’」,『조선일보』, 2017년 12월 29일.

46 이제훈,「문재인 · 김정은의 외침 “이제 전쟁은 없다”」,『한겨레』, 2022년 11월 29일.

47 오종탁,「사상 첫 남북 정상 직통전화 개통, 김정은의 자신감」,『시사저널』, 2018년 4월 20일.

48 이제훈,「문재인 · 김정은의 외침 “이제 전쟁은 없다”」,『한겨레』, 2022년 11월 29일.

49 유강문,「 “저는 언제 넘어갈 수 있겠습니까?” “지금 넘어가볼까요”」,『한겨레』, 2018년 4월 27일.

50 이제훈, 「문재인·김정은의 외침 "이제 전쟁은 없다"」, 『한겨레』, 2022년 11월 29일.

51 이제훈, 「문재인·김정은의 외침 "이제 전쟁은 없다"」, 『한겨레』, 2022년 11월 29일.

52 이제훈, 「문재인·김정은의 외침 "이제 전쟁은 없다"」, 『한겨레』, 2022년 11월 29일.

53 유병훈, 「홍준표 "판문점 선언, 결국 북핵 폐기 없는 위장 평화 쇼"」, 『조선일보』, 2018년 4월 27일.

54 존 볼턴(John Bolton), 박산호·김동규·황선영 옮김, 『그 일이 일어난 방: 존 볼턴의 백악관 회고록』(시사저널, 2020), 126~127쪽.

55 박상준, 「2018년 판문점의 USB, 왜 3년 지나 화제의 중심됐나」, 『한국일보』, 2021년 2월 6일.

56 「2018년 북미정상회담」, 『위키백과』.

57 「[사설] 어이없고 황당한 美·北 회담, 이대로 가면 北 핵보유국 된다」, 『조선일보』, 2018년 6월 13일.

58 김태준, 「판문점 선언 6주년…"文 대북정책 실패" vs "尹 강대강 대치 멈추라"」, 『조선일보』, 2024년 4월 27일.

59 김승현, 「진중권 "김경수 실형, 가장 큰 공은 김어준·추미애"」, 『조선일보』, 2020년 11월 6일; 한영익, 「"얘네 여론조작" 김어준 띄우고 추미애 고발…뚜껑 여니 김경수」, 『중앙일보』, 2020년 11월 8일.

60 허재현·서영지, 「[단독] '정부 비방 댓글 조작' 누리꾼 잡고 보니 민주당원」, 『한겨레』, 2018년 4월 14일.

61 김형준, 「댓글 여론조작 주범 정치 논객 '드루킹', 여당 의원과 비밀문자 의혹도」, 『한국일보』, 2018년 4월 15일.

62 김규남, 「김경수 "민주당원 댓글 조작 연루 사실 아냐…대단히 유감"」, 『한겨레』, 2018년 4월 15일.

63 엄지원, 「[단독] '정부 비판 댓글 조작' 드루킹, 오사카 총영사 자리 요구했다」, 『한겨레』, 2018년 4월 16일.

64 강병한, 「한국당 "여론조작, 특검 도입" 민주당 "마녀사냥 행태" 반박」, 『경향신문』, 2018년 4월 16일.

65 김태규·성연철, 「김경수 "드루킹, 청와대 행정관까지 요구…무산되자 반협박조"」, 『한겨레』, 2018년 4월 17일.

66 허남설·정환보, 「보수야당 "드루킹, 국정농단·워터게이트와 닮아"」, 『경향신문』, 2018년 4월 19일.

67 강진구, 「[단독] 드루킹의 '경인선', 대선 경선 때 외곽 조직으로 존재감」, 『한국일보』, 2018년 4월 19일.

68 「[사설] 대통령 부인까지 등장하기 시작한 '드루킹 게이트'」, 『조선일보』, 2018년 4월 19일.

69 이재덕·손제민, 「경찰 '드루킹' 댓글 조작 추가 확인…김경수 소환 검토」, 『경향신문』, 2018년 4월 21일.

70 최상원·김규남·노현웅, 「김경수 "드루킹 사건 관련 잘못이나 불법 없었다"」, 『한겨레』, 2018년 4월 21일.

71 이동현, 「김경수 의원 보좌관, 드루킹 측과 돈 거래했다」, 『한국일보』, 2018년 4월 21일.

72 이주현, 「김경수 "보좌관-드루킹 쪽 금전거래 뒤늦게 알아"」, 『한겨레』, 2018년 4월 22일.

73 「[사설] 보좌관 금품 거래까지, 김 의원 거짓말 행진 끝이 없다」, 『조선일보』, 2018년 4월 23일.

74 「[사설] '드루킹 게이트' 진실 규명 특검 외에는 답이 없다」, 『중앙일보』, 2018년 4월 23일.

75 「[사설] 여야 특검 수용하고 국회 현안 대화로 풀어야」, 『경향신문』, 2018년 4월 24일.

76 최민영, 「'드루킹' 일당 이틀간 댓글 추천수 210만 개 조작」, 『한겨레』, 2018년 5월 8일.

77 「[사설] 드루킹 일당 이틀에 210만 번 '댓글 공작', 大選은 어땠겠나」, 『조선일보』, 2018년 5월 8일.

78 선명수·정대연, 「드루킹 "김경수, 댓글 조작 동의" 옥중편지 파문, 검찰 "드루킹, 축소 수사 조건 거래 제안했었다"」, 『경향신문』, 2018년 5월 19일.

79 한영익, 「"얘네 여론조작" 김어준 띄우고 추미애 고발…뚜껑 여니 김경수」, 『중앙일보』, 2020년 11월 8일.

80 김태성, 「[전문] '김경수 수사' 허익범 특검 인터뷰 "댓글 120만 개 조사…진실 밝혀졌다"」, 『동아일보』, 2021년 7월 22일.

81 서민, 「빨리 보고 싶다, '3김 여사' 특검」, 『조선일보』, 2024년 6월 1일.

82 김정환, 「문재인 후보에 유리하게 댓글 조작…드루킹 김동원, 징역 3년 실형 확정」, 『조선일보』, 2020년 2월 14일, A2면.

83 김태성, 「[전문] '김경수 수사' 허익범 특검 인터뷰 "댓글 120만 개 조사…진실 밝혀졌다"」, 『동아일보』, 2021년 7월 22일.

84 「[사설] 김어준에 與 부화뇌동하다 드루킹 조작 탄로, 한심한 나라 꼴」, 『조선일보』, 2021년 7월 23일.

85 김은중, 「흥분한 김어준, 김경수 재판부에 "개놈××들 열받네"」, 『조선일보』, 2021년 7월 25일; 김소정, 「김경진, 방송서 김어준 비판하자…주진우 "여기까지 들을까요?"」, 『조선일보』, 2021년 7월 26일.

86 최우석 · 신승민, 「서울 지역 25개 구청장 중 19명이 호남 출신…이것이 과연 지방자 치인가?」, 『월간조선 뉴스룸』, 2018년 7월 6일.

87 디지털뉴스팀, 「[6 · 13 지방선거] 민주당, 기초단체장 압승…226곳 중 151곳 당선」, 『경향신문』, 2018년 6월 15일.

88 김건호, 「대표직 사퇴한 홍준표 어디로…"전대 출마" VS "새 인물론"」, 『세계일보』, 2018년 6월 15일.

89 「[사설] 입법 · 행정 · 사법에 지방 권력까지 쥔 文 정권, 獨善 경계해야」, 『조선일보』, 2018년 6월 14일.

90 이춘재, 『검찰국가의 탄생: 검찰개혁은 왜 실패했는가?』(서해문집, 2023), 110~111쪽.

91 정지용, 「문 대통령 "선거 결과 자만 · 안일해지지 않도록 경계"」, 『한국일보』, 2018년 6월 15일.

92 박정훈, 「민주당 지지층 79.7% "경기지사 후보는 이재명"」, 『오마이뉴스』, 2018년 1월 16일.

93 허진, 「민주당 유세 10분간 문재인 26번 언급…"영혼 통하는 사이" 주장도」, 『중앙일 보』, 2018년 6월 6일.

94 권호, 「[단독] 이재명 "난 포퓰리스트…시 수익 1800억 시민에 현금 배당할 것"」, 『중 앙일보』, 2018년 1월 29일.

95 홍성민, 「[전체 영상] 이재명 경기지사 출마 선언 "구태세력 16년 아성 허물겠다"」, 『오마이뉴스』, 2018년 3월 27일.

96 허진, 「경선 승복 않는 문팬…당내 "정당 민주주의 망치고 있다"」, 『중앙일보』, 2018년 5월 4일.

97 권승준, 「"조폭 묻은 후보들 검증하자" 연일 때리는 문빠들…왜?」, 『조선일보』, 2018년 5월 5일.

98 박상기, 「'극성 親文'의 이재명 끌어내리기」, 『조선일보』, 2018년 5월 10일; 김형구, 「'혜경궁 김씨는 누구입니까?' 신문 1면에 실린 광고」, 『중앙일보』, 2018년 5월 9일.

99 신재희, 「"혜경궁 김씨는 누구입니까?"…광고 게재 누가 했나 보니」, 『국민일보』, 2018년 5월 9일; 박상기, 「이재명 비방 광고 잇달아 낸 건 '親文 3040 여성 카페'」, 『조선일보』, 2018년 5월 28일.

100 이명수, 「이재명, 형수 욕설 사건 해명 봤더니…」, 『헤럴드경제』, 2018년 5월 14일.

101 이상무, 「[이재명 검증 ③] 대선주자의 전과 4건…"인생 자체가 오점인 분이 '헌법 오 점' 운운한다"」, 『뉴데일리』, 2021년 7월 16일.

102 이태형, 「이재명 "나는 도민 뜻 존중하는 포퓰리스트"」, 『헤럴드경제』, 2018년 5월 28일.

103 김혜란, 「이재명 "투옥된 게 전과 아닌가?"…김영환 '민주화 운동' 전력 폄하 논란」, 『동아닷컴』, 2018년 5월 30일.

104 이상무, 「[이재명 검증 ④] 여배우 파문, 표절 의혹, 네티즌 고발 '좌충우돌'→대선 앞 두고 '친문' 구애」, 『뉴데일리』, 2021년 7월 19일.

105 김현기, 「두 후보는 변할까, 안 변할까」, 『중앙일보』, 2021년 7월 8일; 김도연, 「"TV 조선 폐간" "SBS 없앤다" 여야 후보들의 위험한 언론관」, 『미디어오늘』, 2021년 9월 12일; 「이재명 경기도지사 당선 확실 후 인터뷰 논란」, 『나무위키』.

106 김혜인, 「'그알' PD "이재명, SBS 사장·김상중 회사에도 전화"」, 『피디저널』, 2018년 7월 23일.

107 신은정, 「그것이 알고 싶다 피디 "이재명 측, 김상중 회사에까지 전화"」, 『국민일보』, 2018년 7월 24일; 최모란, 「이재명·은수미 연루 의혹…국제마피아파, 어떻게 컸나」, 『중앙일보』, 2018년 7월 24일.

108 김혜인, 「'그알' PD "이재명, SBS 사장·김상중 회사에도 전화"」, 『피디저널』, 2018년 7월 23일.

109 김도연, 「"TV조선 폐간" "SBS 없앤다" 여야 후보들의 위험한 언론관」, 『미디어오늘』, 2021년 9월 12일.

110 김혜인, 「이재명 지지자들 집단행동 나섰나…'그알' 심의 민원 독려」, 『피디저널』, 2018년 8월 13일.

111 이상무, 「[이재명 검증 ③] 대선주자의 전과 4건…"인생 자체가 오점인 분이 '헌법 오점' 운운한다"」, 『뉴데일리』, 2021년 7월 16일.

112 박예람, 「방심위 "'그알' '이재명 조폭 연루설' 의혹 제기 공익 부합"」, 『피디저널』, 2020년 2월 12일.

113 하준호, 「민주당 당권 레이스, 새 쟁점으로 떠오른 이재명」, 『중앙일보』, 2018년 7월 29일; 허진, 「김진표 "이재명 결단을" 탈당 요구」, 『중앙일보』, 2018년 7월 29일.

114 김소연, 「'다스뵈이다' 김어준 "'포스트 문재인' 이재명, 절대 악 만드는 세력 있다"」, 『매일경제』, 2018년 8월 7일.

115 이준희, 「"점 없다, 뺀 흔적도 없다"…이재명 신체 검증으로 역공」, 『MBC뉴스』, 2018년 10월 17일.

116 이순지, 「김부선 "이재명, 점 빼느라 수고했다"」, 『한국일보』, 2018년 10월 29일.

117 백상진, 「이재명 "적진에서 날아온 탄환 모아 부자 돼…'만독불침'의 경지"」, 『국민일보』, 2018년 11월 1일.

118 장혜원, 「혜경궁 김씨 사건, 트윗 어땠길래…전·현직 대통령·이재명 친형까지 비판」, 『세계일보』, 2018년 11월 2일.

119 「이재명 셀프 SNS 투표서 "경찰에 공감" 81%로 우세」,『연합뉴스』, 2018년 11월 19일.

120 김현정·김민정,『인간 이재명: 어렵다는 것은 가능성이 있다는 것이다』(아시아, 2021), 373쪽.

121 이미나,「'하태경 "'고소왕' 이재명, 혜경궁 김씨=김혜경 아니면 왜 고발 안 하나」,『한경닷컴』, 2018년 11월 19일; 정영식,「하태경 "고소왕 이 지사, 혜경궁 김씨 김혜경 아니라면 왜 고소고발 안 하나"」,『중부일보』, 2018년 11월 19일.

122 윤민혁,「이재명 "혜경궁 밝히려면 문준용 특혜 채용 확인해야…난 허위라고 확신"」,『조선일보』, 2018년 11월 24일; 윤종열,「이재명 "트위터 계정주 사건의 본질은 이간계"」,『서울경제』, 2018년 11월 24일.

123 이지상,「'혜경궁 김씨' 일단 봉인…檢 "소유주 확인 땐 다시 기소"」,『중앙일보』, 2018년 12월 11일;「혜경궁 김씨 사건」,『나무위키』.

124 「[사설] 혜경궁 김씨 불기소, 前 정부 수사였다면 이렇게 했을까」,『조선일보』, 2018년 12월 12일.

125 이지율,「정두언 "이재명 아주 대단한 싸움꾼. 대통령까지 끌어들여"」,『뷰스앤뉴스』, 2018년 12월 13일.

126 김광일,「이재명이 '文의 급소'를 건드렸다」,『조선일보』, 2018년 12월 14일.

127 「[사설] '통계 분식' 감사 연기, 정권이 싫어할 사안은 뭉개는 감사원」,『조선일보』, 2021년 12월 1일.

128 임도원·박종필·이태훈,「통계청장 돌연 경질…'통계 전쟁'으로 번졌다」,『한국경제』, 2018년 8월 27일.

129 최훈길,「[단독] 前 통계청장 "큰 과오 없어…윗선 말 듣지 않아 경질한 듯"」,『이데일리』, 2018년 8월 27일.

130 신동욱,「[신동욱 앵커의 시선] 이걸 믿으라고요?」,『TV조선 뉴스9』, 2021년 7월 1일.

131 「[사설] 소상공인·자영업자의 울분, '좋은 통계'로 풀어줄 수 있나」,『세계일보』, 2018년 8월 30일.

132 김형원·김지섭,「文 대통령 '최저임금 긍정 효과 90%' 발언 뒤엔…靑이 통계청 압박해 빼낸 자료로 '엉터리 보고서'」,『조선일보』, 2019년 10월 11일.

133 이제훈,「희망은 절망보다 힘이 세다」,『한겨레』, 2023년 1월 10일;「2018 남북정상회담 평양」(시사상식사전, pmg 지식엔진연구소),『네이버 지식백과』.

134 이제훈,「희망은 절망보다 힘이 세다」,『한겨레』, 2023년 1월 10일.

135 이제훈,「희망은 절망보다 힘이 세다」,『한겨레』, 2023년 1월 10일.

136 이다비,「"평양 남북정상회담은 김정은의 '프로파간다' 수단"」,『조선일보』, 2018년 9월 19일.

137 이제훈, 「희망은 절망보다 힘이 세다」, 『한겨레』, 2023년 1월 10일.

138 문재인, 『변방에서 중심으로: 문재인 회고록: 외교안보 편』(김영사, 2024), 300쪽.

139 윤형준, 「文 대통령 '15만 군중 연설' 중 일부 내용 논란」, 『조선일보』, 2018년 9월 21일.

140 안준용, 「[평양 南北정상회담] '도보다리 29분 밀담'처럼…이번엔 30분 천지 산책」, 『조선일보』, 2018년 9월 21일.

141 김명성, 「백두산 깜짝 일정이라더니…등산복에 '한라산 물'도 챙겨」, 『조선일보』, 2018년 9월 21일.

142 권혁준, 「'남북회담 효과'…文 대통령 국정 지지율 59.4%로 급반등」, 『서울경제』, 2018년 9월 20일.

143 유용원, 「北 핵·장사정포 그대론데…우리는 스스로 눈 가리고 손 묶었다」, 『조선일보』, 2018년 9월 20일.

144 김호준, 「북 파괴 GP 복원에 2~3개월…남 GP 완전 복원엔 10년 걸려」, 『연합뉴스』, 2024년 10월 7일; 윤동빈, 「文 정부 "北 GP 지하시설 완전 파괴" 거짓 발표 문서로 확인…"검증 거부로 식별 제한"」, 『TV조선 뉴스9』, 2024년 10월 7일; 양지호, 「"北 GP 검증 못해" 사진 찍어 보고했는데…文 정부, 5일 만에 "불능화" 공표」, 『조선일보』, 2024년 10월 8일.

145 신경숙, 「"#미투" 운동과 페미니스트 담론」, 『새한영어영문학회 학술발표회 논문집』(새한영어영문학회, 2018년 5월), 79~81쪽; 박승희, 「[미투 혁명] 외침은 10년 전 시작…미투 운동 타임라인」, 『뉴스1』, 2018년 3월 8일.

146 임진희, 「'올해의 인물' 미투 운동자들, 하비 아인스타인의 성폭행 폭로 보니? '안젤리나 졸리도…'」, 『뉴스인사이드』, 2017년 12월 7일; 이경희, 「룸살롱의 기억」, 『중앙일보』, 2017년 10월 28일.

147 김양진, 「현직 검사의 '#미투'…"법무부 간부에 성추행당했다"」, 『한겨레』, 2018년 1월 30일; 「[사설] 어느 현직 여검사의 #미투가 말하는 것」, 『한겨레』, 2018년 1월 30일; 하성태, 「서지현 검사의 충격적인 고발글, 손석희의 인상적인 위로」, 『오마이뉴스』, 2018년 1월 31일; 윤호진·정진우·박사라, 「러브샷 회식, '따로 보자' 문자…검찰 망신 자초한 마초 문화」, 『중앙일보』, 2018년 2월 1일.

148 김영민·정진우, 「"그놈 때문에 아이도 유산" 성추행 여검사 분노의 일기」, 『중앙일보』, 2018년 1월 30일; 하성태, 「서지현 검사의 충격적인 고발글, 손석희의 인상적인 위로」, 『오마이뉴스』, 2018년 1월 31일.

149 하성태, 「서지현 검사의 충격적인 고발글, 손석희의 인상적인 위로」, 『오마이뉴스』, 2018년 1월 31일.

150 김동호, 「류근, 최영미 'En 폭로'에 "고은 성추행 문제 드디어 드러났다"」, 『뉴스윅스』, 2018년 2월 7일.

151 신율, 「여성연극협회 "비대위 결성, 제2의 이윤택 드러낼 것"」, 『YTN 라디오 신율의 출발 새아침』, 2018년 2월 21일.

152 윤지영, 「미투라는 혁명의 해일: 페미니즘 프리즘으로 강간 문화 해부하기」, 『새한영어영문학회 학술발표회 논문집』(새한영어영문학회, 2018년 5월), 115쪽.

153 하나영, 「이윤택 구속영장 신청, "상습강제추행 혐의"…약 62건 '충격'」, 『조선일보』, 2018년 3월 21일; 홍해인, 「'극단원 상습 성추행' 이윤택 측 "추행 아닌 독특한 연기 지도"」, 『연합뉴스』, 2018년 5월 9일; 「이윤택 성범죄 사건」, 『나무위키』.

154 「김어준 "미투, 공작의 관점서 보면"…금태섭 "진보 성폭력 감춰야 하나?"」, 『서울신문』, 2018년 2월 25일.

155 하준호, 「김어준 "미투, 문 정부 지지자들 분열에 이용"…금태섭 "진보 성범죄는 감춰도 되나"」, 『중앙일보』, 2018년 2월 26일.

156 조예리, 「[Who Is?] 손석희 JTBC 보도부문 사장」, 『비즈니스포스트』, 2018년 4월 3일.

157 조한대, 「안희정 "괘념치 말거라"…이 정도는 괜찮다는 권력자 착각」, 『중앙일보』, 2018년 3월 9일.

158 이재성, 「촛불 이후의 촛불, 미투」, 『한겨레』, 2018년 3월 12일.

159 임지선, 「비리 유치원 공개 뒤엔 '엄마들'의 추적 있었다」, 『한겨레』, 2018년 10월 20일.

160 양선아, 「"비리 유치원 보고 있나" 엄마들은 여기서 멈추지 않는다」, 『한겨레』, 2018년 10월 25일.

161 김원배, 「어쩌다 공공기관…사립유치원의 두 얼굴」, 『중앙일보』, 2018년 10월 29일.

162 김정호, 「사립유치원 비리 문제에 대한 새로운 시각」, 『규제연구』, 26권 2호(2017년 12월), 115쪽.

163 서어리, 「"나는 정봉주 전 의원에게 성추행 당했다": 현직 기자 폭로 "껴안고 강제로 키스 시도"…정봉주 "답할 이유 없다"」, 『프레시안』, 2018년 3월 7일.

164 오경묵, 「김어준 "안희정에 봉도사까지… '미투 공작 세력' 분명히 있다"」, 『조선일보』, 2018년 3월 11일.

165 진중권, 「정봉주 '미투' 사건의 재구성」, 『오마이뉴스』, 2018년 4월 2일.

166 김성욱, 「금태섭 "김어준 발언 이해 불가, '각하가 사라진다'라니"」, 『오마이뉴스』, 2018년 3월 14일.

167 신승근, 「미투를 가로막는 꼼수들」, 『한겨레』, 2018년 3월 15일.

168 박권일, 「나쁜 신호」, 『한겨레』, 2018년 3월 16일.

169 양성희, 「미투 감별법과 펜스룰」, 『중앙선데이』, 2018년 3월 17일.

170 김태규, 「정봉주 "당일 렉싱턴호텔 결제 확인…거취 밝히겠다"」, 『한겨레』, 2018년 3월 28일.

171 김지훈, 「정봉주 김어준, 사과하라」, 『한겨레』, 2018년 4월 2일.

172 「[사설] 정봉주 전 의원의 '거짓말'이 남긴 것」, 『한겨레』, 2018년 3월 29일.

173 김지훈, 「정봉주 김어준, 사과하라」, 『한겨레』, 2018년 4월 2일.

174 김종목, 「인상주의에서 음모론까지…'서양미술사' 완간 진중권 인터뷰」, 『경향신문』, 2018년 4월 24일.

175 현소은, 「법무·검찰 여직원 62% "성희롱·성폭력 경험"」, 『한겨레』, 2018년 5월 18일; 박사라, 「권인숙 "여성 검사 70% 성적 피해 당하는 사회…미래 있나"」, 『중앙일보』, 2018년 6월 14일.

176 「[사설] 내부 성폭력 만연하지만 처벌은 못 한다는 국회」, 『경향신문』, 2018년 5월 4일.

177 「[사설] "성폭력 신고 말라"는 2차 피해자 여군의 기막힌 증언」, 『경향신문』, 2018년 5월 9일.

178 김문관, 「광복절 특사 포함된 김태우 전 강서구청장은 누구?」, 『조선비즈』, 2023년 8월 10일.

179 김윤나영, 「靑 "문재인 정부 유전자에 민간인 사찰은 없다"」, 『프레시안』, 2018년 12월 18일.

180 강희철, 『검찰외전: 다시 검찰의 시간이 온다』(평사리, 2020), 17, 239쪽.

181 박광렬, 「"강남 재건축은 복마전"…조합원 절반이 금품 받아」, 『YTN』, 2018년 12월 11일; 윤재민, 「반포 재건축 수주 '복마전'…전과자 334명 양산 위기」, 『TV조선』, 2018년 12월 11일.

182 고정수, 「입주 직전 단지도 분쟁…강남 재건축 복마전 양상도」, 『MBN뉴스』, 2018년 12월 12일.

183 고성표, 「복마전 재개발·재건축사업: 의문의 USB 남기고 사라졌다…'철거왕' 이금열 미스터리」, 『중앙선데이』, 2018년 12월 29일.

184 고성표, 「재건축 비리, 조합이 동원한 '제3의 손' 막아야 끊긴다」, 『중앙선데이』, 2018년 12월 29일.

185 발레리 줄레조(Valérie Gelézeau), 길혜연 옮김, 『아파트 공화국: 프랑스 지리학자가 본 한국의 아파트』(후마니타스, 2007), 143쪽.

186 김규원, 「아파트는 이제 그만!」, 『한겨레』, 2018년 5월 14일.

187 김기중·정재호, 「집이란 무엇인가: 누구에겐 '욕망의 바벨탑' 누구에겐 '절망의 외딴방'」, 『한국일보』, 2018년 12월 4일.

188 이은정·이현옥·조승화, 「쪽방, 주거공간에 대한 탐색적 의미」, 『월간 복지동향』, 173호

(2013년 3월), 31쪽.

189   임재우·황금비, 「"등 배기는 만화방 의자에 자보면 2.5평 쪽방은 천국"」, 『한겨레』, 2018년 11월 23일.

190   김은중, 「합판 벽으로 구분된 '닭장 방' 소음 무방비…곰팡이 서린 습기에 온몸이 금세 끈적끈적」, 『조선일보』, 2018년 12월 1일.

191   임재우, 「고시원서 자란 딸…"악취나는 방 알고 봤더니" 털썩」, 『한겨레』, 2018년 11월 18일.

192   함인선, 「왜 고시원은 타워팰리스보다 비싼가?」, 『중앙일보』, 2017년 12월 21일.

193   최장집, 「지역정치와 분권화의 문제」, 『지역사회연구』, 제9권 1호(2001), 1~8쪽.

194   이율, 「서울 1인 청년 가구 37% '지옥고'서 산다…"주거빈곤 역주행"」, 『연합뉴스』, 2018년 6월 28일.

195   정민우·이나영, 「청년 세대, '집'의 의미를 묻다: 고시원 주거 경험을 중심으로」, 『한국사회학』, 45권 2호(2011년 4월), 135쪽.

196   박진석, 「억대 연봉자 70%는 수도권 거주…비수도권은 울산 1위」, 『중앙일보』, 2014년 8월 21일.

197   이세나, 「전국 일자리 4개 중 3개 서울-경기-인천 등 수도권에 집중」, 『통신일보』, 2016년 3월 24일; 이성희, 「일자리 73% 수도권 편중…제주·전남·강원은 1%도 안 돼」, 『경향신문』, 2016년 3월 25일.

198   이철규, 「"강남불패 기름 붓는 3기 신도시 진접·천현·계양·과천"」, 『스카이데일리』, 2018년 12월 19일.

199   장상진·정순우, 「신도시 광명에 유력」, 『조선일보』, 2018년 12월 17일.

200   다음 기사에 달린 댓글들이다. 윤서영, 「3기 신도시 이르면 금주 발표…광역교통 대책도 함께 제시」, 『서울경제』, 2018년 12월 17일; 이완기·이주원, 「[3기 신도시 발표] 예상보다 거리 먼 신도시…서울 집값 억제 효과 의견 갈려」, 『서울경제』, 2018년 12월 19일; 고은지, 「[3기 신도시] "호재? 악재?" 후보지 주민들 엇갈린 반응」, 『연합뉴스』, 2018년 12월 19일.

201   「[사설] 3기 새 도시, 개발이익 환수·투기 방지가 관건이다」, 『한겨레』, 2018년 12월 20일.

202   「[사설] 3기 신도시, 서울·수도권 집중 가속화 우려도 고려해야」, 『경향신문』, 2018년 12월 20일.

203   다음 기사에 달린 댓글이다. 윤서영, 「3기 신도시 이르면 금주 발표…광역교통 대책도 함께 제시」, 『서울경제』, 2018년 12월 17일.

204   박경만, 「GTX가 뭐길래 이렇게 떠들썩할까요」, 『한겨레』, 2018년 12월 22일.

205 박경만·김미향, 「"교통혁명" "졸속사업" 논란 속 GTX A 노선 착공」, 『한겨레』, 2018년 12월 28일.

206 다음 기사에 달린 댓글이다. 박경만, 「GTX가 뭐길래 이렇게 떠들썩할까요」, 『한겨레』, 2018년 12월 22일.

207 강준만, 「왜 경부고속도로가 지역주의를 악화시켰나?: 경로의존」, 『우리는 왜 이렇게 사는 걸까?: 세상을 꿰뚫는 50가지 이론 2』(인물과사상사, 2014), 291~296쪽 참고.

208 「Janes Jacobs」, 『Wikiipedia』.

209 정원오, 『도시의 역설, 젠트리피케이션』(후마니타스, 2016), 87쪽.

210 김아리, 「누구도 강제로 쫓겨나선 안 된다」, 『한겨레』, 2017년 11월 17일.

211 신현방 엮음, 『안티 젠트리피케이션: 무엇을 할 것인가?』(동녘, 2017), 17, 44, 47쪽.

212 조효제, 『인권의 지평: 새로운 인권 이론을 위한 밑그림』(후마니타스, 2016), 83~85쪽; 문성훈, 「폭력 개념의 인정이론적 재구성」, 『사회와철학』, 20권(2010년 10월), 69쪽; 강준만, 「왜 초등학교 4학년 학생은 '잔혹 동시'를 썼을까?: 구조적 폭력」, 『사회 지식 프라임』(인물과사상사, 2018), 127~133쪽 참고.

213 김찬호, 「"서울 도시재생, 재개발과 다른 게 뭐죠?"」, 『경향신문』, 2019년 1월 2일.

214 박구재, 「[여적] 본가궁중족발과 '갓물주'」, 『경향신문』, 2018년 6월 18일.

215 「[사설] 서촌 '젠트리피케이션'의 비극, 상가임대차법 바꿔야」, 『한겨레』, 2018년 6월 9일.

216 이재덕, 「서촌 족발집 사장은 어쩌다 망치를 휘둘러 '살인미수범'이 됐나…영업권보다 재산권, 법이 빚은 '비극'」, 『경향신문』, 2018년 6월 11일; 김아리, 「누구도 강제로 쫓겨나선 안 된다」, 『한겨레』, 2017년 11월 17일.

217 정원오, 『도시의 역설, 젠트리피케이션』(후마니타스, 2016), 81쪽.

218 김아리, 「누구도 강제로 쫓겨나선 안 된다」, 『한겨레』, 2017년 11월 17일.

219 김찬호, 「투신 철거민 유서 "추운 겨울 3일간 길에서…내일이 두렵다"」, 『경향신문』, 2018년 12월 6일.

220 안세진, 「[르포] '사지에 몰린' 아현 재개발 철거민들 지금 어디에」, 『쿠키뉴스』, 2018년 12월 12일.

221 강준만, 「왜 한국은 '불감사회(不感社會)'가 되었는가?: 의도적 눈감기」, 『생각과 착각: 세상을 꿰뚫는 50가지 이론 5』(인물과사상사, 2016), 187~192쪽 참고.

222 오찬호, 「인생을 건 부동산 투기」, 『경향신문』, 2019년 4월 1일.

223 정원오, 『도시의 역설, 젠트리피케이션』(후마니타스, 2016), 9~10쪽.

224 양정호, 『하청사회: 지속가능한 갑질의 조건』(생각비행, 2017), 74~75쪽; 강준만, 「왜 우리는 '합법적 도둑질'을 방치하는가?: 지대 추구」, 『생각과 착각: 세상을 꿰뚫는

『50가지 이론 5』(인물과사상사, 2016), 347~354쪽 참고.

225 김원진·정대연, 「[부들부들 청년] "내가 봐도 월세·임대료 비싸지만 그래도 더 올리려는 게 인간 욕심"」, 『경향신문』, 2016년 2월 1일.

226 라인홀드 니부어(Reinhold Niebuhr), 이한우 옮김, 『빛의 자식들과 어둠의 자식들』(문예출판사, 1944/1995), 14, 49쪽.

227 김창길, 「'세월호 유족 사찰' 이재수 전 기무사령관 투신 사망」, 『경향신문』, 2018년 12월 7일; 선담은, 「고 이재수 전 기무사령관 "5년 전 일로 단죄 안타깝다" 유서 공개」, 『한겨레』, 2018년 12월 8일; 한기호, 「이재수 前 기무사령관 투신 자살…3성 장군 죽음으로 내몬 文 정권 '적폐청산 칼춤'」, 『펜앤드마이크』, 2018년 12월 10일; 문일석, 「이재수 전 기무사령관의 자살…권력이 무섭다!」, 『브레이크뉴스』, 2018년 12월 12일; 박지현, 「"文 정부, 계엄령 결정적 증거 못 찾자 '세월호 사찰'로 방향 튼 것": 이재수 전 기무사령관 사망 4주기…여전히 고통받는 기무사 간부들」, 『월간조선』, 2023년 1월호; 김정환·양지호, 「적폐 몰린 기무사 군인들 "변호사비만 수억 원…집 팔고 가족은 알바"」, 『조선일보』, 2024년 9월 27일.

228 이지혜·최하얀·정환봉, 「멈추지 않는 '위험의 외주화'…산재 사망 90%가 '하청노동자'」, 『한겨레』, 2018년 12월 12일.

229 「[사설] "더이상 죽지 않게 해달라"는 비정규직 호소 외면 말라」, 『경향신문』, 2018년 12월 13일; 「[사설] 또다시 찾아온 비정규직 청년의 죽음 앞에서」, 『한겨레』, 2018년 12월 13일.

230 남지원, 「"지침은 한 번도 지켜진 적 없었다…단순 산업재해 아닌 사회적 타살"」, 『경향신문』, 2018년 12월 19일.

231 김일중, 「'죽음의 발전소' 서부발전 태안화력…2010년부터 사망자만 12명」, 『이데일리』, 2018년 12월 13일.

232 홍석경, 「케이팝 세계시민주의」, 『중앙일보』, 2018년 1월 6일.

233 표태준, 「보아가 문 열고, 싸이가 불붙이고 방탄소년단이 정점 찍었다」, 『조선일보』, 2018년 5월 29일.

234 이지행, 『BTS와 아미 컬처』(커뮤니케이션북스, 2019), 57~61쪽.

235 김광일, 「'빌보드 1위' 이런 날도 오네」, 『조선일보』, 2018년 5월 29일.

236 「[사설] 땀과 활력, 그리고 방탄소년단 빌보드 1위」, 『경향신문』, 2018년 5월 29일.

237 「[사설] 빌보드 1위, 방탄소년단의 성공이 던지는 메시지」, 『한국일보』, 2018년 5월 29일.

238 「[사설] 한류 신천지 열어젖힌 방탄소년단의 쾌거」, 『중앙일보』, 2018년 5월 29일.

239 윤수정, 「석 달 만에 또 빌보드 1위…"BTS, 한류 넘어섰다"」, 『조선일보』, 2018년 9월

4일.

240 고희진, 「BTS, 유엔 총회 연설…"당신만의 목소리를 내주세요"」, 『경향신문』, 2018년 9월 25일; 양승준, 「미국에서 만난 'BTS 아미'」, 『관훈저널』, 149호(2018년 겨울), 148쪽.

241 오윤희, 「BTS 왔다, 뉴욕이 지하철까지 늘렸다」, 『조선일보』, 2018년 10월 8일.

242 이유진, 「"BTS는 미국서 가장 성공한 K팝 가수…뉴욕 공연은 땅이 흔들릴 정도로 활기"」, 『경향신문』, 2018년 10월 10일.

243 김미나, 「'타임'지 표지에 방탄소년단 '다음 세대 이끌 리더'」, 『한겨레』, 2018년 10월 12일.

244 백수진, 「"일본의 문화식민지 될 거란 공포심, 市場에 맡기니 자연스레 극복"」, 『조선일보』, 2018년 11월 16일.

245 윤수정·최은경, 「20년 전엔 일본 베꼈는데…K팝 日 수출이 수입의 100배」, 『조선일보』, 2018년 11월 16일.

246 미국 캘리포니아주 샌타모니카에 본사를 둔 라이엇게임스는 2011년 중국의 인터넷 회사 '텐센트'가 약 4억 달러(약 4,800억 원)에 인수해 자회사로 편입했다.

247 김경미, 「'롤드컵' 챔피언 이상혁 연봉 30억…최형우도 안 부러워」, 『중앙일보』, 2016년 12월 31일.

248 임경업, 「한국 게이머 보러…中 젊은이 4만 명 몰리고, 5000만 명이 시청」, 『조선일보』, 2017년 11월 6일.

249 조재희, 「게임 수출 첫 4조 원 돌파」, 『조선일보』, 2017년 1월 21일.

250 문영수, 「2018년 한국 게임시장 14.2조 원…10년째 성장세」, 『아이뉴스24』, 2020년 1월 7일.

251 한현우, 「게임의 聖地 한국」, 『조선일보』, 2018년 12월 29일.

252 이유진·김진우, 「혐한·극일 민낯 들춰낸 'BTS' 티셔츠」, 『경향신문』, 2018년 11월 12일.

253 남지은·조기원, 「BTS '티셔츠 논란'에도 여전한 일본 인기 왜?…"글로벌 유튜브 팬들은 달라"」, 『한겨레』, 2018년 11월 13일.

254 조계완, 「"방탄소년단 경제효과 연 5.6조 원"」, 『한겨레』, 2018년 12월 19일.

255 신지민, 「유튜브가 밀고 팬들이 끌며…케이팝, 주류가 되다」, 『한겨레』, 2019년 5월 11일.

256 홍석우, 「대중문화 산업 규모 6조 4천 억…한류로 2년 새 해외 매출 69% 늘어」, 『KBS 뉴스』, 2020년 3월 11일.

257 임은진, 「"한국 스마트폰 보유율 95%…세계 1위"」, 『연합뉴스』, 2019년 2월 6일.

258 고영태, 「국민 95%가 스마트폰 사용…보급률 1위 국가는?」, 『KBS』, 2019년 2월 11일.

259 정석우, 「저소득층 아이들 절반이 과도한 스마트폰 의존 성향」, 『조선일보』, 2019년 9월 16일, A14면.

260 노명우, 「스마트폰이라는 늪에 빠진 한국인들」, 『경향신문』, 2019년 11월 20일, 29면.

261 김명일, 「스마트폰 보급률 91.1% 힘입어 OTT 이용률 50% 돌파…'유튜브 파워' 계속될 듯」, 『세계일보』, 2020년 1월 30일.

262 남지은, 「'공룡' 넷플릭스의 야심… '한류 타고 아시아 공략'」, 『한겨레』, 2018년 11월 9일.

263 이희주, 「미디어 제국주의에 대처하는 우리의 자세」, 『방송문화』, 418호(2019년 가을), 96~99쪽.

264 최희원, 「구글의 배신」, 『경향신문』, 2017년 12월 7일.

265 조형래, 「IT 강국 코리아, 구글의 '데이터 식민지' 되나」, 『조선일보』, 2018년 11월 15일.

제2부 2019년

1 「김명수(법조인)」, 『나무위키』; 조백건, 「[기자의 시각] '지하철 김명수'는 연기였나」, 『조선일보』, 2019년 11월 7일, A34면.

2 조백건, 「[기자의 시각] '지하철 김명수'는 연기였나」, 『조선일보』, 2019년 11월 7일, A34면.

3 조백건, 「임성근 판사 "사직하겠다"…김명수 "그럼 탄핵 안 되지 않나"」, 『조선일보』, 2021년 2월 3일, A1면.

4 조백건, 「임성근 판사 "사직하겠다"…김명수 "그럼 탄핵 안 되지 않나"」, 『조선일보』, 2021년 2월 3일, A1면.

5 이수정·박현주, 「김명수의 법원 3년 도돌이표… '눈치의 리더십'이 자초했다」, 『중앙일보』, 2021년 2월 5일.

6 이춘재, 『검찰국가의 탄생: 검찰개혁은 왜 실패했는가?』(서해문집, 2023), 94쪽.

7 조백건, 「임성근 판사 "사직하겠다"…김명수 "그럼 탄핵 안 되지 않나"」, 『조선일보』, 2021년 2월 3일, A1면.

8 서주민, 「[뉴스야?!] 우주 최강 미남 문재인?」, 『TV조선』, 2021년 2월 7일.

9 「양승태」, 『위키백과』.

10 이춘재, 『검찰국가의 탄생: 검찰개혁은 왜 실패했는가?』(서해문집, 2023), 110쪽.

11 문재인, 『대한민국이 묻는다: 완전히 새로운 나라, 문재인이 답하다』(21세기북스,

2017), 116쪽.

12 박정엽, 「文 대통령 "적폐수사 그만하라는데, 살아 있는 수사 통제 안 돼"」, 『조선일
   보』, 2019년 5월 2일.

13 양은경, 「법원 국감은 왜 '훈훈'했을까」, 『조선일보』, 2024년 10월 10일.

14 최보식, 「[최보식이 만난 사람] 김태훈(73) '한반도 인권과 통일을 위한 변호사 모임'
   회장: 노영민 고소한 老 변호사 "세상이 날 이렇게 만드네"」, 『조선일보』, 2020년 11월
   16일, A28면.

15 김종인, 『왜 대통령은 실패하는가: 킹메이커는 왜 정치의 패러다임을 바꾸려고 하는
   가』(21세기북스, 2022), 298~299쪽.

16 「[사설] "법꾸라지들의 향연"···檢, 47개 혐의 모두 무죄에도 법원 탓만」, 『동아일보』,
   2024년 4월 9일.

17 최민우, 「이탄희는 김명수를 탄핵하라」, 『중앙일보』, 2021년 2월 8일.

18 이상무, 「"왜? 1000년 하시지"···이해찬 '100년 집권론' 뭇매」, 『뉴데일리』, 2019년
   2월 22일.

19 천관율, 「[이해찬 독점 인터뷰 1] 나는 왜 20년 집권을 말했나」, 『시사IN』, 제679호
   (2020년 9월 14일).

20 진중권, 『진보는 어떻게 몰락하는가: 저들은 대체 왜 저러는가?』(천년의상상, 2020),
   273쪽.

21 김정훈·심나리·김항기, 『386 세대유감: 386세대에게 헬조선의 미필적 고의를 묻
   다』(웅진지식하우스, 2019), 217~218쪽.

22 김정훈·심나리·김항기, 『386 세대유감: 386세대에게 헬조선의 미필적 고의를 묻
   다』(웅진지식하우스, 2019), 151쪽.

23 「2019년 선거법·공수처법 패스트트랙 파동」, 『나무위키』.

24 정승임, 「의원 감금·112 신고···한국당 저지로 회의 못 열고 밤샘 대치」, 『한국일보』,
   2019년 4월 26일.

25 「2019년 선거법·공수처법 패스트트랙 파동」, 『나무위키』.

26 「[사설] 협치 팽개친 꼼수와 폭력, 폭주···공멸 안 하려면 대화하라」, 『동아일보』,
   2019년 4월 27일.

27 「2019년 선거법·공수처법 패스트트랙 파동」, 『나무위키』.

28 안상희, 「[탈원전 공화국] ② 송영길은 왜? 민주당 뒤흔든 탈원전 속도조절론」, 『조선
   비즈』, 2019년 1월 16일.

29 함성득, 『위기의 대통령』(청미디어, 2024), 75~76쪽.

30 김동현, 「폼페이오 "김정은, 中 위협 방어하는 데 주한미군 필요하다 말해"」, 『연합뉴

스』, 2023년 1월 25일.

31 이제훈, 「트럼프의 변심, 하노이의 저주」, 『한겨레』, 2022년 12월 27일; 박영환, 「폼페이오 "생산적 대화" 북한 "일방적 비핵화 요구만"」, 『경향신문』, 2018년 7월 8일.

32 이제훈, 「트럼프의 변심, 하노이의 저주」, 『한겨레』, 2022년 12월 27일.

33 이제훈, 「트럼프의 변심, 하노이의 저주」, 『한겨레』, 2022년 12월 27일; 최경민, 「文 대통령 "김정은 비핵화 결단, 올바른 판단임을 확인해줘야"」, 『머니투데이』, 2018년 9월 27일.

34 이제훈, 「트럼프의 변심, 하노이의 저주」, 『한겨레』, 2022년 12월 27일; 전효진 외, 「[전문] 트럼프 美 대통령 기자회견」, 『조선일보』, 2019년 2월 28일.

35 최민지, 「남·북·미 정상, 판문점서 역사적 첫 회동」, 『경향신문』, 2019년 6월 30일.

36 존 볼턴(John Bolton), 박산호·김동규·황선영 옮김, 『그 일이 일어난 방: 존 볼턴의 백악관 회고록』(시사저널, 2020), 500~501쪽.

37 문재인, 『변방에서 중심으로: 문재인 회고록: 외교안보 편』(김영사, 2024), 332~334쪽.

38 김동현, 「폼페이오 "김정은, 中 위협 방어하는 데 주한미군 필요하다 말해"」, 『연합뉴스』, 2023년 1월 25일.

39 김진명·주희연, 「文, 회고록서 "김정은 비핵화 진심"…협상 결렬 美 탓 돌려」, 『조선일보』, 2024년 5월 18일; 정용수, 「文 "트럼프, 주도적 역할 당부"vs 볼턴 "트럼프, 文 오는 것 질색"」, 『중앙일보』, 2024년 5월 28일.

40 이용수·이민석, 「북한에 올인한 文 대통령, 내세우던 '핵심 정책'까지 무너지나」, 『조선일보』, 2019년 10월 24일, A3면.

41 김진명·주희연, 「文, 회고록서 "김정은 비핵화 진심"…협상 결렬 美 탓 돌려」, 『조선일보』, 2024년 5월 18일.

42 「[사설] 볼턴의 북한 비핵화 회고록, 청와대는 명백히 진상 밝혀야」, 『중앙일보』, 2020년 6월 23일, 30면.

43 존 볼턴(John Bolton), 박산호·김동규·황선영 옮김, 『그 일이 일어난 방: 존 볼턴의 백악관 회고록』(시사저널, 2020), 123~124쪽; 「[사설] 韓 정권 '창조물'이라는 트럼프·김정은 '가짜 춤판'」, 『조선일보』, 2020년 6월 20일, A27면.

44 「[사설] 韓 정권 '창조물'이라는 트럼프·김정은 '가짜 춤판'」, 『조선일보』, 2020년 6월 20일, A27면.

45 「[사설] 한·미 정권에 필요했던 건 북핵 폐기 아닌 TV용 이벤트」, 『조선일보』, 2020년 6월 23일, A31면.

46 「[사설] '한반도 평화' 안중에 없는 보수언론의 볼턴 보도」, 『한겨레』, 2020년 6월 24일, 27면.

47 예영준, 「볼턴 없었어도 하노이는 실패였다」, 『중앙일보』, 2020년 6월 30일, 30면.

48 김은중, 「[단독] “文, 북한에 너무 양보하려 해 싱가포르 회담서 제외시켜”」, 『조선일보』, 2024년 5월 11일.

49 김진명·주희연, 「文, 회고록서 “김정은 비핵화 진심”…협상 결렬 美 탓 돌려」, 『조선일보』, 2024년 5월 18일; 문재인, 『변방에서 중심으로: 문재인 회고록: 외교안보 편』(김영사, 2024), 119, 246~247쪽.

50 서필웅, 「文 회고록 반박한 폼페이오 “하노이 노딜은 트럼프의 선택”」, 『세계일보』, 2024년 5월 24일.

51 한현우, 「[만물상] 전 세계 외신 타는 K 팝 스캔들」, 『조선일보』, 2019년 3월 16일.

52 민경원, 「성범죄 스캔들 이은 거짓말 후폭풍…공든 K팝이 무너진다」, 『중앙일보』, 2019년 3월 15일.

53 권승준, 「클럽에서 태어난 제국, 제국에서 추락한 ‘약국’…휘청이는 YG」, 『조선일보』, 2019년 3월 23일; 권승준, 「보이그룹은 수입 좋지만 사고 많고…걸그룹은 사고 적지만 수입…」, 『조선일보』, 2019년 3월 23일.

54 이승한, 「지금 ‘케이팝 위축’ 걱정할 때인가」, 『한겨레』, 2019년 3월 23일.

55 강태화, 「文, ‘예정된 파격’ 윤석열 지명…靑 “적폐청산·검찰개혁 완수 의지”」, 『중앙일보』, 2019년 6월 17일.

56 이춘재, 『검찰국가의 탄생: 검찰개혁은 왜 실패했는가?』(서해문집, 2023), 199쪽.

57 원우식, 「1년 전 여당은 윤석열에게 이런 세레나데를 보냈다」, 『조선일보』, 2020년 10월 22일.

58 강희철, 『검찰외전: 다시 검찰의 시간이 온다』(평사리, 2020), 229~241, 271쪽.

59 이춘재, 『검찰국가의 탄생: 검찰개혁은 왜 실패했는가?』(서해문집, 2023), 23쪽.

60 이춘재, 『검찰국가의 탄생: 검찰개혁은 왜 실패했는가?』(서해문집, 2023), 126~127쪽.

61 원선우·김영준, 「“입으로만 부르짖는 공정·정의…진보 꼰대들의 위선이 역겹다”」, 『조선일보』, 2019년 8월 26일, A1면; 원선우·김영준, 「親與 인사 “조국을 먹잇감으로 넘기는 자는 敵”」, 『조선일보』, 2019년 8월 26일, A8면.

62 이송렬, 「조국, 법무부 장관 ‘부적합’ 의견 48%」, 『한경닷컴』, 2019년 8월 25일; 김경필, 「“조국, 법무부 장관에 부적합” 48%…“적합”은 7일 만에 42%→18% 급락」, 『조선일보』, 2019년 8월 26일, A8면.

63 임장혁·이우림, 「[중앙일보 긴급 여론조사] 조국 찬성 27%, 조국 반대 60%」, 『중앙일보』, 2019년 8월 26일, 1면.

64 송호근, 「최종병기, 그가 왔다」, 『중앙일보』, 2019년 6월 24일.

65 강철원, 「윤석열 스타일은 바뀌지 않는다」, 『한국일보』, 2020년 2월 24일.

66 김원철, 「'조국 사퇴' 서울대생 시위에…유시민 "한국당 패거리들 어른거려"」, 『한겨레』, 2019년 8월 29일, 22면; 송윤경, 「유시민 "조국 촛불집회 뒤에 한국당 어른어른…난 장관 임명 때 반대 65%였다"」, 『경향신문』, 2019년 8월 29일; 박태근, 「"조국 사태는 집단 창작" 유시민 '촛불집회 학생·기자·검찰' 싸잡아 조롱」, 『동아닷컴』, 2019년 8월 29일.

67 조국백서추진위원회, 『검찰개혁과 촛불 시민: 조국 사태로 본 정치검찰과 언론』(오마이북, 2020), 67~68쪽.

68 채혜선, 「"유시민 오버 말라" 박용진 발언에, 전재수 "자네나"」, 『중앙일보』, 2019년 9월 1일.

69 김동하, 「왕따 된 與 박용진」, 『조선일보』, 2019년 9월 2일, A5면; 강찬호, 「"박용진, 할 말 했는데 낙천시키면 공산당이지"」, 『중앙일보』, 2019년 9월 5일, 28면.

70 박정엽, 「[한국갤럽] 조국 반대 57% vs 찬성 27%…수도권·PK·20대서도 '반대'가 '찬성' 2배 넘었다」, 『중앙일보』, 2019년 8월 30일.

71 김민웅, 「정치검찰의 '조용한 쿠데타'인가?」, 『프레시안』, 2019년 8월 29일.

72 최원국·강다은, 「거리로 나온 親與 400여 명 "친일파로부터 조국 후보자 수호"」, 『조선일보』, 2019년 8월 31일, A3면.

73 최민우, 「[분수대] 한국 언론과 조리돌림」, 『중앙일보』, 2019년 9월 5일, 31면.

74 박홍두·조형국, 「"항명" "쿠데타" "미쳐 날뛰는 늑대"…당청, 검찰 비난 총공세」, 『경향신문』, 2019년 9월 7일, 4면.

75 조해수, 「檢, 울산시장 선거 개입 의혹 '윗선' 강제수사 착수…'위기의 대통령'에 쏠리는 눈」, 『시사저널』, 1795호(2024년 3월 9일).

76 박사라, 「"정권이 2030 버렸다" "윤 물러나야"…SNS서도 조국 후폭풍」, 『중앙일보』, 2019년 9월 10일.

77 윤성민, 「조국 임명 반대 여론 추석 뒤 더 커졌다」, 『중앙일보』, 2019년 9월 17일, 8면.

78 조유미, 「'조국 퇴진' 시국선언 교수 2500명 돌파…親文, 실명 참여 교수들 신상털기 나서」, 『조선일보』, 2019년 9월 19일, A12면.

79 김민웅, 「단두대가 된 언론, 그 언론의 머리가 된 검찰」, 『프레시안』, 2019년 9월 18일.

80 김형구, 「진중권, 정의당 탈당계 제출 "조국 데스노트 제외 실망"」, 『중앙일보』, 2019년 9월 24일, 2면.

81 홍수민, 「공지영, 진중권에 독설 "좋지 않은 머리…돈 주면 개자당 갈 듯"」, 『중앙일보』, 2019년 9월 24일.

82 김지선, 「[K-People] 공지영 "'진보'에 염증…그렇다고 전향은 아니고" ①」, 『연합뉴스』, 2024년 1월 23일; 한지혜, 「공지영 "조국, 욕 먹으며 감쌌는데 배신감…진중

권엔 미안해"」, 『중앙일보』, 2024년 1월 23일.

83 유병훈, 「유시민 "정경심 PC 반출은 증거인멸 아닌 보존용"」, 『조선일보』, 2019년 9월 24일.

84 배재성, 「유시민 "'논두렁 시계'보다 심각…檢, 전두환 신군부와 비슷한 정서"」, 『중앙일보』, 2019년 9월 29일.

85 김은중·강다은, 「200만 명 집결? 모두 서서 집회장 꽉 채워도 최대 13만 명」, 『조선일보』, 2019년 9월 30일, A10면.

86 유성운·김민욱, 「與 "조국 집회 200만"…강남 3구 다 나와도 160만」, 『중앙일보』, 2019년 9월 30일, 5면.

87 김보연, 「여야, 장외 대결 격화…"민란이 검란 제압" vs "조작 정권 이성 잃어"」, 『조선일보』, 2019년 9월 29일.

88 손덕호, 「'서초동 촛불집회 200만 왔다'더니…與 "숫자가 중요한 게 아니다"」, 『조선일보』, 2019년 10월 2일.

89 강다은, 「MBC, 허가 없이 드론 띄워 조국 집회 불법 촬영」, 『조선일보』, 2019년 10월 1일, A14면; 박서연, 「촛불집회에 드론 띄운 MBC 문제 없었나」, 『미디어오늘』, 2019년 10월 1일.

90 김도인, 「MBC는 어쩌다 이렇게 정파적인 방송이 되었나?」, 『펜앤드마이크』, 2022년 10월 28일.

91 권태호, 『공짜 뉴스는 없다: 디지털 뉴스 유료화, 어디까지 왔나?』(페이퍼로드, 2019), 98, 101쪽.

92 김도연, 「윤석열 검증 뉴스타파 보도 달라진 평가 왜?」, 『미디어오늘』, 2019년 9월 10일.

93 손석희, 『장면들: 손석희의 저널리즘 에세이』(창비, 2021), 272~278쪽.

94 최문선, 「'기레기' 없는 세상에 살고 싶다면」, 『한국일보』, 2019년 10월 3일.

95 김도인, 「MBC는 어쩌다 이렇게 정파적인 방송이 되었나?」, 『펜앤드마이크』, 2022년 10월 28일.

96 김경필, 「MBC 보도국장 "조국 지지 집회 딱 보니 100만 명"」, 『조선일보』, 2019년 10월 2일, A4면; 유성운, 「MBC 출신 여당 의원도 "MBC 촛불집회 방송 부적절하다" 지적」, 『중앙일보』, 2019년 10월 14일.

97 김희웅, 「'권력의 입'이 되다…"MBC 뉴스를 반성합니다"」, 『MBC 뉴스데스크』, 2017년 12월 27일; 선우정, 「자칭 '권력의 나팔수' MBC」, 『조선일보』, 2020년 7월 8일, A30면.

98 박성제, 『권력과 언론: 기레기 저널리즘의 시대』(창비, 2017), 294쪽.

99 최민우, 「'안이박김조'와 유시민」, 『중앙일보』, 2019년 10월 3일, 31면.

100 「[사설] '조국 블랙홀' 넘어, 더 커진 '촛불' 요구에 응답해야」, 『한겨레』, 2019년 10월 7일, 27면.

101 조국백서추진위원회, 『검찰개혁과 촛불시민: 조국 사태로 본 정치검찰과 언론』(오마이북, 2020), 239~242쪽.

102 김도인, 「MBC는 어쩌다 이렇게 정파적인 방송이 되었나?」, 『펜앤드마이크』, 2022년 10월 28일.

103 박현익, 「김기창 고대 로스쿨 교수 "윤석열, 비겁하고 비굴한 깡패"」, 『조선일보』, 2019년 10월 10일.

104 김동하, 「與 지도부 "서초동은 국민집회, 광화문은 동원·폭력집회"」, 『조선일보』, 2019년 10월 5일, A3면.

105 조광형, 「"서초동 촛불은 톱…개천절 집회는 17번째 뉴스라니": KBS공영노조·MBC노조…"지상파 뉴스, 광화문 집회 축소 보도" 개탄」, 『뉴데일리』, 2019년 10월 4일; 「[사설] 헬기까지 띄워 '조국 수호' 대대적 보도한 TV 방송들」, 『조선일보』, 2019년 10월 7일, A31면.

106 정세진 외, 「하나의 증언, 인식의 간극…유시민 vs KBS」, 『KBS 저널리즘토크쇼J』, 2019년 10월 13일.

107 손덕호, 「유시민, 양승동 사장 거론 KBS 법조팀 문제 삼자 KBS, 특별팀 구성 발표…사실상 현 취재팀 배제」, 『조선일보』, 2019년 10월 9일.

108 「[사설] 유시민 앞에 벌벌 떤 국가 공영방송, 이게 나라 맞나」, 『조선일보』, 2019년 10월 11일, A31면.

109 한영익·이우림, 「文 대통령 지지율 32% 취임 후 최저…"조국 임명 잘못" 54%」, 『중앙일보』, 2019년 10월 9일, 2면.

110 강성규, 「"조국, 물러나야" 55.9%…"장관 유지해야" 40.5%」, 『뉴스1』, 2019년 10월 14일.

111 하어영, 「[단독] "윤석열도 별장에서 수차례 접대" 검찰, '윤중천 진술' 덮었다」, 『한겨레』, 2019년 10월 11일, 1면.

112 전영기, 『과유불급 대한민국』(지식공작소, 2019), 18쪽.

113 신진욱·이세영, 『한국 정치 리부트: 열광과 환멸의 시대를 이해하는 키워드 12』(메디치, 2023), 76쪽.

114 안준용, 「親文, 조국 사퇴에 "여당 뭐했나? 이해찬 사퇴하라"」, 『조선일보』, 2019년 10월 15일, A6면.

115 조국, 『조국의 시간: 아픔과 진실 말하지 못한 생각』(한길사, 2021), 275~276쪽.

116 박홍두, 「'조국 사퇴 잘한 결정' 62%… '잘못한 결정' 28%」, 『경향신문』, 2019년 10월

16일.

117 김동춘, 「'검찰·언론, 선출되지 않은 권력의 카르텔' 끊어내야 한다」, 『한겨레』, 2019년 10월 18일, 5면.

118 윤수정·강다은, 「親文 시위대, 법원엔 밤새 욕설…기자엔 위협」, 『조선일보』, 2019년 10월 25일, A10면.

119 정철운, 「청취율 포식자 '김어준의 뉴스공장' 신기록 1위」, 『미디어오늘』, 2019년 11월 7일.

120 표태준·서유근, 「세금 쓰는 교통방송 "정경심 공소장은 허위 공문서" 궤변」, 『조선일보』, 2019년 11월 15일, A10면.

121 정우상, 「윤석열 상대로 링에 올린 '예측불허 파이터'」, 『조선일보』, 2019년 12월 6일, A5면.

122 이상언, 「[월간중앙] 윤석열은 왜 정권과 맞서게 됐나? "덮으면 우리가 죽는다"」, 『중앙일보』, 2019년 12월 19일; 박정훈, 「[박정훈 앵커가 고른 한마디] '재인이 형!'」, 『TV조선 뉴스7』, 2019년 12월 8일.

123 조백건·임규민, 「文 절친 당선에 결정적 첩보, 文 복심이 경찰에 내려보냈다」, 『조선일보』, 2019년 11월 28일, A3면.

124 박정훈, 「딱 2번 나오는 '대통령'…감사원이 남긴 '다잉 메시지'」, 『조선일보』, 2020년 11월 13일.

125 「[사설] 탄핵에 이를 수도 있는 대형 사건을 외면하는 방송들」, 『조선일보』, 2019년 12월 20일, A39면.

126 강찬호, 「"재인이 형" 불렀던 유재수, 감찰수사관에 "아직도 靑에 있나"」, 『중앙일보』, 2019년 11월 27일, 26면.

127 조혜선, 「'뇌물수수' 혐의 유재수 前 부산 부시장, 징역 1년·집행유예 2년 확정」, 『동아일보』, 2022년 3월 31일.

128 권석천, 「'촛불정부'의 옹졸한 가족주의」, 『중앙일보』, 2019년 11월 5일.

129 「[사설] 외통수 몰린 여권 선거법 야합, 없던 일로 하는 것이 옳다」, 『조선일보』, 2019년 12월 25일, A27면; 최승현, 「與, 비례정당 비난 자격 있나」, 『조선일보』, 2020년 1월 29일, A30면.

130 방극렬, 「文 청와대, 울산시장 선거 조직적 개입」, 『조선일보』, 2023년 11월 30일.

131 한지혜, 「함성득 "文·尹 틀어진 결정적 계기는 울산시장 선거 개입 수사"」, 『중앙일보』, 2024년 3월 4일.

132 「이춘재 연쇄살인 사건」, 『나무위키』; 「이춘재 연쇄살인 사건」, 『위키백과』; 「살인의 추억」, 『위키백과』.

133　박경준, 「[전문] 문 대통령 "친일잔재 청산, 너무 오래 미뤄둔 숙제"」, 『연합뉴스』, 2019년 3월 1일.

134　김소정, 「한국당, 文 대통령 기념사에 "분열적 역사관 강조 우려"」, 『동아일보』, 2019년 3월 1일.

135　김광일, 「[만물상] '관제 민족주의'」, 『조선일보』, 2019년 3월 18일.

136　이원율, 「이언주 "조국의 '죽창가' 운운, 코미디의 극치"」, 『헤럴드경제』, 2019년 7월 18일. 조국은 2년 후에 낸 책에서 "7월 13일 당시 인기 있던 SBS 드라마 〈녹두꽃〉 마지막 회를 보다가 '죽창가'가 배경음악으로 나와서 이를 간략히 페이스북에 올렸"다고 '해명'하면서도, 6쪽에 걸쳐 문재인 정부의 대응이 옳았다고 역설했다. 조국, 『조국의 시간: 아픔과 진실 말하지 못한 생각』(한길사, 2021), 91~98쪽.

137　김민제·김일우, 「대체 상품 소개하는 '노노재팬' 인기…확산하는 일본 불매운동」, 『한겨레』, 2019년 7월 19일, 5면.

138　최선영, 「"보이콧 재팬" SNS 항일운동의 힘」, 『한겨레』, 2019년 7월 24일, 21면.

139　안관옥, 「광주 광덕고 학생들 "일본 제품 사지도 쓰지도 않겠다"」, 『한겨레』, 2019년 7월 19일, 19면.

140　김민제·김일우, 「대체 상품 소개하는 '노노재팬' 인기…확산하는 일본 불매운동」, 『한겨레』, 2019년 7월 19일, 5면.

141　박정엽, 「文 대통령, 부산 '거북선 횟집'서 오찬…"日에 당당하게 대응·외교적 해결해야"」, 『조선일보』, 2019년 7월 24일; 내기타, 『내로남불의 시간: 침몰하는 내로남불호』(인라이트, 2022), 56쪽.

142　이영섭, 「[한국갤럽] 80% "일본 제품 사기 꺼려진다"」, 『뷰스앤뉴스』, 2019년 7월 26일.

143　윤형준, 「일본차 판매 뚝…도요타 38%↓ 혼다 42%↓」, 『조선일보』, 2019년 8월 6일, B1면; 김도년, 「日 맥주 10년 만에 3위 추락, 車 32% 급감…불매 효과 컸다」, 『중앙일보』, 2019년 8월 15일.

144　성서호, 「카드사 유니클로 매출 70% 뚝…日 관광지에서는 20% 감소」, 『연합뉴스』, 2019년 8월 15일.

145　안병수·곽은산, 「"한·일 갈등 총선에 긍정적"…與 싱크탱크 민주硏 보고서 파문」, 『세계일보』, 2019년 7월 31일.

146　김주영, 「"'친일 프레임'은 민주당 총선 승리 전략"…민주硏 보고서 후폭풍」, 『세계일보』, 2019년 8월 1일.

147　서어리, 「文 대통령 "우린 다시는 일본에 지지 않을 것"」, 『프레시안』, 2019년 8월 2일.

148　「[사설] 여야의 '친일파' 몰기, 코미디가 따로 있나」, 『조선일보』, 2019년 8월 5일,

A31면.

149 정지섭·최아리·최원국, 「뉴스하다 "이건 국산 볼펜"…사케 공방 이어 '日製 색출' 바람」, 『조선일보』, 2019년 8월 6일, A12면.

150 정지섭·최아리·최원국, 「뉴스하다 "이건 국산 볼펜"…사케 공방 이어 '日製 색출' 바람」, 『조선일보』, 2019년 8월 6일, A12면.

151 「[사설] 도쿄 여행 금지·올림픽 불참, '무작정 반일' 자제해야」, 『경향신문』, 2019년 8월 7일, 27면; 김윤나영·최미랑, 「정치권·지자체, 여론 편승 과도한 '반일'…엇나간 애국주의」, 『경향신문』, 2019년 8월 7일, 5면.

152 이정규, 「서울 명동에 '노 재팬' 깃발 설치…"손님에게 불안감 줘선 안 돼"」, 『한겨레』, 2019년 8월 6일, 13면.

153 정지섭·최아리·최원국, 「뉴스하다 "이건 국산 볼펜"…사케 공방 이어 '日製 색출' 바람」, 『조선일보』, 2019년 8월 6일, A12면.

154 이명희, 「이제 냉정해질 때」, 『경향신문』, 2019년 8월 6일, 26면.

155 박사라, 「똑똑한 불매운동, 정치는 끼지 마라」, 『중앙일보』, 2019년 8월 8일, 19면.

156 김준영, 「중구청 '노 재팬' 깃발 소동…"혐한 유발" 비판 일자 구청장 "죄송합니다"」, 『중앙일보』, 2019년 8월 7일, 8면.

157 강다은, 「중구청장 'NO 재팬' 내걸다…상인 반발로 4시간 만에 철거」, 『조선일보』, 2019년 8월 7일, A12면.

158 「[사설] 도쿄 여행 금지·올림픽 불참, '무작정 반일' 자제해야」, 『경향신문』, 2019년 8월 7일, 27면.

159 박정훈, 「전쟁은 입으로 하지 않는다」, 『조선일보』, 2019년 8월 9일, A30면.

160 남정민, 「[여론조사 ①] 日 경제 보복 대응…"잘한다 56.2% vs 못한다 38.3%"」, 『SBS 뉴스』, 2019년 8월 14일; 권란, 「[여론조사 ②] "올림픽 보이콧 반대 61.3%… 군사협정 유지 56.2%"」, 『SBS 뉴스』, 2019년 8월 14일.

161 김민제·김일우, 「대체 상품 소개하는 '노노재팬' 인기…확산하는 일본 불매운동」, 『한겨레』, 2019년 7월 19일, 5면.

162 「[사설] 도쿄 여행 금지·올림픽 불참, '무작정 반일' 자제해야」, 『경향신문』, 2019년 8월 7일, 27면.

163 강태현, 「"유니클로 단속반? 이 정도면 협박"…불매 강요에 네티즌들 "너무 나갔다"」, 『국민일보』, 2019년 8월 7일.

164 선담은, 「'일본인 출입금지' 간판 'No Japs' 팻말은 왜 인종차별일까요」, 『한겨레』, 2019년 8월 15일, 10면.

165 심윤지·박채영, 「'일본 불매' 앞세워 개인 공격·비난…"무분별 혐오로 번질라" 우

려」, 『경향신문』, 2019년 7월 24일, 8면.

166 최은지, 「"일본 차여서" 골프장서 렉서스 3대 긁은 의사 입건」, 『연합뉴스』, 2019년 8월 25일.

167 유성운, 「한·일 관계 나쁘면 대통령 지지율 오르고 좋으면 내렸다」, 『중앙일보』, 2019년 7월 24일, 8면.

168 「[사설] '일본 호재' 만났다고 좋아하는 집권 민주당」, 『조선일보』, 2019년 8월 1일, A31면.

169 정봉오, 「[전문] 文 대통령 "남북 경제협력 하면 日 단숨에 이길 수 있어"」, 『동아닷컴』, 2019년 8월 5일.

170 김미나, 「다시 10%대… '황교안 체제' 이전으로 돌아간 자유한국당 지지율」, 『한겨레』, 2019년 8월 9일.

171 정인진, 「내게 '보수냐 진보냐' 묻는 이들에게」, 『경향신문』, 2019년 8월 19일, 29.

172 「[사설] '이순신' 찾고 '죽창가' 부르던 사람들 다 어디 갔나」, 『조선일보』, 2019년 11월 5일, A35면.

173 김진표, 『대한민국은 무엇을 축적해왔는가: 1961-2024, 이 나라의 열 정권을 돌아보며』(사이드웨이, 2024), 251~253쪽.

174 김소연, 「일본 수출 규제 끝…한국 '화이트리스트' 4년 만에 복귀」, 『한겨레』, 2023년 7월 21일.

175 박광연, 「지난해 인구 자연증가 2만 8000명 역대 최소…합계출산율 첫 1명대 붕괴」, 『경향신문』, 2019년 2월 28일; 정은주·박현정, 「출산율 '1명' 사상 첫 붕괴…OECD 회원국 중 유일」, 『한겨레』, 2019년 2월 28일.

176 이가영, 「"이미 멸종의 길"…30대 저출산 원인은 전쟁보다 더한 경쟁 인생」, 『조선일보』, 2023년 3월 15일.

177 장은미, 「구직 청년에겐 서울 사는 것도 '스펙'」, 『단비뉴스』, 2019년 6월 27일.

178 전병역, 「[기자칼럼] 이러려고 촛불을 들었나」, 『경향신문』, 2018년 9월 13일.

179 박경준·서혜림, 「文 대통령 "부동산 문제, 자신 있다…경기 부양 수단 사용 않을 것"」, 『연합뉴스』, 2019년 11월 19일.

180 김홍수, 「[만물상] 불로소득 주도 성장」, 『조선일보』, 2019년 12월 12일, A38면.

181 양권모, 「누구를 위한 부동산 정책인가」, 『경향신문』, 2019년 12월 17일, 30면.

182 진명선, 「"영끌해서 살걸, 땅 치고 후회"… '부동산 불패' 학습 효과만 키웠다」, 『한겨레』, 2020년 7월 6일, 1, 3면.

183 이주연·이정환, 「[20-20 / 부동산 ②] "부동산, 이명박은 속지 않았다": 김헌동 경실련 부동산건설개혁본부장 "부동산 부자한테 왜 권력까지 주나"」, 『오마이뉴스』,

2020년 6월 29일.

184 박상훈, 『청와대 정부: '민주정부란 무엇인가'를 생각하다』(후마니타스, 2018), 61, 80, 232~233쪽.

185 이하경, 「부동산 폭등은 문재인 정부의 서민 착취 아닌가」, 『중앙일보』, 2019년 12월 16일, 35면.

186 신승근, 「미친 집값, '불로소득 청와대'」, 『한겨레』, 2019년 12월 13일, 23면.

187 양권모, 「누구를 위한 부동산 정책인가」, 『경향신문』, 2019년 12월 17일, 30면.

188 김경욱, 「안치환 "'아이러니'는 진보 내 기회주의자 비판곡…보수언론에 헛웃음"」, 『한겨레』, 2020년 7월 8일, 19면.

189 성연철, 「"부동산 투기와 전쟁 결코 안 질 것"」, 『한겨레』, 2020년 1월 8일, 3면.

190 정순우, 「대통령 믿고 집 안 사고 기다려도 되나 묻자…文 "답변 불가능"」, 『조선일보』, 2020년 1월 15일, A30면.

191 김진표, 『대한민국은 무엇을 축적해왔는가: 1961-2024, 이 나라의 열 정권을 돌아보며』(사이드웨이, 2024), 180~182, 247~250쪽; 권순완, 「[기자의 시각] 김진표의 '부동산 반성문'」, 『조선일보』, 2024년 8월 1일.

192 지홍구, 「이재명 경기지사 1심 무죄」, 『매일경제』, 2019년 5월 16일; 정은혜, 「친형 강제 입원·선거법 위반, 이재명 1심 모두 무죄」, 『중앙일보』, 2019년 5월 16일.

193 김수언, 「'文의 남자들 잇단 영입'…입지 넓히는 이재명 경기지사」, 『중부일보』, 2019년 6월 2일.

194 김용민, 『마이너리티 이재명: 당연한 게 당연하지 않습니다』(지식의숲, 2020), 106쪽.

195 김상준, 「'몸값' 키우는 이재명…"사이다, 참 과분하면서도 고마운 별명"」, 『머니투데이』, 2020년 8월 7일.

196 오현석·송승환, 「'어대명' 별칭도 등장…이재명 1위 독주, 대세인가 고점인가」, 『중앙일보』, 2021년 2월 17일; 오현석, 「"합니다"와 "거칠다" 사이…가평 계곡에 빠진 이재명 딜레마」, 『중앙일보』, 2021년 5월 27일.

197 윤춘호, 「[그사람] 견고한 현실주의자 이재명」, 『SBS』, 2020년 7월 18일.

198 오현석, 「"합니다"와 "거칠다" 사이…가평 계곡에 빠진 이재명 딜레마」, 『중앙일보』, 2021년 5월 27일.

199 김상준, 「'몸값' 키우는 이재명…"사이다, 참 과분하면서도 고마운 별명"」, 『머니투데이』, 2020년 8월 7일.

200 윤춘호, 「[그사람] 견고한 현실주의자 이재명」, 『SBS』, 2020년 7월 18일.

201 오현석, 「"합니다"와 "거칠다" 사이…가평 계곡에 빠진 이재명 딜레마」, 『중앙일보』, 2021년 5월 27일; 백승대·이송원·이수현 엮음, 『이재명 페이스북』(매직하우스,

2021), 335~336쪽.

202 오현석, 「"합니다"와 "거칠다" 사이…가평 계곡에 빠진 이재명 딜레마」, 『중앙일보』, 2021년 5월 27일; 백승대·이송원·이수현 엮음, 『이재명 페이스북』(매직하우스, 2021), 335~336쪽.

203 신은별, 「[이재명 탐구] 성과 위해 갈등 불사하는 추진력, '동전의 양면'」, 『한국일보』, 2021년 10월 13일.

204 김도윤, 「남양주시장 "이재명, 하천 정책 표절·댓글 보복성 감사"」, 『연합뉴스』, 2021년 7월 6일.

205 김재영, 「"밤길 조심" 협박 받고도…시민에게 계곡 돌려준 시장」, 『동아일보』, 2019년 8월 27일.

206 조철오, 「이재명 "계곡 불법시설 방치 땐 監査"…시·군들 "道 개입 지나치다" 반발」, 『조선일보』, 2021년 7월 31일.

207 권상은, 「"계곡 정비 이재명 치적 아냐"…남양주시, '집사부일체' 방영 중단 요청」, 『조선일보』, 2021년 9월 23일.

208 김소정, 「'집사부일체' 이재명 편 예정대로 방영에도…남양주가 대만족한 이유」, 『조선일보』, 2021년 9월 25일.

209 「[강인선·배성규의 모닝라이브] 조광한 남양주시장 "이재명 경기도로부터 보복성 감사만 9번"」, 『조선일보』, 2021년 11월 1일.

210 이미나, 「이재명 2심 항소심서 벌금 300만원 선고…대법원 확정시 당선무효 위기」, 『한국경제』, 2019년 9월 6일.

211 박정규, 「'끝날 때까지 끝이 아니다'…이재명의 진인사대천명」, 『헤럴드경제』, 2019년 9월 10일.

212 윤춘호, 「[그사람] 견고한 현실주의자 이재명」, 『SBS』, 2020년 7월 18일.

213 권혜림, 「'당선무효 위기' 이재명 지사, 상고심서 '호화 변호인단' 구성」, 『중앙일보』, 2019년 10월 16일; 김명일, 「"전관예우 뿌리 뽑자더니…" 이재명 호화 변호인단 구성 논란」, 『한국경제』, 2019년 10월 17일.

214 김미희, 「2년 전 이재명 "전관예우 척결"…내로남불 전관예우 지적」, 『이데일리』, 2019년 10월 18일.

215 박다예·이병희, 「한국당 의원들 "이재명 변호인, 전관예우 아니냐" 공격」, 『뉴시스』, 2019년 10월 18일; 송용환, 「[국감현장] 국감 시작부터 이재명 두고 與 '옹호' 野 '공세'」, 『뉴스1』, 2019년 10월 18일; 최은경, 「[단독] 경기 간부 공무원 "도와달라" 이재명 탄원 요구 논란」, 『중앙일보』, 2019년 10월 24일.

216 정준영, 「'이재명 선처' 13만여 명 대법원에 탄원서…엄벌 촉구 탄원도 250건 넘어」,

『조선일보』, 2019년 11월 20일.

217 최은경, 「"이재명을 지켜라" 13만 6682명 탄원…"팬덤 무죄 호소" 비판도」, 『중앙일보』, 2019년 11월 20일.

218 박원익·조윤호, 『공정하지 않다: 90년대생들이 정말 원하는 것』(지와인, 2019), 149~151쪽.

219 박원익·조윤호, 『공정하지 않다: 90년대생들이 정말 원하는 것』(지와인, 2019), 97, 100~102쪽.

220 박원익·조윤호, 『공정하지 않다: 90년대생들이 정말 원하는 것』(지와인, 2019), 129쪽.

221 이동수, 『캐스팅보트: MZ세대는 어떻게 정치를 움직이는가』(메이드인, 2022), 68~69쪽.

222 박현진, 「반(反)월가 시위의 진원지를 가다」, 『관훈저널』, 통권121호(2011년 겨울), 131~137쪽.

223 리처드 리브스(Richard Reeves), 김승진 옮김, 『20 VS 80의 사회: 상위 20퍼센트는 어떻게 불평등을 유지하는가』(민음사, 2017/2019), 64, 230쪽.

224 리처드 리브스(Richard Reeves), 김승진 옮김, 『20 VS 80의 사회: 상위 20퍼센트는 어떻게 불평등을 유지하는가』(민음사, 2017/2019), 13~26쪽; 배문규, 「다 1% 탓?…20%의 '위선'을 벗기다」, 『경향신문』, 2019년 8월 31일, 17면.

225 래리 바텔스(Larry M. Batels), 위선주 옮김, 『불평등 민주주의: 자유에 가려진 진실』(21세기북스, 2008/2012), 361~393쪽.

226 매슈 스튜어트(Matthew Stewart), 이승연 옮김, 『부당 세습: 불평등에 공모한 나를 고발한다』(이음, 2018/2019), 102쪽.

227 매슈 스튜어트(Matthew Stewart), 이승연 옮김, 『부당 세습: 불평등에 공모한 나를 고발한다』(이음, 2018/2019), 12~13쪽.

228 매슈 스튜어트(Matthew Stewart), 이승연 옮김, 『부당 세습: 불평등에 공모한 나를 고발한다』(이음, 2018/2019), 86쪽.

229 매슈 스튜어트(Matthew Stewart), 이승연 옮김, 『부당 세습: 불평등에 공모한 나를 고발한다』(이음, 2018/2019), 12~13쪽.

230 정대영, 「불평등·불공정 줄여야 신뢰사회」, 『경향신문』, 2015년 9월 3일.

231 노현웅, 「부동산 양도차익 등 '불로소득' 130조 원 돌파…양극화 극심」, 『한겨레』, 2019년 10월 7일.

232 이두걸·하종훈, 「상·하위 20% 소득격차 5.3배 역대 최대… '빈곤 늪' 장기화 우려」, 『서울신문』, 2019년 8월 23일.

233 김지훈, 「"권력 장악 '막강 386세대' 양보해야 자녀 세대가 산다"」, 『한겨레』, 2019년

8월 12일, 21면.

234 이철승, 『불평등의 시대: 누가 한국 사회를 불평등하게 만들었는가?』(문학과지성사, 2019), 59~60쪽.

235 김기원, 『개혁적 진보의 메아리: 경제학자 김기원 유고집』(창비, 2015), 109~111쪽.

236 김기원, 『개혁적 진보의 메아리: 경제학자 김기원 유고집』(창비, 2015), 99~102, 103~104, 126쪽.

237 강준만, 「왜 독일은 '2014 브라질 월드컵'에서 우승할 수 있었는가?: 필수적 다양성의 법칙」, 『독선 사회: 세상을 꿰뚫는 50가지 이론 4』(인물과사상사, 2015), 225~229쪽 참고.

238 김지훈, 「고위공직자 절반이 상위 5% 부자… '서민 생활고' 알까」, 『한겨레』, 2015년 3월 27일.

239 노현웅, 「고위공직자 재산, 일반 국민의 6배… "민생을 알까"」, 『한겨레』, 2017년 4월 10일. 고위공직자의 재산공개는 직계존·비속의 재산공개를 거부하는 경우가 많고, 부동산 등 자산의 평가 기준이 실거래가보다 낮은 공시지가라는 점을 감안하면 일반 국민들과의 자산 격차는 더 벌어진다.

240 이상재, 「[2019 재산공개] 지난 1년 새 정부 공직자 +5900만 원, 국회의원+1억 1500만 원」, 『중앙일보』, 2019년 3월 28일.

241 강희철, 「'학벌타파'에 헛심 쓰다 '금수저 세습' 불렀다」, 『한겨레』, 2016년 11월 4일.

242 김한솔, 「232명 중 서울대 99명…박근혜 정부보다 더 공고한 'SKY 캐슬'」, 『경향신문』, 2019년 5월 8일.

243 박노자, 『전환의 시대』(한겨레출판, 2018), 175쪽.

244 최원형, 「"주요 15개 대학 입시, 학생부교과는 6%뿐"」, 『한겨레』, 2019년 9월 23일, 1면.

245 윤다빈, 「SKY 재학생 41%가 고소득층 자녀」, 『동아일보』, 2019년 9월 27일.

246 최명국, 「로스쿨 신입생 48.6%, '스카이' 출신」, 『전북일보』, 2019년 5월 7일.

247 공병호, 『좌파적 사고: 왜, 열광하는가?』(공병호연구소, 2019), 163쪽.

248 Christopher Hayes, 『Twilight of the Elites: America After Meritocracy』(New York: Crown, 2012), p.57.

249 양선아, 「구조화된 특권과 교육개혁」, 『한겨레』, 2019년 10월 10일, 23면.

250 D. Bell, 「On Meritocracy and Equality」, Jerome Karabel & A. H. Halsey, eds., 『Power and Ideology in Education』(New York: Oxford University Press, 1977), pp.607~635.

251 J. K. Galbraith, 『The Predator State』(New York: Free Press, 2009), p.106.

252 J. Karabel, 『The Chosen』(Boston, MA: Houghton Mifflin, 2005), p.557.

253 조은, 「너희가 대학을 아느냐?」, 『한겨레』, 2002년 11월 25일; 강준만, 「왜 부모를 잘 둔 것도 능력이 되었나?: '능력주의 커뮤니케이션'의 심리적 기제」, 『사회과학연구』, 55권 2호(2016년 12월), 319~355쪽 참고.

254 최원형, 「국민 90% "특권 대물림 교육 심각"」, 『한겨레』, 2019년 10월 8일 6면.

255 리처드 리브스(Richard Reeves), 김승진 옮김, 『20 VS 80의 사회: 상위 20퍼센트는 어떻게 불평등을 유지하는가』(민음사, 2017/2019), 91~113, 146~178쪽; 하현옥, 「유리 바닥 판도라 상자」, 『중앙일보』, 2019년 9월 30일, 35면.

256 천인성·전민희·박형수, 「교수 아빠·임원 아빠 스펙 품앗이…부모가 대입용 대회 신설」, 『중앙일보』, 2019년 8월 27일, 14면; 박세미·원선우, 「스펙契로 자녀에 '황제 스펙'…386 교수 '그들만의 캐슬'」, 『조선일보』, 2019년 8월 23일, A8면. 교수 미성년 자녀들의 논문 공저자 등재와 대입 활용도 심각한 문제인데, 그간 확인된 미성년 공저자 논문은 총 794건이었다. 「[사설] 미성년 자녀들에게 논문 '상속'한 교수들, 교육자 맞나」, 『경향신문』, 2019년 10월 18일, 31면.

257 정관용 외, 「한완상 "누가 조국家에 부끄럼 없이 돌 던질 수 있겠는가"」, 『CBS 노컷뉴스』, 2019년 10월 2일.

258 김창균, 「"조국처럼 깨끗한 사람을…" 어이없고 무섭다」, 『조선일보』, 2019년 10월 10일, A34면.

259 「[사설] '의원 자녀 전수조사', 여야는 약속 꼭 지켜라」, 『한국일보』, 2019년 9월 30일.

260 고대훈, 「'교수님 정부'의 그늘」, 『중앙일보』, 2017년 7월 8일.

261 「[사설] 또 참여연대, 특정 시민단체가 출세 코스가 된 나라」, 『조선일보』, 2018년 3월 31일.

262 「[사설] 권력의 단물은 다 받아먹는 참여연대」, 『조선일보』, 2018년 4월 11일.

263 고정애, 「청와대·내각 등에 62명 진출… '참여연대 정부' 비판도」, 『중앙선데이』, 2018년 4월 21일.

264 박은주, 「서울대 위에 참여연대…지금 대한민국은 '만사참통'?」, 『조선일보』, 2018년 4월 21일.

265 김방현, 「관변단체로 전락한 시민단체」, 『중앙일보』, 2019년 10월 25일, 33면.

266 고대훈, 「어용 권력이 된 시민단체」, 『중앙일보』, 2020년 5월 26일, 31면.

267 윤석만, 「"정부 감시 대신 정권 옹호" 86세대 성공 루트된 시민단체」, 『중앙일보』, 2020년 5월 26일, 6면.

268 「[사설] 시민단체가 정부 돈·요직의 통로가 된 비정상 사회」, 『중앙일보』, 2020년 6월 9일, 30면.

269 김효성, 「시민운동하다 정·관계 발탁…NGO와 여권 ‘회전문 공생’」, 『중앙일보』, 2020년 6월 10일, 3면.

270 최연진, 「진중권 “참여연대는 불참연대…與에 붙어먹어”」, 『조선일보』, 2020년 6월 11일.

271 선정민·김정환, 「성추행·인권침해도…野엔 벌떼, 與엔 침묵」, 『조선일보』, 2020년 6월 12일, A5면.

272 김정환, 「親與서도 경고음 “시민언론운동이 민주당 하위 조직 편입…”」, 『조선일보』, 2020년 6월 12일, A5면.

273 선정민, 「권력이 된 좌파 시민단체…野 비판 87% vs 與 비판 13%」, 『조선일보』, 2020년 6월 12일.

274 손호철, 「시민단체인가 관변단체인가, 갈림길에 선 시민운동」, 『프레시안』, 2021년 8월 16일.

275 채효정, 「기업이 되려는 NGO」, 『경향신문』, 2021년 5월 31일.

276 손가영, 「가습기 살균제 피해 사망 신고 1300명 육박…피해자 일동 “빙산의 일각”」, 『미디어오늘』, 2018년 1월 15일.

277 「가습기 살균제, 1300명 사망의 비밀」, 『MBC 스트레이트』, 2018년 10월 28일; 선명수, 「가습기 살균제 ‘마음도 파괴’…피해자 10명 중 7명 ‘만성 울분’」, 『경향신문』, 2019년 3월 15일; 신지민·임재우, 「가습기 살균제 참사 8년…SK케미칼·애경 전 대표 등 34명 기소」, 『한겨레』, 2019년 7월 24일, 12면; 김기범, 「가습기 살균제 피해 구제, 이대로면 일 ‘미나마타병’ 전철 밟는다」, 『경향신문』, 2019년 8월 26일, 16면.

278 신지민·임재우, 「가습기 살균제 참사 8년…SK케미칼·애경 전 대표 등 34명 기소」, 『한겨레』, 2019년 7월 24일, 12면.

279 정민승, 「장하나 “가습기 살균제 사건 정부가 책임 있는 행동 보여야”」, 『한국일보』, 2016년 5월 3일.

280 조윤호, 「“언론이 안 다루면, 4년 내내 하는 의원이 없더라”」, 『미디어오늘』, 2016년 5월 12일.

281 정일관, 「가습기 살균제가 죽인 딸…저는 ‘4등급’ 아버지입니다」, 『오마이뉴스』, 2016년 8월 8일.

282 김예리, 「가습기 살균제 피해자 또 숨겨…정부는 늦었다」, 『미디어오늘』, 2019년 1월 18일.

283 선명수, 「가습기 살균제 ‘마음도 파괴’…피해자 10명 중 7명 ‘만성 울분’」, 『경향신문』, 2019년 3월 15일.

284 강재구, 「가습기 살균제 피해자 절반 “극단적 선택 생각”」, 『한겨레』, 2020년 2월 18일.

285 구연상, 「가습기 살균제 사건, 재난(참사)인가 악행인가」, 『동서철학연구』, 89호 (2018년), 495~516쪽.

286 장영, 「스트레이트: 가습기 세균제 참사, SK케미칼은 왜 책임지지 않나?」, 『미디어스』, 2018년 10월 29일; 강준만, 「왜 모범적 시민이 희대의 살인마가 될 수 있는가?: 악 (惡)의 평범성」, 『우리는 왜 이렇게 사는 걸까?: 세상을 꿰뚫는 50가지 이론 2』(인물 과사상사, 2014), 254~258쪽 참고.

287 권석천, 「나는 왜 '가습기 살인'을 놓쳤나」, 『중앙일보』, 2016년 5월 17일.

288 이하늬, 「가습기 살균제 보도, '이슈'만 좇을 뿐 '과학'이 없었다」, 『미디어오늘』, 2016년 11월 14일; 강준만, 「왜 신문 1면과 사회면 머릿기사의 80%가 '관급기사'인 가?: 발표 저널리즘」, 『미디어 법과 윤리(제3판)』(인물과사상사, 2016), 314~317쪽 참고.

289 김기범, 「수백 명 사상자 나온 참사에 언론은 어디 있었나」, 『관훈저널』, 통권 140호 (2016년 가을), 72~73쪽.

290 권석천, 「나는 왜 '가습기 살인'을 놓쳤나」, 『중앙일보』, 2016년 5월 17일.

291 진경호, 「가습기 살균제의 공범은 누구입니까」, 『서울신문』, 2016년 5월 21일, 23면.

292 조윤호, 「"언론이 안 다루면, 4년 내내 하는 의원이 없더라"」, 『미디어오늘』, 2016년 5월 12일.

293 홍성욱, 「가습기 살균제 참사와 관료적 조직 문화」, 『과학기술학연구』, 18권 1호 (2018년 3월), 64쪽.

294 김관욱, 『아프지 않았으면 좋겠습니다: 무감각한 사회의 공감 인류학』(인물과사상사, 2018), 101쪽.

295 Michele Micheletti & Dietlind Stolle, 「Mobilizing Consumers to Take Responsibility for Global Social Justice」, 『The ANNALS of the American Academy of Political and Social Science』, 611:1(May 2007), pp.168~169.

296 제러미 리프킨(Jeremy Rifkin), 이경남 옮김, 『공감의 시대』(민음사, 2009/2010), 155~156쪽.

297 강재구, 「가습기 살균제 피해자 절반 "극단적 선택 생각"」, 『한겨레』, 2020년 2월 18일.

298 강버들, 「가습기 살균제 피해 성인 49.4%…"극단적 선택 생각했다"」, 『JTBC 뉴스』, 2020년 2월 19일.

299 김기범, 「"국가 책임" 대법 판결 못 보고…가습기 살균제 피해자 또 숨져」, 『경향신 문』, 2024년 7월 1일.

300 강버들, 「가습기 살균제 피해 성인 49.4%…"극단적 선택 생각했다"」, 『JTBC 뉴스』, 2020년 2월 19일.

301 김수경, 「BTS 신곡, 최단 37시간 만에 유튜브 1억 뷰 돌파」, 『조선일보』, 2019년 4월 15일.

302 김성현, 「BTS와 시인 김수영」, 『조선일보』, 2019년 4월 19일.

303 남지은·서정민, 「감탄, 경탄, 방탄!···BTS, K팝 역사 다시 쓰다」, 『한겨레』, 2019년 5월 3일.

304 전동혁, 「봉준호 '기생충', 칸영화제 '황금종려상' 수상」, 『MBC 뉴스』, 2019년 5월 26일.

305 미국의 영화 전문 매체 『인디와이어』가 〈기생충〉이 칸영화제에서 처음 공개되었을 때 내린 평가다. "봉 감독은 마침내 독자적인 하나의 장르가 되었다(Bong finally becomes a genre unto himself)." 봉준호가 가장 좋아하는 평가라고 한다. 이형석, 『계획이 다 있었던 남자, 봉준호』(북오션, 2020), 161쪽.

306 이형석, 『계획이 다 있었던 남자, 봉준호』(북오션, 2020), 191, 195~196쪽.

307 한광덕, 「최대 2조 3천억 '방탄노믹스'···빅히트, 3대 기획사 제쳤다」, 『한겨레』, 2019년 6월 7일.

308 윤희영, 「[윤희영의 News English] 방탄소년단에 대한 편견과 부당 대우」, 『조선일보』, 2019년 6월 25일, A33면.

309 최보윤, 「BTS라는 자기계발서」, 『조선일보』, 2019년 6월 10일.

310 이재익, 「BTS가 제2의 비틀스 맞냐고 묻는 분들에게: BTS ②」, 『한겨레』, 2019년 6월 29일, 15면.

311 양성희, 「[양성희의 직격인터뷰] "BTS 현상의 본질은 아미라는 유례없는 팬덤 자체"」, 『중앙일보』, 2019년 7월 26일, 26면.

312 김수경, 「BTS 드라마까지···방시혁 '글로벌 K팝 제국' 꿈꾼다」, 『조선일보』, 2019년 8월 22일, A23면.

313 민경원, 「아이돌 연합팀 '슈퍼엠' 출격···미국은 K팝 격전지」, 『중앙일보』, 2019년 8월 16일, 23면.

314 심윤지, 「'프듀X', K팝 성공에 가려진 공정성·인권 감수성 부재 '민낯'」, 『경향신문』, 2019년 11월 7일, 11면.

315 이유진, 「아이돌 연습생 출신이 본 '프듀X 사태'」, 『경향신문』, 2019년 11월 7일, 11면.

316 신윤희, 『팬덤 3.0』(스리체어스, 2019), 8~9쪽.

317 김수경·구본우, 「'데뷔 후 수익' 절반씩 나누기, 방송사·기획사 유착 불러」, 『조선일보』, 2019년 11월 8일, A10면.

318 황효진, 「K-POP은 누구의 꿈을 꾸는가」, 『한국일보』, 2019년 11월 9일.

319 엄지원, 「케이팝 열풍과 전근대성」, 『한겨레』, 2019년 11월 11일, 26면.

320 남지은, 「어른들이 그러면 안 된다」, 『한겨레』, 2019년 11월 18일, 26면.

321 신윤희, 『팬덤 3.0』(스리체어스, 2019), 22~23쪽.

322 신윤희, 『팬덤 3.0』(스리체어스, 2019), 55, 58쪽.

323 양성희, 「세계적 위상 K팝, 산업 마인드는 못 따라간다」, 『중앙일보』, 2019년 8월 15일, 20면.

324 박성훈, 「"한국, 조그만 나라가 역겹다" 홍콩 사태가 부른 중국의 '혐한'」, 『중앙일보』, 2019년 11월 20일.

325 허진무, 「설리 이어 구하라…저주의 악플 "댓글 없애라"」, 『경향신문』, 2019년 11월 27일, 10면.

326 홍지인, 「네이버, 총선 기간 '급상승 검색어' 중단…연예 댓글 폐지」, 『연합뉴스』, 2020년 2월 19일.

327 성호철, 「댓글 낚인 된 프로야구팬」, 『조선일보』, 2020년 3월 23일, A34면.

328 김정민, 「어느새 100개국 만화 앱 1위…월 1억 우습게 버는 K웹툰 작가」, 『중앙일보』, 2019년 12월 6일, B1면.

329 고경석, 「보물창고 웹툰!…대중문화 젖줄로」, 『한국일보』, 2013년 1월 30일.

330 윤호진, 『한류 20년, 대한민국 빅 콘텐츠』(커뮤니케이션북스, 2016), xiii쪽.

331 윤태진, 「웹툰, 대중문화의 지배자 되려면」, 『경향신문』, 2018년 6월 11일.

332 윤호진, 『한류 20년, 대한민국 빅 콘텐츠』(커뮤니케이션북스, 2016), 39~47쪽; 한창완, 「한류는 시스템이다」, 『경향신문』, 2018년 12월 28일.

333 김태훈, 「트와이스가 놓은 韓日 가교도 허무나」, 『조선일보』, 2019년 5월 11일.

334 윤호진, 『한류 20년, 대한민국 빅 콘텐츠』(커뮤니케이션북스, 2016), 31~38쪽.

335 성호철, 「망가 무너뜨린 만화…美서 일본 군단 꺾고 1위 질주」, 『조선일보』, 2020년 5월 5일, A2면.

336 김기윤·이서현·김재희, 「"여러분 머릿속에 '기생충'이 오래오래 남았으면 좋겠습니다"」, 『동아일보』, 2020년 2월 17일.

337 남혜연, 「'기생충' 이번에는 LA비평가협회 수상」, 『스포츠서울』, 2019년 12월 9일.

338 이윤정, 「봉준호, 韓 최초로 골든글로브 수상…다음 목표는 '아카데미'」, 『조선일보』, 2020년 1월 6일.

339 전형화, 「'골든글로브 수상' 봉준호 "나보다 BTS 파워가 3천 배"」, 『스타뉴스』, 2020년 1월 6일.

340 신동욱, 「[신동욱 앵커의 시선] 아카데미에 휘몰아친 폭풍」, 『TV조선』, 2020년 2월 10일.

맺는말

1   김정하, 「문재인 수사, 보복이 아니라 업보다」, 『중앙일보』, 2024년 9월 6일.

2   차형석·주진우, 「"'문재인 대통령' 자신 있다"」, 『시사IN』, 제486호(2017년 1월 12일).

3   제러미 리프킨(Jeremy Rifkin), 이경남 옮김, 『공감의 시대』(민음사, 2009/2010), 54, 558~559쪽.

4   폴 블룸(Paul Bloom), 이은진 옮김, 『공감의 배신: 아직도 공감이 선하다고 믿는 당신에게』(시공사, 2016/2019), 13, 24~25쪽.

5   조지 레이코프(George Lakoff), 나익주 옮김, 『폴리티컬 마인드: 21세기 정치는 왜 이성과 합리성으로 이해할 수 없을까?』(한울아카데미, 2008/2012), 153, 158쪽.

6   프리츠 브라이트하우프트(Fritz Breithaupt), 두행숙 옮김, 『나도 그렇게 생각한다: 공감의 두 얼굴』(소소의책, 2017/2019), 7, 23, 114~123, 249~253쪽.

7   프리츠 브라이트하우프트(Fritz Breithaupt), 두행숙 옮김, 『나도 그렇게 생각한다: 공감의 두 얼굴』(소소의책, 2017/2019), 23~24쪽.

8   스티븐 레비츠키(Steven Levitsky)·대니얼 지블랫(Daniel Ziblatt), 박세연 옮김, 『어떻게 민주주의는 무너지는가: 우리가 놓치는 민주주의 위기 신호』(어크로스, 2018), 10~11쪽.

9   스티븐 레비츠키(Steven Levitsky)·대니얼 지블랫(Daniel Ziblatt), 박세연 옮김, 『어떻게 민주주의는 무너지는가: 우리가 놓치는 민주주의 위기 신호』(어크로스, 2018), 133쪽.

10 스티븐 레비츠키(Steven Levitsky)·대니얼 지블랫(Daniel Ziblatt), 박세연 옮김, 『어떻게 민주주의는 무너지는가: 우리가 놓치는 민주주의 위기 신호』(어크로스, 2018), 137쪽.

11 스티븐 레비츠키(Steven Levitsky)·대니얼 지블랫(Daniel Ziblatt), 박세연 옮김, 『어떻게 민주주의는 무너지는가: 우리가 놓치는 민주주의 위기 신호』(어크로스, 2018), 137~138쪽.

12 스티븐 레비츠키(Steven Levitsky)·대니얼 지블랫(Daniel Ziblatt), 박세연 옮김, 『어떻게 민주주의는 무너지는가: 우리가 놓치는 민주주의 위기 신호』(어크로스, 2018), 140쪽.

13 양상훈, 「운동권 예우法? 진짜 민주화 유공자는 6·25 때 나라 지킨 분들」, 『조선일보』, 2021년 4월 15일.

14 뤼트허르 브레흐만(Rutger Bregman), 조현욱 옮김, 『휴먼카인드: 감춰진 인간 본성에서 찾은 희망의 연대기』(인플루엔셜, 2019/2021), 481쪽.

15 뤼트허르 브레흐만(Rutger Bregman), 조현욱 옮김, 『휴먼카인드: 감춰진 인간 본성에서 찾은 희망의 연대기』(인플루엔셜, 2019/2021), 480쪽.

16 테오도르 젤딘(Theodore Zeldin), 김태우 옮김, 『인간의 내밀한 역사』(강, 1994/1999), 273쪽.

17 윌러드 게일린(Willard Gaylin), 신동근 옮김, 『증오』(황금가지, 2003/2009), 49~50쪽.

18 김시우 외, 『추월의 시대: 세대론과 색깔론에 가려진 한국 사회의 성장기』(메디치, 2021).

19 장대익, 『공감의 반경: 느낌의 공동체에서 사고의 공동체로』(바다출판사, 2022), 11~12쪽.

20 장대익, 『공감의 반경: 느낌의 공동체에서 사고의 공동체로』(바다출판사, 2022), 13~14쪽.

한국 현대사 산책 2010년대편 5권

© 강준만, 2024

초판 1쇄 2024년 11월 29일 찍음
초판 1쇄 2024년 12월 10일 펴냄

지은이 | 강준만
펴낸이 | 강준우
인쇄 · 제본 | 지경사문화

펴낸곳 | 인물과사상사
출판등록 | 제17-204호 1998년 3월 11일

주소 | (04037) 서울시 마포구 양화로7길 6-16 서교제일빌딩 3층
전화 | 02-325-6364
팩스 | 02-474-1413

www.inmul.co.kr | insa@inmul.co.kr

ISBN 978-89-5906-783-1 04900
       978-89-5906-778-7 (세트)

값 22,000원